혁신과 갈등,
미국의 변화

이 도서의 국립중앙도서관 출판예정도서목록(CIP)은 서지정보유통지원시스템 홈페이지(http://seoji.nl.go.kr)와
국가자료공동목록시스템(http://www.nl.go.kr/kolisnet)에서 이용하실 수 있습니다.
CIP제어번호: CIP2016026067(양장), CIP2016026068(반양장)

CHANGE OF
THE AMERICAN SOCIETY

이현송 지음

혁신과 갈등,

미국의 변화

1970년대 후반 이후 미국인의 삶은 긴장되고 바빠졌다. 많은 미국인들은 비록 예전보다 잘살게 되었지만 삶은 더 힘들어졌다고 말한다. '왜 미국인의 삶이 이렇게 달라졌을까?' 세계화와 정보화로 일의 세계가 변화하고 소득 불평등이 확대된 것이 주요 요인이라면, 여성의 지위 상승이나 이민자의 증가 등 사회적인 요인 또한 무시할 수 없다. 올해 대통령 선거에서 도널드 트럼프가 의외로 큰 지지를 얻게 된 것은 이러한 변화 때문이다.

한울
아카데미

머리말

미국은 풍요로운 나라이다. 어릴 때 미국 잡지에서 본 모습이 떠오른다. 주방에서 엄마가 케이크를 만들고 있는데 아이들이 주변에서 들뜬 표정으로 쳐다보고 있다. 엄마와 서너 명의 아이들이 아빠가 운전하는 왜건 승용차를 타고 서부의 국립공원으로 여행을 떠난다. 사무실에서 하얀 와이셔츠를 입은 남자 직원과 여자 타이피스트 몇 명이 미소 띤 얼굴로 커피를 마시며 담소를 나누고 있다. 나이 든 미국인이 기억하는 1950~1960년대에 '좋았던 옛날Good Old Days'의 모습이다.

물론 광고에서 그리는 모습은 현실과 차이가 있다. 지금 미국의 보통 사람들이 사는 방식은 그런 옛날과 동떨어져 있다. 요즈음 미국인은 집에서나 직장에서나 무척 바쁘고 긴장의 끈을 놓을 수 없다. 미국인의 소득이 그때에 비해 두 배 이상 높아지긴 했지만, 근로시간 또한 그때보다 늘었으며, 내가 일하는 자리가 언제 사라질지 모른다. 이혼이 증가하고, 무엇보다 맞벌이가 일반화되었다. 이제 미국의 가정에서 평일 저녁에 제대로 조리된 음식을 먹는다는 것은 상상하기 어렵다.

'왜 미국인의 삶이 이렇게 달라졌을까?' 하는 질문이 이 책을 쓰게 된 출발점이다. 이러한 질문은 오래전 미국을 여행하던 중 어느 미국인과 대화하면서 제기되었다. 연구를 하면서 과거에 좋았던 시절은 일부에 국한될 뿐 많은 사람들의 생활은 지금이 그때보다 훨씬 낫다는 것을 알게 되었다. 그러나 백인 남성 중류층의 경우 1980년대 이래로 삶의 방식이 크게 변화했다는 것은 분명하다. 이러한 변화에는 여러 요인이 동시에 작용했다. 세계화와 정보화로 일의 세계가 변화한 것이 가장 큰 요인이라면, 여성의 지위 상승이나 이민자의 증가 등 사회적인 요인 또한 무시할 수 없다. 올해 대통령 선거에서 도널드 트럼프Donald Trump가 의외로 큰 지지를 얻게 된 것은 이러한 변화 때문이다. 흥미로운 것은 이렇게 미국이 변화하는 동안 한국이나 중국과 같은 개발도상국도 도약했다는 사실이다. 세계화와 정보화는 미국인의 일의 세계를 변화시키면서 동시에 개발도상국 사람들에게 기회를 제공했다. 두 가지는 서로 맞물려 있다.

미국 사회를 연구하면서 항시 궁금했던 점이 있다. 미국은 선진 산업국 중 특이하게 사회가 불평등하고 범죄가 횡행하는 동시에 놀랄 만한 기술 혁신이 연이어 나오는 나라이다. 한 나라의 수준은 그 나라의 가장 밑바닥 사람들을 보면 안다는 말이 있다. 미국 사회의 밑바닥에 있는 가난한 흑인들의 삶은 정말 비참하다. 새로운 실험과 혁신이 계속되려면 기존의 권위에 도전하는 것을 허용하는 자유로운 분위기여야 한다. 불평등이 높으면 기득 이권의 힘이 강대하여 권위에 도전하는 것을 제한하는 문화가 지배할 텐데, 미국은 이러한 상식에서 벗어난 사례이다. 민주주의 국가에서 엄청나게 비참한 삶을 곁에 두고 자유로운 분위기가 존재한다는 것은 얼핏 납득이 되지 않는다.

미국의 역사에서 볼 때 지난 수십 년은 100년 전의 변화상과 흡사하다. 눈부신 기술 혁신이 일어났다는 점, 새로운 산업 ― 이번에는 지식 중심의 산업 ― 의 비중이 크게 높아졌다는 점, 엄청난 규모의 이민자가 들어왔다는 점, 엄청난 부가 만들어졌으며 불평등이 크게 확대되었다는 점이 그것이다. 미국은 19

세기 말 20세기 초에 이러한 변화를 겪으면서 '금박의 시대Gilded Age'와 '진보주의 시대Progressive Era'를 거쳐 1929년 대공황을 맞았다. 만일 앞으로 엄청난 규모의 경제 불황을 겪게 된다면, 분명 후대의 역사가들은 20세기 말 21세기 초를 100년 전과 흡사하다고 말할 것이다.

이 책은 1980년대 이래의 변화를 다룬다. 그 무렵부터 미국인의 삶의 방식이 크게 바뀌었다는 점을 부각시킨다. 변화의 중심에는 세계화와 정보화가 있으며, 기술 혁신과 사회 구성원 간의 갈등이 서로 뒤엉키며 변화를 이끌어간다. 이 책은 미국의 이야기를 쓰고 있지만, 행간에 한국의 변화에 대한 생각이 깔려 있다. 한국은 미국과 사정이 많이 다르기에 미국의 변화로부터 한국의 변화를 그대로 유추할 수는 없다. 그러나 한국도 선진 산업국에 들어섰고 세계화의 흐름에 적극 동참하고 있기에, 변화의 선두에 있는 미국의 모습이 한국의 미래를 생각하는 데 유용한 참고가 될 것이다.

이 책을 쓸 생각을 한 것은 십수 년 전으로 거슬러 올라간다. 2006년 『미국 문화의 기초』라는 책을 쓰면서 이 책의 기본 아이디어를 잡았다. 『미국 문화의 기초』에서는 말 그대로 문화적 배경을 이야기하고, 그러한 바탕 위에 근래에 전개된 미국의 변화, 특히 사람들의 삶의 방식의 변화를 그려보겠다는 것이 나의 계획이었다. 십수 년 전에 품었던 프로젝트가 완성되는 것이기에 홀가분하다. 드물게도 무언가 계획한 것을 마침내 이루었구나 하는 뿌듯함을 느낀다. 물론 그러한 성취감은 내용의 질과는 무관하다. 미국은 문제가 많지만 그 못지않게 역동적인 나라라고 생각하기에, 미국은 나에게 여전히 흥미롭고도 수수께끼이다.

차례

| 제1장 |

소개

1970년대 후반을 기점으로 미국 사회는 크게 바뀌었다

Change of The American Society

제2차 대전 이후 1970년대 초까지 지속된 풍요와 낙관의 분위기는 물러났다. 그 대신 1970년대 후반 이래 미국인의 삶은 긴장되고 바빠졌다. 미국인은 1950~1960년대를 '좋았던 옛날Good old days'이라고 기억한다. 그렇다고 1970년대 초반의 생활이 1970년대 후반 이후보다 더 잘살았던 것은 결코 아니다. 일시적인 불황은 있었지만 지금까지 미국인의 소득은 꾸준히 상승했으며, 근래로 올수록 더 잘살게 되었다. 그러나 많은 미국인은 비록 예전보다 잘살게 되었지만 삶은 더 힘들다고 말한다. '왜 미국인의 삶은 1970년대 후반 이후 팍팍해졌을까?' 하는 질문이 이 연구의 출발점이다.

물론 1970년대 이후 생활이 힘들어졌다는 주장에 동의하지 않는 미국인이 많다. 여성이나 흑인은 분명 동의하지 않을 것이다. 이들의 삶은 근래로 올수록 더 나아졌기 때문이다. 반면 중류층 백인 남성은 1950~1960년대를 그리워할 것이다. 그들에게 '좋았던 옛날'이란 교외의 넓은 집에 살면서 도심에 있는 직장에 출근했다가 이른 저녁에 귀가하면 따뜻한 식사가 기다리는 것이었다. 일상이 단조롭긴 하지만 직장 일이 그렇게 바쁘거나 힘들지 않았다. 지금만큼 경쟁이 치열하지 않았으며, 무엇보다 직장에서 해고될 염려를 하지 않았다.

그 당시에는 사람들이 미래를 낙관했기에 일찌감치 결혼해 자녀를 여럿 낳아 키웠다. 최소한 중류층 백인 남성에게 그때는 좋은 시절이다.

이러한 여유로운 삶의 방식은 1970년대 후반 이래 지금까지 가속화된 삶의 방식과는 분명 다르다. 1970년대 후반 이래 지금까지 전개된 삶의 방식을 살펴보자. 중류층 사이에서 맞벌이가 일반화되면서 삶이 바빠졌다. 가정과 직장 일을 병행하는 것이 무척 힘들기는 하지만, 다수의 기혼 여성은 자녀가 어린 나이임에도 직장에 나가 일하는 생활을 선택했다. 직장 일은 물리적인 양이나 강도에서 과거와 비교할 수 없을 정도로 많아지고 세졌다. 과거보다 경쟁이 치열해졌다. 생산직 근로자들은 언제 일자리가 사라질지 몰라 불안해했고, 중류층 사무직 근로자들도 언제 직장을 옮겨야 할지 모르기 때문에 자신의 시장가치를 항시 의식하며 긴장을 늦추지 않았다. 교육비와 의료비가 크게 상승한 반면 남성 근로자의 실질임금은 하락했다. 맞벌이가 늘면서 중류층의 가구 소득은 증가했지만 빚 또한 늘었다. 사람들 사이에 소득 격차는 커지고 미래를 낙관하는 분위기는 사라졌다. 노년은 다가오지만 크게 저축해놓은 것은 없고, 자기 책임으로 전환된 연금 투자 적립금도 많지 않아 미래가 불안하다. 결혼을 늦추고, 아이를 적게 낳고, 장시간 근로에 힘들어하고, 해고를 걱정하는 분위기가 지배하게 되었다. 이러한 삶의 방식은 현재 한국 사회와 크게 다르지 않다.

사회 변화의 시점을 특정 연도로 콕 집어 말하기는 어렵다. 오래전에 시작된 변화가 특정 사건으로 두드러져 보이는 경우가 많지만, 사회 변화란 여러 요인이 중첩되어 시간을 두고 서서히 전개되기 때문이다. 사회의 여러 측면은 변화의 속도가 제각각이므로 전체를 포괄해 변화의 시점을 특정하기 어렵다. 그럼에도 1970년대 후반을 전환의 시점으로 보는 데는 그 나름대로 이유가 있다.

미국 사회는 1960년대에 큰 혼돈을 겪었다. 1963년에 의회를 통과한 흑인의 선거권을 보장하는 법률은 수백 년간 내려온 인종 질서를 뒤집는 기념비적인 사건이다. 남북전쟁 중이었던 1863년 노예제도가 폐지된 이후에도 흑인은 사실상 준準노예 상태로 묶여 있었다. 이 법률을 계기로 흑인은 수백 년간의 속박 상태로부터 벗어나 법 앞에 동등한 시민으로 인정받게 된 것이다. 이후 미국에서 공식적으로 인종차별을 하는 것은 허용되지 않는다. 물론 지금도 드러나지 않게 차별하는 경우는 많으며, 흑인의 열악한 경제적 지위는 법적인 평등만으로 개선되지는 않는다. 흑인들은 법적 평등과 경제적 차등이라는 모순에 분노하여 전국적인 폭동을 일으켰다.

흑인이 투표권을 갖게 된 충격은 엄청났다. 남부의 백인들은 흑인의 지위 향상을 허용한 집권 민주당에 등을 돌리고 이후 공화당의 충성스러운 지지자가 되었다. 1930년대 대공황 이래 민주당은 남부 백인의 압도적인 지지 덕분에 1970년대 후반까지 40년 동안 집권당의 지위를 누렸다. 그러나 남부는 1960년 후반부터 흔들리기 시작해 1980년 로널드 레이건Ronald Reagan 대통령 당선 이후 공화당의 텃밭으로 바뀌었다. 공화당은 중간에 빌 클린턴Bill Clinton 대통령이 집권한 시기를 제외한다면, 최근 버락 오바마Barack Obama 대통령이 집권할 때까지 30년 이상 백악관과 의회와 지방 정부를 장악했다. 공화당의 집권 이후 부자 감세 조치가 연이어 시행되었으며, 이전 40년간 민주당 정부에서 도입한 소수자 인권보호나 교육 의료 복지 관련 제도는 크게 약화되었다.

제2차 대전 종전 이후 1970년대 초까지 미국 경제는 매년 3~5%의 성장을 지속했다. 이 기간에 모든 미국인의 삶이 나아졌다. 부자만이 아니라 가난한 사람의 생활도 나아졌다. 존 케네디John F. Kennedy 대통령의 연설에서 "밀물이 되면 모든 배가 떠오른다"는 표현은 이 시기를 적절히 묘사한다. 유럽의 선진 산업국들은 전쟁으로 폐허가 되어 미국의 경쟁자가 되지 못한 반면, 미국은 전후 유럽 부흥에 소요되는 물자를 만들어내느라 공장이 쉴 새 없이 돌아갔다. '미국제Made in USA'는 전 세계 어디에서나 부러움의 대상이었다.

그러나 이렇게 잘나가던 분위기는 1970년대를 거치며 바뀌었다. 1970년대 초반 독일과 일본의 자동차가 미국에 상륙했으며, 1970년대 중반 미국은 전후 최초로 무역 적자를 기록했다. 일본과 유럽 산업국의 생산성이 마침내 미국을 따라잡은 것이다. 이후 미국에서 만든 물건은 투박하고 고장이 잘 나는 열등한 물건으로 세계 시장에서 인식이 바뀌었다. 1970년대는 원유 파동으로 세계경제가 요동친 시기이다. 미국의 메이저 석유 회사의 지배에 대한 산유국의 반란인 원유 파동은 1973년 1차 위기에서 원유 가격이 1배럴당 3달러에서 12달러로 뛰더니, 1979년 2차 위기에서는 다시 40달러로 뛰었다. 미국의 주유소에는 주유하려는 차량이 장사진을 이루었고, 지미 카터Jimmy Carter 대통령은 털 스웨터를 입고 TV에 나와 에너지 절약을 호소하는 지경에 이르렀다. 제2차 대전 후 미국 경제의 호시절은 지나간 것이다.

1970년대 후반과 1980년대 초반에 걸친 극심한 인플레와 불황, 해마다 늘어나는 무역 적자와 재정 적자는 정권을 민주당에서 공화당으로 완전히 교체시켰으며 기업 경영 방식도 크게 바꾸었다. 구조조정의 광풍이 1980년대 미국 산업계를 휩쓸었다. 북부 지역의 공장을 폐쇄하고 남부 혹은 외국으로 생산 기반을 이전했으며, 기업은 핵심 역량을 제외한 부문을 외주로 돌렸다. 중간 관리자를 대거 없애고 조직을 간소화했으며 해고와 고용을 용이하게 만들었다. 기업 간 생사를 둘러싼 경쟁이 격화되면서 일부 사업 부문을 매각하거나 회사가 통째로 경쟁 업체에 흡수되는 사례가 흔해졌다. 1980년대 이후 미국 기업은 상시적으로 구조조정을 하는 시스템으로 전환했다. 즉, 이익이 나는 회사라도 이익과 효율을 더 높일 수 있다면 직원을 해고하거나 사업을 매각하는 것을 주저하지 않게 되었다. 이 과정에서 최고경영자의 보수는 엄청나게 높아졌으나, 일반 근로자의 직업 안정성은 크게 약화되었다.

1970년대 후반은 미국 산업계에 정보통신기술이 본격적으로 보급되고 세계화가 전개된 시기이다. 컴퓨터가 기업의 업무에 널리 쓰인 것은 1970년대 중반 이후의 일이다. 이전에는 정부와 금융회사에서 부분적으로 컴퓨터를 사용했으나 일반 기업체의 업무에는 활용도가 낮았다. 표준화된 컨테이너를 통해 해상 운송 효율이 높아진 것도 1970년대 중반 이후의 일이다. 1980년대 초 항공업계가 자유화되면서 경쟁이 치열해지고 가격이 내려가면서 비행기를 이용한 여행과 물류 운송이 일반화되었다. 1980년대 중반 이래 개인용 컴퓨터가 보급되면서 사무 업무의 효율이 크게 향상되었으며, 1990년대에는 정보통신기술의 발달에 힘입어 엄청난 호황이 찾아왔다. 1970년대 후반 중국이 개방하여 자본주의 경제정책을 채택하고, 선진국의 생산 기반의 해외 이전에 힘입어 1980년대 이래 미국 시장에는 한국과 중국 등 개발도상국에서 생산된 저렴한 제품이 범람했다.

제2차 대전 후 1970년대 초반까지 미국 경제는 지속적으로 성장했을 뿐 아니라 소득 격차도 꾸준히 축소되었다. 빈곤율이 크게 감소했으며, 사회보장과 의료 혜택의 확대에 힘입어 노인 빈곤층이 사라졌다. 그러던 것이 1970년대 후반부터 현재까지 30년 이상 소득 불평등이 확대되고 있다. 근래로 올수록 성장의 과실이 최상위 소득자에게 집중하는 경향이 두드러진다. 1990년대보다 2000년대에 들어, 최상위 10%보다는 최상위 1%에게, 또한 최상위 1%보다는 0.1%에게 부의 증가분이 집중되는 정도가 심해졌다. 반면 최저임금은 1960년대 이래 계속 하락했으며, 남성 근로자의 임금 또한 1970년대 후반 이래 하락했다. 중간 소득층이 줄면서 양극화 현상이 뚜렷해졌다.

20세기 후반에 여성의 지위는 꾸준히 향상되었다. 1950년대 후반 신뢰할 만한 피임 수단이 널리 보급되면서 1960년대에 성 개방 풍조를 가져왔다. 여성은 이제 자신이 좋아하는 사람과 성관계를 갖고 임신을 염려하지 않아도 되게 되었다. 1970년대는 여성운동의 시기이다. 남녀평등 조항을 헌법에 삽입하려는 움직임이 1970년대 전 기간에 걸쳐 전국을 떠들썩하게 했으며, 사회

곳곳에 스며 있는 남녀 차별 관행을 고발하고 철폐하려는 여성계의 노력이 활발하게 전개되었다. 그동안 여성의 교육 수준은 꾸준히 향상되었다. 1950년대에만 해도 대학교를 졸업한 여성은 드물었으나, 1980년대 중반에는 대학교에 다니는 여성과 남성의 비율이 대등한 수준에 이르렀다. 1960년대 중류층 여성은 결혼하기 전 짧은 기간 직장을 다니다 결혼하면 전업주부로 들어앉는 것이 보통이었다. 그러나 2차 대전 이후 기혼 여성의 경제활동 비중은 꾸준히 증가했다. 1980년대 이후에는 어린 자녀를 둔 여성이 직장에 다니는 것에 대한 사회적 거부감도 크게 완화되었다. 여성의 독립적인 경제력이 높아지면서 불행한 결혼을 중간에 그만두는 이혼 사례 또한 꾸준히 증가해, 1980년대 초에는 결혼 후 이혼할 확률이 50%에 도달했다.

1960년대 후반까지 미국은 비교적 동질적인 사회였다. 1925년 이민법을 만들고 1965년 개정하기 전까지 40년 동안 미국에는 이민자가 거의 들어오지 않았다. 1970년 외국 출생자가 전인구의 4%까지 떨어졌으며, 백인과 흑인이 인구의 대부분을 차지했다. 이후 매년 100만~200만 명의 이민자들이 중남미와 아시아로부터 들어온 결과, 최근 외국 출생자의 비율은 13%로 역사상 최고 수준에 근접하고 있다. 백인과 흑인만 살던 나라에 이전에는 드물었던 다양한 배경의 라티노Latino와 아시아계가 더해지면서 미국은 다인종·다민족 사회로 변모했다. 1980~1990년대 미국에는 'WASP'라 일컬어지는 백인 남성 앵글로·색슨Anglo-Saxon 개신교도의 종주권에 도전해 여성과 소수 인종·민족이 자신들의 고유한 문화적 정체성을 주장하는 다문화주의 운동이 벌어지기도 했다.

1970년대를 전후한 변화는 미국인의 종교 성향에서도 감지된다. 미국인은 믿음이 깊은 사람들이다. 유럽은 19세기 중반 이래 세속화의 길을 걸어왔음에 비해, 미국에서는 1970년대 초까지 거의 모든 사람들이 기독교를 믿었다. 여론조사에서 특별히 믿는 종교가 없다고 응답하는 사람이 1970년대 초까지는 전인구의 2%에 불과했다. 그러나 1980년대 이래 교회에서 멀어지는 현상이 감지된다. 그동안 미국의 교회는 낙태나 동성애와 같은 사회적 이슈에 적극적으로 개입해 정치적 쟁점으로 만들었다. 일반인 중 종교가 없다고 하는 사람은 꾸준히 증가해 최근에는 20%를 넘어섰으며, 동성애를 허용하는 의견에 절대 다수가 동의한다. 이제 미국인 중에 실제로 주말마다 교회에 나가는 사람은 다섯 명에 한 명꼴에 불과하다.

미국이 1970년대를 전후해 크게 바뀌었다는 주장에 대해 지금까지의 서술이면 충분할 것이다. 이렇게 사회 전반적인 변화를 이끈 가장 중요한 동인으로 경제 환경의 변화를 먼저 꼽을 수 있다. 경제 환경이 변화하면서 기업이 바뀌었고, 사람들의 일자리 사정이 바뀌었고, 소득분배 구조가 바뀌었다. 정보통신기술과 운송 기술의 변화 역시 20세기 후반의 변화를 이끈 주요 요인이다. 컴퓨터를 광범위하게 사용하면서 산업 전반의 효율이 높아졌으며, 이와 더불어 운송 기술이 발달하면서 세계화가 가능해졌기 때문이다.

흑인과 여성의 지위 상승과 교육 수준의 향상은 20세기 후반 미국 사회에 큰 파장을 불러왔는데, 경제 변화나 기술 발전과는 독립적으로 전개되었다. 이러한 요인들은 제2차 대전 이후 지속적으로 전개된 변화로서 1970년대를 변화의 시점으로 특정할 수 없다. 1960년대 민권운동을 통해 흑인의 지위가 획기적으로 향상되었지만, 사실 흑인의 지위 향상은 제2차 대전 중 전투부대에서 흑인과 백인을 통합한 조치나, 그 훨씬 이전인 1930년대에 남부의 흑인이 북부로 대거 이전해 도시 산업근로자가 되는 과정에서 이미 시작되었다. 여성의 지위 향상 역시 제2차 대전 중 전장에 나간 남성 노동자를 대신해 많은 여성이 산업 현장에서 일하게 되면서 뚜렷이 나타났다. 물론 1920년 여성의 참정권을 보장하는 헌법 개정으로 거슬러 올라갈 수도 있다.

다음 장들에서는 20세기 후반 사회의 각 영역에서 어떻게 변화가 전개되었으며, 왜 그러한 변화가 일어났는지 검토한다. 20세기 후반의 변화는 여전히 현재 진행형이므로, 그러한 변화가 현재 어느 단계에 도달했으며, 앞으로 어떻게 될지 추정해본다. 각 장의 내용을 간단히 소개하면 다음과 같다.

제2장은 소득 불평등 문제를 다룬다. 이 주제를 가장 먼저 다루는 이유는 근래에 크게 문제가 되고 있기 때문이기도 하지만, 이 주제는 미국 사회의 구조적 특징을 가장 잘 보여주기 때문이다. 미국 사회의 높은 불평등은 미국의 강점과 약점을 동시에 드러낸다. '선진국이면서 매우 불평등한 사회가 어떻게 가능한가'라는 도발적인 질문에서 출발해 미국 사회의 구조적 토대를 검토한다. 19세기 후반 이래 미국의 정치경제 환경이 어떻게 기업가와 부자 중심의 체제를 만들었는지 유럽과 대비해 더듬어본다. 아울러 1970년대 후반 이래 왜 불평등이 지속적으로 확대되는지 설명한다.

제3장에서는 일과 소비의 문제를 다룬다. 근로 생활은 사람들의 삶에서 중심을 차지한다. 1970년대 후반 미국의 경제 환경이 바뀌고 기업과 일의 세계가 변했다. 서비스 산업이 확대되고 지식 노동의 비중이 증가했다. 과거보다 직장 생활은 훨씬 긴장되고, 맞벌이가 일반화되면서 가정생활 역시 바빠졌다. 1980년대의 구조조정과 세계화의 여파가 미국인의 근로 생활에 어떻게 영향을 미쳤는지 확인한다. 소비는 일과 동전의 양면이다. 일을 많이 하게 되면서 여가는 줄어드는 대신 소비는 늘어난다. 미국인이 소비를 많이 하는 데에는 소비를 장려하는 사회적 장치가 효과적으로 작동하기 때문이다.

제4장은 가족 문제를 다룬다. 미국인은 가족을 인생에서 가장 소중한 부분으로 여기지만 가족 구성원 간의 유대는 과거보다 약해졌다. 이혼과 재혼이 일반화되었으며, 근래에는 동거하는 커플이 늘고 있다. 부부와 자녀가 함께 사는 핵가족이 여전히 이상적인 가족 형태이지만 혼자 살거나, 어머니만 자녀와 함께 살거나, 자녀 없이 사는 가구가 다수를 차지하게 되었다. 부부가 함께 하며 자녀를 돌보는 가족이 자녀 성장에 가장 좋은 환경이라는 사실은 변함없지만, 근래로 올수록 이러한 가족은 중류층 이상에서나 누릴 수 있는 특권이

되었다. 중하층의 경우 경제생활이 불안정해지면서 가족생활 또한 불안정해지고, 이것이 다시 다음 세대에 부정적인 영향을 미치는 악순환이 1970년대 이래 뚜렷해졌다. 소득의 양극화 못지않게 가족 관계의 양극화가 전개되고 있다.

제5장에서는 여성 문제를 다룬다. 여성의 지위는 20세기 전 기간을 통해 꾸준히 향상되었다. 남성과 여성 간에 역할이 분리되는 정도 역시 점차 약해졌다. 직장과 집 모두에서 여성의 역할과 권한이 높아진 반면, 최근에 교육 수준이 높은 남성을 중심으로 양육과 가사 참여 비중이 늘면서 여성과 남성은 동등해지는 방향으로 나아가고 있다. 여성이 경제활동에 적극적으로 참여하면서 독립적인 경제력을 지닌 여성이 출현한 것은 20세기 후반 두드러진 현상이다. 1960년대에 전개된 성 개방 풍조는 여성의 지위를 높이는 데 일조했다. 그러나 20세기 전 기간에 걸쳐 남녀 격차가 줄어드는 추세는 1990년대 후반 이래 지금까지 정체 상태인데, 그 이유를 확인해본다. 미국의 여성은 여전히 일과 가정을 양립하는 것이 매우 힘든 줄타기 생활을 하고 있다.

제6장은 인종 문제를 다룬다. 백인과 흑인으로 양분된 미국의 인종 질서는 근래에 변화하고 있다. 중류층에 올라선 흑인이 늘고, 중남미와 아시아에서 온 유색인 이민자가 증가하고, 혼혈인을 주장하는 인구가 늘면서 오랫동안 미국 사회를 지배한 '한 방울의 피' 규칙은 허물어지고 있다. 중남미 이민자가 증가하면서 미국의 인종 질서가 어떻게 바뀔지 네 가지 시나리오를 비교한다. 1960년대의 민권운동을 계기로 흑인의 법적 지위는 개선되었지만 인종 편견과 차별의 관행은 많이 남아 있다. 흑인과 백인은 여전히 다른 세계에서 산다. 흑인은 흑인끼리 살며 백인은 흑인과 가까이 하는 것을 꺼린다. 흑인 중 3분의 1은 중류층의 지위에 올라 백인 중류층과 동일한 방식으로 생활하지만, 나머지 3분의 2는 도심의 슬럼에서 비참하게 살며 좌절과 스트레스 속에서 마약과 범죄에 빠져 자기 파괴적으로 생활한다. 어디에 문제가 있길래 여전히 다

수의 흑인이 이렇게 사는지 살펴본다.

제7장에서는 교육 문제를 다룬다. 미국의 학교는 양극화되어 있다. 백인 중류층이 사는 교외의 학교는 교육 환경이 좋으며 학생들의 학업 성취도도 높다. 반면 흑인 빈곤층과 근래의 이민자 자녀가 다니는 도심의 학교는 교육 환경이 열악하다. 고등학교 중퇴자가 많으며 학교를 졸업하고도 글을 제대로 읽지 못하는 사람이 적지 않다. 새로운 정부가 들어설 때마다 교육 개혁을 외치지만 미국의 교육 문제는 해결될 기미를 보이지 않는다. 어떤 개혁 정책이 제시되었으며, 왜 그것이 효과를 발휘하지 못하는지 검토한다. 미국과 유럽은 교육 시스템이 다르다. 미국은 고등학교까지 모든 학생이 동일한 교과과정을 배우는 반면, 유럽은 중학교에 진학할 무렵부터 배우는 내용이 나누어진다. 한편 미국의 대학교는 세계 최고의 경쟁력을 자랑한다. 세계 각지의 인재들은 근래로 올수록 더욱더 유럽보다 미국을 선택한다. 고등학교 과정까지는 문제가 많은데 대학교 경쟁력은 미국이 어떻게 세계 최고가 될 수 있었는지 살펴본다.

제8장에서는 종교 문제를 다룬다. '미국인은 왜 종교적 믿음이 깊은가' 하는 질문에서 출발해 유럽과 대비하면서 미국인의 종교적 토대를 검토한다. 미국의 교회는 이민자와 밀접한 연관을 가지고 발달했다. 미국에는 1만 명 이상의 신도를 가진 대형 교회가 많으며, 복음주의 교회 신자는 전인구의 4분의 1에 달한다. 기독교 근본주의가 미국 사회에서 번성하는 이유를 설명한다. 미국의 교회는 공화당과 밀접한 연관을 맺으면서 정치적으로 영향력을 행사하고 있다. 특히 남부를 중심으로 한 복음주의 교회의 세력은 대단하다. 그러나 근래에 교육 수준이 높은 젊은이를 중심으로 세속화의 움직임이 나타나고 있다. 미국도 유럽과 같이 세속화의 길을 갈 것인지 살펴본다.

제9장에서는 인구 문제를 다룬다. 미국은 2042년경에 백인의 비중이 절반 이하로 떨어질 것으로 예측하지만, 히스패닉Hispanic계 백인을 포함하면 백인

의 비중은 큰 변화가 없다. 다만 현재보다 좀 더 다인종·다민족 사회로 이행할 것이다. 미국은 다른 선진 산업국과 달리 인구 고령화 문제를 심각하게 고민하지 않는다. 그 대신 미국은 이민자 문제가 큰 비중을 차지한다. 근래에 이민자의 유입을 제한하려는 움직임이 커지고 있지만, 이민자는 미국 사회에 활력을 가져오며 미국의 성장을 이끄는 주역이다. 근래에 불법 이민자 규제 논의가 어떤 결과를 가져올지 분명치 않지만, 앞으로도 당분간 이민자의 대규모 유입이 계속되리라는 점은 확실하다. 미국 인구의 또 다른 특징은 지역 간 이동이 활발하다는 점이다. 20세기 후반에 들어 미국의 인구는 북부에서 남부로 많이 이동했다. 산업 구조조정으로 촉발된 인구의 대이동은 미국의 정치 지형에 큰 변화를 가져왔다.

제10장은 앞에서 검토한 사회변화를 종합해 미국 사회가 앞으로 어떻게 될지 조망한다. 경제적으로는 성장이 지속될 것이며, 사회적으로는 여성과 유색인의 지위가 향상되는 방향으로 나아갈 것이다. 그러나 높은 수준의 소득 불평등이 조금은 낮아지겠지만 크게 변화할 것으로 예상하지는 않는다. 이는 중하위 계층의 협상력이 매우 낮은 사회구조적 특성이 크게 바뀔 것 같지 않기 때문이다. 마지막으로 최근 대통령 선거에서 도널드 트럼프Donald Trump의 부상을 계기로, 미국에서도 유럽과 같이 중하층 노동자에 영합하는 극우 정치가 부상할지 생각해본다.

| 제2장 |

선진국이면서 매우 불평등한 사회가 어떻게 가능할까

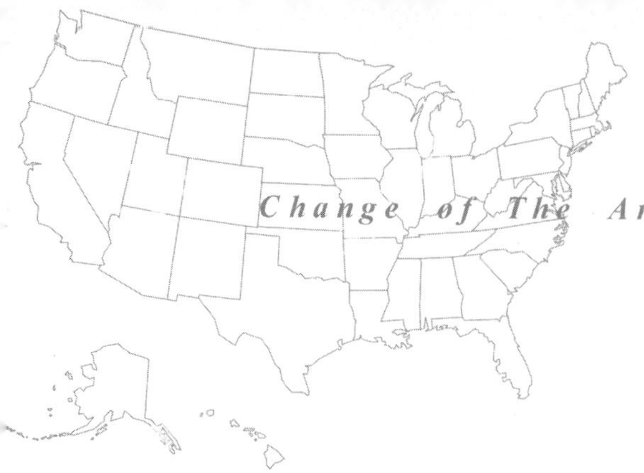

Change of The American Society

미국에 조금 오래 머무른 외국인의 눈에 비치는 인상적인 모습을 들라면 미국 사회의 높은 빈부 격차를 지적하는 사람이 적지 않을 것이다. 그가 서유럽에서 온 사람이라면 분명 미국의 빈부 격차는 가장 먼저 눈에 띌 것이며, 한국인의 눈에도 이러한 특징이 두드러지게 다가온다. 미국의 부자는 엄청나게 부유한 반면 대도시의 슬럼에 사는 가난한 사람의 참상은 선진국을 의심케 한다. 미국 사회를 들여다보면 이러한 외국인 관찰자의 인상이 피상적인 수준을 넘어서서 뿌리 깊은 구조적 문제라는 것을 확인한다. 어떻게 선진국에서 이렇게 극단적으로 부유한 사람과 극도로 가난한 사람이 공존하는 것이 용납되는지 궁금하다.

일반적으로 한 나라의 소득 수준이 높으면 국민의 소득은 평준화되는 경향이 있다. 경제학자 사이먼 쿠즈네츠Simon Kuznets는 경제발전의 초기 단계에는 소득이 높아지면서 불평등이 심화되다가 경제발전이 지속되어 성숙한 단계에 도달하면 불평등이 낮아진다는 가설을 제시했다. 이러한 국민 소득과 불평등 사이의 일반적인 관계에서 예외적인 나라가 미국이다. 미국은 선진 산업국 중 소득이 가장 높은 나라이면서 동시에 소득 불평등 또한 가장 크다. 소득 불평등 수준을 나타내는 지니계수는 완전 평등한 사회를 0으로, 완전 불평등한 사회를 1로 측정하는데, 미국은 0.4를 넘어선다. 이 수치는 서유럽의 대부분의 나라가 0.2~0.3 주변인 것에 비해 월등하게 높은 수치이며 한국의 불평등도와 비교해도 높다.[1] 미국 사회의 소득 불평등 문제는 지난 30여 년간 소득과 재산이 최고위 계층에 집중하는 경향이 지속되면서 근래에 큰 사회적 쟁점이 되었다.

높은 수준의 소득 불평등은 계층 간 갈등, 범죄, 빈곤, 정신건강 문제 등 다양한 사회문제를 유발하며 사회 구성원의 행복 수준을 전반적으로 떨어뜨린다.[2] 주변에 극도로 가난한 사람이 있거나 범죄가 만연한다면 자신이 아무리 부유하다고 해도 마음 편히 살 수 없기 때문이다. 서구 사회는 소득이 높아지면서 조세와 복지제도를 통해 불평등을 낮추려는 노력을 적극적으로 전개했다. 이는 소득 격차에 대해 사람들의 관심이 크고 분배의 정의를 요구하는 정치적 압력이 높기 때문이다. 소득이 낮고 권위주의 정권이 통치하는 개발도상국은 일반적으로 불평등 수준이 높다. 이런 나라에는 소수에게 부와 권력이 집중해 있다. 그러나 미국과 같이 민주주의가 발달하고 풍요로운 선진국에서 소득 불평등이 높으면서도 큰 사회적 혼란이 발생하지 않고 경제성장과 기술 혁신이 계속 이루어지는 것은 흥미롭다.

미국의 불평등 수준이 높은 근본적인 이유는 자본주의 체제에서 경제활동에 따른 보상의 격차가 크기 때문이다. 그러나 미국의 소득 불평등 수준이 높은 또 다른 이유는 서유럽 국가들과 달리 조세나 복지 정책을 통한 정부의 소득 재분배 기능이 약하기 때문이다. 조세와 복지 혜택이 적용되기 전의 소득에 대한 분포를 보면 미국의 소득 불평등 수준은 서유럽 국가보다 크게 높지 않다.[3] 미국은 선진 산업국 중 총생산에서 조세와 정부가 차지하는 비중이 낮다. 따라서 미국이 특이하게 불평등한 이유를 파악하려면 미국에서 왜 정부의 역할이 미약한지를 이해할 필요가 있다.

미국의 일부 보수주의자들은 미국의 불평등 수준이 높은 이유를 이민자에게서 찾는다.[4] 지난 30여 년간 불평등이 크게 높아졌는데 이 기간에 매년 엄청난 수의 이민자가 들어왔다. 미국에 건너온 이민자들은 미국 사회에서 가장 험한 일을 하는 바닥에서 출발하므로 이들을 제외한다면 미국은 서유럽보다 특별히 불평등하지 않다는 주장도 일견 그럴듯해 보인다. 그러나 미국 사회의 불평등 구조를 자세히 들여다보면 이 주장이 타당하지 않음을 확인한다. 몇 가지 이유를 댈 수 있다. 첫째, 지난 30여 년간 미국에 건너온 이민자들은 대다수가 아시아인과 중남미 사람인데 이들은 미국의 소득 분포에서 최하층에 위치하지 않는다. 소득 분포의 가장 밑바닥에는 미국에 건너온 지 수백 년 된 흑인이 차지한다. 둘째, 지난 30년간 소득 불평등이 확대된 주원인은 소득분포에서 최상위에 있는 사람들에게 부가 집중하게 된 것이다. 그동안 가난한 사람의 실질소득은 큰 변화가 없다. 셋째, 이민자의 물결이 차단된 1925년에서 1965년 사이에도 미국은 서구 유럽보다 훨씬 불평등한 사회였다.

미국 사회의 높은 불평등은 여러 역사적 요인이 오랫동안 누적되면서 만들어낸 미국 고유의 구조적인 현상이다. 미국에서 소득 불평등이 높은 수준으로 계속 유지되는 데에는 정치경제적인 요인만이 아니라 사회문화적 배경이 자리해 있다. 다음에서는 미국의 높은 불평등을 만들어낸 원인에서부터 불평등이 초래하는 사회적 결과에 이르기까지 다면적으로 검토한다. 미국 사회의 불평등은 어떤 모습을 보이는지, 왜 그렇게 불평등하게 되었는지, 높은 불평등을 지탱하는 사회문화적 배경은 무엇인지, 근래에 불평등이 계속 확대되는 원인은 무엇인지, 높은 불평등은 어떠한 영향을 미치는지 살펴본다.

1. 미국 사회는 어떻게 불평등한가

미국은 지난 30여 년간 불평등이 지속적으로 확대되면서 우려가 커지고 있다. 미국은 제2차 대전 이후 1970년대 초반까지 경제가 계속 성장하면서 동시에 불평등이 줄어드는 황금기를 누렸다. 미국 사람들이 '좋았던 옛날'이라고 그리워하는 1950~1960년대에는 부자건 가난한 사람이건 모든 사람의 생활이 향상되고 사람들 사이에 소득 격차가 줄었다. 그러나 1970년대 후반 이래 미국인의 삶의 모습은 크게 달라졌다. 전체적인 부의 규모는 계속 늘어났지만 새로이 증가하는 부는 소수의 부자에게만 몰렸다. 사람들 사이에 소득 격차는 벌어지고, 중류층은 줄어들고, 빈곤층은 늘어났다.[5]

그림 2-1 **임금 집단별 연간 실질임금의 누적 증가율(1979~2010)** (단위: %)

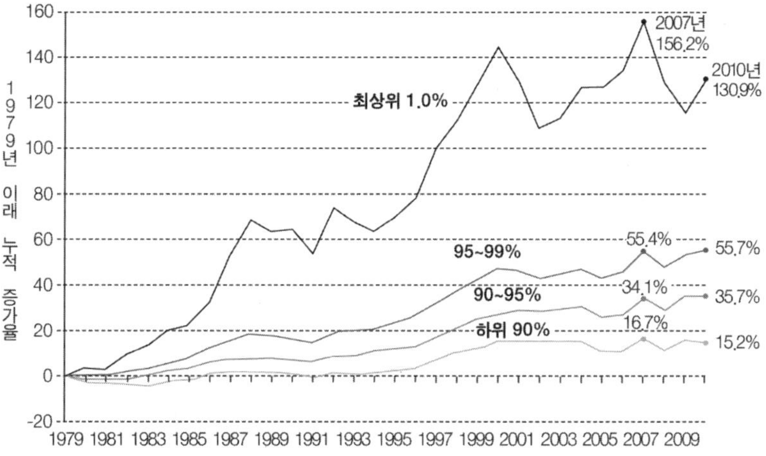

주 1: Y축은 1979년 이래 누적 증가율.

주 2: 소득 분포에서 하위 90%에 해당하는 사람의 실질임금은 지난 30여 년간 15.2%밖에 증가하지 않았으나, 최고 1%에 해당하는 사람의 실질임금은 130.9%나 증가했다.

자료: "A Giant Statistical Round-up of the Income Inequality Crisis in 16 Charts," *The Atlantic*, issue 12(2012).

1970년대 두 차례의 원유 파동을 겪으면서 경제가 급속하게 어려워지고 보통 사람의 삶이 힘들어졌다. 1980년대 초에는 제2차 대전 이후 처음으로 마이너스 성장을 기록하고 산업 전반에 구조조정을 거치면서 안정적인 직장의 개념이 미국인의 머릿속에서 지워졌다. 1980년 레이건 대통령이 집권하면서 신자유주의 원칙을 채택해 시장에 대한 국가의 개입을 줄이고 세금과 복지를 삭감했다. 1990년대 IT 붐으로 경제가 크게 성장하고 2000년대에 들어서도 미국 경제는 계속 확대되어 전체적인 부의 총량은 커졌다. 그러나 소득 배분은 1970년대 후반 이래 지금까지 갈수록 더 악화되고 있다.[6]

남성 근로자의 실질임금은 1970년대 중반에 최고점을 기록한 후 지속적으로 하락한 반면 상류층의 소득은 비약적으로 증가했다. 소득분배 상위 10%의 소득은 그들의 밑에 있는 90%의 사람들보다 훨씬 더 많이 증가했으며, 상위 10% 내에서도 상위 1% 사람들의 소득은 나머지 9% 사람들의 소득보다 훨씬 더 커졌다. 상위 1% 내에서도 상위 0.1%의 소득이 차지하는 비중은 나머지 0.9%의 사람들의 소득보다 훨씬 커졌다. 1990년 이후 지난 20여 년간 전체 소득 증가분의 80%는 상위 10%에 속하는 사람들이 가져갔다.[7]

현재 미국 사회의 소득 불평등 수준은 1929년 대공황이 일어나기 직전의 수준에 근접해 있다. 소득 불평등이 갈수록 높아지면서 과거와 같은 대공황이 재현될 것을 우려하는 목소리가 커지고 있다. 부자에게 돈이 몰려도 그들은 그만큼 소비를 늘리지 않으므로, 1929년 대공황의 원인으로 지목되는 유효수요의 부족 사태가 다시 발생할 수 있기 때문이다. 다만 지금은 그때와 달리 세계의 경제가 훨씬 더 밀접히 연결되어 있으므로 미국의 돈이 다른 나라에 투자될 기회가 훨씬 많다는 점에서 100년 전과는 상황이 다르다.

19세기 후반 자유방임주의적인 자본주의와 급속히 발전하는 산업이 결합하면서 거대한 부를 축적한 기업가들이 출현했다. 신기술이 만들어낸 새로운 산업마다 몇몇 대기업이 산업 전체를 지배하는 독과점 구조가 형성되었다. 존

그림 2-2 **최상위 1%의 세전 소득의 점유율 추이(1913~2013)** (단위: %)

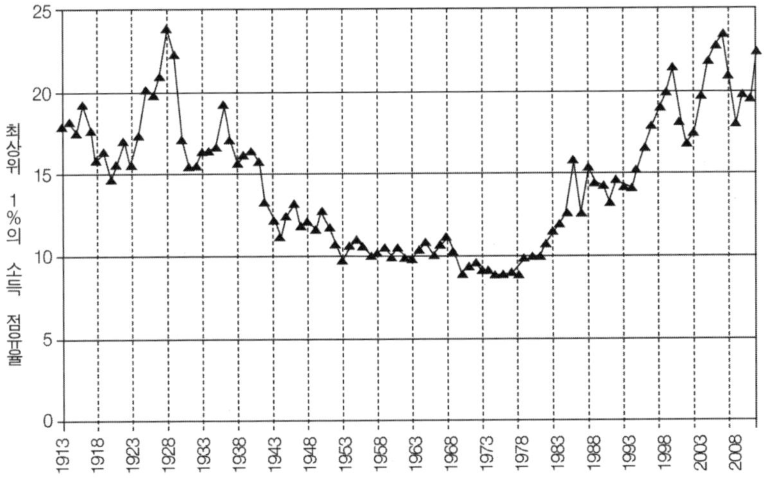

주 1: Y축은 최상위 1%의 세전 소득의 점유율.
주 2: 미국인 중 최상위 1%의 소득이 전체 소득에서 차지하는 비율은 1929년 경제공황 직전에 24%로 최고에 달했다가, 1970년대 초에 최저점에 도달한 후 다시 상승해, 2008년 금융위기 직전에 100년 전의 수준으로 복귀했다.
자료: Picketty and Saez(2003); "American Inequality in Six Charts," *The New Yorker*, November 18, 2013에서 재인용.

록펠러John D. Rockefeller는 석유 관련 산업의 90% 이상을 지배하면서 아직까지도 기록이 깨지지 않은 거대한 부를 축적했다. 앤드루 카네기Andrew Carnegie는 제철 산업을, 코르넬리우스 밴더빌트Cornelius Vanderbilt와 릴런드 스탠퍼드Leland Stanford는 철도 산업을, 토머스 에디슨Thomas A. Edison이 창업자인 제너럴 일렉트릭General Electric은 전기 산업을, 헨리 포드Henry Ford는 자동차 산업을 지배했다. 이렇게 엄청난 부의 집중으로 상류층이 흥청망청 지내며 부를 과시하던 시절을 미국 역사에서는 '금박의 시대Gilded Age'라고 칭한다.

20세기 초반 소수에게 집중된 부는 대공황과 두 차례의 전쟁을 거치면서 완화되었다. 제2차 대전 이후 지속적인 경제성장과 함께 정부가 중하층에게 성장의 혜택이 돌아가도록 하는 정책을 펴면서 소득 불평등은 줄어들었다. 이 시기에 중류층은 증가한 반면 빈곤층은 감소했다. 제2차 대전 이후 정부는 전쟁에서 귀환하는 장병에게 무료로 대학 교육을 지원하고 주택 구입과 사업 자금을 지원해 중류층을 확대하는 데 크게 기여했다. 1960년대에 시행된 노년층과 빈곤층의 의료비를 지원하는 제도와 소득 보조금제도를 통해 빈곤층 중 다수를 차지하던 노인을 중류층으로 끌어올렸다. 린든 존슨Lyndon B. Johnson 대통령 정부가 '빈곤과의 전쟁'이라는 구호 아래 시행한 다양한 복지제도는 빈곤층에게 실질적으로 도움을 주었다. 1950년 이전까지 전인구의 3분의 1에 달하던 빈곤층은 1960년대 후반에 15% 이하로 줄어들었다. 이렇게 모든 사람의 삶이 나아지고 격차가 줄어들던 좋은 시절이 1970년대 후반 이래 반대 방향으로 움직인 것이다.[8]

미국 사회는 인종과 민족에 따라 소득 수준에 큰 차이를 보인다. 백인 내에서도 민족에 따라 소득이 다른데, 이는 각 민족이 이민자로서 미국에 건너온 순서와 대체로 일치한다. 영국계가 소득 분포에서 가장 상위에 있으며, 다음으로 서유럽 사람, 남유럽 사람 순이다. 근래에 공산정권이 붕괴된 이후 많이 넘어온 동유럽 사람이나 이란 등 중동 지역에서 온 사람은 백인 중 가장 하위에 있다. 유럽 민족의 이민 순서와 소득 수준 간 정렬에서 예외적인 집단은 유대인이 유일하다. 대다수의 유대인은 백인의 이민 역사에서 비교적 늦은 시기인 19세기 말에 왔음에도 모든 백인 민족 집단 중 가장 높은 소득을 누리고 있다.

20세기 후반에 본격적으로 건너온 아시아인의 소득이 백인의 평균보다 높은 것 또한 예외적이다. 아시아인과 같은 시기에 대규모로 이주한 중남미 이민자들은 백인과 흑인의 중간쯤에 위치한다. 가장 소득 격차가 뚜렷한 것은 백인과 흑인 간의 구별이다. 흑인은 백인보다 소득이 월등히 낮을 뿐 아니라 도심에 거주하는 흑인의 빈곤은 놀랄 만큼 심하다. 인종에 따른 소득 격차는 교육이나 직업 등 모든 요인을 고려해도 설명이 안 되는 부분이 크다. 즉, 같은 수준의 교육을 받아도 백인은 흑인보다 소득이 높으며, 같은 직업에 같은 기간을 종사해도 백인은 흑인보다 소득이 높다. 흑인은 평균적으로 백인 소득의 70% 남짓 번다. 흑백 간 인종차별이 적지 않은 소득 격차를 낳은 것이다.

백인과 흑인 간 소득 격차가 크지만 흑인들 내에서도 소득 격차는 상당하다. 흑인 중 3분의 1은 백인의 중류층 지위에 도달했으나 나머지 3분의 2는 빈곤선 아래에서 생활한다. 흥미로운 점은 흑인의 피부색이 밝을수록 소득이 높다는 사실이다.[9] 피부색이 밝은 흑인은 과거 노예제 시절에 백인 주인과 흑인 노예의 성적 결합으로 태어난 혼혈인의 후손이다. 과거에 이들이 다른 흑인보다 상대적으로 혜택을 받던 것이 후손에게까지 대물림 되어, 현재에도 피부색에 따른 소득의 격차로 나타난다.

미국에서 중류층과 가난한 사람은 전혀 다른 세계에서 살아간다. 중류층과 가난한 사람은 사는 동네가 다르며 종사하는 직업이나 일하는 곳이 다르기에 서로 마주치는 일이 드물다. 중류층은 대체로 도심에서 멀리 떨어진 교외에 살면서 도심의 직장으로 출근한다. 근래에는 주위를 높은 담장으로 둘러싸고 출입구를 경비원이 지키는 동네에서 거주하는 사람이 늘고 있다. 반면 가난한 사람은 주로 도심에 거주한다. 교외에 거주하는 중류층은 대부분 백인인 반면, 도심에 사는 가난한 사람은 흑인과 근래에 이민 온 사람이 대부분이다.

근래 들어 소득에 대한 교육의 영향력이 갈수록 커지고 있다. 고등학교 졸업자와 대학교 졸업자 간의 소득 격차가 벌어지고 있다. 학력 수준만이 아니라 좋은 학교를 나왔느냐 여부가 삶의 기회에 점점 더 큰 차이를 가져온다.[10] 미국인의 삶에서 교육이 중요해진 것은 비교적 근래의 일이다. 미국에서 중등교육이 확대된 것은 20세기에 들어서이다. 20세기 중반까지만 해도 대학교를 졸업한 사람은 소수에 불과했다. 1970년대까지도 고등학교 졸업자 중 대다수는 대학교에 진학하지 않았다. '미국인의 꿈' 이념에 따르면 학교에 오래 다니는 것보다 일찌감치 비즈니스에 진출해 성공하는 것을 이상으로 여겼다.

록펠러나 카네기가 학력이 높아서 성공한 것이 아니라 일찌감치 비즈니스 세계에 뛰어들어 자수성가한 사람이라는 사실은 미국인이 자주 듣는 이야기이다. 그러기에 빌 게이츠Bill Gates나 스티브 잡스Steve Jobs나 마크 저커버그Mark E. Zuckerberg 같은 사람들이 다니던 학교를 중퇴하고 사업에 뛰어든 경험을 자랑스럽게 이야기한다.

1970년대까지는 고등학교만 졸업해도 중류층 생활을 누리는 것이 가능했으므로 대학교에 진학하는 데 열심이지 않았다. 그러던 것이 1980년대부터 대학교 졸업자와 고등학교 졸업자 사이에 격차가 벌어지기 시작했다. 제조업 일자리가 사라지면서 교육 수준이 낮은 사람에게는 낮은 임금에 불안정한 서비스직 일자리만이 남았다. 반면 교육 수준이 높은 사람에 대한 보상은 높아졌다. 정보화와 세계화는 지식수준이 높은 노동자와 그렇지 않은 노동자 사이에 소득의 격차를 벌려놓았다. 이제 미국에서 중류층에 속하려면 반드시 대학교를 나와야 한다. 전문직에 종사하는 인구가 전체 노동인구의 4분의 1에 육박하면서 대학교만 졸업한 사람과 전문대학원을 졸업한 사람 사이의 격차도 벌어지고 있다.

2. 미국은 왜 그렇게 불평등한 나라가 되었을까

미국의 불평등은 1970년대 후반부터 지금까지 계속 악화되었지만, 사실 그 이전에도 미국은 유럽보다 훨씬 불평등한 사회였다. 미국이 유럽을 계승한 선진 산업국이면서도 유럽과 달리 불평등이 심한 원인은 무엇일까? 미국 사회의 높은 불평등은 미국 역사의 시작에서부터 출발해 오랜 시간에 걸쳐 여러 요인이 중첩되어 나타난 결과이다. 다음에서는 미국이 유럽에 비해 불평등한 사회가 된 요인을 짚어본다. 노동자의 약한 세력화, 보수주의 정치 이념, 인종주의 사회, 이민자의 지속적 유입, 보수적 도덕관 등이 서유럽과 달리 미국을 매우 불평등하게 만든 요인이다.

첫째, 노동자의 약한 세력화

미국은 서구에서 자본주의 경제체제가 가장 극단적으로 전개된 나라이다. 시장기구와 사유재산 보호를 우선으로 하는 자본주의 경제 원칙은 장점이 많지만 약점 또한 두드러진다. 시장기구, 즉 시장에서 자유경쟁에 따라 자원이 배분되도록 하는 것은 기업이건 노동자건 시장 경쟁력에 따라 자원이 효율적으로 활용되도록 한다. 이는 능력이 있는 사람에게는 큰 기회와 보상을 가져다주지만 능력이 없는 사람에게는 냉혹한 경쟁의 쓴맛을 보게 한다. 시장기구는 외부의 감시가 소홀할 때 독점이나 과점으로 흐르기 쉽다. 기업은 다수가 치열하게 경쟁하는 시장에서는 이윤을 거두기 어렵기 때문에 갖은 방법으로 경쟁을 제한하려고 하는데, 미국 정부는 경제에 최소한으로 개입하기 때문에 산업 집중의 정도가 심하다. 미국에서는 상품과 서비스 시장 모두 소수의 기업이 특정 분야를 지배하는 '경쟁적 독점' 혹은 '과점' 현상이 퍼져 있다. 이 경우 시장에서 협상력이 큰 기업과 자본가는 큰 이득을 얻지만 협상력이 약한 노동자는 해고의 위협과 상대적으로 낮은 보상만이 허용된다. 유럽에서라면 국가가 개입해 소수의 기업에 의한 집중을 제한하고, 공익을 보호하기 위해 공정 경쟁을 유도하고, 노동자의 권익을 보호하는 조치를 취했을 상황에서 미국 정부의 역할은 제한적이다. 미국 정부는 시장기구의 폐해, 특히 산업과 자본의 집중을 제한하는 역할에 소극적이기에 불평등이 원천적으로 클 수밖에 없다.

미국이 서구에서도 가장 극단적인 자본주의 경제를 전개하게 된 발단은 19세기 후반으로 거슬러 올라간다. 미국은 19세기 후반 산업화 시절에 사회주의를 배격하던 것에 더해, 20세기 들어 소련과 체재 경쟁을 하면서 비자본주의적 요소를 모두 공산주의로 치부하고 억압하는 사회적 풍토를 만들었다. 서구 사회는 모두 19세기 산업화 과정에서 소수의 자본가에게 부가 집중되고 도시 빈민이 넘치는 상황을 경험했다. 경제 호황과 극심한 불황이 거듭되며 단시간에 부를 축적한 부자들이 출현하는 한편으로 저임금 노동자와 실업자 빈민이 넘치는 혼란한 상황 속에서 사회주의 사상이 널리 퍼졌다. 이 시기에 미국에서도 사회주의를 옹호하는 정당이 출현하고 농민의 지지를 받는 포퓰리즘populism 정당이 목소리를 높였다. 19세기 말 20세기 초에 미국에서도 자본의 집중을 제한하고 비인간적인 노동 관행을 금하는 진보주의 운동이 전개되었다.

독일의 경제학자 베르너 좀바르트Werner Sombart는 유럽과 달리 왜 미국에서는 이 시기에 사회주의 세력이 자리를 잡을 수 없었는지 질문한다.[11] 서유럽에서는 이 시기에 노동조합이나 노동자 정당과 같이 노동자를 대표하는 세력이 경제계와 제도권 정치에 자리를 굳혔다. 반면 미국은 노동자의 세력화가 굳건하게 전개되지 못했다. 이 시기에 출현한 사회주의 정당이나 농민 정당은 기득권 집단을 위협하기에는 세력이 약했다. 반면 산업화를 통해 큰 자본을 축적한 기업가의 정치적 영향력은 크게 확대되었다. 1917년 공산주의 혁명으로 소련이 탄생하자 미국과 서유럽에는 사회주의 정치 세력이 확산되는 것에 대한 두려움이 널리 퍼졌다. 이러한 사회 분위기 속에서 북유럽 국가에는 사회주의 정당이 집권했으며, 사회주의 정부가 출현하지 않은 유럽의 다른 나라에서는 정부가 주도해 복지제도를 선제적으로 도입하고 기업가의 과도한 힘을 견제함으로써 사회주의 세력이 발흥하는 것을 막았다. 이러한 서유럽 국가의 움직임과 달리 미국에서는 정부가 기업가의 편에 서서 노동자를 탄압했다. 정부의 비호를 배경으로 기업가는 노동자에게 사회주의의 위협을 효과적으로 설득하면서 산업 노동자들이 정치 세력화하는 것을 저지했다.

1920년대는 '적색 공포Red Scare'라고 하여 공산주의에 대한 사회적 불안과 억압의 분위기가 미국을 휩쓸었다. 그 당시까지 허용되던 사회주의 정당은 금지되고 이러한 사상을 지지하는 사람은 교도소에 가두었다. 노동자의 권리를 집단적으로 옹호하는 것은 공산주의와 동일시되었다. 노동자들은 자신이 일하는 직장에서 복지에 관한 사안에만 제한적으로 목소리를 낼 수 있을 뿐, 산업 전체의 부조리한 관행을 개혁하거나 기업의 주요 결정에 참여할 수는 없었다. 정부는 노동자의 집단행동을 불법으로 규정하고 경찰과 군대를 동원해 강력히 통제했다. 노동자들은 인종과 민족에 따라 서로 분리되어 있었으므로 자본가와 경영자에 대항해서 연대하여 투쟁할 수가 없었던 점 또한 노동자의 세력화를 어렵게 만들었다. 어떤 특정 민족이 다수인 노동자 집단이 파업이나 집단적 세력화를 시도하면 경영자는 다른 민족 출신의 노동자를 끌어들여 이들을 무력화시키는 방식으로 노동자의 분열을 조장했다. 19세기 말 20세기 초는 미국의 역사에서 이민자들이 가장 많이 들어온 시기이므로 이민자들의 다양한 민족 배경은 이 시기 노동자들의 응집된 세력화를 방해하는 요인이다. 이민자 출신의 노동자는 중류층 의식을 가지고 있기 때문에 사회주의에 쉽게 경도되지 않는다는 점 또한 노동자의 세력화를 막는 요인이었다. 노동자의 세력이 상대적으로 약했으므로 자본가와 경영자는 정치계와 밀접한 관계를 맺고 반항하는 노동자를 탄압하며 자신의 이익을 국가 정책에 일방적으로 반영할 수 있었다.

20세기 초반 공산주의를 배격하고 노동자의 세력화를 억제한 사회 분위기는 제2차 세계대전 이후 소련과 미국이 체제 경쟁을 하면서 더욱 강화되었다. 냉전 시절에 미국은 반공을 국시로 했다. 자본가와 경영자의 권위를 위협하는 모든 요소는 공산주의로 매도했다. 노동자의 권익을 옹호하는 것은 미국의 국시에 반역하는 것으로 몰아 처벌했다. 1950년대 초반 미국을 휩쓴 '매카시즘 McCarthyism'은 1920년대의 적색 공포가 재발한 것으로, 상원의원 조셉 매카시 Joseph R. McCarthy가 미국 국무성에 공산주의 첩자가 있다는 주장으로 촉발된 공산주의를 탄압하는 사회적 히스테리이다. 전국적으로 지역과 직장 단위로 반공 위원회가 결성되었으며 사회주의자로 의심되는 사람을 — 대부분은 사회주의와 아무런 연관이 없는 무고한 사람들 — 취조하고 잡아 가두었다. 이는 사회 전반적으로 공산주의에 대해 공포가 조장되고 악용되었던 극단적인 사건으로서 이 와중에 노동자의 세력은 극도로 위축되었다.

개신교 교회는 반공운동에 적극적인 참여자였다. 공산주의는 무신론과 동등한 것으로 취급되었다. 기독교를 국시로 하는 미국에서 사회주의를 옹호하는 것은 신을 두려워하지 않고 악을 옹호하는 것으로 간주되어 종교적·도덕적으로 부정적인 색깔이 덧씌워졌다. 대법원 또한 자본가의 권력을 지키는 데 일조했다. 사유재산권을 최우선의 가치로 지켰으며 자본가와 경영자의 권리를 공익이나 노동자의 권익보다 우선시하는 판결로 일관했다. 이러한 역사를 통해 미국에서는 노동자의 권익을 옹호하는 행위를 공산주의로 비난하는 반면 자본가와 경영자의 목소리가 매우 큰 극단적인 자본주의 체제가 출현했다. 근로자나 빈민, 소수자에게 혜택이 가는 정책 제안을 비판할 때 그 정책 자체보다는 상대를 '사회주의자'라고 매도하는 것이 상대의 주장을 무력화시키는 가장 효과적인 공격 수단으로 자리 잡았다.

이는 유럽에서 노동자의 정치 세력화가 굳건하여 정부의 정책결정 과정에 노동자의 권익이 자본가의 권익 못지않게 반영되며, 노동자를 대표하는 정당이 오랜 기간 집권한 상황과 대조된다. 미국에서는 유럽과 비교해 노동자의 권리를 보호하는 장치가 왜 그렇게 미미하며, 노동자를 해고하는 것이 왜 그렇게 쉬우며, 최저임금이 왜 그렇게 낮으며, 약자를 보호하는 복지제도가 왜 그렇게 빈약하며, 공공 의료보험제도를 도입하는 것이 왜 어려우며, 경영자의 엄청난 보수를 제한하는 것이 왜 그렇게 힘든지를 설명해준다. 미국에서는 정부가 노동자와 약자보다는 자본가와 경영자의 이익을 보호하는 편에 서 있으므로 불평등이 클 수밖에 없다.

선진 산업국 중에서 불평등과 관련해 미국과 정반대에 위치한 북유럽 국가의 경험은 미국이 왜 그렇게 전개되었는지에 대해 시사점을 제공한다. 학자들은 20세기 들어 북유럽 국가들이 국민에게 보편적인 복지를 제공하고 비교적 평등한 사회를 만들게 된 가장 큰 이유로 노동자의 강력한 세력화를 든다. 북유럽은 19세기에 산업화되면서 노동자의 세력화가 크게 전개되었으며, 20세기 초에 노동자의 세력을 대변하는 사회민주당이 집권했다. 사회민주당 정부는 노동자 세력과 자본가 집단의 중간에서 양측을 조정하는 역할을 적극적으로 담당하며, 산업 관계자들이 함께 참여해 경제적으로 중요한 사안을 결정하는 포섭주의 체제corporatism를 탄생시켰다. 노동자들은 경제 전체적인 사안을 결정할 때 자본가와 마주 앉아서 협상을 할 뿐만 아니라, 개별 기업 단위에서도 의사결정기구의 주요 참여자로서 기업의 경영에 공동 책임을 지는 구성원이다. 미국의 노동자들이 기업 단위로 노동자의 복지에 관련된 지엽적인 사안에만 간여하는 것과 대조된다. 북유럽 사회에서 노동자 세력은 자본주의 경제의 부작용인 부의 편중을 정부가 적극적으로 나서서 통제하도록 했으며, 약자의 복지를 보호하는 다양한 조치를 정치 과정을 통해 제도화시켰다. 사회민주당 정부가 장기간 집권하면서 이러한 제도들은 정치적인 지지 기반을 공고히 했다. 요컨대 복지제도가 낮은 수준에 머물고 높은 빈곤과 엄청난 부자가 공존하는 체제가 미국에 나타난 가장 큰 원인은 19세기 산업화 시기에 자본가와 노동자 사이의 세력 균형이 자본가와 경영자 쪽으로 일방적으로 기울어졌기 때문이다.

둘째, 작은 정부를 지향하는 보수주의 정치 이념

자본주의 시장의 부작용을 줄이기 위해서는 국가의 적절한 개입이 필요한데, 미국은 전통적으로 국가의 역할을 최소한으로 제한해야 한다는 보수주의의 정치 이념이 지배한다. 미국인이 국가의 역할에 대해 기대가 낮은 태도는 건국 과정에서부터 나타났다. 미국인은 영국의 식민지로부터 독립하는 과정에서 본국에 대해 적개심을 가졌던 것은 물론 정부라는 중앙의 권력 기구 자체에 대해 의구심을 품었다. 새로이 만든 나라의 정부에 최소한의 권한만을 위임해 국가 권력의 횡포를 견제하려 했던 의도는 건국의 아버지들이 만든 미국이라는 신생 국가의 권력 구조에 반영되어 있다. 입법부·행정부·사법부의 삼권분립과, 견제와 균형이라는 독특한 제도를 만들어냈음은 물론, 국민의 대표가 모인 의회에 최고의 권력을 부여해 국가의 업무를 실질적으로 집행해야 하는 행정부를 견제하도록 했다. 13개의 독립된 주 대표가 새 나라를 설계하기 위해 모인 초기 의회는 정부에 국방과 외교의 권한만을 부여했을 뿐 경제와 사회가 제대로 기능하기 위해 필요한 권한을 거의 부여하지 않았으며, 이후 제정된 헌법에서도 연방 정부가 관장하는 사무를 크게 제한했다. 국가의 행정업무 대부분을 연방 정부가 아닌 주 정부의 소관으로 했다. 요컨대 미국은 국가의 형성 과정에서부터 국가의 기능이 일관되게 집행되는 것을 어렵게 했으며 역할을 최소한으로 하는 원칙을 확립했다. 이러한 원칙은 이후 대법원에서 국가의 역할과 범위를 둘러싸고 논란이 벌어질 때마다 개인의 권리가 최우선하며 국가에는 최소한의 역할만을 허용하는 것이 헌법의 정신에 맞는다는 해석으로 귀착된다. 헌법에서 열 개의 수정 조항으로 누구도 침해할 수 없는 개인의 권리를 인정한 것이나, 총기 소지의 권리를 인정한 것 모두 국가에 대항하는 개인의 권리를 보장하려는 의도를 반영한다.

그 결과 미국의 정부 규모는 서유럽 국가와 비교해 현저히 작다. 미국의 국내 총생산에서 차지하는 정부 지출 규모는 36%로 서유럽 국가들이 45%를 넘어서는 것과 대조된다. 전체 경제활동인구 중 공무원의 비율 또한 15% 남짓으로 유럽 국가의 3분의 2에 지나지 않는다. 국가는 시장이 적절히 공급하지 못하는 공공재를 제공하며, 시장기구의 문제점을 보완하고, 약자를 보호하는 역할을 한다. 누진적인 구조의 세금은 소득 재분배의 역할을 수행하며, 국가가 수행하는 사회정책이나 복지 지출은 중하층에게 혜택이 더 돌아간다. 따라서 국가의 규모가 작으면 세금을 통한 불평등의 축소 효과가 적으며 약자에게 돌아가는 혜택이 작으므로 소득 불평등이 높아질 수밖에 없다.

1980년에 집권한 레이건 대통령은 '정부가 문제다'라는 유명한 발언을 했다. 정부는 작을수록 좋다는 주장을 옹호하는 공화당의 정치인들은 기회가 닿을 때마다 세금을 줄이고 정부의 규모를 줄이는 것을 큰 치적으로 삼는다. 이러한 공화당의 정치 이념이 주효해 미국인들 사이에서 정부, 특히 연방 정부는 비효율의 상징으로 지목된다. 그러나 이러한 공화당 정치인의 구호나 일반 대중의 상식은 실상을 왜곡하고 있다. 공화당이 집권한 1980년대 이래 상류층과 기업의 세금은 크게 줄었지만 세출은 계속 증가했기 때문에 재정 적자가 눈덩이처럼 불었다. 공화당 정부는 복지 지출을 줄이는 대신 군사비를 크게 늘렸기 때문에 특히 레이건 대통령과 근래에 아들 조지 부시George W. Bush 집권 시에 재정 적자가 크게 증가했다. 작은 정부를 지향하는 공화당 집권 시절에도 정부의 규모는 축소되지 않았으며 이익집단을 지원하는 지원금의 규모 역시 줄지 않았다. 이 시기에 줄어든 것은 약자에게 혜택이 더 돌아가는 교육이나 복지 지원이다.

공화당은 1980년부터 현재까지 미국의 정치를 장악하고 있다. 공화당은 연방 의회에서 다수당의 지위를 놓지 않았으며 클린턴 대통령과 오바마 대통령의 집권 기간을 제외하면 대부분의 시기 동안 행정부를 장악했다. 주 정부의 단위에서 공화당의 장악력은 더욱 컸다. 이 시기 미국의 교육과 복지 정책은 크게 후퇴했다. 초·중등 교육은 물론 고등 교육에 대한 정부의 지원이 축소되었다. 그 결과 교육에서 빈부 격차가 벌어졌으며 공립 대학교의 등록금은 크게 상승했다. 1960년대 민권운동의 결과로 어렵게 만들어진 복지제도나 차별을 감시하는 기구는 축소되거나 폐지되었다. 빈곤자에 대한 복지 프로그램은 종류와 지원 범위가 축소되었으며 예산이 크게 줄었다. 소수자에 대한 차별을 감독하는 기구나 노사 간 분쟁을 조정하는 기구는 예산이 삭감되어 유명무실해졌다. 1990년대 대법원의 연이은 판결을 통해 소수자 우대 정책이 무력화된 것 또한 공화당의 치적으로 기록할 수 있다.

역사적으로 연방 정부의 기능이 강화되었을 때 미국은 크게 성장했다. 미국이 대공황에 처했을 때 프랭클린 루스벨트Franklin D. Roosevelt 대통령이 수행한 뉴딜New Deal 정책은 정부의 역할을 늘려 경제에 적극적으로 개입함으로써 불황에서 벗어나는 계기를 만들었다. 작은 정부를 옹호하는 공화당의 아성인 남부 지역은 이 시기에 연방 정부의 지원에 힘입어 남북전쟁 이후 오랫동안의 침체를 뒤로 하고 경제가 활성화되는 토대를 마련했다. 또한 1950~1960년대에 민주당 정부의 적극적인 사회정책 덕분에 빈곤이 줄어들고 중류층이 두터워지고 노인들이 빈곤에서 벗어나 삶의 안정을 찾았다. 현재 누리는 모든 중요한 기술혁신의 배경에는 과학기술 개발을 위한 정부의 적극적인 투자가 자리 잡고 있다. 순수 과학 연구는 물론 비행기, TV, 인터넷, 신약 개발 등등 미국 정부는 기술 개발을 적극적으로 지원함으로써 미국 기업이 국제 경쟁에서 앞서나가는 데 중요한 역할을 했다. 현재 미국이 국제적으로 가장 경쟁력 있는 분야인 훌륭한 대학교의 배경에는 19세기 중반부터 연방 정부가 제공한 엄청난 규모의 직간접적인 재정 지원이 자리 잡고 있다.

사정이 이러함에도 다수의 미국인과 공화당 정부가 '작은 정부가 좋다' 혹은 '비효율의 정부'라는 믿음을 견지하는 이유는 무엇일까? 1980년대 이후 격화된 공화당과 민주당의 정쟁이 만들어낸 결과이다. 1980년대 레이건 정부를 통해 장기 집권의 발판을 마련한 공화당은 1930년대에 대공황 시기 이후 민주당이 오랫동안 집권하면서 만들어낸 사회·경제 정책과 복지제도를 무력화하는 작업을 했다. 공화당을 지지하는 사람들은 자본가와 남부의 백인이다. 자본가들은 정부가 시장의 비효율을 바로잡기 위해 개입하는 것에 반대하며, 정부가 기업의 편에 서서 이익을 보호하는 역할을 하도록 압력을 행사한다.

자본가와 경영자가 '큰 정부', '적극적인 정부'에 반대하는 것은 당연하다. '큰 정부'는 그들이 세금을 더 많이 내야 하는 것을 뜻하며, '적극적인 정부'는 그들의 이익 획득 활동에 더 많은 제한이 가해지는 것을 의미하기 때문이다.

남부의 백인은 왜 '작은 정부'를 옹호하는 공화당을 적극적으로 지지할까? 남부의 백인은 연방 정부에 대해 뿌리 깊은 반감을 가지고 있다. 19세기 중반 남북전쟁 때 에이브러햄 링컨Abraham Lincoln 대통령이 이끄는 연방 정부의 북군이 남부를 폐허로 만들고 노예를 해방함으로써 남부의 경제 기반을 붕괴시켰던 기억을 남부 사람들은 여전히 간직하고 있다. 남부는 남북전쟁에서 패한 이후 20세기 중반까지 이렇다 할 산업이 없으며 농촌 빈곤이 만연한 미국 내의 개발도상국이었다. 북부가 19세기 후반에 눈부신 발전을 보이며 풍요를 만끽한 것과 대조된다. 남부의 도시마다 남북전쟁 때 활약한 남부군의 장군 기념비가 세워져 있으며 남부군 정부의 깃발이 여전히 곳곳에서 나부끼는 것에서 북부의 연방 정부에 대항하는 남부 사람들의 반감을 엿볼 수 있다.

남부의 백인이 연방 정부를 불신하는 또 다른 이유는 인종 문제와 연관된다. 남부의 백인은 1950~1960년대 민권운동을 통해 흑인의 권익이 신장되는 것을 보고 이를 허용한 민주당 정부에 등을 돌렸다. 그 당시까지 남부의 백인은 민주당의 지지 세력이었으나, 민권운동 이후에는 완벽하게 공화당 지지로 돌아섰다. 제2차 대전 이후 사회·복지 정책을 통해 중류층을 두텁게 하고 빈곤을 감소시킨 민주당 정부의 치적은 흑인을 도운 정당이라는 이유로 남부 사람들의 감정을 거슬렀다. 이 시기에 민주당 정부가 실시한 사회·복지 정책의 혜택은 흑인 못지않게 남부의 가난한 백인에게 큰 도움을 주었다. 그러나 과거에 자신들의 노예였고 이후에도 비인간적으로 차별하고 멸시하던 흑인에게 참정권을 보장하고 그들의 상황이 나아지도록 정부가 도움을 주는 것을 남부의 백인들은 마음 편하게 받아들일 수 없었다. 이러한 이유 때문에 남부의 가난한 백인조차 자신의 이익과는 배치되는 정강을 제시하는 공화당을 지지하며, '작은 정부', '비효율의 정부'를 옹호하는 보수적인 정치 이념을 지지하는 것이다.

공화당이 '작은 정부'를 옹호하고 복지 정책에 반대하는 것은 인종주의적인 의도를 내포하고 있다.[12] 민권운동 이후에는 아무리 공화당 정치인이라도 공식적으로 흑인에 대해 차별하거나 비난하는 것은 허용되지 않는다. 그 대신 공화당은 흑인에게 불이익이 돌아가는 정책을 옹호함으로써 인종주의적인 백인에게 영합하는 전략을 구사한다. 남북전쟁 이래 연방 정부는 인종차별과 인종 간 격차를 줄이는 방향으로 노력을 기울였으므로, 연방 정부의 역할을 줄여야 한다는 공화당의 주장은 흑인의 지위가 향상되는 것에 반대하는 사람들의 생각과 일치한다. 1970년대 후반 민주당으로부터 정권을 빼앗은 이래 공화당 정치인들이 줄기차게 정부의 규모를 줄여야 한다고 주장하는 배경에는 이들의 강력한 지지 기반인 남부의 인종주의적 백인의 표를 염두에 두고 있다. 이들은 표면적으로는 중립적인 정책을 표방하며 인종주의적인 의도를 드러내지 않지만 '작은 정부'의 정치 이념을 옹호함으로써 간접적으로 유권자의 인종주의적인 욕구를 만족시킨다.

중서부의 백인은 남부의 백인만큼은 아니지만 또 다른 이유로 동부에 뿌리를 둔 연방 정부에 대해 반감을 가지고 있다. 19세기 산업화 과정에서 동부의 자본가들은 중서부의 농민을 수탈했다. 금융 자본가는 농사 자금을 고리로 대출해 이익을 취했고, 철도 자본가는 담합해 농산물의 철도 운송비를 높게 유지했으며, 농산물 가격은 낮게 설정된 반면 농사에 필요한 기기의 가격은 높게 유지되어 중서부 농민의 빚이 늘어나는 고통을 겪었다. 20세기에 들어서도 연방 정부의 농업 보조금은 주로 대자본의 기업농에게 돌아가고 중소 농민들은 낮은 농산물 가격으로 고통받는 악순환이 계속되었다. 그 결과 중서부 곡창지대에서 자영농은 기업농에 밀려 거의 사라졌지만 동부의 자본가에 대한 반감은 뿌리 깊게 남았다. 중서부 주민의 연방 정부에 대한 반감은 동부 대도시 생활에 대한 문화적·정서적 반감과도 잇닿아 있다. 복잡하고 도덕적으로 타락한 동부 대도시의 생활과 소박하고 신앙심이 깊은 중서부 농민의 삶을 대비시키는 사고방식이 중서부 주민들에게 깊이 박혀 있다. 이러한 고정관념은 중서부 주민의 대다수가 도시에서 생활하며 농업에 종사하고 있지 않은 현실과 부합하지 않지만 여전히 그들의 정체성의 일부이다. 이러한 이유에서 중서부 주민 또한 연방 정부의 개입이 그 지역의 일반 서민에게는 도움이 안 되는 반면 동부에 기반을 둔 자본가와 대기업에게만 유리하게 작용한다는 편견이 고착되었다.

근래에 공화당은 연방 정부에 반발하는 남부와 중서부 주민의 지역 정서를 민주당과의 정쟁에서 효율적으로 이용하고 있다. 주요 선거에서 남부와 중서부는 공화당의 텃밭인 반면 동부와 서부 연안의 대도시는 민주당의 아성이다. 현재 미국인들이 정부에 대해 불신하는 것은 건국 이래 오랜 정치 이념의 영향도 있지만 20세기 중반 이후 격화된 민주당과 공화당의 정쟁으로 증폭되었다. 1980년대 이래 계속해서 정국을 주도한 공화당은 자신을 지지하는 사람들이 정부에 대해 불신하는 지역 정서를 효과적으로 활용했다. 작은 정부를 옹호하는 공화당의 입장을 더 적극적으로 밀어붙이고 홍보함으로써 자신들의 권력 기반을 공고히 하려 한 것이다. 근래에 예산이 바닥나서 연방 정부가 일시적으로 업무를 중단한 사태는 작은 정부를 주장하는 공화당의 전략이 극단적으로 추진된 결과이다.

셋째, 노예제와 인종주의

백인이 유색인을 열등하다고 여기고 차별하는 인종주의는 높은 불평등을 낳는 원인이다. 미국 사회의 인종주의는 오랜 세월 동안 백인이 흑인을 비인간적으로 지배했던 노예제의 유산이다. 미국의 남부 주는 19세기 중반 노예 해방 이후에도 20세기 중반까지 '짐 크로Jim Crow'라고 불리는 노예제와 사실상 흡사한 관습으로 흑인을 억압했다. 1950~1960년대 민권운동을 통해 흑인이 법적으로 백인과 동등한 시민권을 획득한 이후에도 흑백 간의 경제적인 격차는 그대로 유지되었다. 오랜 기간 백인에게는 경제적으로 우월한 지위와 혜택이 누적된 반면 흑인에게는 경제적인 기회가 완전히 차단된 결과 형성된 엄청난 경제적 격차는 백인과 흑인 사이에 정치적 권리가 형식적으로 동등해졌다고 하여 쉽게 좁혀질 수 없다.

미국의 흑인은 편견에 시달리며 경제활동에서 갖은 방식으로 차별을 당한다. 근래에는 공식적으로 차별을 금하고 있기에 좀 더 은밀하게 차별이 이루어진다. 미국에서는 어느 인종에 속하는가에 따라 삶의 기회 측면에서 큰 차이가 있다. 흑인은 백인보다 취업하기 어렵고, 교육 수준이 같아도 흑인은 백인보다 낮은 직업과 낮은 보수를 받으며, 은행의 융자를 얻기 어렵고, 집을 사기 어렵고, 열악한 학교에 자녀를 보내야 하며, 학교에서 졸업하기 어렵고, 같은 잘못에 대해 경찰에게 체포되고 유죄 판결을 받을 위험이 높다. 미국의 분배 체계에서 흑인은 맨 하층을 차지하는 반면 중상층의 대부분을 백인이 차지하는 현실은 개인의 능력이나 노력의 차이와는 무관하게 오랜 세월 동안 축적된 차별의 결과이다.

인종주의적 편견과 차별은 불평등을 완화시키려는 집단적인 노력을 어렵게 한다. 백인은 흑인을 열등하다고 생각하며 흑인을 자신들과는 다른 사람으로 인식하기 때문에 자신들이 소유한 자원을 흑인과 나누는 것을 꺼린다. 편견에 찬 백인은 자신이 낸 세금이 가난한 흑인의 삶을 개선하는 데 쓰이는 것에 반대한다. 흑인이 가난한 것은 그들의 잘못이므로 그들이 짊어져야 한다는 백인의 태도는 인종주의 전통이 만들어낸 산물이다.

넷째, 이민자의 지속적 유입

미국에 이민자가 지속적으로 들어옴으로써 극단적인 자본주의 경제체제가 강화되었으며, 다른 한편으로 저임금 근로자의 임금을 낮은 수준에 머물게 함으로써 근로 빈곤층을 양산했다. 먼저 이민자의 유입 때문에 자본주의 경제체제가 강화된 부분을 살펴보자. 19세기 말 급속한 산업화 시기는 미국이 역사적으로 이민자를 가장 많이 받아들인 시기와 겹친다. 노동시장에 이민자가 대규모로 공급되면서 노동과 자본 간 힘의 균형이 자본 쪽으로 쏠리게 되었다. 노동자의 힘은 약한 반면 자본가와 기업가가 중심이 되는 자본주의 경제체제가 만들어졌다.

미국의 이민자는 유럽의 노동자와는 다른 가치관을 가진 사람들이다. 이민자들은 각자 열심히 노력하면 성공할 것이라는 개인주의적 중류층 가치관을 가지고 있다. 이들은 비록 현재 소득이 낮고 삶이 고달프지만 앞으로 열심히 노력해 성공하면 본인도 언젠가 자본가와 경영자의 대열에 합류할 것이라는 희망을 가지고 살아간다. 그들은 다른 노동자들과 집단적인 연대 의식이 희박하다. 자본가에 대항하여 집단 투쟁하고 공동으로 생존을 도모하려는 동기가 약하다. 그들은 자신의 노력으로 획득한 조그만 지위나 자산에 대한 집착이 강하기 때문에, 사회주의 사회가 되면 자신이 지금까지 노력해서 성취한 기반을 잃게 될 것이라는 위협이 이들에게 효과적으로 먹힌다. 이민자들은 현재 자신의 지위는 노동자이지만 의식은 자본가나 경영자와 유사하므로 불평등한 분배 체제를 개혁해 좀 더 공정하고 평등하게 만들어야 한다는 주장은 이들에게는 설득력이 약하다.

19세기 말 산업화 과정에서 이민자들은 기존 노동자의 불만을 잠재우는 데 효과적인 역할을 수행했다. 이민자들은 기존의 노동자들과 잘 섞이지 않고 그들만의 민족 집단을 형성하는 경향이 있다. 따라서 기존의 노동자들이 파업 등의 집단행동으로 불만을 표시하려고 하면 경영자는 파업을 중단시키는 방법으로 이민자 민족 집단을 끌어들여 기존 노동자들의 요구를 잠재웠다. 기존 노동자의 기득권은 노동시장에 새로이 들어오는 이민자의 존재로 인해 항시 위협받기 때문에 자본가와 경영자에 대항하는 협상력이 약할 수밖에 없다. 19세기 말 20세기 초 유럽에 사회주의 운동이 고조되고 복지국가 체제가 정착하는 흐름 속에서 유독 미국에만 노동자 세력이 일방적으로 진압되고 복지제도의 발달이 미약한 데에는 이 시기 미국에 이민자가 대규모로 유입되어 노동자의 세력을 약화시킨 것이 한 원인이다.

이민자의 유입은 경제의 전반적인 생산성 향상에도 불구하고 저임금 일자리의 임금이 계속 낮은 수준에 머물도록 한다. 이민자는 미국보다 가난한 나라에서 오며 이들은 미국에 와서 하층의 지위에서 출발한다. 이민자 대부분은 미국에서 가장 낮은 임금을 받지만, 미국에서 누리는 생활수준은 대체로 이민 오기 이전의 생활보다 낫기 때문에 미국에서 겪는 어려움을 묵묵히 견딘다. 만일 미국 사회가 이민자를 계속 받아들이지 않는다면 저임금 노동자들이 받는 임금은 지금보다 훨씬 높을 것이다. 가난한 나라에서 온 이민자들이 낮은 임금이라도 기꺼이 일을 하려 하기 때문에 미국 경제가 창출하는 부가 늘어나고 미국인 전체의 평균 소득이 높아지는데도 비숙련 노동자의 임금은 계속 낮은 수준에 머물 수 있다.

1960년대 중반 이래 미국의 법정 최저임금은 실질소득으로 환산했을 때 계속 하락했는데, 이는 1960년대 후반부터 아시아와 중남미에서 이민자가 대규모로 유입한 것이 한 원인이다.[13] 지난 수십 년간 미국 경제의 생산성은 크게 높아졌는데 생산성 상승 결과의 대부분은 기술 수준이 높은 근로자와 자본가에게 돌아갈 뿐 기술 수준이 낮은 노동자에게는 몫이 거의 돌아가지 않았다. 미국의 제조업체가 낮은 임금을 찾아 공장을 개발도상국으로 이전하면서 미국의 공장에서 일하던 기술 수준이 낮은 근로자들은 일자리를 잃었다. 그들은 설상가상으로 새로 들어온 이민자들이 풍부하게 공급하는 저임금 노동력과 노동시장에서 경쟁하게 되었다. 낮은 기술 수준의 노동자가 국내와 국외로부터 노동시장에 풍부하게 공급되면서 저임금 일자리의 임금이 하락한 것이다.

근래에 미국의 중하층 사람들이 이민을 제한하는 정책을 강력히 요구하는 데에는 1980년대 이래 미국 산업의 구조조정의 결과 하락한 그들의 낮은 경제적 지위가 배경이다.

지금까지의 논의를 요약하자면, 미국이 유럽과 달리 매우 불평등한 나라가 된 데에는 19세기의 산업화 과정에서 자본가에 대비해 노동자의 세력이 일방적으로 약화된 것이 가장 큰 원인이다. 유색인에 대한 인종주의와 다양한 나라에서 대규모로 유입된 이민자는 노동자의 세력화를 어렵게 했다. 이들 요인에 남부의 인종주의적 지역감정이 추가됨으로써 정부의 적극적인 개입이 어려워지고 불평등이 확대된 것이다.

3. 높은 불평등을 지탱하는 사회문화적 배경

미국 국민의 소득 수준이 높음에도 매우 불평등하고 극심한 빈곤이 계속 존재하는 데에는 미국 특유의 이유가 있지 않을까? 높은 불평등과 극심한 빈곤을 허용하는 사회문화적 배경이 없다면 혁명이 일어났거나 사회적 혼란이 극에 달해 지금과 같이 부강한 나라가 되지 못했을 것이다. 유럽 사회라면 일찌감치 불평등을 줄이고 가난한 사람의 처우를 개선하고자 노력했을 것이지만, 미국에서 이러한 노력이 이루어지지 않은 데에는 분명 이유가 있다. 다음에서는 매우 불평등한 사회를 지속시키는 미국의 사회문화적 배경을 검토한다. 이는 앞 절에서 검토한 '왜 그렇게 불평등한 나라가 되었을까'라는 질문과 일부 겹치지만, 불평등한 사회를 유지시키는 좀 더 뿌리 깊은 문화적 토대와 사회적 제도를 살펴보려 한다. 사실 미국을 미국적이게 만드는 문화적 특징은 거의 모두 미국의 높은 불평등을 만들고 지속시키는 데 기여한다. 다음은 높은 불평등과 직간접적으로 관련을 맺고 있는 미국의 사회문화적 요소이다.

- 미국인의 꿈 이념과 활발한 사회적 이동에 대한 믿음.
- 개인주의 가치관과 보수주의 도덕의 결합.
- 세속적 성공을 정당화하는 개신교 신앙.
- 높은 지리적 이동성.
- 금권정치 풍토.
- 기업과 자산가가 장악하고 있는 대중매체, 교육기관, 싱크탱크Think Tank의 효과적 설득.
- 대안적 사상에 대한 통제와 억압.

첫째, '미국인의 꿈' 이념과 활발한 사회적 이동에 대한 믿음

'열심히 참고 노력하면 누구나 성공할 수 있다'는 미국인의 꿈 이념은 만일 이것이 사실이라면 사람들을 설레게 하는 것이다. 어느 사회나 열심히 노력해도 성공하지 못하는 사람이 적지 않으며, 성공한 사람 중에는 부모를 잘 만나서, 혹은 부정한 방법으로 그렇게 된 사람이 많은 것이 현실이기 때문이다. 미국인의 꿈 이념은 불평등한 체제를 수용하고, 자신의 낮은 지위를 참고 견디도록 하는 가장 강력한 무기이다.[14] 이러한 가치관으로 단단히 무장한 이민자들이 계속 들어오고, 묵묵히 참으며 열심히 일하는 이민자를 주위에서 항시 접하게 되면, 이민자가 아닌 사람들까지도 이러한 이념에 설득된다. 전체 인구의 13%가 외국 출생자이고, 이민 2세까지 포함하면 미국인 다섯 중 한 명은 이민 체험과 직간접적으로 연관되어 있으므로 미국인은 거의 대부분 이러한 이념을 신봉한다. 미국의 학교에서는 고생 끝에 성공한 이야기를 열심히 전파하며, 미국의 정치는 선거 때마다 이러한 신화를 재현하고 사람들은 이에 환호한다. 미국에서 태어난 사람이 미국인의 꿈 이념에 등을 돌린다는 것은 미국인이 되기를 포기하는 것이다. 이 이념이 아무리 현실과 차이가 있더라도 사람들은 이러한 꿈을 믿고 싶어 하기에 성공한 사람은 물론 형편이 어려운 사람에게도 쉽게 먹힌다.

높은 불평등 속에서 비참하게 살고 있는 사람이 체제에 저항하려는 시도를 막는 데 이민자의 본보기보다 더 큰 설득력을 갖는 것은 없다. '너보다 더 열악한 위치의 이민자도 참고 견디며 열심히 살고 성공하는데 너는 왜 불만만 터뜨리며 열심히 일하려 하지 않는가?'라는 비판은 반발을 잠재우는 데 효과적이다. 이민자의 유입이 적은 사회에서는 가진 자와 못 가진 자 사이의 격차가 클 경우 둘 간의 갈등이 고조되나, 이민자가 계속 들어오는 사회에서는 높은 불평등이 초래하는 갈등이 상대적으로 덜 발생한다. 이민자들은 못 가진 자임에도 불구하고 큰 불만 없이 체제에 순응하기 때문이다.

불평등이 크더라도 사회적 이동, 즉 계층 간에 이동이 활발할 경우, 불평등 자체는 큰 문제가 되지 않을 수 있다. 가진 자는 대를 이어 그 자리를 차지하고 못 가진 자 또한 그 자리에서 벗어나지 못하는, 즉 사회적 이동이 제한된 사회에서 불평등은 큰 사회문제를 야기한다. 자신이나 자신의 자녀가 앞으로 상승 이동할 가능성이 있다고 생각하는 한 높은 불평등이 만드는 장벽과 현재의 고난은 불만의 대상이 되지 않는다. 미국인은 자신의 사회가 매우 높은 사회적 이동의 기회를 제공한다고 믿는다. 이른바 '개천에서 용 난다'는 신화에 대한 믿음이 강하다. 이러한 신화를 실현한 소수의 사람은 널리 알려지며 영웅으로 추앙받는다. 객관적으로 볼 때 미국은 서유럽 국가보다 사회적 이동의 가능성이 크지 않다. 서구 사회에서 사회적 이동 가능성은 국가에 관계없이 대체로 비슷하다. 선진 산업국들 사이에 사회 이동의 가능성을 엄밀히 비교한다면, 북유럽의 사회민주주의 사회가 자본주의 체제의 미국보다 사회적 이동의 기회가 더 많다.[15] 사실이 그러함에도 미국이 비교적 기회의 평등이 보장되고 사회적 이동의 가능성이 크다고 미국인이 굳게 믿는 이유는 무엇일까?

이민자가 지속적으로 들어오는 것은, 미국 사회가 사회적 이동이 높다는 기존에 살던 사람들의 믿음을 정당화시킨다. 이전에 이민 온 사람은 새로 이민 온 사람에게 자신이 그때까지 종사하던 험한 일을 넘겨주고 한 단계 위로 진출한다. 과거에 이탈리아인과 유대인은 청과상이나 잡화점 등의 험한 일을 한국인에게 넘겼고, 한국인은 뒤에 온 중국인이나 베트남인에게 다시 넘기는 식이다. 시간이 지나면 이민자들이 새로 온 이민자 위로 한 계단 상승하는 에스컬레이터와 같은 시스템은 미국인에게 자신의 사회는 사회이동의 기회가 크다는 믿음을 심어준다.

모국의 어려운 형편을 뒤로 하고 미국으로 이민 온 사람은 미국 땅을 밟는 순간부터 자신이 과거에 살던 것보다 높은 수준의 생활을 경험하므로 새로운 이민자는 이민을 통해 사회적으로 상승 이동하는 경험을 한다. 19세기 중반에 기근을 피해 건너온 아일랜드인이나, 19세기 후반에 동유럽의 박해를 피해 건너온 유대인, 같은 시기에 건너온 이탈리아인과 폴란드인, 근래에 중남미와 아시아에서 건너온 이민자들은 모두 미국으로 건너온 것 자체가 상승 이동이었다. 19세기 중반 무렵부터 흑인을 제외한 미국인의 평균 생활수준은 유럽의 모든 나라보다 높았으므로, 미국으로 건너오자마자 생활수준이 향상되는 경험을 한 이민자들이 많다. 이민 초기에는 과거에 떠나온 본국에서보다 더 열악한 환경에서 생활한다고 해도 시간이 지나면서 생활수준이 나아진다면, 그들은 미국을 기회의 땅으로 기억할 것이다. 따라서 이민자들이 미국에 건너와 최하위의 일자리에 종사한다고 해도 이들이 미국 사회의 높은 불평등에 대해 불만을 품을 동기는 약하다. 미국에 이민 온 뒤에도 한동안 그들의 기억 속에는 자신이 모국에서 지냈던 힘겨운 생활이 남아 있기 때문이다.

미국에 건너온 이민자들 중 이민 와서 상당한 시간이 흘렀음에도 삶이 나아지지 않는다면 미국 사회의 불평등 구조에 집단적으로 대항하려 하기보다는 자신의 나라로 되돌아가는 선택을 했다. 이민이 집중된 19세기 말 20세기 초반에 건너온 이탈리아인 중 5분의 1은 미국의 어려운 생활을 더 참지 않고 본국으로 돌아갔다. 한국인 이민에서도 1990년대 들어 본국으로 돌아오는 역

이민이 증가했다. 미국에 건너와 계속 사는 사람은 미국으로 와서 과거보다 생활이 나아진 사람들만 선택적으로 남게 된 것이므로, 미국에 사는 이민자와 그의 후손은 미국을 '미국인의 꿈'이 실현되는 기회의 땅으로 기억한다. 이민자가 자신의 나라에서 생활과 미국의 생활을 비교하여 상승 이동했다고 느끼는 것은 미국 사람들 사이에서 상승 이동이 이루어진 것과는 다르다. 그럼에도 미국인은 이러한 이민자의 감격에 영향을 받아 자신의 사회에는 상승 이동의 기회가 많다고 잘못 인식한다.

미국의 역사는 이민자들이 들어와 새로운 기회를 찾아서 계속 이동하는 이야기를 많이 만들어냈다. 동부 해안 도시로 들어온 유럽의 이민자들은 기회를 찾아 서부 내륙으로 이동하면서 자영농이 되고 새로운 일자리를 찾았다. 서부 개척은 미국인에게 성공의 가능성을 열어주는 장이었다. 미국의 대중문화에서 독특한 장르인 서부극은 바로 이런 거친 개인주의자들이 개척해 나아가는 성공 신화를 주제로 한다. 서부 개척이 공식적으로 종료된 19세기 말 이후에도 20세기 초반에 대량 생산·대량 소비의 시대가 열리고, 20세기 중반에 인간이 최초로 달에 발을 내딛고, 20세기 후반에 캘리포니아의 실리콘밸리에서 IT 혁명이 불붙고 빌 게이츠나 마크 저커버그와 같은 거부가 출현하는 등 새로운 성공 신화가 계속 만들어지고 있다. 성공 신화가 계속 만들어지는 한 비록 이러한 신화에 부합해 성공한 사람은 많지 않다고 해도 미국인은 미국을 다른 나라보다 훨씬 성공의 기회가 많은 나라로 인식하게 된다. 미국인은 성공의 기회가 실제 있다면 성공의 계단이 아무리 가파르고 험하다고 해도 계단 자체를 고쳐야 한다고 생각하기보다는 계단의 상위에 있는 사람을 도덕적으로 인정하고 밑에 있는 사람들이 열심히 계단을 오르도록 설득해야 한다고 생각한다.

둘째, 개인주의 가치관과 보수주의 도덕의 결합

서구 사회는 세계와 삶의 중심은 개인에게 있으며, 집단보다 개인의 선택을 중시하며, 자신의 삶에 대한 책임은 각자가 져야 한다는 개인주의 가치관이 지배한다. 보수주의 도덕에 따르면 성취는 각자의 능력과 노력에 따라 얻어지는 것이며, 실패는 당사자가 능력이 부족하고 노력을 덜했기 때문이다. 미국 사회는 개인주의 가치관과 보수주의 도덕이 결합하면서 높은 불평등을 정당화한다. 이러한 사회에서 성공한 사람은 그의 능력과 노력의 성과물에 대해 도덕적인 정당성을 부여받으며 칭송받는 반면, 실패한 사람은 도덕적으로 비난받아 마땅한 삶을 살아온 사람으로 치부된다. 각자의 능력과 노력에 따라 성취를 하는 것이 공정한 사회이므로, 자신의 능력 부족이나 잘못으로 실패한다면, 그 대가를 각자가 지는 것이 공정하다고 본다. 보수주의적 도덕관에서 볼 때, 개인의 실패는 개인이 게으르고 부주의하기 때문이므로 개인은 노력해서 역경과 실패를 극복해야 한다. 보수주의자들은 열심히 노력하지 않은 사람에게 열심히 노력한 사람이 성취한 것을 나누어 주면 사회의 도덕이 허물어질 것이라고 주장한다.

사람은 외부 환경이나 사회구조적인 원인 혹은 인간이 통제할 수 없는 우연 때문에 실패할 수 있으며, 따라서 실패한 사람에게 일방적으로 책임을 묻는 것은 옳지 않다는 것을 보수주의 도덕관에서는 인정하지 않는다. 보수주의 도덕관이 지배하는 사회에서는 잘나가는 사람이 어려운 사람을 도와서 '함께 잘사는 사회를 만들자'는 구호는 설득력을 갖지 못한다. 미국에서는 '함께 잘 사는'이라는 구호를 찾아보기 어렵다. 이를 공개적으로 언급한다면 사회주의자라거나 '비미국적un-American'이라고 비판받는다. 각자의 성취는 각자가 누린다는 원칙을 위배하면서 평등을 지향하는 정책은 전체의 효율을 떨어뜨린다고 본다. 미국은 개인주의 가치관과 보수주의적 도덕이 지배하기에 유럽의 선진 산업국과는 거리가 먼 열악한 복지제도를 갖게 되었다.

그렇다면 미국은 왜 서유럽과 달리 보수주의적 도덕이 지배하게 되었을까? 이는 직접적으로는 앞 절에서 언급했듯이 자본가의 힘이 노동자와 약자의 힘을 압도한 결과이다. 자본주의 경제에서 성공한 사람을 미화하는 도덕관이 문화적 주도권을 장악한 결과이다. 다른 한편으로는 미국의 문화적 전통에서 원인을 찾을 수 있다. 앞에서 언급한 '미국인의 꿈' 이념, 세속적인 성공을 지지하는 개신교 전통, 풍부한 자연환경과 서부 개척의 신화가 만들어낸 낙관주의적 세계관 등이 복합적으로 작용해 보수주의 도덕이 뿌리를 내렸다. 보수주의 도덕관에 따라 미국인은 물질적인 성공을 도덕적으로 인정하며 반대로 물질적인 결핍을 도덕적으로 부정하고, 이를 모두 개인이 통제할 수 있는 것으로 인식한다. 미국의 이념과 신화와 자연환경은 이러한 보수주의 도덕관을 지지하는 토대이다.

개인주의 가치관과 보수주의 도덕이 결합해야 할 필연적 이유는 없다. 세계 여러 나라의 문화 유형을 비교한 인류학자 기어트 호프스테드Geert Hofstede에 따르면 서구에서 개인주의 가치관이 가장 강한 사람은 미국인이 아니라 북유럽인이다.[16] 북유럽인은 개인주의 가치관을 강하게 옹호하지만 보수주의 도덕에는 동의하지 않는다. 미국과 마찬가지로 개인주의 가치관이 강한 북유럽에서 어떻게 '함께 잘사는' 사회를 지향하는 복지국가 체제가 자리 잡게 되었을까. 북유럽 사람은 미국인과 마찬가지로 개인의 선택과 책임을 중시한다. 그러나 그들은 실패가 반드시 개인의 잘못 때문만은 아니며 사회구조적 요인이나 운이 작용하여 그리될 수 있다고 생각한다. 실패자에 대해 도덕적으로 비난하고 책임을 묻기보다는 그들의 처지를 동정한다. 자신도 환경과 기회가 나쁘면 그리될 수 있다고 생각하기에 가난한 이웃을 돕는 데 훨씬 너그러울 수 있다.

북유럽 사람이 미국인과 달리 보수주의 도덕을 거부하고 진보적 가치관을 가지게 된 데에는 미국과 정반대로 산업화 과정에서 노동자 세력이 자본가보다 더 커지면서 정치적 주도권을 쥐게 되었기 때문이다. 노동자와 약자를 지지하는 정당이 장기 집권하고 그들의 정치력이 교육과 문화계에 지속적으로 영향을 미치면서 진보적인 가치관이 문화적 주도권을 장악하게 되었다. 미국과 북유럽 사회가 이와 같이 다른 길을 가게 된 원인은 북유럽에는 미국과 같은 인종 간 갈등이 없었으며 미국과 같이 대규모의 이민자 유입으로 인한 노동자의 분열이 존재하지 않았다는 것이다. 북유럽은 인구 규모가 작고 인종과 민족이 동질적이며 산업화 과정 중 외부로부터 이민자의 유입이 거의 없었으므로 노동자의 결속이 강했다. 그 결과 국민 전체가 노동자와 약자의 불행에 대해 공감하는 사회가 만들어질 수 있었다. 이러한 사회에서는 '함께 잘사는 사회'를 만들자는 구호가 '각자의 능력에 따라 보상받는 사회'를 구축하자는 구호보다 더 설득력을 발휘할 수 있다. 반면 미국은 식민지 시기를 포함해 400년의 역사에서 250년 동안 흑인을 노예로 착취했다. 흑인과 백인은 삶의 세계가 달랐기 때문에 노예제가 폐지된 이후에도 백인이 가난한 흑인에 대해 동정하는 사회 환경이 형성되지 않았다.

셋째, 세속적 성공을 정당화하는 개신교 신앙

미국인의 대다수가 믿는 개신교 신앙은 사회학자 막스 베버Max Weber가 지적했듯이 자본주의 정신과 친화적인 관계에 있는 세속적인 성공을 지향하는 신앙이다.[17] 개신교의 한 분파인 칼뱅주의 교리에 따르면 세속적인 성공은 하느님에게 선택되었다는 징표이므로, 열심히 노력해 물질적으로 크게 성공하는 것은 종교적·도덕적으로 정당화된다. 이러한 믿음 체계에서 볼 때 세속적으로 실패하고 비참한 처지에 빠지는 것은 종교적으로나 도덕적으로 구원의 여지가 없다. 세속적 실패는 하느님으로부터 선택받지 못한 증거, 즉 사후에 지옥으로 떨어지게 될 운명이므로 인간이 간섭할 문제가 아니다. 미국의 개신교 교회는 가톨릭교회가 가난하고 어려움에 빠진 사람을 동정하고 부의 축적에 대해 비판적인 것과 대조된다. 미국의 복음주의 개신교 교회에서 목사의 설교는 이러한 세속적인 '성공 신학Success Theology'을 사람들에게 전파한다. 미국의 개신교 신앙에는 청빈한 삶을 긍정하는 구석은 조금도 없다. 막스 베버는 부의 축적을 정당화하는 이러한 교리가 바로 세계의 다른 종교권과 달리 서유럽에서 자본주의가 발흥할 수 있는 토대가 되었다고 주장하는데, 미국인은 이러한 교리를 가장 적극적으로 수용한 신자들이다.

물론 미국의 부자 대부분은 그리 신앙심이 깊지 않다. 부를 축적하는 초기에는 성공 신앙을 신봉하며 열심히 노력했을지 모르나, 일단 어느 정도 부가 축적되면 그 이후부터는 신의 축복을 구하기보다 자본의 논리에 따라 이익을 더 거두는 데 몰두한다. 개신교 신앙은 때로는 부당하기도 한 경제행위와 그들이 축적한 부에 대해 도덕적 정당성을 부여하며, 자신의 우월함을 보통 사람들에게 설득하고 반발을 무자비하게 제압하는 행위에 대해 종교적인 후광을 제공한다. 단적인 예로 미국이 낳은 가장 큰 부자인 석유 왕 록펠러는 신앙심이 매우 깊은 사람이었다. 그는 석유산업의 카르텔kartell을 결성해 중소 업자를 몰아내고 노동자를 무자비하게 탄압한 피도 눈물도 없는 자본가로 비난받았다. 그러나 그는 자서전에서 신의 뜻을 충실히 따르는 종으로 자신을 그렸으며, 항시 신의 축복이 함께하는 것에 감사하면서 확신을 가지고 밀어붙였다.[18] 신앙심이 약한 요즈음 젊은 사람도 이러한 개신교 교리의 영향을 받아 세속적 성공은 도덕적으로는 물론 영적으로도 바람직한 것이라고 생각한다. 신이 자신에게 부여한 돈 버는 능력은 축복이며 부의 축적은 신의 뜻이므로, 개인의 능력과 노력을 무시하고 평등을 지향하는 정책은 신의 뜻에 어긋난다고 본다. 달란트(능력)가 많은 아들에게 아버지가 부를 집중해 물려주는 것이 바람직하다는 메시지는 개신교 교회에서 흔히 인용되는 성경 구절이다. 미국의 복음주의 교회는 이웃의 어려움에 공감하고 자신을 희생해 사회에 헌신하는 노력을 그리 칭찬하지 않는다. 개신교 교회의 메시지에서 약자에 대한 보호나, 기득권을 제한해야 한다거나, 함께 잘사는 사회에 관한 언급은 찾아보기 어려운 반면, 세속적인 성공과 이들이 더욱더 성공하기를 축복하는 내용이 주를 이룬다. 미국의 개신교 교회는 자본가와 경영자를 지지 기반으로 하는 공화당의 정치 지향과 교리적으로 친밀하다.

넷째, 높은 지리적 이동성

미국인은 유럽 사람들보다 훨씬 자주 이동한다. 미국의 인구 통계국에 따르면 미국인은 일생 동안 약 11.7회 정도 한국의 행정구역 단위로 생각하면 '군'의 경계를 넘어 거주지를 바꾼다.[19] 이는 한국과 같이 인구의 절반이 한곳에 밀집해 사는 나라에서는 상상하기 힘들 정도로 빈번하게 멀리 이동하는 것이다. 미국의 서부 개척 신화는 남보다 먼저 새로운 땅에서 새로운 성공의 기회를 잡은 이야기로 채워져 있다. 1849년 캘리포니아의 "골드러시", 즉 금광 개발의 신화가 대표적이다. 서부극에서는 새로운 기회를 찾아 자주 이동하는 것을 긍정적으로 그린다. 이러한 신화를 어렸을 때부터 보고 듣고 자라난 미국인은 현재 사는 곳에서 삶이 어려울 경우 생소한 지역으로 이동하는 것을 덜 두려워한다. 미국의 청소년은 고등학교를 졸업하면 부모의 곁을 떠나 독립적인 삶을 추구하는 것을 당연하게 생각하며, 자신이 나고 자란 곳에서 멀리 떠나 직장을 잡는 것을 꿈꾼다.

사람들이 자주 이동하면 사람들 사이에 신뢰가 형성되기 어렵다. 자주 이동하는 사람은 사정이 어렵거나 갈등을 유발하는 상황에 직면해 심각하게 대응하지 않는 경향이 있다. 문제가 꼬이면 언제든지 다른 곳으로 이동해 나를 모르는 사람들 사이에서 새로 시작하면 된다는 생각을 품고 있는 사람에게 현재 당면한 갈등을 어떻게 해서든지 해결해야 한다는 끈덕짐을 기대하기는 어렵다. 불평등이 초래하는 갈등에 직접 대응하고 불평등을 줄이려고 집단적인 노력을 기울이기보다는, 나 하나만 새로운 곳으로 이동해 새로운 기회를 찾아보자는 쪽으로 마음이 움직이기 쉽다. 물론 새로운 곳으로 이동한다고 해서 과거보다 사정이 크게 나아지지는 않는다. 그러나 항시 새로 시작할 가능성이 열려 있다는 생각은 실업이나 빈곤이 수반하는 사회적 불만을 흐트러뜨리는 사회적 안전판으로 작용한다. 부유한 사람은 덜 이동하는 반면 형편이 어려울수록 자주 이동한다. 미국은 땅이 넓고 지역 간 다양성이 풍부하므로 개인적인 이동을 통해 문제를 해결하겠다는 시도는 실제 성공 여부를 떠나 사람들에게 매력적인 대안으로 떠오른다. 한국과 같이 땅이 좁고 인구밀도가 높으며 지역 간 다양성이 적은 나라에서는 생각할 수 없는 상황이다.

다섯째, 금권정치 풍토

미국의 정치는 공화당과 민주당을 막론하고 돈 있는 사람의 영향력이 압도하는 금권정치 풍토가 지배한다. 돈의 영향력은 모든 정치 과정에서 발휘된다. 미국에서 선출직 정치인이 되려면 엄청난 자금이 동원되어야 한다. 한국이나 유럽 국가와 달리 미국에서 정치 행위에 소요되는 비용은 모두 사적으로 조달되어야 한다. 피被선출자 본인의 호주머니에서 나오거나 혹은 기부를 받아 선거 비용과 정치 행위에 소요되는 비용을 조달한다. 선거를 치르는 데 엄청난 돈이 필요하므로 선거 자금을 얼마나 모았는가는 선거의 당락을 결정하는 중요한 요소이다. 근래에 오바마 대통령의 선거에서 소액 기부자의 비중이 약간 높아졌다고 하지만, 공화당과 민주당을 막론하고 정치 자금의 대부분은 대기업과 부자로부터 나온다. 그들이 정치인에게 기부하는 이유는 물론 자신의 이익을 보호받기 위해서이다. 노동단체도 민주당에 기부하지만 대기업으로부터 나오는 돈에 비하면 보잘것없는 액수다.

근래에 미국의 대법원은 정치인 후원 단체Political Action Committee에 거액의 기부를 하는 것이 헌법 정신에 부합한다고 판결했다. 정치적인 후원은 개인이 자신의 의사를 돈으로 표시하는 것이므로 '수정 헌법' 1조에서 보장하는 '표현의 자유'에 해당한다고 해석했다. 정치인에게 직접적으로 기부하는 것에는 금액에 상한선이 있지만, 정치인이나 정강을 후원하는 단체에 기부하는 것은 금액에 상한선이 없다. 정치인의 가장 큰 관심은 선거에 당선되어 공직을 계속 유지하는 것인데, 대기업과 부자의 정치헌금은 이를 가능하게 하는 생명줄이므로, 미국의 정치인이 대기업과 부자의 이익을 위해 열심히 일하는 것은 당연하다. 정치인에게 접근할 기회는 돈의 다과에 비례한다. 돈이 없으면 정치인에게 다가가기 어려우며, 정치인은 돈을 기부하지 않는 사람의 목소리에 귀 기울이지 않는다.

미국에서는 선거가 많으므로 선거운동 또한 빈번하고 많다. 미국에서 선거운동은 축제 분위기를 자아낸다. 전국적으로 축제 분위기를 만들어내는 데에는 많은 돈이 든다. 엄청난 수의 사람과 물자가 동원되며 홍보가 이루어져야 한다. 선거에 소요되는 비용 중 많은 부분은 TV 광고와 여론조사에 들어간다. 1960년 대통령 선거에서 무명의 케네디가 그 당시 부통령이던 리처드 닉슨 Richard M. Nixon을 누르고 당선된 것은, TV 토론에서 젊은 이미지를 앞세운 케네디의 선거 전략 덕분이었다. 일반 사람들은 대중매체를 통해 정치인을 접하기 때문에 대중매체의 유료 광고를 통해 자신의 긍정적인 이미지를 구축하고 상대 후보의 부정적인 이미지를 만들어내는 데 엄청난 돈을 퍼붓는다. 미국의 금권정치 풍토가 개선되지 않는 이유 중 하나는 개혁하자는 여론을 조성하는 데 앞장서야 할 언론이 자신에게 황금알을 낳는 거위를 죽이려 하지 않기 때문이다.

미국은 유럽과 달리 노동자 세력이 미약하므로 선거에서 대기업과 부자가 가진 돈의 힘을 상쇄할 수 있는 제도적 장치인 공영선거제를 도입하는 것은 꿈도 꿀 수 없다. 대기업과 부자가 자신들이 낸 세금으로 정부가 그들의 힘을 약화시키는 제도를 도입하는 것을 좌시하지 않을 것이기 때문이다. 미국은 유럽과 달리 선거를 통해 선출되는 직책이 엄청나게 많으므로 미국 정치에서 돈의 힘은 더욱더 큰 힘을 발휘한다. 지역의 교육위원에서부터 경찰청장, 판사, 시의원 등등 선거로 뽑히는 자리가 무척 많으며, 쟁점이 되는 사안을 선거로 표결한다. 더 많은 선출직을 국민이 직접 뽑음으로써 보통 사람들의 의견이 더 충실히 반영되도록 한다는 직접 민주주의의 취지는 선거에 돈의 힘이 주로 작용하는 현실에 부딪혀 무력해진다. 미국의 대기업과 돈 있는 사람들은 2년에 한 번씩 국회의원 선거를 치를 때마다 자신의 영향력을 십분 발휘하며 자신들의 이익에 충실히 봉사하지 않은 정치인을 벌한다. 또한 미국 정치는 여러 단계의 복잡한 의사결정 구조를 가지고 있다. 하나의 정책이 실행되려면 관련 법안이 연방 의회의 상원과 하원을 동시에 통과해야 하며 실행을 위해 필요한 예산 또한 별도로 양원의 동의를 획득해야 한다. 마찬가지로 실제 정책이 집행되는 주 정부에서도 여러 단계를 거친다. 각 단계마다 이익집단이 개입해 영향력을 행사하므로 돈의 힘이 작용할 수 있는 계기가 무척 많다.

여섯째, 대기업과 부자가 장악하고 있는 대중매체, 교육기관, 싱크탱크

미국의 대중매체는 상업적인 이익에 의해 움직인다. 유럽 국가들과는 달리 공영 미디어의 역할은 미미하다. 상업적으로 운영되는 미디어는 기업의 이윤 극대화를 목표로 할 뿐 대중에게 유익한 정보를 제공하거나 사회적인 문제에 주의를 환기하고 해결책을 모색하고 대중을 교육시키는 데 인색하다. 돈 있는 사람의 화려한 생활을 이상적으로 그리며 대중이 이들을 모방해 더 많이 소비하도록 부추긴다. 각자가 화려한 생활을 누리기 위해 더 열심히 일하고 돈을 더 많이 벌어야 한다는 메시지를 전하는 데 열심이다. 사람들의 삶에서 필요한 것을 공공의 방식으로 해결하는 데에 대해 미국의 상업 미디어는 부정적인 이미지를 덧칠한다. 각자 개인이 소유한 차를 비싸고 화려한 것으로 바꾸도록 설득을 하는 데는 열심인 반면, 대중교통을 타고 다니는 사람은 노인이나 가난하거나 실패자의 삶으로 그려낸다. 개인의 집을 더 넓고 화려하게 꾸미는 것을 부추기는 반면, 공공 주택은 가난한 흑인이나 범죄자의 소굴로 그려낸다. 미국의 대중매체는 보통 사람의 소박한 삶을 거의 다루지 않으며, 설사 다룬다고 해도 따뜻한 시선을 보내기보다는 부정적인 면을 주로 부각한다.

미국의 교육기관 역시 돈 있는 사람의 입장을 주로 대변한다. 학생들에게 자본가와 경영자의 입장에서 기업 가치를 주로 가르칠 뿐 노동자와 약자의 현실과 이를 개선하기 위한 집단적인 노력에 대해서는 언급하지 않는다. 미국의 교육에서는 개인이 서로 경쟁해 각자 성공하는 모델이 제시될 뿐, 서로 협력해 함께 잘사는 모델은 언급하지 않는다. 미국의 교과서에는 성공한 사람이 노력해서 스스로 성공했다는 이야기가 주로 쓰여 있으며, 학생들도 이들을 따라서 성공해야 한다고 설득한다. 일전에 오바마 대통령이 성공한 사람은 주위에 보이지 않는 많은 사람의 도움 덕분에 그리된 것이라고 말했다가 사회주의자라고 비판받았다. 이 일화는 미국인이 성공에 대해 어떻게 생각하는지를 단적으로 말해준다. 미국에서 성공은 오로지 혼자 힘으로 달성해야 할 개인의 것이다. 자본가와 경영자의 압력에 대응하기 위해 노동자의 세력화가 필요하다는 점은 유럽과 달리 부정적으로 언급하거나 아니면 아예 언급하지 않는다. 자본주의의 약점을 보완하기 위해 국가의 개입이 필요하다는 점에 대해 사회 교과서는 피상적인 언급에 그친다.

당면한 문제를 진단하고 정책 방안을 제시하는 싱크탱크라 불리는 정책 연구소들은 미국의 이념을 전파하는 산실이다. 미국의 정치인과 정부에 아이디어를 제공하는 싱크탱크 또한 돈 있는 사람의 목소리를 주로 대변한다. 싱크탱크의 운영 자금은 대부분 대기업과 부자의 호주머니에서 나오므로, 이들이 대기업과 부자의 이익을 대변하는 것은 당연하다. 이들은 낮은 세금과 시장의 영향력 확대를 옹호하고 노동자의 집단적인 노력을 부정적으로 그리는 아이디어를 만들어내는 데 열심이다.

미국인 대부분은 대중매체와 교육기관, 싱크탱크가 미국을 세계 최고라고 부추기는 데 넘어가서 미국이 지구상에서 가장 살기 좋은 나라로 알고 있다. 세계 각국으로부터 미국에 이민 오려는 사람으로 넘치고 미국의 부와 무력과 대중문화가 세계를 지배하는 상황에서 그렇게 생각하는 것도 당연하다. 그들은 미국 사회의 문제점에 대해서는 무지하거나 필요악으로 인식하며 문제의 해결을 회피한다. 미국의 미디어와 교육기관, 싱크탱크의 보고서에서 미국보다 좋은 다른 나라의 제도나 사례에 대해 언급하는 경우는 찾아볼 수 없다. 사람들에게 아이디어를 제공하고 정부의 정책 형성에 영향을 미치는 기관들이 미국의 높은 불평등을 만들어내는 원인에 대해 입을 다물거나 호도하고 있기에, 미국인은 불평등이 크지 않다고 생각하거나 세계 최고의 미국을 만드는 데 치러야 할 비용쯤으로 여기는 것이다.

일곱째, 대안적 사상에 대한 통제와 억압

미국은 소련과 냉전 속에서 자본주의의 문제점을 지적하거나 사회주의적 아이디어를 제시하는 것에 대해 위험한 사상과 위험한 인물로 취급하고 억압했다. 이러한 생각을 하는 사람은 '비미국적'이라는 딱지를 붙여 미국에 충성하지 않는 것으로 매도했다. 이러한 딱지가 붙여진 사람은 직장에서 쫓겨났으며, 경찰의 엄격한 감시를 받았고, 교도소에 수감되었다. 미국 사회의 인종차별이 초래한 빈곤과 불평등을 개선해야 한다고 주장한 민권운동의 지도자 마틴 루터 킹Martin Luther King은 연방 경찰의 감시를 받았으며 결국 암살당했다.

미국인은 대부분 미국의 체제와 이념을 옹호하나, 이에 설득되지 않은 소수의 사람들이 있다. 가난한 흑인과 인디언이 그들이다. 미국의 흑인은 이민자의 꿈을 품을 수 없다. 유럽에서 온 백인 이민자는 미국에 발을 딛는 순간부터 흑인보다 상위에서 미국 생활을 시작한다. 이민자들이 시간이 지나면서 상위로 이동하는 사회 이동의 사다리에서 흑인은 처음부터 배제되어 있다. 근래에 이민 온 아시아인에 대해 흑인이 반감을 품는 이유도 동일하다. 자신들의 비참한 처지에 절망한 흑인과 인디언에 대해 백인이 주도하는 미국 사회는 이들을 철저히 배제하며 반발을 무자비하게 진압하는 방식으로 대응했다.

미국인의 꿈에서 배제된 흑인은 비참한 생활에 처해 종종 체제를 거부하는 행위를 벌였다. 과거 흑인 노예들은 백인 지주에 대해 수시로 적극적 혹은 소극적인 저항을 했으며, 노예제가 종식된 이후에도 흑인들은 체제의 결함이 노출될 때마다 폭발했다. 예컨대 넓은 지역에 걸쳐 정전 사태가 있을 때나, 큰 자연재해가 일어났을 때, 노골적인 인종주의적 폭력 사건이 발생할 때마다 대도시의 흑인들은 폭동을 벌였으며, 미국 정부는 이들의 저항을 무자비하게 억압했다. 미국은 이들과 같이 사회에서 배제된 사람들의 폭력적인 반발이 잠재해 있는 위험한 사회이다. 미국에서 마약과 범죄와 살인이 횡횡하는 것은 사회에서 배제된 사람들의 소극적인 저항 때문이다. 도심의 빈곤한 흑인은 높은 불평등의 희생자이며, 불평등을 정당화하는 사회문화적 장치에 설득되지 않은 사람들이다.

4. 지난 30년간 불평등이 확대된 이유

미국은 1970년대 후반 이래 지금까지 30여 년간 불평등이 꾸준히 확대되었다. 이 기간에 어떤 일이 일어났으며, 왜 불평등이 확대된 것일까? 학자들은 이 시기에 불평등이 확대된 원인을 크게 두 가지로 정리한다. 하나는 정부의 정책과 연관된 것이며, 다른 하나는 경제 환경의 변화와 연관된 것이다. 지난 30여 년간 정치적 변화와 경제적 변화는 모두 불평등을 확대하는 방향으로 작용했다. 먼저 정치적 변화를 살펴보자. 미국은 1929년에 대공황이 터진 이후 루스벨트 대통령이 당선되어 1980년 레이건 대통령이 당선되기 이전까지 거의 반세기 동안 민주당이 집권했다. 민주당의 지지 배경은 전문직 종사자와 지식인, 노동자, 이민자, 흑인과 소수민족, 여성 등이다. 이들은 공화당의 지지 배경인 기업가와 중상류층 백인, 남부와 중서부의 백인과 같은 기득권 세력에 반대 위치에 있는 사람들이다. 따라서 민주당은 국가의 역할을 강조하며 비교적 서민을 위하는 정책을 펴왔다. 1930년대 루스벨트 대통령의 '뉴딜' 정책이나, 1960년대 존슨 대통령의 '빈곤과의 전쟁War on Poverty'을 표방한 정책이나 흑인의 민권운동을 지원하는 정책, 최근 오바마 대통령의 의료보험 개혁정책이 대표적인 예이다.

1980년 공화당의 레이건이 대통령에 당선되었다. 이후 클린턴 대통령이 재임한 1990년대 중반과 근래에 오바마 대통령의 재임 기간을 제외하면, 지난 30여 년간 공화당이 계속 집권했다. 민주당 소속의 클린턴이나 오바마 대통령이 임기를 수행하는 기간에도 의회가 공화당에 의해 장악되었으므로 공화당의 정책 기조는 계속 유지되었다. 공화당은 정부의 개입을 최소화하고 시장의 기능을 중시하는 경제적 보수주의 노선을 추구한다. 공화당은 미국 사회의 주류 집단인 '백인 남성 앵글로·색슨 개신교도'와 자본가와 경영자의 이익을 대변한다. 이들은 자본주의 체제에서 이익을 거두며 기득권을 옹호하는 집단이다. 공화당이 집권하는 동안 주류 집단의 이익은 확대된 반면 주변적인 위치에 있는 유색인, 여성, 노동자, 빈민의 요구는 소홀히 취급되었다.

1970년대 후반 극심한 경제 불황을 배경으로 영국에서는 마거릿 대처Margaret Thatcher가, 미국에서는 레이건이 집권하면서 신보수주의 정책을 추진했다. 공화당이 집권한 지난 30여 년간 미국 정부는 일관되게 신보수주의 정책을 추진했다. 시장에 대한 정부의 개입을 줄이고, 기업과 부유층에 대한 세금을 줄이고, 노동조합을 탄압하고, 서민 대상의 복지 정책을 축소하거나 없앴다. 레이건 대통령은 공급주의 경제정책을 추진했는데, 이는 기업과 부자에 대한 세금을 감면하고 정부의 규제를 축소함으로써 민간의 투자와 소비를 활성화해 경제를 확장시키는 정책이다. 기업과 부자들이 부를 많이 생산하면 그 밑에 위치한 사람들 또한 '낙수효과trickle-down effect'로 혜택을 누리게 될 것이라는 이론을 배경으로 한다. 반면 가난한 사람들에게는 복지 지원을 축소하고 복지 수혜 대신 일을 하도록 몰아대는 방식으로 복지제도를 변경했다.

레이건 대통령은 기업 활동을 돕는다는 취지에서 노동자의 권리와 집단행동을 제한하는 정책을 추진했다. 1980년 집권하자마자 항공 관제사의 파업을 군대를 동원해 진압함으로써, 경영자에 대항하는 노동자의 권리인 집단 행동권을 정부가 직접 나서서 제한할 것이라는 신호를 경제계에 뚜렷이 보냈다. 또한 노동자와 기업 간 분쟁을 조정하는 정부 기구의 예산을 삭감해 무력화시켰다. 그 결과 노동조합 조직률은 역사상 최저 수준인 10% 남짓으로 떨어졌다. 레이건 대통령의 조세감면 정책은 부자에게 큰 혜택을 주는 방식으로 이루어졌으며, 이후 부시 대통령에 이르기까지 연속적으로 부자에 대한 대규모 감세 조치가 단행되었다. 예컨대 아들 부시 대통령이 집권하면서 상속세를 폐지한 것은 워런 버핏Warren Buffett을 비롯해 부자들조차 반발한 과격한 정책이다. 반면 1960년대 민주당 정부에서 도입된 복지 정책들은 예산이 삭감되거나 무력화되었다. 공화당이 집권한 지난 30여 년간 법정 최저임금은 구매력 가치로 환산할 때 3분의 2 이하로 하락했다. 이러한 경제정책은 최종적으로 부자에게 부가 더 돌아가고 중하층에게 덜 가게 함으로써 불평등을 확대시켰다.

지난 30여 년간 미국 사회의 불평등이 크게 확대된 이유로 정치적 변화 못지않게 경제적 변화를 꼽는다. 지난 30년간 운송 기술과 정보통신기술이 함께 발달하면서 세계화가 급속히 전개되었다. 과거에 국경으로 가로막혀 분절되어 있던 경제활동은 제도적으로 또 기술적으로 이동을 가로막는 장벽이 제거되면서 점차 통합되어갔다. 기업은 생산과정을 전 세계로 배분해 전 지구적 단위로 생산하며 전 세계의 소비자를 상대로 영업을 하게 되었다. 국가 간 자본의 이동은 전에 볼 수 없이 자유화되어 폭발적으로 증가했다. 국경을 넘어

활동하는 다국적 기업의 규모는 과거보다 훨씬 더 커졌으며 규모의 경제가 가져오는 이득은 훨씬 더 커졌다. 이렇게 전 세계적인 규모로 기업 활동이 커지면서 경쟁은 더 심해지고, 재능 있는 사람의 성취와 보상 수준은 경제활동이 한 나라의 경계로 제한되었을 때와는 비교할 수 없을 정도로 커졌다.

정보통신기술의 발달과 세계화는 미국 사회의 불평등을 확대시키는 방향으로 작용했다. 정보통신기술은 교육 수준이 높고 재능 있는 사람에게 큰 성취의 기회를 제공하는 반면, 교육 수준이 낮고 기술이 없는 사람에게는 과거에 누리던 기회조차 빼앗아버렸다. 컴퓨터와 기계화는 단순한 일을 하는 근로자의 일자리를 빼앗기 때문이다. 세계화는 이러한 경향을 증폭시켰다. 기술이 없는 노동자는 자신이 과거에 일하던 공장이 개발도상국으로 이전하면서 일자리를 잃었다. 반면 높은 기술을 가진 근로자는 시장이 전 세계적인 규모로 확대되면서 자신의 능력을 발휘해 훨씬 더 큰 규모로 사업을 벌이고 더 많은 돈을 벌 수 있는 기회를 얻었다. 과거에 노동조합의 보호와 국가의 장벽이라는 보호막 속에서 교육 수준에 비해 높은 임금을 누리던 낮은 기술의 생산직 근로자들은, 노동조합이 붕괴되고 국가의 보호막 또한 자본의 힘 앞에 제한되면서 전 세계의 노동자들과 일자리를 놓고 다투어야 하는 처지에 몰렸다. 자본가에 대항하는 노동자 세력이 무력화되면서 노동조건의 향상을 위한 노동자의 집단적인 협상력은 크게 약화된 반면, 정부는 상대적으로 힘이 더욱 세진 자본가와 경영자의 편을 드는 쪽으로 움직였다. 정부는 기업을 유치하기 위해 경쟁적으로 세금을 감면하고, 노동조건에 대한 규제를 풀고, 자본가와 경영자의 권리를 보호하는 조치를 취했다. 그 결과 생산직 남성 근로자의 실질임금은 지난 30년 동안 감소한 반면, 자본의 투자 수익과 경영자의 보수는 비약적으로 증가했다.

결국 해외로 이전이 불가능하면서 큰 기술이 요구되지 않는 일인 서비스직 저임금 일자리만이 국내에 남게 되었으며, 이러한 일에 종사하는 사람의 지위와 소득은 과거보다 더 열악해졌다. 그렇다고 해서 미국인의 생활수준이 지난 30년간 악화된 것은 아니다. 왜냐하면 기혼 여성들이 대거 노동시장에 진출해 서비스직 일자리에 종사하게 되면서 남편의 하락하는 지위를 보완했기 때문이다. 생산직 남성 노동자의 임금은 하락했지만 그들의 부인이 일을 하면서 가구 소득은 증가했다.

정보화와 세계화의 압력은 중류층 일자리 또한 크게 위협했다. 컴퓨터와 정보 시스템이 조직에서 중간 관리자의 역할을 대체하게 되었으며, 단순한 성격의 사무적인 일은 자동화되거나 개발도상국으로 이전했다. 중류층이 맡던 중간 관리 사무직 일자리들이 많이 사라지면서 이들은 기업의 상시적인 구조조정의 압력에 노출되었다. 그 결과 중류층은 점점 감소하는 대신, 저임금 서비스직에 종사하는 하층과 세계적인 기업 활동의 선두에서 두뇌 노동에 종사하는 상층 지식 노동자들은 확대되는 양극화 현상이 나타났다. 지금까지의 논의를 요약하면, 공화당 정부의 보수적인 경제정책과 세계화 및 정보통신기술의 발달이 지난 30년간 불평등을 확대시킨 주요 원인이다.

한편 미국의 소득 불평등이 확대된 원인으로 근래에 가난한 나라에서 이민자가 대규모로 들어온 것을 지목하는 사람도 있다. 이민자들이 직접적으로 소득 불평등을 확대시켰는지는 분명치 않지만, 이들은 소득 분포의 하층에 위치한 사람의 임금 상승을 억제하는 데 기여했다. 미국의 하층 중에는 '근로 빈곤자', 즉 일을 하고 있지만 빈곤선을 넘을 정도로 임금을 받지 못하는 사람이 많다. 이들은 최저임금으로 거의 전업에 가까운 노동 시간을 일하는데, 최저임금으로 일을 해서는 빈곤 상태에서 멀리 벗어날 수 없다. 유럽과 달리 미국의 최저임금이 매우 낮은 데에는 공화당 정부의 정책도 원인이지만, 그 못지않게 새로운 이민자 출신의 저임금 노동자들이 대규모로 노동시장에 유입되면서 임금 상승을 억제하기 때문이다.

미국은 1925년에서 1965년까지 40년간 외부로부터 이민자의 유입이 매우 적었다. 1965년 이민법이 개정된 이후 주로 아시아와 중남미 국가에서 이민자가 엄청나게 들어왔다. 1970년대부터 현재까지 계속 진행되고 있는 이민 행렬은 이민의 나라라고 하는 미국의 역사 전체로 볼 때에도 매우 많은 편이다. 이들은 미국 경제의 생산과 소비 모두에 활력을 주었다. 고급 기술의 이민자들은 1990년대 이래 기술혁신에서 큰 역할을 담당했으며 낮은 기술의 이민자는 많은 수의 낮은 임금을 받는 열악한 일자리를 채움으로써 임금 상승을 억제했다.

만일 지난 30년간 이민자들이 대규모로 들어오지 않았다면 미국 경제와 저소득층의 생활이 어떻게 되었을지 상상해보자. 이민자의 대규모 유입이 없었다면 미국 경제는 유럽과 마찬가지로 저성장을 지속했을 것이다. 미국 경제가 선진국 중 예외적으로 매년 2~3%의 성장을 지속했던 배경에는 기술혁신과 함께 이민자의 대규모 유입이 중요한 역할을 한다. 그들이 없다면 저임금 일자리는 채워지기 힘들기에 많은 일자리가 해외로 이전했을 것이다. 단순 노동력은 그들의 상위에 있는 기술직이 수행되기 위해 필요한 많은 보조적인 일을 담당한다. 따라서 저임금 이민자들이 다수 공급되지 않았다면 많은 고급의 기술직 일자리도 생겨나기 어려웠을 것이다. 반면 해외로 이전할 수 없는 서비스 일자리는 임금이 크게 상승했을 것이다. 이민자 덕분에 선진국 중 가장 물가가 싸고, 일자리가 크게 증가했으며, 최저임금이 계속 하락하면서도 노동력 부족 상태에 몰리지 않고, 총생산이 크게 증가할 수 있었던 것이다. 선진 산업국 중 이민자를 받아들이지 않은 일본의 경우 물가가 비싸고, 일자리의 증가가 미미하며, 총생산이 증가하지 않은 것이 반대의 예가 될 것이다.

5. 미국인의 낮은 불평등 인식 수준

미국의 불평등 수준은 높지만, 미국인의 불평등 인식 수준은 그리 높지 않다.[20] 불평등을 감소시키려는 정부의 정책에 대해 미국인은 적극적이지 않다. 미국인 중 다수는 조세나 복지제도를 통해 소득 불평등을 축소하는 정책에 찬성하지 않는다. 기회의 평등이 중요하지 결과로서의 불평등은 중요치 않다는 것이 대다수 미국인의 생각이다. 소득 불평등은 능력과 노력에 대한 차등적인 보상이 만들어낸 결과로서, 사람들에게 창의적으로 열심히 일하도록 하는 동기를 부여한다고 생각한다. 유럽과 달리 미국인은 사회적인 위계 체계에 대해 공개적으로 언급하는 것을 꺼리며, 그것의 존재를 의도적으로 부정하고 싶어한다.[21] 근래에 최고경영자의 보수가 천문학적 수준이고 월스트리트의 금융계에서 터무니없이 큰 성과 보수를 주는 관행이 부각되면서 분위기는 조금 바뀌었지만, 기본적으로 미국인은 사업에 크게 성공하고 돈을 많이 번 사람을 존경한다.

유럽과 비교할 때 미국인은 자신의 사회의 소득 불평등 정도를 과소평가하는 경향이 있다.[22] 미국인은 부유층의 소득 규모나 빈곤층의 규모에 대해 심하게 과소평가한다. 불평등 문제에 대한 미국인의 낮은 인식은 미국은 '중류층의 사회', 혹은 '계급이 없는 사회'라는 믿음과 연결되어 있다. 미국 사람의 대부분은 자신이 중류층이라고 생각한다. 유럽인 중 상당수가 자신은 중류층이 아닌 노동계층에 속한다고 생각하는 것과 대조된다. 미국에서 지난 30여 년간 소득 불평등이 확대되고 소득 분포에서 중간층의 비율이 감소했음에도 불구하고 자신이 중류층이라고 생각하는 사람의 비율은 최근까지 큰 변화가 없다. 최근 여론조사에서 자신을 중류층이 아닌 하층으로 인식하는 사람이 약간 늘었다는 소식은 미국인의 소득 불평등 의식에 변화가 오는 것이 아닌가 하는 의심을 품게 한다.

미국인의 불평등 의식이 유럽과 비교해 낮은 원인은 미국의 특수한 사정에 기인한다. 사회학자 시모어 립셋Seymour M. Lipset에 따르면 이는 크게 네 가지로 정리할 수 있다.[23] 첫째, 미국은 유럽과는 다른 사회발전 과정을 거치면서 계급의식의 형성이 억제되었다. 유럽은 봉건사회에서 근대사회로 이전하면서 구질서의 엄격한 신분 구분을 타파했다. 이러한 변화 속에서 유럽 사람들은 계급 차이에 대한 의식이 높아졌으며 노동자 계급의 조직화와 함께 자신들의 이익을 대변하는 사회당이나 노동당이 출현했다. 사회당과 노동당이 오랫동안 집권하면서 계급 차이의 문제는 공개적으로 논의되었고, 계급 간 이익 갈등을 조정하는 것은 유럽 정치의 핵심이다. 그 결과 유럽 사람들은 일상에서 항시 계급·계층 차이에 대해 의식한다. 반면 미국은 봉건사회를 거치지 않고 처음부터 도시 상공인과 지주로 구성된 중류층 중심의 근대국가를 건설했다. 식민지 본국과의 투쟁 과정이나 시민 중심의 사회를 건설한다는 건국이념은 모두 계급의식이 형성되는 것을 억제했다. 미국은 중류층의 사회이며, 미국인은 모두 평등하며, 각자 행복을 추구할 권리를 가진다는 건국이념은 현재까지도 미국인의 의식 속에 내면화되어 있다.

둘째, 다양한 민족 배경의 이민자가 지속적으로 들어오면서 계급의식은 억제되었다. 이민자들은 자신이 속한 민족 집단을 중심으로 뭉쳤다. 서로 다른 이민자 민족 집단 간에, 혹은 기존 주민과 이민자 간에 이익 갈등이 전개되었다. 이민자는 어려움이나 문제가 발생하면 자신이 속한 민족 집단에 의지해 해결하려 한다. 민족 집단의 경계를 넘어서 계급의식이 형성되기 어려운 구조이다. 이민자들은 '미국인의 꿈' 이념을 좇는 사람들로서 현재 경제적 상황과는 무관하게 기본적으로 중류층 의식을 가지고 있다. 그들은 열심히 노력해 개인이 성공하는 것을 기대하므로 계급 이익이나 사회 전체의 불평등은 큰 관심사가 아니다.

셋째, 미국의 노예제와 이후 유색인에 대한 인종 편견과 차별은 계급의식의 형성을 억제했다. 유색인에 대한 법적 평등이 보장된 20세기 후반에도 많은 백인은 흑인을 자신과 동등한 사회의 구성원으로 대우하지 않았다. 직장과 같은 공공장소에서 백인과 흑인은 같이 지내지만 사적인 삶의 영역에서 백인과 흑인은 서로 분리되어 살아간다. 백인은 흑인에 대해 부정적인 편견을 가지며 '감정적인 인종주의'를 행사하고 드러나지 않는 방식의 차별을 가한다. 많은 백인은 흑인이 가난한 이유가 그들의 노력 부족과 타락한 생활 때문이라고 생각한다. 미국의 백인에게 '복지'라는 용어는 '흑인'을 떠올리며, 불평등을 줄이려는 정부의 노력은 흑인을 일방적으로 지원하는 것이라고 생각한다. 인종차별과 편견이 존재하는 한 인종 범주를 넘어선 계급의식은 형성되기 어렵다.

넷째, 미국에서 자본가와 경영자의 압도적인 힘은 불평등에 대한 사회 전반의 관심이나 계급·계층 의식의 형성을 억제한다. 미국에서는 자본가와 경영자의 정치적인 영향력이 클 뿐만 아니라 문화적인 주도권 또한 장악하고 있다. 자본가의 영향력이 압도적이기에 정치적으로는 물론 문화적으로도 계층 격차에 관해 언급하는 것은 금기시되며, 불평등을 줄이려는 노력은 자본주의를 부정하는 사회악으로 치부되었다.

미국에서는 사회문제를 계층보다 인종의 인식 틀로 접근한다. 20세기 중반 이래 흑인의 지위가 지속적으로 향상되고 흑인 중 일부 성공한 사람들이 백인과 흡사한 삶을 살게 되면서, 사회학자 윌리엄 윌슨William J. Wilson은 인종의 중요성이 감소하는 대신 계층의 중요성이 그 자리를 대체하고 있다고 주장했다.[24] 다시 말하면 교육, 직업, 소득 등 계층을 결정하는 요인이 백인이냐 흑인이냐보다 삶의 기회를 결정하는 데에서 더 중요하다는 지적이다. 가난한 흑인은 가난한 백인과 별반 삶이 다르지 않다면, 그들의 문제를 논의할 때 흑인이라는 사실보다는 빈곤에 더 초점을 맞추어야 한다. 사실이 이러함에도 미국에서는 빈곤의 문제를 흑인의 문제로 접근하는 시각이 지배한다. 흑인은 본질적으로 게으르고 도덕적으로 타락한 생활을 하기 때문에 가난하다는 비난은, 실업과 불평등 문제를 개선해 빈곤을 해소해야 한다는 주장을 무력화한다. 흑인의 빈곤을 경제의 문제가 아니라 인종의 문제로 인식 틀을 고정시키는 것이 자본가에게 유리하다.

요컨대 미국의 역사적·정치적·사회적·문화적 환경은 모두 미국인이 계층 간의 격차나 불평등에 대해 인식하는 것을 어렵게 한다. 그러나 미국인이 계층이나 불평등에 대해 인식 수준이 낮다고 해서 이 문제에 무관심한 것은 아니다. 사회학자 제니퍼 호시차일드Jennifer L. Hochschild에 따르면 미국인은 계층이나 불평등 등에 대해 언급하는 것을 꺼리며, 이것에 대해 굳이 언급해야 하면 의견이 일관되지 않으며 감정적으로 불안한 모습을 보인다.[25] 이는 미국인의 잠재의식 속에서 계층 격차나 불평등 문제가 큰 비중을 차지하고 있음을 시사한다. 겉으로 드러내기 힘들 뿐이지 마음속으로는 이 문제가 걸리는 것이다.

미국인이 불평등 문제에 관해 언급하기를 꺼리는 것은 노동자 계층의 힘이 약해 불평등 문제를 사회적인 의제로 설정할 수 없기 때문이다.[26] 정치 과정을 통해 불평등과 계층 격차 문제를 공개적으로 다루는 유럽 사회에서, 사람들은 불평등 문제에 대해 언급할 때 미국인과 같이 자신의 의견이 일관되지 않거나 불안을 느끼지 않는다. 매우 불평등한 사회에서 사람들이 불평등 문제에 관심이 높아지면 불평등 구조의 기득권자인 자본가에게 해가 된다. 사람들이 불평등 문제에 대한 관심이 높아지면 자연적으로 소득 재분배에 대한 요구가 커질 것이기 때문이다. 따라서 자본가와 경영자, 이들과 연결된 정치인은 불평등에 대해 사람들의 주의가 환기될 수 있는 모든 통로를 차단하려 한다. 학생들이 배우는 교과서에서 불평등은 거의 언급되지 않으며, 대중매체에서도 노동자와 보통 사람들의 생활상이나 계층 격차를 연상시키는 어떤 메시지도 배제된다.[27] 그러나 미국인이 불평등을 의식하지 않는 것은 아니라는 점은,

최근 대통령 선거에서 트럼프와 버니 샌더스Bernie Sanders가 높은 지지를 얻은 데에서 드러난다. 그들은 미국 사회의 높은 불평등에 대한 보통 사람들의 분노를 대변해 예상외로 큰 호응을 불러일으켰다.

6. 높은 불평등의 사회적 효과

불평등이 높은 사회는 위험한 사회이다. 가진 것이 없는 사람은 게임의 규칙을 따라야 할 이유가 없으므로 이들은 언제라도 기회가 보이면 사회규범을 어기는 것을 주저하지 않는다. 규범을 따른다고 해도 이익을 볼 것이 없으며, 규범을 어기다 걸린다고 해도 잃을 것이 많지 않기 때문이다. 미국이 선진 사회라고 하기에는 무리일 정도로 위험하고 범죄가 많이 발생하는 것은 바로 이러한 이유 때문이다. 반면 중류층이 두터운 사회는 안정된 사회이다. 이들은 기존의 질서에서 안정된 생활을 누리고 있으므로 게임의 규칙을 잘 지킨다. 이들은 기존의 질서가 어그러질 때 잃는 것이 적지 않으므로, 이 게임의 규칙에 문제점이 발생하면 개선하는 데 힘을 쏟는다.

기존의 게임의 규칙을 위반해도 크게 잃을 것이 없는 사람을 제어하기 위해서는 물리적인 폭력으로 위협하는 길밖에 없다. 미국의 경찰은 폭력적인 행위로 악명이 높다. 총기 소지를 허용하기 때문에 경찰의 입장에서도 과잉 방어를 해야 한다는 이유 이외에도, 가진 것이 없는 비참한 사람들을 제어하기 위해 물리적 위협 외에 다른 수단은 잘 통하지 않기 때문이다. 미국은 범죄율이 높을 뿐만 아니라 수감자의 비율 또한 매우 높다. 사회에 문제를 일으키는 사람을 제어하는 가장 효과적인 방법은 이들을 교도소라는 별도의 공간에 격리시키는 것이다. 가석방을 포함해 인구 100명당 한 명꼴로 죄인을 형무소에 가두는 데 엄청난 재원이 소요되지만 높은 불평등을 유지하기 위한 비용쯤으로 치부한다.

미국에서는 가진 것이 없는 사람이 가진 것이 있는 사람을 침해할 위험을 줄이기 위해 서로 격리되어 살도록 한다. 가진 것이 없는 사람은 그들만의 동네에서 살고, 가진 것이 있는 사람은 가진 것이 없는 사람들이 침범하지 못하도록 그들로부터 멀리 떨어진 교외에 산다. 가진 것이 없는 사람들이 인근에 살 경우, 가진 것이 있는 사람들은 자신의 동네 주위를 담과 철조망으로 둘러싸고 출입할 때 신분 확인을 한다. 미국은 보안 산업이 크게 발달해 있다. 대도시의 모든 건물에는 수위가 지키며 이중 삼중의 보안 장치가 외부자의 접근을 막는다.

미국의 대도시에서 가난한 사람이 사는 지역은 엄격하게 구분되어 있다. 소득과 인종에 따라 구분된 거주지 분리는 자녀들이 다니는 학교는 물론 삶의 영역 전체에 걸쳐 서로 다른 세계에서 살게 만든다. 가난한 사람과 중류층은 각자 엄격히 구분된 지역에서 활동하며 그들 사이의 사회적 접촉은 최소한으로 제한된다. 미국에서 빈부 격차는 인종 구분과 중첩되어 있으므로 중류층이 가난한 사람과 접촉하지 않으려 하는 노력은 인종차별을 통해 발현된다. 백인은 흑인과의 접촉을 꺼려 교외로 이사 가고, 백인 주민 간에 규약을 만들어 흑인이 동네에 진입하는 것을 막는다. 1960년대 민권운동 이후 법적으로 흑인을 차별하는 것은 금지되었지만 우회적으로 흑인의 진입을 차단하는 다양한 방식이 동원된다. 예컨대 한 건물에는 한 가구만 거주하도록 규정하고, 한 건물의 최소 토지 면적을 일정 규모 이상으로 정하고, 집주인이 타인에게 임대를 할 때에는 주민위원회의 동의를 거치도록 하는 내부 규약을 통해 사실상 가난한 흑인의 진입을 막는다.

가진 것이 없는 사람의 침범을 두려워하기에 미국은 모두가 함께 이용하는 공공재가 상대적으로 적다. 대부분의 재화와 서비스는 각자의 능력에 따라 시장에서 구입하는 사유재의 형태로 생산되고 소비된다. 공공 화장실이 드물며 대중교통 시설이 현저하게 적은 것이 대표적인 예이다. 가진 것이 없는 사람이 진입하는 것을 법적으로 제한하지 못하는 공공재의 경우, — 대표적인 예가 도심에 있는 공원이다 — 미국인은 안전을 우려해 조심해서 이용한다. 예컨대 대도시에서는 해가 지고 나서 공원에 출입해서는 안 되며, 가난한 동네를 지나치는 것은 자동차를 타고 있을 때라도 조심해야 한다. 중류층이 사는 동네에 남루한 행색의 낯선 사람이 어른거리면 경찰에 신고하도록 권장하며, 가난한 사람이 접근하는 것을 막기 위해 부자 동네의 주민은 대중교통이 동네에 들어오는 것에 반대한다.

사회적 상승 기회가 차단되어 있어 비참한 삶을 살아야 하는 가난한 사람들은 때때로 폭동을 일으키기도 하지만 대부분 소극적인 포기의 길을 택한다. 그들은 열심히 노력하고 대학교에 가고 좋은 직장을 얻고 하는 성공의 길을 따르기를 거부하며 좌절과 자포자기의 삶을 살아간다. 안정된 직장에 다니며 화목한 가정을 꾸린다는 꿈을 실현할 수 없기에 결혼을 기약하지 않고 자식을 낳아 미혼모로 키운다. 아이들은 열심히 공부해봤자 어차피 차별 때문에 성공하지 못한다고 생각하기에 학교에서 공부하는 것을 거부하며 주변에 공부하려는 친구들을 백인 흉내를 낸다고 경멸하며 괴롭힌다. 정상적인 삶을 살아야 할 유인이 없기에 그들은 마약의 유혹을 거부하지 않고 순간적인 만족에 탐닉하고 마약 중독자로 비참하게 인생을 마감하는 것을 두려워하지 않는다. 먹고살 만한 수입을 제공하는 고용의 기회가 차단된 상태에서 마약을 사고팔면 큰돈을 벌 수 있으므로 마약 밀매자로 갱단 조직원이 되어 교도소를 들락거린다.

이들은 사회적으로 배제되고 성공의 기회가 차단된 삶이 주는 좌절과 스트레스를 감당하는 데 힘겨워한다. 미래에 대한 희망이 없는 삶을 이어나가는 것은 힘든 일이다. 이들은 비참한 상황을 그들 나름대로 견뎌내며 살아가는 데 삶의 에너지를 소진한 나머지, 합리적으로 계획하고 절약하고 충동적인 행동을 절제하고 무엇을 성취하기 위해 노력할 만한 삶의 에너지가 남아 있지 않다. 되는 대로 살다가 비참하게 끝나는 삶의 방식을 세대를 이으면서 반복한다. 17~30세 흑인 남성의 3분의 2가 형무소에 있거나 전과의 경험이 있다는 사실은 높은 불평등과 인종차별이 중첩되면서 가난한 흑인에게 가해지는 엄청난 좌절과 왜곡된 삶의 질곡을 단적으로 말해준다.

높은 불평등의 비용은 가난한 사람이나 흑인에게만 한정되지는 않는다. 높은 불평등은 사람들 사이에 비교와 경쟁의 스트레스를 가중시킨다. 불평등 수준이 높을수록 비교에 따른 스트레스는 높아진다. 기본적인 물질적 생활이 충족되면 사람들은 남과의 비교 속에서 만들어지는 상대적 지위를 얻는 데 관심이 크다. 경제학자 로버트 프랭크Robert Frank는 흥미로운 예를 제시한다.[28] 다른 사람들이 20평의 집에 살고 자신은 30평의 집에 사는 A라는 사회와 다른 사람들은 50평의 집에 살고 자신은 40평의 집에 사는 B라는 사회 중 어느 곳에서 살기를 원하느냐고 물어보면, 대다수의 사람은 A 사회를 선택한다는 것이다. B 사회에서 살 때가 A 사회에서 살 때보다 더 넓은 집에서 살 수 있으나, 사람들은 절대적인 물질적 수준보다는 상대적인 지위에 관심이 더 크다.

한 사회의 불평등이 커지면 자신보다 소득 위계에서 상위에 위치한 사람과의 격차를 줄이기 위해 '지위재', 즉 상대적인 지위를 상징하는 재화에 소비를 많이 한다. 명품 가방이나 고급 자동차, 넓은 집과 같은 것이 대표적인 지위재이다. 이는 자신의 소득이 허용하는 것보다 과다한 지출을 낳고, 이를 메우기 위해 과도하게 일을 해야 하기 때문에 사회전체로 볼 때 스트레스가 과중되는 결과를 가져온다.[29] 미국인의 노동시간은 선진국 중 가장 많이 일한다는 일본인을 넘어선 지 오래이며, 미국인의 과소비로 인한 개인 빚은 수천 달러에 달한다. 이는 불평등이 큰 사회에서 미국인이 남과의 비교에서 우위에 서려고 과시적인 소비를 하고 '지위재'를 획득하는 데 경쟁적으로 몰입한 결과이다. 모든 사람들이 지위재를 획득하는 데 경쟁적으로 몰입하면 어느 누구도 이로 인해 이익을 얻지는 못하지만 이러한 경쟁에 무관심할 수는 없다. 마치 야구장에서 한 사람이 일어서면 뒤에 있는 다른 사람도 모두 따라 일어서게 되는 현상과 비슷하게, 남을 따라서 경쟁해야만 최소한의 복리를 얻을 수 있기 때문이다.

영국의 공중보건학자 리처드 윌킨슨Richard Wilkinson은 불평등이 사람들의 삶에 어떤 영향을 미치는지 전 세계의 국가들을 비교한 결과 불평등이 높을수록 사람들의 건강 상태가 나쁘다는 것을 발견했다.[30] 불평등이 높은 사회의 사람은 불평등이 낮은 사회의 사람보다 더 비만하고, 정신적인 스트레스가 높으며, 건강하게 사는 수명이 짧다. 불평등이 건강에 미치는 부정적인 효과는 가난한 사람은 물론 중상층에게도 고루 발견된다. 높은 불평등과 경쟁으로 인한 스트레스가 심한 미국에서 심리 상담 사업이 발달한 것은 당연하다. 모든 계층 사람들은 경쟁과 비교의 스트레스를 이기며 살아가기 위해 높은 비용을 치른다. 미국에서 사는 것은 상대적으로 평등한 북유럽 사회에서 사는 것보다 훨씬 높은 긴장을 요한다. 계층에 따라 긴장의 원인은 다를 것이다. 상층의 사람은 아래에 있는 사람에게 따라잡히지 않기 위해 전전긍긍하며, 중하층 사람은 하층으로 떨어지지 않기 위해 긴장한다. 사회보장제도가 부실한 미국에서 병에 걸리거나 실직하면 빈곤으로 떨어질 위험이 높기 때문에 긴장하며 살아야 한다. 적절한 수준의 긴장은 새로운 아이디어를 낳는 원동력이 될 수 있으나 지나친 스트레스는 삶을 불안하고 힘겹게 만드는 요인이다.

높은 불평등은 '과정'의 중요성보다는 '결과'의 차이를 두드러지게 만들기 때문에 사람들은 무슨 수를 써서라도 상위의 지위를 획득하려고 한다. 막스 베버가 언급한 개신교 윤리와 자본주의 정신의 연관을 근래 미국의 부자에게서는 찾기 어렵다. 세속화된 부자들에게는 신의 뜻에 따라 도덕적인 방법으로 돈을 버는 것보다는 무조건 돈을 많이 버는 것이 유일한 관심사이다. 미국이 북유럽 사회보다 중상류층의 화이트칼라 범죄가 많으며 돈으로 정치적 영향력을 사는 관행이 크게 발달한 데에는 미국 사회의 높은 불평등이 한 원인이다.

7. 불평등의 증가 추세는 언제 꺾일까

1970년대 후반 이래 불평등이 계속 증가하는 추세는 그동안 작은 부침을 거치면서 30여 년간 꾸준하게 이어지고 있다. 근래에 들어 미국의 높은 불평등에 대해 우려와 불만이 높아지고 있다. 2011년에 발생한 '월가점령운동 Occupy Wall Street'이 가장 단적인 예로, 최근 대통령 선거에서 소득 불평등 문제가 주요 이슈로 등장하는 것이나 매스컴에서 불평등에 대한 보도가 자주 나는 것, 불평등에 관한 서적이 근래에 자주 출간되는 것 등이 그러한 징조이다.

문제는 그동안 불평등을 증가시킨 원인이 앞으로 단시간에 변화되겠는가 하는 점이다. 미국 사회의 불평등을 확대시킨 두 가지 원인, 즉 정치적인 변화와 경제적인 변화를 구분해서 살펴보자. 먼저 정치적인 변화를 보면, 1980년대 이래 지난 30년간 공화당이 집권하면서 부자 감세와 복지 지출 삭감 등 정책적 요인으로 인한 불평등의 확대 문제는 앞으로 개선될 가능성이 크다. 근래에 미국인이 불평등 문제에 관심이 높아지면서 이를 개선하기 위한 정부 정책에 지지를 보내고 있다. 예컨대 최근 오바마 대통령이 도입한 의료보험 개혁의 경우, 이를 반대하는 공화당이 의회를 장악하고 있음에도 국민의 여론은 이를 지지하는 쪽으로 기울었다. 이 제도의 요점은 의료 서비스의 사각지대에 있는 사람들에게 정부의 재정 지원과 중상류층의 희생을 통해 의료보장을 제공하는 것이다. 1930년대 초 미국이 사회보장제도를 도입하면서 의료계의 반발 때문에 유럽 국가들과 달리 사회보장체계 내에 포함시키지 못했던 포괄적 의료보장제도가 비록 제한된 형태로나마 근래에 도입된 것이다. 이러한 제노가 도입될 수 있었던 직접적인 원인은 물론 행정부와 상원을 민주당이 모두 장악하게 된 근래에 드문 정치 상황 때문이지만, 높은 의료 비용과 의료 서비스의 불평등에 대한 사회적 관심이 높아진 것 또한 압력으로 작용했다.

근래에 선거 토론에서 불평등 문제가 주제가 된 것 또한 불평등 문제와 관련해 미국인의 변화된 여론을 보여준다. 최근 대통령 선거에서 무소속의 샌더스는 불평등 문제를 주요 쟁점으로 하여 큰 호응을 얻었다. 미국의 정치는 공화당과 민주당을 막론하고 부유층이 기부하는 정치 자금에 의해 움직이므로 그들의 심기를 건드리는 불평등 문제가 선거 토론의 주제로 등장한 경우는 찾아보기 어려웠다. 그러나 근래의 선거에서 민주당은 물론 공화당 내에서도 불평등 문제에 관해 언급한다. 앞으로 민주당이 집권하건 공화당이 집권하건 과거와 같이 부자 감세와 복지 축소를 과감하게 전개하기는 어려울 것이다. 물론 지난 30년의 공화당 집권기 동안 부자에 대한 최고 세율은 더 낮아지기 힘들 정도로 낮아졌고 복지 지출 또한 더 삭감하기 어려울 정도로 줄어든 것은 사실이다. 요컨대 정부 정책에서 불평등을 축소하려는 노력이 앞으로 커질 것이다.

문제는 세계화와 정보화에 따른 경제구조의 변화는 앞으로 더 확대될 것이며, 이는 미국 사회의 불평등을 높이는 방향으로 작용하리라는 점이다. 세계화와 정보화에 따른 경제구조의 변화는 미국만 아니라 선진 산업국 모두가 공통으로 겪고 있으므로, 선진 산업국 모두 세전 소득으로 볼 때 소득 불평등이 일관되게 확대되고 있다. 제조업 공장이 낮은 임금을 찾아 개발도상국으로 이전하는 경향이나, 정보화와 기계화로 단순 사무직과 중간 관리직 일자리가 줄어드는 경향은 앞으로도 지속될 것이다. 그 결과 선진국에서 기술 수준이 높은 사람과 낮은 사람 사이의 소득 격차는 더 벌어질 것으로 예상된다. 물론 대학 교육이 보편화되면서 대학교를 졸업한 것만으로는 기술 수준이 높은 고급 일자리를 맡기 어려워지겠지만, 그들보다 사정이 더 어려운 사람은 고등학교 졸업 이하의 교육 수준이 낮은 사람들이다. 그들에게 남겨진 일자리는 해외로 이전하기 어려운 단순 서비스직밖에 없으므로 그들의 임금은 앞으로도 높아지기 힘들 것이다.

세계화로 인해 선진 산업국 근로자의 임금이 하락하는 현상을 부정적으로만 볼 수는 없다. 선진 산업국에서 개발도상국으로 이전한 공장은 새로운 일자리를 제공함으로써 그들의 소득을 높이고 그 사회의 중류층을 키우는 데 기여하기 때문이다. 지난 30년간 세계의 극빈자 비율은 현저하게 줄었으며 세계 전체의 소득 불평등 수준은 크게 감소했다. 세계은행의 보고에 따르면 하루에 1.9달러 이하로 생활하는 극빈자의 비율은 1981년 세계 인구의 44%에서 2012년 12.1%로 놀랄 만큼 빨리 줄고 있다.[31] 이는 유엔이 목표로 한 빈곤 퇴치의 2000년 목표치를 크게 초과 달성한 것이다. 제2차 대전 이후 개발도상국이 식민 상태에서 독립하면서부터 큰 변화 없이 지속되었던 개발도상국의 절대 빈곤 수준은 20세기 후반에 들어 세계화로 인해 선진 산업국의 공장이 개발도상국으로 이전하면서 극적인 변화를 맞았다. 이렇게 개발도상국에 일자리가 늘고 극빈자가 빠르게 감소함으로써 과거 선진국의 원조로는 해결할 수 없었던 완전한 빈곤 퇴치라는 목표를 가까운 시일 내에 실현 가능하게 만들었다. 세계화로 인해 선진 산업국의 기술 수준이 낮은 노동자가 개발도상국의 노동자와 경쟁하는 처지가 되면서 이들 사이에 명암이 교차한 것이다. 세계화는 개발도상국 주민에게는 소득 향상의 기회가 되었지만 선진 산업국의 일부 노동자들에게는 소득 하락으로 귀결되었다.

중국은 세계의 공장이라고 일컬어진다. 세계 어디를 가든 중국에서 제조된 물품을 만나고, 중국에서 생산된 저렴한 물건 때문에 선진 산업국에서는 공장이 사라져간다. 그러나 근래에 중국인의 소득이 높아지면서 중국이 더 이상 낮은 임금의 근로자를 대량으로 공급하는 산업 기지가 아니라는 인식이 높아졌다. 중국에 진출했던 다국적 기업들은 낮은 임금을 찾아 동남아시아와 남아시아로 이전하고 있다. 최근에는 그동안 세계의 발전에서 소외되었던 사하라 이남 아프리카 지역에도 공장이 세워지고 중류층이 증가하고 있다. 세계에서 가장 가난한 지역인 인도나 사하라 이남 아프리카 지역으로 공장이 이전하면서 주민 모두가 극빈에서 벗어나고 중류층이 두터워지는 현상이 앞으로 수십 년 내에 실현될 것이다.[32] 이러한 변화는 세계 전체의 불평등 수준을 낮추는 데 크게 기여한다.

개발도상국의 소득이 높아지고 세계의 불평등 수준이 낮아진다고 해도 선진 산업국 내의 불평등이 완화되리라 기대하기는 어렵다. 다국적 기업이 낮은 임금을 찾아 개발도상국으로 이전하면서 그들의 이익은 더 커지고 고급 기술을 가진 선진국 근로자의 소득 역시 증가할 것이기 때문이다. 선진 산업국에서 살면서 기술 수준이 낮은 사람의 미래는 암담할 뿐이다. 그들은 세계화가 진전될수록 개발도상국 근로자와의 경쟁에 더 노출될 것이며, 이는 그들의 실질소득을 낮은 수준에 머물게 할 것이기 때문이다.

요컨대 지난 30여 년간 불평등을 확대시킨 가장 중요한 요인인 경제구조의 변화는 앞으로도 불평등을 확대하는 방향으로 작용할 것이다. 반면 저임금 근로자가 확대되고 정치적 압력이 높아지면서 정부의 재분배 정책은 지금보다는 확대될 것이다. 근래로 올수록 미국에서는 최저임금을 받는 노동자의 비율이 증가하고 있다. 미국에서 최저임금으로는 정상적인 생계가 어렵기 때문에 최저임금을 비약적으로 높여야 한다는 주장이 정치적으로 힘을 모으고 있다. 법정 최저임금이 현재의 시간당 7.5달러에서 오바마 정부가 추진하는 시간당 10달러나 노동계가 주장하는 15달러 선에 이르게 된다면, 전체 근로자의 3분의 1에 달하는 최저임금을 받는 근로자의 생활은 향상될 것이다. 그러나 전 세계의 개발도상국에 존재하는 잠재적 저임금 노동력이 세계화에 따라 세계의 노동시장에 지속적으로 공급되는 한 선진 산업국의 비숙련 노동자의 임금 상승에는 제약이 크다. 서비스 일의 특성상 비숙련 노동자의 생산성을 향상시키는 데에는 한계가 있는 반면, 정보화와 세계화로 인해 개발도상국으로 생산 기반을 이전하는 것은 더 용이해질 것이기 때문이다. 정보화와 세계화의 추세가 멈추지 않는 한 선진 산업국 내의 소득 불평등은 앞으로도 한동안 높을 것으로 예측한다. 개발도상국과 선진 산업국의 임금 격차가 좁혀지는 만큼 개발도상국으로 생산 기반을 이전하는 움직임이 둔화되겠지만, 격차가 워낙 크기 때문에 이것이 좁혀지는 데는 시간이 많이 소요될 것이다.

소득 불평등이 높아지면서 국민들로부터 세계화를 거부하라는 정치적 압력이 높아지고 선진 산업국들이 보호무역주의로 회귀하는 상황이 전개될 수도 있다. 최근 미국에서 트럼프가 큰 호응을 얻고, 유럽에서 극우 정당의 지지율이 꾸준히 상승하고, 영국에서 유럽공동체를 탈퇴하는 움직임이 현실화된 사정은 이러한 시나리오가 가까운 미래에 실현될 수도 있음을 시사한다. 세계가 보호무역주의로 회귀한다면 그동안 정보화와 세계화가 가져온 생산성 향상의 효과는 물거품이 될 것이며 세계의 경제는 후퇴하고 국가 간 이익 갈등이 빈발하는 세상이 될 것이다.

그러나 그동안 전개된 세계화의 결과 국가 간 경제의 연관성이 높아졌기 때문에 다시 100년 전 대공황 시대와 같은 고립주의로 돌아가기는 어려울 것이다. 국제 금융시장과 정보통신기술로 연계된 다국적 기업의 힘이 워낙 세졌기 때문에 특정 국가의 국민이 이들을 한 나라의 테두리로 가두려는 시도는 잘 통하지 않을 것이다. 전 지구적인 규모로 부와 엘리트가 성장하는 추세는 앞으로도 계속 이어질 것이다. 이들의 힘을 제한하려 한다면 마치 인터넷이 존재하기 이전의 세상으로 되돌아가려는 것과 같은 반발을 각오해야 한다. 엄청난 경제공황이나 전쟁만이 이러한 반발을 넘어설 수 있을 텐데, 선진국 국민들에게 1·2차 대전의 기억이 잊히기에 100년의 시간은 충분치 않다.

| 제3장 |

미국인의 일의 세계는 완전히 변했다

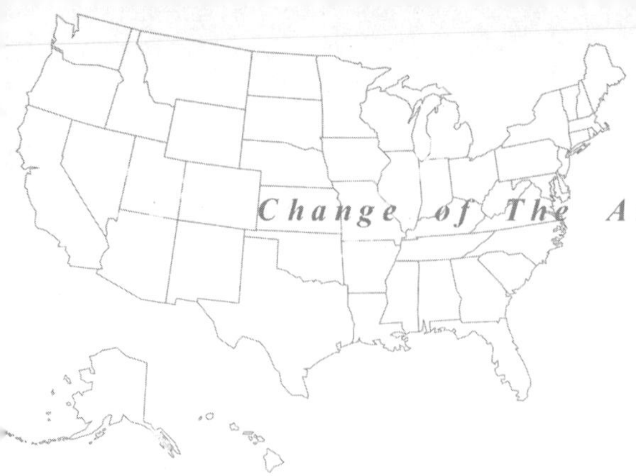

Change of The American Society

미국은 서구 산업사회의 변화의 선두에 있다. 미국에는 세계에서 가장 높은 부가가치를 생산하는 첨단 기술의 고급 일자리와 특별한 기술을 필요로 하지 않는 단순 일자리가 광범위하게 공존한다. 미국인은 선진 산업국 사람들 중 일을 가장 많이 하지만 소비 수준도 매우 높다. 미국의 직장은 생산직이건 사무직이건 해고가 용이하며 사람들은 직장을 자주 바꾼다. 미국 사람들이 하는 일의 성격은 20세기 후반에 많이 변했다. 특히 1980년대 이래 전개된 세계화와 정보화는 미국인의 일과 직장 분위기를 크게 바꾸어놓았다.

1. 1980년대의 구조조정과 일의 세계의 변화

제2차 대전 이후 지난 반세기 동안 미국 경제와 사회는 엄청난 변화를 겪었다. 1970년대 중반 원유 파동이 일어나기 전까지는 미국이 긍정적인 방향으로 나가고 있다는 낙관적인 분위기가 팽배했다. 매년 3~4%씩 거의 30년간 꾸준히 경이적인 속도로 전개된 경제성장과, 그 결과 누리게 된 물질적 풍요, 서비스 산업과 화이트칼라 직업의 팽창, 큰 폭의 빈곤층 축소와 중류층 확대, 중류층이 대거 교외로 이전한 것, 흑인과 여성 등 소수자의 지위 향상을 포함한 1950~1960년대에 전개된 일련의 변화는 미국 사회가 발전하고 있다고 생각하는 데 충분하다. 반면 1970년대 중반 이후에는 그 전과는 다른 분위기가 지배한다. 베트남에서의 굴욕적인 패배, 닉슨 대통령의 수치스러운 도청과 위증과 불명예 퇴진, 기름 값 폭등과 공급 부족 사태, 깊은 불황 속에 계속되는 실업과 인플레의 고통, 심화되는 재정 적자와 무역 적자, 달러 가치의 하락과 금본위제 폐지, 흑인·인디언·여성 등 소수자들이 자신의 권리를 찾으려는 아우성, 인종주의자의 모임인 KKK단의 대규모 워싱턴 행진, 민주당 전당대회장 주변에서 벌어진 폭력 사태, 연이은 도시 폭동, 기존의 권위와 질서의 붕괴 등은 미국 사회의 앞날에 어두운 그림자를 드리우며, 급기야 미국 경제와 사회를 새로운 모습으로 탈바꿈하게 만든다.[1] 전후 미국인의 이상적인 생활 모습인, 교외의 그림 같은 집에서 살면서 남편은 직장에 출근하고 아내는 아이와 가정을 돌보는 여유롭고 행복한 가정은 신기루처럼 멀어졌다.

1980년대에 미국의 경제와 기업이 처한 어려움은 일시적인 경기변동이 아니라 구조적인 것이었다.[2] 제2차 대전으로 유럽의 산업 기반이 무너져 미국의 기업과 경제는 외부로부터 경쟁이 전무한 상황에서 1950~1960년대에 높은 성장을 구가했다. 이 기간에 외부로부터의 도전은 거의 없었으므로 미국의 기업은 효율성이 떨어지는 부문에 대한 개혁의 필요에 직면하지 않았다. 그러나 에너지 효율이 떨어지는 미국 경제는 1970년대의 원유 파동으로 심각한 타격을 받았으며, 일본과 유럽의 경쟁 기업이 생산성에서 미국 기업을 추월하면서 1980년대에 미국 시장에서 이들 나라의 제품이 미국의 제품을 몰아내는 현상이 두드러졌다.

1980년대 구조조정에는 대외적인 요인만이 아니라 내부적인 요인 또한 중요한 자극제가 되었다.[3] 1980년대 레이건 정부는 노조와 기업에서 지금까지 암묵적으로 지켜졌던 '신사협정'을 깨는 조치를 연이어 촉발시켰다. 기업 간에 사업 영역을 제한하는 규제나 합병을 어렵게 만드는 규제를 제거하면서 기업들 사이에 경쟁이 치열해졌다. 대표적인 예로 AT&T의 분할 명령으로 새로 탄생한 전화 사업자들이 무한 경쟁에 돌입하게 된 것이나, 금융 영역 간에 영역 분할을 제거하면서 금융사 간 경쟁이 격화된 것, 대기업 상호 간의 수많은 흡수 합병의 움직임, 항공관제사 노조의 파업에 대해 공권력을 투입해 강제 해산하고 대량 해고를 한 사건 등은 1970년대까지 각자 조용하게 자신의 자리를 지키며 움직이던 경제활동과는 전혀 다른 상황을 만들어냈다.

미국은 1970년대 중반에서 1980년대 중반까지 장기 불황을 겪었다. 1980년대에 전개된 산업 전반의 구조조정은 미국 경제의 생존을 위해 필수적이었다.[4] 미국의 기업과 근로자들은 생산성 향상을 위해 뼈를 깎는 고통을 감내해야 했다. 생산성을 높이고 생산 비용을 낮추기 위해 생산 시설을 미국의 남부 지역과 해외로 이전했고, 핵심적인 업무를 제외한 모든 업무를 외주로 돌렸으며, 단순 업무를 기계와 컴퓨터가 맡도록 했다. 업무의 범위를 재조정해 생산성이 낮은 잉여 인력과 중간 관리층을 줄여 조직의 살을 빼고, 의사결정의 효율성을 높이고, 경영관리 비용을 절감했다. 규모가 큰 기업은 수익이 떨어지는 부문을 팔아치웠으며, 덩치를 키워서 경쟁에서 살아남으려는 노력은 기업들 사이에 빈번한 인수 합병을 촉발시켰다. 수익이 떨어지는 기업의 주주들은 최고경영자를 교체해 수익성을 높이도록 압력을 넣었으며, 새로 영입된 최고경영자들은 인력 감축을 통해 재무 상태를 단기적으로 개선하려 했다. 이러한 구조조정은 생산직은 물론 사무직의 대량 해고를 낳았다. 구조조정의 결과 과거에 안정적이던 고용 관행은 사라지고 해고와 채용이 용이해졌으며, 노동자는 개인의 성과와 시장가치에 따라 냉혹하게 평가받는 새로운 형태의 노동 관행이 형성되었다.[5]

1970년대에 널리 보급된 컨테이너 운송은 벌크bulk 운송 시절에는 상상할 수 없을 정도로 화물 운송의 생산성을 높였으며, 항공 운송은 1980년대 기업 간 규제가 철폐되고 대형 항공선이 도입되면서 효율이 크게 높아졌다. 이러한 비약적인 운송의 생산성 증가에 힘입어 운송 비용은 이전과는 비교할 수 없을 정도로 저렴해졌고, 운송은 편리해졌다. 정보통신기술은 국경을 넘어 정보를 교환하고 업무를 상호 조정하는 것을 가능하게 만들었다. 먼 거리에서 전개되는 활동을 조정하는 데에는 많은 시간과 비용이 소요되는데, 정보통신기술은 거리의 장벽을 뛰어넘어 상호 간 조정을 저렴하고 용이하게 했다. 그 결과 미국의 기업들은 저렴한 임금을 포함해 여러 입지 조건에 맞는 곳을 찾아서 생산 기반을 해외로 이전했으며 해외에 자본을 투자해 큰 이익을 거두게 되었다.

이러한 경제 전체의 구조조정을 배경으로 1990년대에 '신경제New Economy'라 부르는 새로운 단계로 진입했다.[6] 이 신경제에서 부의 창출은 지식 활동을 중심으로 전개된다. 새로운 지식과 혁신은 부를 낳는 황금알이다. 반면 구경제의 중심이었던 제조업은 뒤로 물러났다. 자본의 시장가치로 볼 때 세계에서 가장 큰 기업인 애플사가 자신의 공장을 소유하지 않는 기업이라는 것이 단적인 예이다. 애플사는 연구개발, 마케팅, 판매관리, 자본관리, 전 세계적인 생산과정의 관리만을 할 뿐 제조 자체는 해외의 하청업체를 통해 한다. 신경제의 중심에는 국경을 초월해 움직이는 금융 산업이 있다. 자본의 국가 간 이동은 규모와 속도 면에서 과거와 비교할 수 없을 정도로 커졌다. 신경제의 기업은 지식 활동이 중심이므로 전통적인 육체노동의 가치는 땅에 떨어졌다.

미국은 정보통신기술을 중심으로 혁신을 거듭하면서 생산성 경쟁에서 국제적인 우위를 회복하고 다시금 호황을 맞았다. 제조업의 비중은 줄어든 대신 고급 지식을 사용하는 정보통신과 'FIRE'라 불리는 금융·보험·부동산 개발 등 생산자 서비스 산업의 비중이 높아졌다. 이러한 지식 경제에서 부가가치를 생산하는 주역은 체계적인 지식을 소유한 '지식 노동자'들이다. 실리콘밸리의 엔지니어나 월가의 금융가로 대표되는 지식 노동자들은 새로운 아이디어를 생산하며 이들이 가져온 혁신은 세계화와 정보화의 흐름 속에서 엄청난 부를 가져다주었다. 정보통신 산업에서 빌 게이츠나 스티브 잡스가 이들의 대표격이라면, 금융계에서는 비록 형무소에 가기는 했지만 정크본드junk bond의 귀재라 불린 마이클 밀컨Michael Milken이나 골드만삭스Goldman Sachs가 이들의 대표이다. 1980년대의 쓰라린 구조조정과 IT 산업 중심의 기술혁신 결과 1990년대 중반 미국은 또다시 경쟁 상대국을 훨씬 능가하는 높은 생산성을 구가하게 되었다. 물론 1990년대 후반 닷컴 버블dot-com bubble이 꺼지면서 정보통신 업계 중심의 잔치가 일시적으로 가라앉기는 했지만, 2000년대에 들어서부터 현재까지 미국 경제, 특히 IT 산업의 우위는 계속되고 있다.

1980년대 구조조정의 바람은 일시적인 것이 아니라 1990년대나 2000년대에도 지속된 상시적인 기업 활동의 일부가 되었다.[7] 1990년대 중반 이후의 호황에서도 대기업의 대량 해고, 외주 경영과 비정규 근로자의 활용, 사업장 폐쇄, 흡수 합병은 일상적인 것이 되었다. 1980년대와 다른 점은 과거의 구조조정이 기업이 위기에 처한 상황을 탈피하기 위한 필사적인 노력이었다면, 1990년대의 구조조정은 기업의 수익성과 경쟁력을 높이기 위한 평상시 경영 활동의 일부라는 점이다. 예컨대 컴퓨터 업종의 휴렛팩커드Hewlett-Packard사나 소비재 업종의 프록터앤드갬블The Procter & Gamble사의 경우 높은 이익을 기록하면서도 대량의 인력 감축 계획을 발표했으며, 이익이 나는 사업장이라도 경영진의 판단에 따라 일부 사업 부문을 매각하거나 해외 혹은 다른 지역으로 이전하는 것이 흔한 일이 되었다.

이렇게 상시적인 구조조정이 도입된 원인으로 시장의 전 지구화와 정보통신기술의 비약적인 발달을 꼽는다. 시장의 전 지구화로 미국 기업은 과거와는 달리 외국 기업과 동일한 시장에서 경쟁하는 처지가 되었다. 이제 미국의 근로자는 유럽의 근로자와는 물론 중국과 인도의 근로자와도 같은 시장에서 경쟁해야 한다. 정보통신기술은 먼 곳에 있는 사람 및 활동을 원격으로 통제하고 상호 조정하는 것을 용이하게 하며, 지역 간 및 경제 주체 간 생산성의 차이에 대한 비교를 용이하게 함으로써 경쟁을 격화시켰다.[8] 경쟁의 격화란 결국 비효율적인 부문에 대한 항시적인 구조조정을 의미하며 성과주의에 따라 해고와 고용을 용이하게 하는 노동의 유연화를 수반할 수밖에 없다.

1980년대 이래 상시적으로 진행되는 구조조정은 생산직만이 아니라 중간 관리자를 포함한 사무직에 대해서도 대량 해고를 단행한다는 점에서, 이전에 경기 침체기에 보이던 일시적인 해고와는 근본적으로 다르다. 과거에는 주로 생산을 직접 담당하는 생산직이 대량 해고의 주 대상이었고 중간 관리자는 해고 대상에서 제외된 계층이었다. 이들 남성 사무직 근로자는 대기업 위계 서열의 시작점에서 회사 생활을 출발해 내부 승진을 거치면서 사실상 한 회사에서 근로 생활의 거의 전부를 보내는 경우가 많으며, 관리자로 중간에 입사하는 경우는 많지 않았다. 사회학자 윌리엄 화이트William Whyte가 묘사한 인간형인 '조직인Organization Man'은 1970년대의 변화가 일어나기 이전 자신이 속한 조직에 일생 헌신하는 회사 인간의 전형을 보여준다.[9]

반면 1980년대 구조조정기 이후 사무직 중간 관리자들은 인력 감축의 주요 대상이 되었다. 이는 대기업에서 중간 관리의 기능이 컴퓨터의 기능으로 대체되면서 다수의 사무직 중간 관리자가 필요 없어진 데 근본적인 원인이 있다. 컴퓨터의 도움으로 최일선 업무 담당자의 직무 영역과 권한이 크게 늘어난 반면 최고 경영진과 담당자 간의 거리는 크게 단축되었다. 업무 수행을 위해 많은 중간 조정자가 더 이상 필요하지 않게 되었으며, 이에 따라 과거에 근무 기간이 늘면서 통제의 범위와 권한이 함께 늘었던 승진 체계도 사라졌다. 많은 대기업에서 긴 위계 서열로 이루어진 '라인' 체계는 상대적으로 납작하고 평등한 '팀' 체계로 대체되었다.

1980년대 이후 미국 경제와 기업의 변화는 고령 근로자의 가치에 치명적인 영향을 미쳤다. 기업 환경의 변화로 조직 내에서 고령자의 가치는 과거와 비교할 수 없게 하락했다.[10] 컴퓨터 기술의 발달은 고령자가 지닌 업무 기술의 퇴화를 가속화시켰으며, 시장의 전 지구화는 고령자의 오랜 근무 기간에서 축적된 경험의 가치를 감퇴시켰다. 경영 환경이 급속하게 변하면서 과거의 관행을 잘 익히고 있는 고령자의 경험은 더 이상 기업에 가치를 가져오는 자산이 되지 못했고, 고령자가 그동안 축적한 업무 기술은 컴퓨터의 급속한 발달과 변화 앞에 무용지물을 넘어서 버리기 어려운 애물단지로 둔갑했다. 업무 담당자와 최고경영자 사이에 존재하던 긴 위계 서열의 체계는 무너졌으며 이와 함께 연공서열의 관행도 점차 과거의 유물로 퇴장했다. 위계 서열의 입구에서 입사해 오랜 기간 한 조직에서 일하면서 차례로 승진하는 것을 우대하던 관행 대신에, 필요한 기능의 인력을 필요한 시기에 외부 노동시장에서 조달하는 방식이 선호되기 시작했다. 특히 외부 환경이나 기술의 변화가 심한 업종의 경우, 변화에 민첩하게 대응하기 위해 새로운 기술과 경험을 가진 인력을 필요한 시점에 외부로부터 즉시 조달하는 고용 방식은 기업의 생존을 위해 필수적인 전략이 되었다.[11]

국내외 기업 간 경쟁이 격화되고 흡수 합병이 일상적인 경영 전략이 되면서 고용주와 근로자 간에 그동안 지켜져 왔던 '생애 고용 계약' 모델은 파기되었다. 한계생산성을 초과하는 비용을 초래하는 고령자를 해고하는 것은 기업의 단기적인 수익을 높이는 결과를 가져온다. 과거라면 고령자를 은퇴 시기 이전에 강제적으로 해고하는 것은, 유능한 젊은 인력이 생산성 이하의 임금을 받으면서도 열심히 일하게 하는 동기를 손상시키므로 꺼리는 행위였으나 이제는 상황이 바뀌었다. 흡수 합병의 위협 속에서 단기적으로 이익을 올려야 하는 것이 절체절명의 과제가 되면서, 높은 비용을 초래하는 고령자를 해고하는 것은 악화된 재무 상태를 개선하는 손쉬운 수단이 되었다. 흡수 합병의 결과 새로운 경영진이 들어서면 과거 다른 회사(흡수된 회사)에 속해 있던 고령자가 가지고 있는 권리(그가 젊은 시절에 한계생산성 이하의 임금을 받고 일하면서 축적한 유보 임금)를 존중해야 할 필요가 없어진다. 합병 계약에서 기존의 근로자를 어떻게 처리할 것인가 하는 문제가 항시 대두되는데, 피被합병 회사는 자신의 가치를 높이기 위해 합병 이전에 대량 인력 해고를 단행하기도 하며, 합병 이후 대량 인력 해고는 기정사실이 되었다.

고령자에게 한계생산성보다 높은 보상을 주어야 할 필요가 줄어든 더 근본적인 이유는 노동시장의 유연화에서 찾을 수 있다. 근로자의 회사 간 이동이 용이해지면서, 유능한 젊은 근로자가 자신의 한계생산성 이하의 보상을 받으면서 그가 나이가 들어 유보된 임금을 받으리라는 기대 속에 한 회사에서 참고 오래 일해야 할 필요가 줄어들었다. 반면 고용주의 입장에서 볼 때, 급격한 변화 속에서 새로운 업무 기술이 요구되는 자리에 내부로부터의 훈련과 승진을 통해 인력을 충원하기보다는 필요한 인력을 외부로부터 새로 채용하는 것이 효율적이므로, 굳이 고령자에게 한계생산성보다 높은 임금을 주면서까지 유능한 젊은 인력을 붙잡아둘 필요가 없어졌다. 시장과 기술의 변화가 급속한 새로운 환경에서 오랜 경험과 과거의 기술을 무기로 하는 고령자의 입지는 갈수록 줄어드는 반면, 새로운 기술을 갖추고 변화에 민첩한 유능한 젊은 인력의 입지는 갈수록 커졌다. 요컨대 기업의 입장에서 볼 때 한계생산성보다 높은 비용을 치러야 하는 고령자를 계속 고용해야 할 필요가 사라진 것이다.

1980년대 이래 대규모의 인원 감축을 단행한 사례를 들여다보면 전체 해고자에서 55세 이상의 고령자가 차지하는 비율이 현저하게 높다.[12] 특히 적대적 흡수 합병 사례의 경우 피합병된 회사에 고용된 고령자를 대대적으로 감축하는 경향이 두드러진다. 1990년대 경제가 회복되면서 이전 시기에 대규모의 인원 감축을 단행한 기업이 새로운 인력을 충원하는 경우 신규 고용자의 연령은 50세 이전이 대다수를 차지한다. 또한 이 시기에 실업을 경험한 사람의 재취업에 관한 조사 결과, 50세가 넘은 사람은 새로운 직장을 얻기까지의 시간이 젊은 사람보다 현저히 길며 재취업 이후의 보수는 실업 이전과 비교해 10~30% 감소했다.[13] 반면 30~40대 근로자의 경우 실업 후 재취업으로 인한 임금의 손실은 거의 없으며 실업 기간도 짧다.

1980년대 이래 고령 근로자에게 집중된 고용의 어려움은 주로 경제적인 요인에 근거한 것이다. 그러나 고령 근로자에게 집중된 해고가 반드시 경제적인 이유만은 아니다. 고령자를 비하하는 고정관념이 고령자를 선별적으로 추출하여 해고하는 데 작용하기도 했다.[14] 그러나 비경제적인 요인, 즉 감정적인 악의나 그릇된 고정관념 때문에 고령 근로자를 차별하는 행위는 대체로 인력 감축의 경제적인 동기에 묻혀서 겉으로 드러나지 않았다. 1980년대의 구조조정을 통해 많은 중·노년 근로자가 직장에서 쫓겨나면서 연령 차별 문제가 사회적으로 큰 이슈가 되었다. 상대적으로 고임금을 받던 중·노년 근로자들이 주로 해고되었으며 이들은 다른 회사에 취직하는 데 큰 어려움을 겪었다. 이러한 사회분위기에서 1980년대 중반, 정부는 1960년대 '인종차별 금지법'과 함께 도입한 '연령 차별 금지법'을 강화해 고령으로 인한 강제 퇴직을 법으로 금했으며, 법적 중재 기구인 '고용기회평등위원회'에서 고령자에 대한 고용 차별 사례를 심의하도록 했다. 그러나 경영상의 어려움으로 인한 해고는 법적으로 정당한 사유이므로 한계생산성에 비해 임금을 많이 받는 고령자를 해고한다고 해도 이것이 연령 차별 때문임을 입증하기는 사실상 어렵다. 1980년대와 1990년대에 고령자 연령 차별을 둘러싼 법적 공방을 거치면서 점차 연공서열적인 보수 체계는 성과 중심의 보수 체계로 바뀌었다.[15]

1980년대 이후 미국 경제는 계속해서 엄청난 부를 만들어냈지만 미국인 개개인의 일하는 삶은 이전보다 훨씬 불안정해졌다. 과거 미국인 중류층의 굳건한 믿음이었던, 시간이 지나면 생활수준이 향상되며 자식 세대가 부모 세대보다 풍요롭게 살 것이라는 신념은 1980년대 구조조정의 와중에 허물어졌다. 비교적 안정적인 생활을 누린 상급 사무직 근로자들도 언제 다니던 직장을 그만두고 보수가 낮은 다른 직장으로 옮겨야 할지 모르는 새로운 환경에 적응해야 했다. 같은 회사 직원들 서로가 상호 평가를 하고 개인의 생산성에 따라 매년 혹은 2~3년에 한 번씩 연봉 계약을 갱신하는 관행이 정착했으며, 경쟁력이 조금이라도 떨어지면 임금 하락이나 해고를 감수해야 한다는 의식이 널리 퍼졌다. 안정적인 직장의 개념은 이제 생각할 수 없게 되었다. 제조업이 해외로 이전하고, 노조 조직률이 하락하고, 일자리의 안정성이 사라지고, 노동시간이 증가하고, 노동 강도가 세지고, 연령이 높은 사람의 임금이 하락하고, 경쟁이 치열해지는 등의 변화는 1980년대 이후 미국인의 일의 세계에서 일상으로 자리 잡았다. 미국인에게 물어보면, 1970년대 무렵을 기준으로 이전과 이후는 일의 세계에서 전혀 다른 방식으로 살아간다고 대답한다. 중류층 미국인이 여유롭게 직장 생활을 했던 '좋았던 옛날'로 기억하는 시기는 1970년대 초반까지이다.

1980년대 이래 미국인의 일의 세계의 변화는 그들의 사적인 삶에도 큰 변화를 불러왔다. 그중 두드러진 변화는 기혼 여성의 경제활동 확대이다. 남성의 직업 생활이 불안정해지면서 기혼 여성이 직장에 나가는 생활이 보편화된 것이다. 기혼 여성이 가정에 머물지 않고 전업 직장인이 되면서 전통적인 삶의 방식에 엄청난 변화를 가져왔다. 맞벌이 가정은 홑벌이 가정보다 가구 소득은 높지만 삶의 리듬이 훨씬 바쁘게 돌아간다. 남편이 직장에서 돌아오면 따뜻한 저녁상이 차려져 있는 여유로운 삶은 1970년대 후반을 기점으로 급속히 미국인에게서 멀어졌다.

2. 사람을 상대하는 일

1) 서비스 경제로 이전

산업 분류는 생산물과 생산조직을 중심으로 경제활동을 구분한 것으로, 1차 산업인 농업, 2차 산업인 광업과 제조업, 3차 산업인 서비스업으로 구분한다. 미국 경제는 제2차 대전이 끝날 무렵만 해도 공장에서 물건을 만드는 일에 종사하는 인구가 많았다. 이후 사람들의 일자리는 제조업에서 서비스업으로 이동했다. 한편 직업 분류는 일의 성격을 중심으로 구분한 것이다. 미국 노동부에서 발간한 직업분류사전에 따르면 일의 성격은 크게 세 가지로 구분된다.[16] 첫째, '물질적 대상을 다루는 것', 둘째, '사람을 상대하는 것', 셋째, '정보를 다루는 것'이다. 제조업은 주로 물질적인 대상을 다루는 육체적인 노동을 중심으로 생산과정이 이루어지는 반면, 서비스업은 사람을 상대하는 일과 정보 및 지식을 다루는 것으로 대별된다. 물론 물건을 생산하는 제조업에도 물질적 대상을 다루는 일 이외에 사람을 상대하는 일과 정보를 다루는 일이 함께 섞여 있다.

제2차 대전 때까지 경제활동의 중심이던 제조업은 이후 점차 줄어들어 최근 통계인 2012년에는 광업과 건설업 종사자를 포함해도 전체 고용의 12.1%를 차지할 뿐이다.[17] 제조업에 종사하는 사람은 계속 줄었지만 부가가치 생산량으로 따지면 제조업의 생산은 지속적으로 증가했다. 기계화와 생산기술의 발전은 단순한 일을 사라지게 만들었으며, 생산성의 증가로 총생산량은 비약적으로 증가했다. 과거보다 적은 수의 사람이 일하면서도 더 많은 양을 생산하므로 물건 값은 저렴해졌고 사람들은 더 많은 양의 물건을 소비하면서 풍요를 구가하게 되었다. 이제 많은 미국인은 제조업에 종사한다고 해도 단순하고 육체적인 일이 아니라 복잡하며 부가가치가 높은 일을 한다. 기술 수준이 낮은 단순한 노동은 기계가 맡거나 개발도상국으로부터 단순 노동으로 생산된 상품을 수입한다. 미국에는 값싼 물건을 만드는 낮은 생산성의 일자리는 남아 있을 수 없다. 미국의 제조업 회사에서 물건을 다루는 육체적 일은 점차 줄어든 반면 사람이나 정보를 다루는 복잡한 일은 상대적으로 늘어났다. 미국의 대규모 제조업 회사는 현장에서 생산을 담당하는 생산직 근로자에 비해 사무직 근로자가 많은 현상을 흔히 볼 수 있다. 제조업에 종사하는 사람의 절대적인 수가 줄었을 뿐만 아니라 일의 성격 또한 많이 변한 것이다.

한편 서비스업의 고용은 지속적으로 늘어났지만 부가가치 생산의 증가 속도는 제조업에 크게 못 미친다. 사람이나 정보를 다루는 일은 물건을 다루는 일과 달리 생산성이 단시간 내에 빠르게 증가하기 어렵다. 제조업은 과거보다 적은 인원으로 더 많은 양을 생산하는 반면, 서비스업은 과거에 비해 더 많은 사람이 일하는데도 부가가치 생산의 증가 속도는 제조업보다 떨어진다. 경제학자 윌리엄 보멀William Baumol이 지적하듯이 20세기 전 기간 동안 제조업과 서비스업 간 생산성 향상의 속도 차이로 인해 사람들의 일자리는 제조업에서 서비스업으로 대거 이동했다.

서비스업은 제조업보다 사람과 정보를 다루는 측면이 더 많다. 서비스업의 두 축, 즉 사람을 다루는 일과 정보를 다루는 일은 같은 서비스 산업에 속하지만 일의 성격이 매우 다르다. 예컨대 백화점 점원은 고객을 상대하는 것이 일의 주요 내용이지만 상품이나 고객과 관련된 정보를 처리해야 하는 부분도 크다. 반대로 금융회사 직원은 정보를 처리하는 것이 일의 주요 내용이지만 고객을 상대하는 일도 업무의 일부이다. 일반적으로 정보와 지식을 다루는 일은 사람을 다루는 일보다 기술 수준이 높고 높은 교육 수준을 요하며 보수가 높다. 그러나 사람이나 정보를 다루는 서비스업은 20세기 중반까지 생산기술의 혁신이 이루어지지 않았기 때문에 사람을 많이 고용하면서도 상대적으로 생산성이 낮았다. 정보를 다루는 일은 물건을 다루는 노동보다 생산성이 낮은데도 불구하고 높은 교육 수준을 요하며 사회적 지위가 높기 때문에 상대적으로 높은 임금을 누렸다. 그러나 20세기 후반에 전개된 컴퓨터와 통신기술의 발달은 서비스업 내에서도 사람을 다루는 일과 정보를 다루는 일의 격차를 벌려놓았다. 정보를 다루는 일의 생산성은 크게 높아진 반면 사람을 다루는 일은 크게 발전하지 못했다. 50년 전이나 지금이나 호텔과 식당에서 일하는 내용은 흡사하며 백화점에서 고객을 상대하는 일 역시 크게 달라지지 않았다.

예전에 제조업에서 전개된 기술의 발전 과정과 유사하게, 컴퓨터와 통신기술이 발달하면서 정보를 단순 처리하는 일들은 점차 사라졌다. 단순한 정보처리는 컴퓨터가 맡고 체계적인 지식과 복잡한 판단을 요하는 정보처리는 사람이 맡게 되면서 이들의 생산성은 크게 높아졌다. 요즈음 미국의 사무직 근로자는 과거와는 비교할 수 없을 정도로 많은 양의 복잡한 정보를 처리한다. 과거 제조업 발전의 경우와 유사하게 정보처리의 생산성이 높아지면서 정보와 지식의 생산량이 비약적으로 증가했으며, 이와 함께 사람들의 정보와 지식의 소비량 또한 현저하게 증가했다. 과거 제조업의 비약적인 생산성 증가 덕분에 물질적인 풍요를 누리게 되었듯이, 근래에 정보를 다루는 일에서 비약적으로 생산성이 증가한 덕분에 사람들은 정보 풍요의 시대에서 살게 되었다. 기계가 물건을 대량생산하는 것을 당연히 여기듯이, 이제 컴퓨터와 인터넷이 가져온 정보와 지식의 풍요가 없는 삶을 상상하기 어렵다.

컴퓨터가 상용화된 지 반세기가 넘었지만 컴퓨터가 생산 활동에 널리 활용된 것은 1970년대에 들어서이다. 이전에도 정부기관이나 금융회사에서는 컴퓨터를 업무에 부분적으로 도입했으나 사무직 일 처리에 널리 활용되지는 않았다. 1980년대 중반 이래 보급된 개인용 컴퓨터 덕분에 일반 사무 업무가 자동화되는 속도가 비약적으로 빨라졌다. 일반 회사의 사무직원의 책상마다 컴퓨터가 한 대씩 놓이고 그것이 서로 연결된 네트워크를 구성하면서 정보처리의 효율이 크게 높아졌다. 1980년대에 컴퓨터를 통한 사무자동화의 바람이 미국의 전 사업장을 휩쓸었다. 1980년대 구조조정의 광풍 속에서 중간 관리직의 일자리가 많이 사라진 반면 한 명의 사무직 담당자가 처리하는 업무의 양은 크게 증가했는데, 이는 컴퓨터를 통한 정보처리의 효율이 크게 높아진 결과이다.

서비스 산업의 다른 한 축인 사람을 상대하는 일은 근래까지도 생산성의 증가가 더디게 이루어졌다. 미국인이 물질적으로 풍요로워질수록 사람을 상대하는 일의 수요는 증가하나 이 분야는 좀처럼 생산성 향상을 거두기 어렵다. 사람과의 '관계'에서 상대를 만족시켜야 하는 서비스의 속성상 사람 이외의 다른 것으로 대체하기 어렵기 때문이다. 특별한 기술 없이 사람을 상대해야 하는 일의 경우, 기계화와 정보기술의 도움으로 과거보다는 생산성이 높아졌지만 물건을 다루는 노동이나 정보를 처리하는 일보다는 생산성 향상이 더디다. 예컨대 레스토랑에서 고객을 상대하는 일이나, 미장원에서 머리를 자르는 일이나, 어린이집에서 아이를 보는 일과 같은 대인 서비스의 경우 생산성 향상을 거두지 못한 결과 서비스의 가격이 크게 상승했다. 학교에서 학생을 가르치는 일이나 의사나 간호사의 의료 서비스는 종사자가 높은 교육을 받아야 하는 데다 생산성 향상이 매우 더디기 때문에 가격이 크게 상승했다. 그러나 일부 서비스 산업에서는 생산성이 크게 향상되었다. 대형 할인점이나 대형 슈퍼에서 물건을 판매하는 일은 정보화 덕분에 생산성이 많이 향상되었으며, 패스트푸드점 맥도널드처럼 기계화와 노동과정의 합리화로 효율이 많이 높아진 분야도 있다.

아이 돌보기나 간병 서비스와 같은 대인 서비스의 경우 생산성의 향상이 더딘 데다 특별한 기술을 필요로 하지 않으므로 이러한 일을 하는 사람의 보수는 매우 낮다. 부가가치가 낮은 물건은 해외에서 수입해 대체할 수 있지만 대인 서비스는 수입하기 어렵기 때문에 생산성이 낮음에도 미국 내에서 조달할 수밖에 없다. 사람을 상대하는 일은 아니지만 대인 서비스와 마찬가지로 특별한 기술을 요하지 않고 해외로 이전이 어려운 서비스가 있다. 청소, 건축 노동, 조경 관리, 레스토랑의 보조, 보안 경비 등은 육체적인 일에 속하지만 물건을 만드는 일과 달리 장소의 제약을 받는다. 수요가 있는 곳에서 서비스가 제공되어야 하므로 해외로 이전하는 것이 불가능하다. 이러한 일은 대인 서비스와 마찬가지로 부가가치가 낮으며 생산성 향상이 매우 더디다. 이렇게 부가가치가 낮은 서비스는 최근에 이민 온 이민자나 노동시장에서 차별을 받는 여성과 유색인이 주로 담당한다. 이러한 일자리에서 일하는 사람들은 여기서 나오는 수입만으로는 빈곤에서 벗어나기 힘들기에 두세 개의 일자리를 뛰며 근로 빈곤층을 형성하고 있다.

미국에는 생산성이 높고 보수를 많이 받는 고급의 일자리나 생산성이 낮고 보수를 적게 받는 저급의 서비스 일자리만이 점차 남겨지게 되었다. 제조업이건 서비스업이건 이제 생산성이 높은 일자리는 모두 정보처리가 일의 주요 내용이기 때문에 높은 교육 수준을 요한다. 기술과 보수는 중간 수준이고 과거 제조업에 속하던 육체적 일자리는 사라진 대신 개발도상국에서 생산된 저렴한 물품이 그 자리를 대신한다. 제조업이 쇠하고 서비스 산업이 흥할수록 일자리의 양극화가 전개되고 있다. 서비스 산업의 일자리는 제조업의 일자리에 비해 종류가 다양하고 기술 수준, 직업 안정성, 보수 등 일의 질을 좌우하는 속성에서 양극화되어 있기 때문이다.

2) 사람을 상대하는 일

미국인의 일자리가 서비스 중심으로 이동하면서 어떻게 근로 생활이 달라졌는지 알기 위해 사람을 상대하는 일의 특성을 살펴보자. 사람을 상대하는 일은 물건을 만드는 것과는 일의 성격이 다르다. 물건은 소비하는 곳과 관련 없이 별도의 장소에서 대량으로 생산할 수 있으며 한꺼번에 많이 만들어 쌓아

둘 수 있다. 반면 사람을 상대하는 일은 소비가 일어나는 바로 그곳에서만 생산 활동이 일어나며, 수요가 많을 때를 대비해 미리 만들어둘 수 없다. 소비가 몰리는 그 시간과 그 장소에서 바로 생산이 이루어져야 하므로 바쁠 때와 한가한 때 사이에 생산의 진폭이 크다. 물건을 생산하는 것은 대량으로 생산하면 효율이 높지만 사람을 상대하는 서비스는 대량으로 생산해도 효율의 향상을 거두기 어렵다. 물론 그렇다고 하여 서비스의 생산에 대기업의 참여가 불가능한 것은 아니다. 대기업은 서비스를 한 장소에서 한꺼번에 대량으로 생산하지는 않지만 생산과정의 합리화를 통해 생산의 효율성을 높일 수 있기 때문이다. 그럼에도 서비스 산업의 집중은 제조업의 집중에는 못 미친다. 맥도널드 햄버거나 기타 프랜차이즈 업체가 대표적인 예가 될 것이다.

물건은 소비자가 누구냐에 관계없이 물건의 효용과 가치가 어느 정도 정해져 있는 반면, 사람을 상대하는 서비스의 가치는 생산자와 소비자 간의 관계나 소비가 발생하는 맥락에 따라 크게 다르다. 같은 내용의 서비스에 대해서도 누가 생산하고 소비하는 사람이 누구인지, 또 어떤 맥락에서 소비하느냐에 따라 가치에 차이가 난다. 요컨대 상품은 물건의 속성을 지닌 반면, 사람을 상대하는 서비스는 인간적인 속성을 지닌다.

사람을 상대하는 서비스는 인간적인 속성을 지니는 만큼 생산을 담당하는 사람의 기술은 물론 감정이 많이 담긴다. 서비스 생산자의 기술과 감정이 바로 서비스의 가치를 좌우함은 물론이다. 생산하는 사람에 따라 서비스의 가치가 달라지기에 사회적인 편견이 많이 개입된다. 예컨대 같은 서비스라도 흑인이 제공하는 서비스는 백인이 제공하는 서비스보다 가치가 낮게 평가될 수 있다. 고객이 선호하고 편하게 느끼는 사람이 제공하는 서비스가 더 질 높은 서비스로 인식되기 때문에 인종주의가 지배하는 미국 사회에서 백인 고객을 상대하는 서비스는 백인이 담당하는 경우 가치가 더 높게 평가된다. 레스토랑의 웨이터나 백화점의 점원, 회사의 안내원으로 흑인보다 백인을 더 선호하며 이들에게 임금을 더 주는 것은 바로 이러한 사람을 상대하는 서비스의 성격을 반영한다.

사람을 상대하는 서비스는 인간적인 속성을 지니므로 일하는 사람의 인간적인 측면을 착취하는 부작용을 낳는다. 자신은 그럴 마음이 없지만 고객에게 항시 웃으면서 친절하게 대해야 하는 점원이나 고객으로부터 비난의 말을 참아내야 하는 콜센터의 직원은 보수를 받고 자신의 노동을 팔고 있다고는 하지만 자신의 인간성에 상처를 내는 결과를 초래하기도 한다. 인간의 감정을 돈을 받고 파는 것은 육체적 힘이나 전문적인 지식을 돈을 받고 파는 것과는 다른 문제이다. 정신적인 문제는 인간성에 위협을 가하며, 그 상처는 오래도록 남기 때문이다.

사람을 상대하는 서비스는 대량생산이 어려우며 개발도상국으로 이전할 수 없으므로 비용이 많이 들 수밖에 없다. 서구의 기업들은 사람을 상대하는 서비스를 줄이면서 고객이 이러한 서비스를 스스로 대체하도록 하는 방식으로 비용을 절약하고 가격을 낮춘다. 패스트푸드점이나 대형 할인점이 대표적인 예이다. 점원을 대신해 고객이 스스로 주문하고 음식과 물건을 나르며 계산까지 한다. 사람을 상대하는 서비스는 수요가 적은 시기에 미리 만들어둘 수 없기에 일을 하는 사람을 신축적으로 고용하는 방식으로 수요의 사이클에 대응한다. 즉, 수요가 몰리는 시간이나 시기에는 근로자를 많이 고용하고 수요가 적은 때에는 고용을 줄인다. 이러한 유연한 고용 방식은 기업의 입장에서는 효율적이지만 이러한 일을 담당하는 사람은 생활의 안정성을 위협받는다. 서비스 노동은 많은 근로자가 인접한 장소에서 동시에 대량 생산하는 체제가 아니라 소비가 발생하는 곳에 널리 퍼져서 일을 하므로 노동자 간의 의사소통이나 집단행동이 어렵다. 그 결과 사람을 상대하는 서비스직 노동자는 노조를 조직하기 어려우며 고용주의 요구에 대해 집단적으로 대응하기 어렵다. 근로자 개개인이 고용주를 단독으로 상대하면 협상력이 현저히 떨어지므로 사람을 상대하는 서비스 근로자의 보수와 노동조건은 과거 제조업 근로자에 비해 크게 열악할 수밖에 없다.

제조업의 생산성이 향상되면서 상품의 가격은 품질에 비해 계속 낮아진 반면 서비스업의 경우, 질은 그대로이나 가격은 계속 높아져왔다. 사람을 상대하는 서비스 일의 생산성이 낮고 비용이 많이 드는데도 미국인의 소득이 높아지면서 서비스의 수요는 꾸준히 증가했다. 이제 고급의 소비는 사람을 상대하는 서비스가 많이 포함된 그러한 방식의 소비를 의미한다. 부자들은 경비를 비롯해 운전수, 가정부, 비서 등 대인 서비스를 담당하는 사람을 주위에 많이 고용한다. 과시적 소비는 상품의 소비보다는 대인 서비스를 얼마나 많이 소비하는가에서 두드러진다.

사람을 상대하는 일은 정보를 처리하는 일과 달리 높은 기술과 교육을 요하지 않으므로 높은 임금을 받기 어렵다. 특별한 기술이 필요하지 않으므로 서비스 일을 하는 노동자는 쉽게 대체가 가능하다. 미국의 노동시장에서 상대적으로 유리한 위치에 있는 남성 백인은 이러한 열악한 조건의 일자리를 기피하는 반면, 노동시장에서 차별받는 집단인 여성, 유색인, 신규 이민자가 주로 이러한 일을 담당한다. 남을 보살피는 역할에는 여성이 적합하다는 고정관념은 여성의 증대하는 경제활동 참여 욕구에 편승해 많은 여성을 서비스 노동으로 이끌었다. 그러나 많은 여성은 사람을 상대하는 일이 특별히 자신에게 맞기 때문에 낮은 임금과 열악한 노동조건에도 불구하고 자발적으로 선택한 것은 아니다. 사람을 상대하는 일은 생산성이 낮고 근로조건이 열악하기 때문에 노동시장에서 차별받는 사람의 공급이 줄거나 차별 자체가 줄어든다면 미국에서 사람을 상대하는 서비스의 가격은 크게 상승할 것이다. 여성에 대한 차별이 덜하고 신규 이민자의 유입이 많지 않은 북유럽 국가에서 서비스 가격이 엄청나게 높은 것이 그 방증이다.

3. 지식 노동자의 부상

1) 정보를 다루는 일

정보를 다루는 일은 물건이나 사람을 다루는 일과는 다른 특성을 보인다. 물건을 다루는 일과 달리 물리적인 제약을 받지 않는다. 제조업과 달리 거리의 장벽이 없으므로 생산과 소비의 입지 조건에 맞추어 전 세계에 퍼져 있어야 할 필요가 없다. 특정 지역에 정보와 지식을 생산하는 일이 집중해 있어도 전 세계 사람들이 사용하도록 하는 데 문제가 없다. 정보와 지식을 다루는 일은 컴퓨터와 통신기술의 도움을 받아 생산성이 크게 높아졌지만 여전히 사람의 두뇌 능력에 크게 의존하므로 고급 인재가 핵심적인 생산요소이다. 고급 인재는 높은 교육을 요하며 높은 보상을 받는다. 근래에 정보와 지식을 다루는 일 중 단순한 것은 개발도상국으로 이전하고 있지만, 다른 종류의 일에 비해 개발도상국으로 이전하기 어렵다. 미국의 지식 산업 종사자들은 개발도상국 노동자들과 경쟁하지 않아도 되기에 세계화의 물결 속에서도 상대적으로 높은 직업 안정성과 높은 보수를 누린다. 이는 컴퓨터와 통신기술의 발달로 일의 효율성이 높아진 것이 원인이다. 정보처리의 효율성이 높아지면서 생산과정에서 과거보다 더 많이 정보처리를 포함하게 되었다. 이제 컴퓨터의 도움 없이는 불가능한 복잡한 내용의 일이 많아졌으며 개별 노동자가 다루는 정보처리의 양과 일의 복잡성은 더욱 커졌다.

정보를 다루는 일의 비중이 증가하면서 근래에 '지식 경제' 혹은 '지식 노동'이라는 용어를 흔히 접한다. 이 용어를 처음 사용한 사람은 경영학의 대부로 지칭되는 피터 드러커Peter F. Drucker라고 한다. 이후 사회학자 다니엘 벨Daniel Bell은 1970년대 초에 출판한 그의 기념비적인 저서 『탈 산업사회의 도래The Coming of Post-Industrial Society』에서 산업사회 이후에 다가오는 사회를 묘사하면서 지식 노동자의 중요성을 강조했다. 벨은 가까운 미래에 다가올 탈산업사회는 다음의 다섯 가지 차원에서 전개된다고 주장한다.[18] 첫째, 상품생산에서 서비스 생산 경제로 변화한다. 둘째, 전문직과 기술직 계급이 크게 부상한다. 셋째, 이론적 지식이 혁신과 사회정책 형성에서 핵심적인 역할을 한다. 넷째, 미래의 주요 가치 생산활동은 기술 개발과 통제이다. 다섯째, 지적인 창조 활동이 의사결정의 핵심이 된다. 요컨대 벨은 상징을 조작하며 정보처리에 종사하는 지식 노동자가 탈산업사회를 지배할 것이라고 예상했다. 그는 과학과 기술에 의해 지배되는 지식사회의 도래를 예상한다. 단편적인 정보보다는 전문화되고 추상적이며 이론적인 지식이 부가가치를 생산하는 데 핵심적인 역할을 할 것이다. 일의 과정이 자율적이며, 높은 창의성을 사용해 끊임없이 혁신하는 과정을 내포하는 지식 노동이 탈산업사회에서 지배적인 생산양식이 될 것이다. 벨의 주장은 근래에 미국에서 지식 노동이 개발도상국으로 이전하는 양상을 잘 설명한다. 정보를 단순 처리하는 노동은 인도나 필리핀으로 이전하는 반면, 체계적인 지식을 다루는 분석 업무나 연구개발, 전문직의 일은 미국에서 번성하고 있다.

클린턴 행정부에서 노동부 장관을 지낸 경제학자 로버트 라이시Robert Reich 또한 상징을 조작해 문제를 파악하고 해결하는 상징 분석가가 미래의 핵심 직업이 될 것이라고 본다.[19] 이러한 범주에는 과학자, 엔지니어, 컨설턴트, 광고기획, 마케팅 전문가, 건축가, 영화감독, 작가, 언론인, 대학교 교수가 포함된다. 그의 분석에 따르면 이러한 상징 분석가는 1950년 8%에서 1990년 20%대로 증가했다. 창의적인 지적 활동이 경제활동의 중심이 된다는 주장은 근래에 화제를 모은 경제 지리학자 리처드 플로리다Richard Florida의 『창의적 계급의 부상The Rise of the Creative Class』이라는 책에서도 그대로 반복된다.[20] 플로리다에 따르면 정보와 지식의 생산에는 '밀집의 효율성'이 크게 작용한다. 정보와 지식 자체는 거리를 초월하는 것이지만 정보를 다루는 일을 하는 사람은 공간의 제약을 받는다. 정보와 지식은 서로 긴밀히 교환되어야 생산성이 높아진다. 아이디어를 빈번히 소통하는 가운데서 새로운 아이디어가 나오기 때문이다. 따라서 정보와 지식을 생산하는 일은 특정 지역에 밀집되는 경향이 있다. 미국의 샌프란시스코, 보스턴, 노스캐롤라이나의 리서치트라이앵글Research Triangle 지역이 대표적이 예이다. 혼자 따로 떨어져 있으면서 소통 없이 새로운 정보와 지식을 생산하는 것은 정보와 지식이 복잡할수록 힘들어진다. 제조업의 생산 시설이 생산과 소비의 입지 조건에 따라 전 세계에 흩어져 있는 것과 달리 정보와 지식의 생산은 특정 지역에 집중하게 된다. 이러한 특정 지역으로 정보와 지식의 생산을 담당하는 세계의 인재들이 몰려든다. 플로리다에 따르면 다양성을 허용하는 문화적 환경이 창의적 인재를 끌어들이는 자석 역할을 한다. 권위적으로 전통을 강요하며 새로운 시도에 대해 비판적인 문화 환경에서는 새로운 아이디어가 나오기 힘들다는 것이다. 샌프란시스코와 같이 히피hippie와 동성애자를 포함해 다양한 성향의 사람들이 함께 모여 있는 곳에서 실리콘밸리가 시작된 것은 우연이 아니라는 지적이다.

정보와 지식의 생산은 지극히 '경로 의존적'이다. 정보와 지식은 아무것도 없는 배경에서 나오는 것이 아니라 과거에 축적된 정보와 지식을 토대로 만들어진다. 따라서 기존에 정보와 지식을 많이 생산한 경험이 있으며 이를 많이 축적한 사람·조직·지역이 그렇지 않은 경우보다 월등히 유리하다. 생산과정에 정보와 기술이 집약될수록 이러한 속성은 더욱 심하다. 단적인 예로, 복잡한 기술이 집약된 스마트폰의 생산은 중국의 광저우 지역에서 이루어질 수 있지만 이를 개발하는 일은 중국 광저우가 아닌 샌프란시스코의 실리콘밸리에서만 가능하다. 단순한 상품을 제조하는 일은 과거의 축적된 경험이 없어도 자본과 기술을 빌려와 신규 진입하는 것이 가능하지만 복잡한 정보와 지식의 생산은 진입 장벽이 높다. 이는 생명공학이나 화학공업이나 항공우주산업을 왜 소수의 선진국에서 독점하고 있으며 노벨상이 왜 소수의 나라에서만 배출되는지 설명해준다.

정보와 지식의 생산에는 '승자 독식'의 속성이 있다. 첫 번째로 유용한 정보와 지식을 생산한 사람에게 보상의 대부분이 돌아가는 반면에, 두 번째로 그 정보와 지식을 독자적으로 만들어낸 사람에게는 보상이 거의 돌아가지 않는다. 일단 생산된 정보와 지식은 복제에 추가적인 비용이 들지 않으므로 정보와 지식이 창출하는 부는 그것을 이용하는 사람이 늘어날수록 기하급수적으로 증가한다. 복잡한 지식일수록 흉내 내기 힘들기 때문에 독점의 이득을 거둘 수 있다. 지적재산권을 엄격히 설정함으로써 독점의 이익을 지키려 하며, 남들이 모방하기 어려운 새로운 지식을 끊임없이 창출하는 데 전력을 기울인다. 세계화로 정보와 지식에 접속하는 사람이 늘어나면서 독점적인 정보와 지식을 생산하고 관리하는 사람에게 돌아가는 보상은 엄청나게 커졌다. 한 예로 아이폰 생산으로 애플사가 거두는 이익률은 30%를 넘고 이를 개발한 사람들에게 돌아가는 보상은 엄청난 반면, 유사한 휴대전화를 생산하는 삼성전자나 중국의 샤오미의 이익률은 미미하며 그것의 개발에 참여한 사람들에게 돌아가는 보상도 마찬가지로 적다.

1980년대 이래 정보를 다루는 일이 크게 늘어난 또 다른 원인은 세계화이다. 미국의 기업 활동이 세계를 대상으로 확대되면서 전 세계에 흩어진 생산과 유통 체계를 관리하기 위해 엄청난 양의 정보를 처리해야 하므로 이에 종사하는 인력이 크게 늘었다. 예컨대 스포츠 용품을 생산하는 다국적 기업인 나이키는 전 세계를 잇는 생산 체계를 통해 제품을 생산하며 이를 다시 전 세계를 잇는 유통망을 통해 판매한다. 과거에 단일 국가의 단일 회사에서 생산과 유통의 전 과정이 이루어지던 때와 비교해 전 세계적 기업 활동에서 오는 일의 복잡함, 즉 정보처리의 양과 질은 비교를 초월한다. 세계화는 정보와 지식의 효용성을 세계 시장의 규모로 확대함으로써 부가가치 생산을 크게 증대시켰다. 전 세계를 뒤져서 최적의 생산요소의 구성을 만들어 생산한 것을 최고의 보상을 가져오는 방식으로 전 세계의 시장에 배분하는 전 지구적인 경영 전략은 과거 한 나라 단위에서 생산과 소비를 했을 때와 비교하면 고도의 조정 관리 능력이 요구되며 이렇게 생산되는 부와 이익의 규모 역시 엄청나다. 이렇게 세계화된 경제활동으로 증가한 부의 일부가 이러한 과정에 참여한 정보·지식 활동의 담당자에게 후한 보상으로 돌아가는 것은 말할 것도 없다.

20세기 후반에 본격적으로 시작된 지식 경제는 생산과정과 조직 구조 모두 변화를 가져왔다.[21] 지식 경제에서 생산과정은 지식 집약적이다. 지식과 기술이 토지·노동·자본과 같은 전통적인 생산요소보다 더 중요한 비중을 차지한다. 상징적인 자원이 물질적인 자원을 대체하고, 지적인 활동이 육체적 활동을 대체하며, 지식과 기술이 물질적 자본보다 더 중요하다. 지식과 기술은 전통적인 생산요소와 달리 물질적인 특성을 지니지 않으므로 전통적인 생산방식과는 전혀 다른 방식으로 만들어지고 소유되고 생산에 적용된다.

전문직으로 대표되는 지식 노동자의 생산수단은 지식이며 이들의 업무는 생각하는 것이다. 지식을 많이 사용하는 일은 전통적인 일과는 성격이 많이 다르다.[22] 지식 노동은 내용이 매우 다양하며 핵심적인 업무는 인과관계가 불확실하다. 지식 노동자는 불확실한 상황에서 가용한 지식을 동원해 추론하고 대응 방안을 모색한다. 지식 노동은 다중적으로 서로 영향을 미치며 동시에 전개되는 과정을 내포한다. 각각의 요인을 분석적으로 구분하기 위해 요인들 간의 관계를 규정하는 이론적 지식을 필요로 한다. 지식 노동은 높은 자율성을 필요로 한다. 지식 노동자는 일과 관련된 다양한 이슈에 대해 수없이 많은 판단을 내려야 한다. 불확실한 상황에서 다양한 변수를 고려해 의사결정을 내려야 하므로 자율적인 판단은 필수이다. 지식 노동은 다른 종류의 노동과 달리 표준화가 어려우며 노동자 개개인의 능력에 크게 의존한다.

지식 노동자의 핵심 기술인 창조적 사고는 노동자들 스스로 통제하며 자신이 소유하고 있으므로 경영학계에서는 이들의 노동을 어떻게 통제할 것인가가 문제로 대두되었다.[23] 전문직 종사자는 소속 조직을 넘어서는 개인의 동기와 목표를 지니며 자신의 지위와 정체성을 조직의 권위에 전적으로 의존하지 않는다. 그들은 조직의 경계를 넘어서서 같은 분야의 전문가들과 상호 의존적으로 일하며 물질적인 보상 이외에도 자기표현과 자아실현에 높은 가치를 둔다. 그들은 자율성과 배움의 기회에 의해 동기화된다. 그들은 자신이 속한 조직보다 자신의 직업과 동료 관계에 더 헌신하며 조직 내에서 안정된 경력의 사다리를 올라가는 것보다는 자신에게 의미 있는 도전적인 일을 선호한다. 경영학자들은 지식 노동의 중요성이 높아질수록 노사 관계에서 권력의 균형이 지식 노동자 쪽으로 넘어갈 것이라고 본다. 지식 생산에 주력하는 회사의 경우 과거의 위계적인 조직 대신에 아이디어와 지식을 생산하고 공유하는 수평적인 네트워크 조직이 발달하며 근로자의 교육, 실험, 의사소통, 신뢰를 촉진하는 방향으로 조직이 조정된다.

1980년대 이래 정보화와 세계화가 결합되면서 미국에서 가장 크게 성장한 분야는 금융 산업이다. 영국의 경제 주간지 ≪이코노미스트The Economist≫에 따르면 미국에서 금융 산업의 규모는 전체 상장업체 시장가치의 70%를 넘어선다. 국제무역과 해외투자가 늘면서 금융 산업의 역할은 크게 확대되었다. 금융은 기본적으로 정보와 지식을 다루는 산업이다. 컴퓨터와 통신기술의 발달로 금융 산업의 생산성은 비약적으로 높아졌으며, 미국 경제의 총부가가치에서 금융 산업이 차지하는 비중은 갈수록 커지고 있다. 지식 산업의 특성인 '밀집의 효율성'은 미국의 금융 산업에서 뚜렷이 드러난다. 1980년대 이래 미국의 금융 산업은 흡수합병을 통해 소수의 거대 기업으로 집중하는 경향이 두드러지며, 뉴욕의 금융회사의 영향력은 예전보다 더 커졌다. 뉴욕의 거대 금융회사의 영향력은 2008년의 금융위기에서 결정적으로 드러났다. 뉴욕 금융회사가 지나치게 위험을 추구하는 방식으로 거래하여 문제가 발생했을 때 전 세계의 경제가 크게 흔들렸다. 과거에 비해 미국의 금융 산업의 영향하에 있는 국가와 경제의 비중이 높아졌기 때문에 미국의 금융 산업의 피해 역시 전지구적인 규모로 확산되었다.[24]

2008년의 금융위기로 금융 산업의 지나친 위험추구 행위를 규제해야 한다는 목소리가 커지고 이들의 행위를 규제하는 법규가 도입되었지만 금융위기를 계기로 그들의 엄청난 이익 창출 능력의 일각이 드러나기도 했다. 단적인 예로 뉴욕 금융계에서 최고봉을 차지하고 있는 골드만삭스는 정부의 구제 금융을 받아 회생한 지 불과 2년 만에 정부의 지원금을 조기에 상환하고 금융위기 이전과 마찬가지로 임직원에게 엄청난 액수의 성과 보상금을 지급해서 비난을 샀다. 뉴욕의 금융 산업이 세계에 미치는 영향력이 높아지면서 엄청난 부를 만들어내며 이 과정에 참여하는 근로자들에게 돌아가는 보상의 수준 또한 기하급수적으로 높아졌다. 뉴욕 금융회사의 대졸 초임은 10만 달러, 한화로 1억 원이 넘으며, 연봉에 추가해 매년 직원에게 수백만 달러의 성과 보상금을 지급하는 회사가 많다. 사정이 이러하므로 미국 최고의 사립 대학교를 졸업한 인재들이 뉴욕 금융가에서 일하는 것을 최우선으로 하는 것은 당연하다. 하버드 대학교의 졸업생이 다른 어느 직장보다도 골드만삭스에서 많이 일하며, 이들이 비생산적인 금융 투기 업무에 몰두하면서 뛰어난 재능을 소진한다는 비판은 바로 이러한 배경에서 나온 것이다.

과학 지식과 신기술을 개발하는 일은 금융 거래보다 더 높은 수준의 정보와 지식을 다룬다. 미국의 대학과 연구소는 이러한 과학 지식과 기술을 개발하는 산실이다. 과학기술의 창출은 집적의 시너지 효과가 큰 활동이기에 이러한 일은 점점 더 미국의 대학과 연구소로 몰린다. 외국의 회사들도 미국의 실리콘밸리에 연구소를 설립하고 외국의 인재들은 지식 생산의 중심지인 미국의 대학과 기업 연구소로 집중된다. 과학자들 상호 간 의사소통은 언어를 매개로 해야 하므로 세계 공용어인 영어를 사용하는 미국과 영국의 우위가 두드러진다. 과거에 비해 과학과 기술의 세계에서 프랑스와 독일의 위상이 약화된 이유는 상호 소통을 통해 생산성이 높아지는 지식 생산의 특성 때문이다. 영어권에서 활동하는 과학자는 영어권의 과학자와 주로 소통하는 반면 프랑스나 독일어권의 학자와 소통하는 경우는 드물다. 미국의 대학이나 연구소에는 프랑스나 독일 출신보다는 영국 출신의 학자가 주로 방문하며 반대의 경우도 그러하다. 그 결과 규모가 훨씬 큰 영어권의 지식 생산 속도는 프랑스와 독일을 앞서며, 이는 눈덩이 효과를 불러와 집중의 편익을 더 높인다. 프랑스어나 독일어를 사용하지 않는 개발도상국의 인재들은 영어의 유용성 때문에 유학할 나라로 미국이나 영국을 선택하고 졸업 후 그 나라의 과학기술 개발을 담당하는 인력으로 편입된다. 더 많은 사람이 쓸수록 효용이 기하급수적으로 높아지는 네트워크 효과 때문에 세계 공용어로서 영어 편중 현상은 미국과 영국에서 정보와 지식을 다루는 일의 생산성을 높이는 데 크게 기여한다.

2) 전문직의 부상

미국은 1990년대에 정보통신기술의 발달로 비약적인 생산성 향상을 이루었는데 이러한 변화의 중심에는 전문직이 있다. 체계적인 지식을 이용한 생산 활동은 근래에 미국 경제를 이끄는 동력이기 때문에 지식 경제를 담당하는 전문직의 중요성은 갈수록 커지고 있다. 생산 활동에서 추상적이며 이론적인 지식의 중요성이 부각되면 전문적인 지식을 소유한 노동자의 가치는 높아진다. 근래에 뉴욕의 금융가에 수학 박사와 공학 박사가 수천 명이나 일하고 있다는 사실은 이론적 지식의 중요성을 단적으로 말해준다.

복잡한 정보와 체계적인 지식을 다루는 지식 노동자는 20세기 후반에 들어 급속히 성장했으며 특히 전문직의 꾸준한 성장이 두드러진다. 1950년대 후반까지만 해도 전문직의 비율은 전체 백인 근로자의 11%에 불과했으며 관리직 종사자보다 작았다. 그러나 20세기 후반에 들어 전체 근로자에서 차지하는

그림 3-1 전문직과 관리직의 점유율(1957~2010) (단위: %)

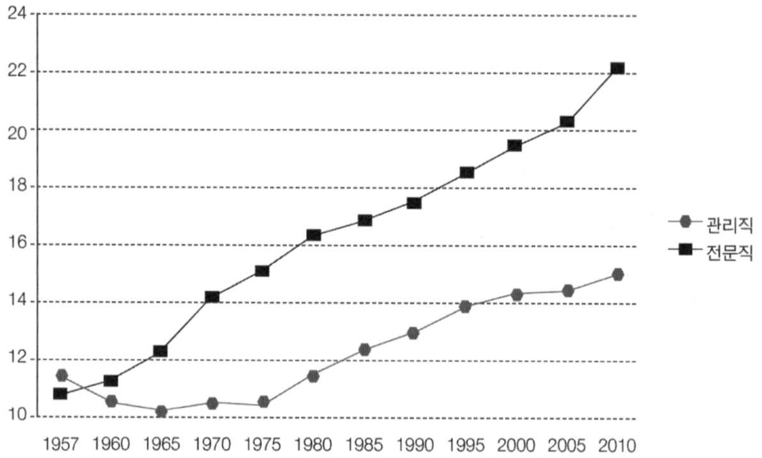

주: 1983년을 기준으로 전후의 직업분류체계가 상이함. 1957년은 백인 중에서의 비율임.
자료: Statistical Abstracts of the United States(1973, 1975, 1985, 2010); Current Population Survey (2011).

전문직 종사자의 비중은 꾸준히 증가했다. 근래로 올수록 관리직과 비교해 전문직의 증가가 더 두드러진다. 2010년 전문직이 전체 근로자의 22%, 관리직이 15%를 차지해 둘을 합한 지식 노동자의 총규모는 37%에 달한다.[25] 현재 미국에서 노동인구 세 명 중 한 명은 지식 노동자인 것이다.

지식 노동자 중에서도 전문직에 초점을 맞추면, 전문직 종사자 중 가장 많은 수는 교육 관련 직업에 종사하고 있는데 근래로 오면서 전문직 내에서 차지하는 점유율은 조금씩 감소하고 있다. 반면 전문직 중에서 근래에 새로이 등장한 직종인 컴퓨터 관련 종사자의 비율은 컴퓨터가 본격적으로 보급된 1980년대 이후 비약적으로 증가했다. 근래에 급속히 증가하는 또 다른 전문직종은 보건의료 관련 전문직이다. 이 분야는 인구 고령화로 인해 보건의료 수요가 증가하면서 관련 전문직 종사자가 증가한 것이다.

전문직은 관리직에 비해 직업의 다양성이 두드러진다. 전문직은 체계적이며 전문적인 지식을 자원으로 하므로 지식이 확대되고 전문화되면 그에 맞추어 전문직의 다양성도 증가한다.[26] 과거에 전문직이라고 하면 의사와 변호사 같은 소수의 직종에 한정되었지만 20세기 후반에 들어 전문직은 과거와 비교할 수 없을 정도로 다양해졌다. 앞으로 생산에서 체계적인 전문 지식의 중요성이 높아지면서 전문직의 규모와 다양성은 더욱 커질 것이다. 지난 수십 년간의 추세가 계속된다면 전문직은 조만간 전체 노동인구의 3분의 1에 육박하고, 경제는 물론 사회문화적으로도 그들의 영향력이 커질 것이다.

전문직에 종사하는 사람이 증가할 때 미국 사회가 어떻게 변할까? 전문직이 증가하면 미국의 정치 지형이 진보 쪽으로 이동하고 세속적인 세계관을 가진 사람이 늘어날 것이다. 전문직은 수행하는 업무의 성격뿐 아니라 그들의 문화적 태도와 사회적 정체성에서도 과거의 상류층과 구별된다.[27] 사회학자 미셸 러몬트Michelle Lamont에 따르면 문화 자본을 가진 지식 노동자들은 조직에서 자신의 자율성을 유지하고 증대하기 위해 노력한다.[28] 그들은 과거의 자본가나 경영자와 달리 고급 교육을 배경으로 하며 진보적인 정치 성향을 지닌 집단이다. 부자와 기업의 세금을 늘리는 정책을 지지하며 환경주의, 뉴레프트New Left 정치를 지지한다. 전문직의 주요 범주인 과학자, 교사, 의사는 공공 부문에 종사하는 경우가 많으므로 재정 삭감에 반대하며 국가의 적극적인 역할을 지지한다. 전문직 종사자는 소수자들과 함께 민주당의 가장 큰 지지 기반이다. 물질주의와 소비문화가 지배하는 미국 사회에서 전문직은 관리자보다 물질적인 가치관에 상대적으로 덜 경도되어 있다. 전문직 종사자들은 관리직보다 평균 소득은 낮으면서도 일의 자율성과 내재적 가치를 더 따지며 자신의 일에 더 만족하는 사람들이다. 이들은 지적인 호기심을 물질적인 만족보다 우위에 두고, 변화와 다양성을 안정과 질서보다 선호하며, 사회적 도덕률보다 새로운 아이디어와 개인적인 의미를 더 중시한다.

전문직이 증가하면 자본의 소유나 조직의 위계보다는 개인이 가진 지식과 능력을 중시하는 능력주의가 큰 영향력을 발휘하게 된다. 전문직 공동체에서는 성, 연령, 인종 등과 같은 귀속적 지위보다는 개인의 능력에 기초한 업적 지위에 더 가치를 두기 때문이다. 즉, 전문직이 주도하는 사회에서는 전통적인 지위의 기초가 되는 성, 연령, 인종의 중요성은 감소할 것이다. 또한 전문직이 주도하는 사회에서는 각 개인이 속한 조직의 위계보다 개별 조직을 넘어서서 전문적인 지식 공동체 내에서 자유로운 의사소통을 장려한다. 인터넷의 확대는 개별 조직의 한계를 뛰어넘는 의사소통을 촉진시킨다.[29] 따라서 전문직이 증가하면 조직의 권위는 상대적으로 약화되는 반면, 지식 노동자 개개인의 영향력은 더 증가한다. 전문직의 부상이 근대사회에서 최초로 생산수단을 소유한 자유로운 노동자의 출현을 의미한다는 주장은 지나친 낙관론이라고 하더라도, 여하간 자본과 조직의 영향력은 상대적으로 약화될 것이다.[30] 한편 대학교와 같이 지식을 생산하고 관리하는 기관은 전문직의 부상과 함께 사회적 영향력이 확대될 것이다.

전문직의 증가가 반드시 바람직한 결과만을 초래하는 것은 아니다. 교육의 중요성과 자격증을 통한 진입 장벽이 높아지면서 고등 교육을 받은 사람과 고등 교육을 받지 못한 사람 간의 사회적 격차는 더 커진다. 복잡한 정보와 체계적인 지식을 다루는 일을 수행하려면 고급 교육이 필수적인 조건이기 때문에, 그러한 교육을 받은 사람과 그렇지 않은 사람 간의 격차는 벌어질 수밖에 없다. 근래에 미국 사회에서 교육 수준에 따른 소득의 격차가 벌어지고 있는 원인 중 일부는 생산 활동에서 지식의 중요성이 높아졌기 때문이다. 자녀의 교육적 성취는 부모의 사회경제적 지위의 영향을 크게 받는다. 따라서 고등 교육을 전제 조건으로 성취하는 업적을 중시하는 사회는 성공의 기회를 과거보다 더 많은 사람에게 확대시키지는 않는다. 전문 관리직 부모를 둔 자녀들이 고급 교육을 거쳐서 이러한 고급 직업을 대물림받기 때문이다. 전문직 부모의 자식이 전문직이 되는 경우를 자주 본다. 이는 과거에 부모의 부가 자녀에게 유산으로 직접 대물림 되던 것과는 다른 방식이지만 부모의 지위가 자녀에게 대물림 된다는 점에서는 유사하다.

요컨대 전문직의 확대는 미국 경제의 변화로 촉발되었지만 미국 사회문화에 새로운 변화를 몰고 왔다. 과거, 자본 소유와 조직의 위계적 권위를 중심으로 한 사회가 전문직의 자원인 지식과 개인의 능력에 의존하는 사회로 변할 때 사람들이 사회적으로 이동할 가능성이 더 커질지는 확실치 않다.

4. 좋은 일과 나쁜 일

1) 포트폴리오 노동자

1980년대 이래 항시적인 구조조정이 미국 기업의 경영전략으로 자리 잡으면서 미국인의 직장 문화는 완전히 바뀌었다. 세계화와 기술 변화에 따라 미국 기업의 사업 영역이 세계로 확대되고 경쟁이 치열해지면서 업무 변화의 속도는 빨라졌다. 기업이 변화의 압력에 많이 노출될수록 기업에서 일하는 사람들 또한 신속히 변화해야 한다. 그러나 근로자의 기술이나 업무 능력은 신속히 변화하기 힘들기에 이러한 기업 환경의 변화는 자연히 일자리의 안정성을 위협할 수밖에 없다. 새로운 지식과 기술로 무장한 사람이 기존의 사람을 대치하는 현상, 기업이 새로운 영역으로 업무를 확대하거나 혹은 기존의 사업 영역을 포기하면서 직원을 교체해야 하는 현상이 빈번히 발생했다. 지금까지 일하던 사업장이 폐쇄되어 실업자로 전전하거나, 사무직의 경우 해고 통고를 받는 즉시 회사 건물을 떠나는 모습은 1980~1990년대 영화에서 직장 문화를 묘사할 때 흔히 보여주는 장면이다.

1980년대 이래 미국에서 일자리의 안정성은 최고경영자에서 말단에 이르기까지 어느 위치에 있는 근로자건 기대하기 힘들어졌다. 일자리의 안정성이 떨어지면서 회사에 대한 근로자의 충성도도 낮아졌다. 언제 해고될지 모르고 반대로 언제 더 좋은 조건의 일자리로 옮아갈지 모르는 상황에서 회사에 충성한다는 것은 사치이다. 기업의 입장에서도 직원에게 기술 교육이나 사내 훈련 등으로 기술 수준을 높이도록 투자하는 것은 생각하기 어려워졌다. 직원들이 최신의 기술을 교육받으면 몸값이 높아져 경쟁 업체에 전직할 가능성이 높아지기에 어느 회사도 직원의 교육에 크게 투자하려고 하지 않는다. 그 대신 필요한 기술과 경험을 갖춘 사람을 외부에서 찾아 고용하는 방식을 선호하게 되었다. 기술 수준이 높은 근로자를 중개하는 사업인 헤드헌터 회사가 출현한 것도 이 무렵이다. 세계화와 정보통신기술의 발전에 따라 경쟁이 격화되고 변화의 속도가 빨라지면서 적절한 기술과 경험을 가진 사람에 대한 필요는 높아졌지만, 이러한 사람들을 사내에서 키운다거나 연공서열로 축적된 사내 경험과 기술을 높이 사는 것은 이제 기업의 생존에 도움이 되지 않는다.

기업의 입장에서 볼 때 기업 환경과 기술이 빠르게 바뀌기 때문에 종업원에게 안정적인 고용을 제공한다는 것 자체가 큰 위험을 부담하는 것이다. 일본의 대기업조차 이렇게 변화한 경영 환경에서 평생고용제도를 폐기했으며, 한국의 대기업은 생산성이 높은 수준으로 유지되는 40대 초반까지만 고용하고 이후에는 용도 폐기하는 전략을 구사한다. 한국과 미국의 차이점은 한국은 40대 중·후반에 대기업을 퇴직하면 다른 기업에 전직하기 어렵지만, 미국은 자신의 가치에 맞추어 전직이 가능하다는 점이다. 물론 미국에서도 40대 중반이 넘으면 전직할 때마다 몸값이 떨어지고 새 직장을 잡는 데 시간이 더 소요되지만, 이직과 전직이 흔한 환경에서는 나이 들어서도 자신의 떨어지는 시장 가치에 상응하는 보수를 받으며 새로운 직장에서 일할 수 있는 기회가 주어진다.

자신이 일하는 회사에 대한 충성도가 낮아지고 일자리의 안정성이 떨어졌지만 근로자들의 일에 대한 헌신이나 일에 대한 강도까지 약화된 것은 아니다. 특히 지식 근로자인 전문직과 경영 관리직의 경우 자신의 기술과 성과에 따라 노동시장에서 자신의 몸값이 결정되기 때문에 전보다 더 자신이 담당한 업무에서 성과를 내고 자신의 기술을 관리하는 데 신경을 쓴다. 이른바 '포트폴리오 노동자portfolio worker'로 변신해 자신의 기술과 경력을 잘 관리하며, 언제든지 뜰 준비를 갖춘, 특정 기업에 자신의 일자리 운명을 얽매이지 않는 태도를 보인다. 오히려 과거 한 직장에 목매어서 지내야 할 때보다 일을 더 열심히 하고 자신의 기술을 높이는 데 더 투자를 하게 되었다.

일자리의 안정성이 떨어지면 스트레스도 높아진다. 직장을 옮기는 것이 과거보다 쉽다고 하지만 항시 시장에 노출되어 있으며 언제 옮겨야 할지 모른다는 생각은 직장 동료와의 관계를 피상적으로 만들며 개인주의적인 지향을 갖게 한다. 자신의 미래에 대해 불확실하면 불안이 높아질 수밖에 없다. 직업이나 기술 변화, 환경 변화의 위험을 개인적으로 감당해야 하는 것은 큰 스트레스이다. 경제학자 라이시는 미국의 직장인은 과거보다 소득은 높아졌지만 더 장시간 노동하며 직장에서 생존과 성취에 지나치게 몰두한 나머지 그에 대한 대가로 가족과 개인의 삶은 더 피폐해졌다고 주장한다.[31]

1980년대 이후 이익을 올리고 있을 때라도 효율성을 높여 이익을 증대할 수 있다면 기업은 언제라도 구조조정을 단행한다. 경쟁하는 기업이 이러한 전략을 구사하면 모든 기업이 함께 좇아갈 수밖에 없다. 생산과정의 해외 이전은 산업과 직업을 불문하고 미국의 기업에서 상시적인 것이 되었다. 제조업에서 출발한 해외 이전은 콜센터와 같은 단순 사무 업무를 넘어 컴퓨터 프로그램 작성, 회계와 법률 자료 가공, 건축 설계, 의료 자료 분석, 시스템 관리 등 고급 전문직이 담당하는 분석 업무에 이르기까지 전 방위로 확대되고 있다. 미국의 근로자들은 언제 자신이 종사하는 일이 해외로 이전할지 모른다는 불안을 안고 직장을 다닌다. 다국적 기업은 세계 시장을 상대로 사업을 하기에 세계 곳곳에 사업 기반을 두는 것이 경영상 유리하다. 부품조달체계가 전 세계에 펼쳐져 있고 생산 기반이 전 세계에 흩어져 있는 다국적 기업은 상황에 따라 지역 간 생산 배분, 즉 일자리의 배치를 수시로 바꾼다. 싼 임금을 찾아, 혹은 낮은 세금과 규제를 찾아, 혹은 시장의 변화를 좇아 가장 이익을 많이 거두는 조합을 만들어 생산은 물론 회사의 본부 기능까지 이전한다. 국내에서 생산하던 것의 일부를 해외 생산으로 돌리며 한 나라에서 생산하던 것을 다른 나라로 옮기는 것이 훨씬 용이해졌기 때문이다.

근래에 중국과 동남아로 이전한 미국의 제조업 공장들이 미국으로 다시 회귀하는 경향이 보인다.[32] 국내에서 생산하는 비용이 해외에서 낮은 임금으로 생산해 수입하는 비용보다 싸기 때문이다. 이러한 현상이 나타난 데에는 여러 요인이 복합적으로 작용했다. 첫째, 중국의 임금이 크게 높아진 것이다. 20년 전만 해도 중국 노동자의 임금이 미국의 20분의 1에도 못 미치던 것이 이제 5분의 1 수준에 육박하게 되었다. 여전히 중국 노동자는 미국 노동자에 비해 임금이 훨씬 낮지만 먼 거리에서 생산할 때 감당해야 할 비용을 보전하고 남는 이익이 점점 줄어들고 있다. 둘째, 근래에 프랙킹fracking이라는 원유를 채굴하는 새로운 기술이 개발되면서 미국의 에너지 가격이 현저하게 낮아졌다. 원유 생산지에 인접한 지역에서 천연가스를 국제 시세의 절반 이하로 조달하게 되면서 미국의 공장에서 생산하는 것이 개발도상국에서 생산하는 것보다 더 수지 타산이 맞게 되었다. 셋째, 정보 기술의 발달로 공장 자동화의 수준이 높아지면서 과거보다 훨씬 적은 수의 노동자를 고용해 생산하는 방식이 도입되었다. 국내로 회귀한 공장은 개발도상국에서 사람이 하던 일의 많은 부분을 기계로 대체한다. 이렇게 개발도상국에서 되돌아온 기계화된 공장에서 일하는 근로자들은 이 공장이 과거 미국 땅에서 운영될 때보다 상대적으로 더 낮은 임금을 받는다. 제조업 근로자의 실질임금은 지속적으로 하락했고 새로운 공장은 노조가 없고 임금 수준이 낮은 남부에 주로 정착하기 때문이다.

2) 노동의 질의 양극화

1980년대 구조조정의 결과 기업의 경쟁력은 높아졌지만 양질의 일자리와 나쁜 질의 일자리로 양극화되는 경향이 나타났다. 좋은 일자리란 높은 수준의 기술을 요하고 자율성과 안정성, 업무 만족도가 높으며 보수를 많이 주는 일자리이다. 나쁜 일자리란 안정성과 업무 만족도가 낮고 단순 노동, 낮은 보수로 이루어진 일자리이다. 정보화와 세계화의 결과 미국 기업에서 복잡한 정보와 체계적인 지식을 다루는 좋은 일자리는 늘어났으며 임금 수준도 높아졌다. 반면 해외로 이전할 수 없으나 단순 노동 성격의 서비스 일자리는 낮은 보수를 받으며 일자리의 안정성도 없다.

과거 중류층 생활을 가능하게 했고 안정된 일자리였던 제조업의 생산직 일자리는 크게 줄어드는 대신 보수나 직업 안정성 면에서 열악한 서비스 일자리가 늘어났다. 서비스업 중에서도 대인 서비스나 보조적인 일을 하는 일자리의 상황은 매우 열악하다. 이러한 산업 환경의 변화는 최저임금으로 일하는 노동자의 비율을 지속적으로 증가시켰다. 1990년대만 해도 전체 근로자의 5분의 1이 최저임금으로 일했는데 최근 이 비율은 전체 근로자의 3분의 1로 높아졌다.[33] 게다가 미국의 최저임금은 1960년대 중반 이후 지속적으로 하락했다.

노조가 조직되기 어려운 서비스 일자리가 증가하면서 경영자에 대응한 노동자의 협상력은 갈수록 약화되었다. 개별 기업이나 산업 단위에서는 물론 미국의 정치 문화에서도 노동자 세력은 미미한 수준으로 전락했다. 제2차 대전 이전 전체 근로자의 40%에 육박하던 노조 조직률은 이제 10% 수준에 머무르며, 이 중에서 공공 부문 근로자를 제외한다면 민간 부문의 노조 조직률은 미미하다. 노동자의 협상력을 높여주던 노동조합이 거의 붕괴되었으므로 근로자들은 자본가와 경영자의 의중에 전적으로 좌우되는 약한 존재가 되었다. 언제 일자리가 줄어들지 모르고, 언제 임금 삭감을 요구당할지 모르며, 언제 그만두라고 할지 모르는 상황에 처하게 된 것이다.[34]

1980년대 이래 서비스 산업이 증가하는 경향에서 특기할 점은 보건의료 서비스가 크게 증가했다는 사실이다. 보건의료 서비스 분야의 많은 일자리는 사람을 다루는 일과 정보를 다루는 일이 복합되어 있다. 가령 의사처럼 체계적인 지식을 다루는 일과 간호사처럼 주로 사람을 다루는 일이 그렇다. 베이비붐 세대가 노령화되면서 근래에 보건의료 서비스 관련 일자리는 가장 빨리 증가하는 분야로 꼽힌다. 보건의료 산업에는 중류층 생활을 가능하게 하는 일자리가 많다. 현재 연간 4~8만 달러의 소득을 중류층 생활의 범위라고 할 때 의료보건 서비스 분야는 이러한 소득 범위에 속하는 일자리가 1980년과 비교해 세 배나 증가했다.[35] 이는 같은 기간 제조업에서 중류층 생활을 제공하는 일자리가 절반으로 줄어든 것과 대조된다. 그 결과 중류층 생활을 가능하게 하는 전체 일자리 중에서 보건의료 서비스가 차지하는 비중은 전체의 8분의 1이나 된다. 이는 유통업 전체의 중류층 소득 일자리와 비슷한 규모이다.

급속히 증가하는 보건의료 서비스의 또 다른 특징은 여성이 주로 종사한다는 점이다. 미국 경제 전체로 볼 때 여성은 남성보다 23% 덜 벌고 있지만, 보건의료 산업에는 보수가 좋은 일자리가 많고 여성이 많이 종사하기 때문에 보건의료 서비스는 전체 경제활동에서 여성의 지위를 높이는 데 기여한다. 물론 보건의료 서비스에서도 남성은 여성보다 높은 임금을 받지만 여성이 이 산업에 특히 많이 일하고 있는 상황을 고려한다면, 다른 산업보다 남녀 간 임금 격차가 작은 편이다. 남성이 많이 종사하는 제조업에서 좋은 보수의 일자리는 계속 줄어들고 임금이 축소된 반면, 여성이 많이 일하는 보건의료 서비스에서 좋은 보수의 일자리가 지속적으로 증가한 덕분에 경제 전체로 볼 때 보건의료 서비스는 남녀 간의 격차를 축소하는 데 크게 기여했다. 급속히 확대되는 보건의료 서비스가 여성의 지위 향상을 견인하는 것이다.

요컨대 과거에 중류층 생활을 가능하게 하던 많은 제조업 일자리와 중간 관리층 사무직 일자리는 줄어든 반면, 정보와 지식을 다루는 고급 서비스 일자리와 단순 노동의 하급 서비스 일자리는 증가했다. 이러한 상반된 서비스 일자리 사이에 생산성과 임금 격차는 갈수록 확대되고 있기 때문에 경제 전체로 볼 때 임금 격차가 벌어지는 현상이 나타난다. 고급 서비스 일자리는 대학교 졸업 이상의 고등 교육을 요하지만 하급 서비스 일자리는 고등학교 졸업도 과분하다. 미국은 좋은 일자리도 늘고 있지만 그 못지않게 나쁜 일자리도 크게 늘고 있다. 미국이 유럽과 달리 1980년대 이래 새로운 일자리가 많이 늘고 실업률이 낮은 이유는 바로 여기에 있다. 유럽의 선진 산업국은 서비스 일자리의 증가율이 낮은 반면 미국은 획기적으로 늘었기 때문이다.

3) 더 많이 일하기를 원하는 사람들

미국은 선진 산업국 중에서 노동 시간이 가장 길며 노동 강도도 매우 세다. 미국의 근로자는 자신의 주主 직장에서만 매주 38.6시간을 일하는데, 이는 과거에 일벌레라고 조롱하던 일본인보다 많이 일하는 것이다.[36] 미국의 많은 사무직 근로자는 따로 점심시간 없이 컴퓨터 앞에 앉아 일하며 샌드위치를 먹는다. 미국인의 실질소득은 유럽의 선진 산업국보다 20~30%나 높지만 연간 노동시간 또한 그들보다 10~20% 많다. 선진국 중에서 가장 많은 소득을 누리는 사람들이 왜 가장 많이 일을 할까? 노동자가 원해서인가 혹은 고용주가 강요해서인가? 연구에 따르면 양쪽 다 책임이 있다. 미국의 노동자들은 임금을 일부 포기하는 대신 여가를 더 갖는 선택에 대해 대체로 부정적이다. 임금을 더 준다고 하면 현재보다 여가 시간을 줄이고 더 오래 일하겠다는 사람이 반대의 경우, 즉 임금을 덜 받는 대신 여가 시간을 늘리겠다는 사람보다 많다. 반면 유럽 사람은 일을 더해 보수를 더 많이 받기보다는 현재 누리고 있는 장시간의 여가 시간을 지키는 쪽을 선호한다.[37]

미국의 직장에서 노동 강도는 매우 세다. 이는 특히 1980년대 구조조정 이후에 특징적으로 나타나는 현상이다. 미국의 기업은 비용을 줄이고 생산성을 높이기 위해 과거에 두세 명이 하던 일을 한 명의 담당자가 맡아서 하도록 업무를 조정했다. 제조업에서도 개발도상국에 일자리를 뺏기지 않기 위해 기계화를 많이 하고 노동 강도를 강화해 노동생산성을 높이도록 조정했다. 서비스직 또한 사정은 마찬가지이다. 서비스직은 낮은 임금과 일자리의 불안정 때문에 노동자에 대한 감독을 엄격히 해야 하는 직종인데 정보통신기술을 동원해 평가와 감독을 강화하며 노동 강도를 높게 설정했다. 정보와 지식을 다루는 고급 서비스직의 경우 근로자들은 기업에 충성하지는 않지만 자신의 시장 가치를 유지하기 위해 높은 업무 능력을 보여야 하고 자신의 기술을 업그레이드하는 데 항시 신경을 곤두세워야 한다. 자신의 기술이 낙후되고 능력과 성과가 시장의 요구에 미치지 못하면 언제든지 자신의 가치가 떨어지고 퇴출당할 위험에 노출되어 있기 때문이다. 그 결과 미국은 모든 직종의 모든 근로자가 열심히 일할 수밖에 없는 상황에 처해 있다.

미국 근로자의 소득이 높은데도 유럽과 달리 장시간의 강도 높은 노동을 선호하는 데에는 노동자의 자발적인 선택만이 이유는 아니다. 고용주의 입장에서 보면 기존의 노동자에게 더 많이 일하게 하는 것이 노동자를 추가로 고용하는 것보다 비용이 적게 든다. 노동자의 일하는 시간을 늘리면 그만큼 임금이 더 지불되기는 하지만 노동자를 추가로 고용할 때 발생하는 비非임금 비용(복리후생, 사무실 공간 등)을 절약할 수 있다. 기존 노동자가 일을 더 하게 하여 추가 임금을 주는 것이 비용을 절약하는 방책이다. 이러한 이유 때문에 미국 기업은 휴가 기간을 늘리는 방안에 반대한다. 미국 직장의 법적인 휴가 일수는 유럽에 비해 매우 적다. 유럽과 달리 미국은 노사 간 자율 협약으로 휴가를 정하도록 하기 때문에 미국의 경영자는 근로자들이 가급적 휴가를 적게 쓰도록 유도한다. 미국의 근로자는 협상력이 약하기 때문에 이러한 경영자의 요구를 받아들일 수밖에 없다.

미국의 노동자들이 초과근무 수당을 포기하면서라도 휴가를 길게 가지려고 한다면 휴가 기간을 늘릴 수는 있을 것이다. 그러나 그러한 선택을 하지 않는 이유는, 미국의 노동자들이 대부분 재정적으로 쪼들려 생활하기 때문이다. 미국인이 높은 소득 수준에도 불구하고 재정적으로 쪼들려서 생활하는 이유는 자신의 소득보다 더 많은 소비를 하는 관행에 물들어 있기 때문이다. 미국 근로자의 평균 저축률은 제로에 가깝다. 즉, 미국인은 가난한 사람은 물론 중류층조차도 대부분 버는 것을 모두 소비하는 생활을 한다.[38] 미국의 근로자들은 물건의 소비를 여가보다 더 선호한다. 이는 미국의 소비주의 사회가 만들어낸 행위 습관이다.

1980년대부터 근로자의 교육 수준과 노동 시간 간의 관계에 새로운 변화가 나타났다. 1980년대 이래 교육 수준이 높은 사람은 교육 수준이 낮은 사람보다 일을 더 많이 한다. 1970년대까지는 그 반대의 현상, 즉 교육 수준이 낮은 사람이 높은 사람보다 일을 더 많이 했다. 이러한 변화는 최고의 생산성을 보이는 연령인 25~49세의 근로자는 물론, 50대 이후의 근로자에게서도 뚜렷하다. 교육 수준이 높을수록 중년이나 노년이 되어서도 일을 더 하며 또 오래도록 은퇴하지 않고 일하는 반면, 교육 수준이 낮으면 일을 하는 시간이 적고 일찍 은퇴한다. 이러한 변화는 몇 가지 요인이 복합적으로 작용한 결과이다. 첫 번째 요인은 1980년대 이래 교육 수준에 따른 소득의 격차가 점점 크게 벌어진 것이다. 교육 수준이 높은 사람의 소득이 높아지면 이들이 일을 적게 하거나 일을 하지 않을 경우에 포기해야 하는 기회비용이 상승한다. 교육 수준이 높은 사람은 일을 더 함으로써 전보다 얻는 것이 더 많아지기에 더 많이 또 더 오래 일하게 되었다. 두 번째 요인은 교육 수준에 따라 일자리 기회의 격차가 벌어졌다는 점이다. 대학교를 졸업한 사람에게 적합한 일자리는 증가한 반면에 고등학교를 졸업한 사람의 일자리는 상대적으로 감소했다. 모든 일에서 정보와 지식을 다루어야 하는 부분이 커지면서 고등 교육은 필수적인 조건이 된 반면, 교육 수준이 낮은 사람이 주로 맡는 육체적인 일은 개발도상국으로 대거 이전하면서 비중이 작아졌다. 그 결과 교육 수준이 낮은 사람은 더 많은 시간을 일하고 싶어도 하지 못하는 경우가 많아졌다. 육체적인 일은 연령이 증가하면 생산성이 떨어지기 때문에 나이가 들면 일을 줄이고 일찍 은퇴하는 경향을 보이는 반면, 두뇌 활동을 요하는 일은 나이가 들어도 생산성의 감퇴 속도가 느리기 때문에 오래도록 활동적으로 일할 수 있다. 세 번째 요인은 교육 수준에 따른 일의 조건과 질의 양극화가 나타났다는 점이다. 고등 교육을 받은 사람이 맡는 정보와 지식을 다루는 일은 고상한 환경에서 일하며 일이 복잡해질수록 일하는 성취감을 맛볼 수 있다. 반면 교육 수준이 낮은 사람이 맡는 서비스 일은 일하는 환경이 열악할 뿐 아니라 일이 단순하고 반복적이어서 일하는 성취감을 맛보기 어렵다. 과거에 제조업 생산직은 일하는 환경이 나쁘지 않았고 동료 간의 우애로 일의 만족감이 있었으며 상대적으로 보수도 좋았던 반면, 하급 서비스직에는 이러한 긍정적인 요소가 거의 없으며 일의 만족도 또한 매우 낮다.

대학교 이상 졸업자와 고등학교 졸업자 사이에 노동 시간과 노동 기간의 격차가 벌어지는 경향은 두 집단 사이에 임금 격차가 벌어지는 경향과 중첩되면서 교육 수준에 따른 소득 격차를 심화시킨다. 대학교 이상 졸업자는 고등학교 졸업자에 비해 과거보다 더 많은 임금을 받고 더 많은 시간을 일하며 더 오래 일하는 결과 두 집단 사이의 소득 격차는 더 커진 것이다.

4) 여성 노동자의 증가

20세기 후반 들어 미국의 일자리 변화에서 특징적인 현상은 여성의 경제활동 참여가 지속적으로 증가한 것이다. 제2차 대전 중에 기혼 여성을 포함한 여성 전체의 생산 활동 참여가 일시적으로 증가했으며, 1950~1960년대에 주춤했다가 1970년대 이래 다시 꾸준히 늘어나고 있다. 특히 어린 자녀를 둔 기혼 여성의 경제활동이 늘어나는 것이 두드러진다.

20세기 후반 여성의 경제활동 참여 증가에는 여러 요인이 복합적으로 작용했다. 서비스 일자리의 확대는 여성들에게 일할 기회를 넓혔다. 육체노동보다 대인 서비스가 여성에게 더 맞는다고 보는 사회적 통념 덕분에 많은 여성은 새로이 증가하는 서비스 일자리에 취업할 수 있었다. 1980년대 이후 일자리의 안정성이 전반적으로 떨어진 경향 또한 여성의 고용을 촉진시켰다. 많은 여성은 자녀 양육 책임 때문에 남성 노동자만큼 전업으로 일하는 것을 선호하지 않는데, 이러한 상황은 불안정한 일자리를 산출하는 기업의 사정과 맞아떨어졌다. 어린 자녀를 둔 어머니의 경우 장시간의 전업 노동보다는 적은 시간의 비非전업 노동을 더 선호한다. 서비스 일자리는 이러한 어머니들의 욕구에 대응해 신축적인 노동조건을 제공한다. 탁아제도가 미비한 미국 사회에서 신축적인 노동 시간을 허용하는 서비스 일자리는 기혼 여성이 일과 가정을 양립할 수 있게 하는 중요한 요소이다.

여성이 교육을 많이 받게 되면서 직업 활동을 통한 자아실현과 독립에 관심이 높아졌다. 고등 교육을 받은 여성은 결혼 후 가정에 머무는 것에 만족하지 않는 성향이 커졌다. 학교에서 남성과 동등한 가르침을 받은 뒤 여성은 가정에 머물고 남성은 밖에서 직장 생활을 하는 전통적인 성 역할 분업 구조를 수용하기 어려워진 것이다. 가사를 돌보는 것은 밖에서 돈을 버는 활동보다 사회적 지위가 낮기 때문에 교육받은 여성을 가정에 머물도록 설득하기는 어렵다. 기혼 여성의 경제활동이 증가한 데에는 1950년대에 개발된 피임 도구의 보급과 1960년대 중반 이래 출산율 감소가 큰 역할을 했다. 1946~1962년까지 미국의 가정에는 평균 세 명 이상의 자녀를 낳는 베이비붐 시대가 출현했다. 그러나 1970년대에 들어 여성의 합계 출산율이 두 명 이하로 떨어지면서 여성의 자녀 양육과 가사 부담은 크게 줄었다. 교육을 받은 여성은 결혼 후 짧은 시기 내에 적은 수의 자녀를 낳고 자녀가 어린 나이에도 직장에서 일하는 것이 보편적인 규범으로 자리 잡았다.

이혼이 늘어난 것 또한 기혼 여성의 경제활동 참여를 높인 요인이다. 미국인의 이혼율은 20세기 초 이래 꾸준히 증가해 1980년대 초에는 결혼 후 이혼 확률이 50%에 달했다. 즉, 결혼한 두 쌍의 부부 중 한 쌍은 이혼으로 끝나는 것이다. 결혼의 안정성이 떨어지면 여성들은 만일의 사태에 대비해 경제적으로 자립해야 할 필요를 느끼므로 경제활동 참여를 늘리게 된다. 물론 여성이 경제활동에 참여해 재정적인 자립 능력이 높아진 것이 이혼율을 높이는 원인으로 작용한 면도 있다. 여성이 경제적으로 능력이 있으면 불행한 결혼 생활을 지속하기보다는 이혼 후 더 나은 대안을 찾으려는 성향이 높아지기 때문이다.

1980년대 들어 기혼 여성의 취업이 증가한 데에는 남성 근로자의 일자리 상황이 악화된 것도 한몫한다. 남성 근로자의 임금이 하락하고 일자리 안정성이 떨어지면서 중류층 기혼 여성은 밖에 나가 돈을 벌어 살림에 보태야 할 필요성이 높아졌다. 남편의 일자리가 불안정해졌기 때문에 아내가 밖에서 일하는 것은 가족경제의 안정을 위해 필요한 보험 역할을 한다. 아내가 벌어오는 돈은 이들의 가족이 중류층 생활을 영위하는 데 필수적인 요소가 되었다.

여성의 취업이 증가하고 임금이 높아지면서 일을 하지 않는 전업주부가 포기해야 하는 기회비용은 커졌다. 일을 하는 기혼 여성이 증가하고 그들이 벌어 오는 소득이 커지면서 그것을 포기한다는 것은 점점 생각하기 어려워진 것이다. 1990년대 무렵 미국의 기혼 여성의 취업 활동은 중류층의 삶에서 필수적인 것이 되었다. 이는 1970년대 초까지 중류층 기혼 여성은 일부 전문직을 제외하고 대다수가 전업주부로 살던 것과 대조된다. 남성 대비 여성의 경제활동 참여율의 격차는 점점 좁혀져 10% 이내로 줄어들었다. 이제 특별한 사유가 있지 않은 한 기혼 여성이 전업주부로 집에 머무는 것은 사회적인 비판을 감수해야 한다. 여성의 취업이 크게 증가했지만 그들이 직장에서 남성과 동등한 대접을 받는 것은 아니다. 그들은 상대적으로 낮은 임금과 불안정한 일자리에서 주로 일하며, 같은 자격으로도 임금과 승진에서 불이익을 감내해야 한다. 여성은 양육과 가사를 동시에 담당해야 하는 부담을 짊어지고 직장에 나가며 사회적인 지원 또한 미약하다. 기혼 여성의 경제활동이 증가하는 현상을 사회제도가 제대로 따라가지 못하는 것이다.

5. 많이 일하고 많이 소비하는 사회

미국인은 소비를 많이 한다. 세계에서 가장 소비를 많이 하는 나라이다. 세계 인구의 20분의 1에도 못 미치지만 소비량으로 따지면 전 세계 원유 소비의 4분의 1을, 종이 소비의 3분의 1을 차지한다. 다른 선진 산업국과 비교해도 미국인의 소비 수준은 경이적이다. 1인당 화석연료의 소비량에서 미국인은 영국인의 2배, 일본인의 2.5배에 달한다. 미국인의 소비량이 엄청나기에 그들이 환경에 미치는 영향 또한 비교를 불허한다. 미국의 쓰레기 배출량은 전 세계 배출량의 절반을 차지한다.[39] 미국을 처음 방문하는 사람이 흔히 느끼는 첫인상은 '엄청난 물질적 풍요'이다. 개발도상국 사람은 물론 유럽의 선진 산업국 사람들조차도 미국인의 엄청난 소비는 무책임할 정도라고 말한다.

미국인은 대부분 개인의 복리와 행복은 개인의 소비 수준에 달려 있다고

그림 3-2 **신축 주택의 면적(1973~2013)** (단위: sqft)

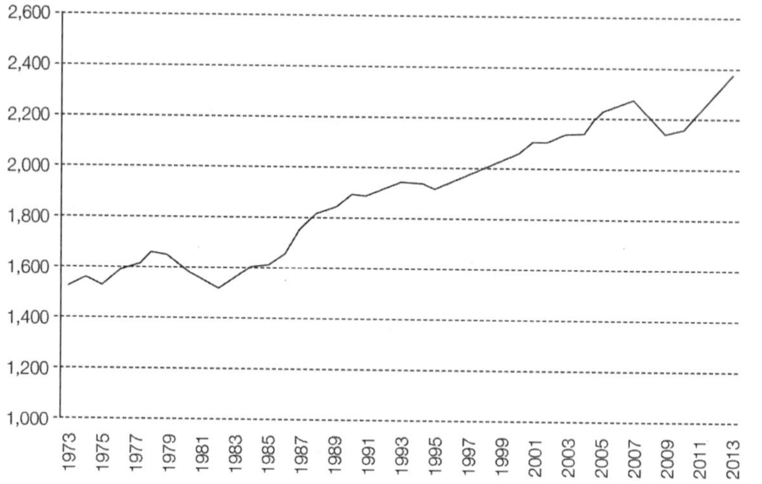

주: 100스퀘어 피트(sqft)는 약 9.3m² 혹은 2.8평임.
자료: US Census, "Median and Average Square Feet of Floor Area in New Single-Family Houses Completed by Location," https://www.census.gov/construction/chars/pdf/medavgsqft.pdf

믿는다.[40] 단순 검소한 생활이 행복을 가져온다는 대안적 가치를 믿는 사람은 극히 소수인 반면, 대부분의 미국인은 삶의 만족과 행복은 소비 규모에 좌우된다고 생각한다. 단순과 검약을 미덕으로 여기는 가치관은 미국인에게는 낯설며 비미국적인 사고로 폄하한다. 미국에서 자신이 소유하고 누리는 물질적 수준은 개인의 능력과 사회적 지위의 징표이다.

19세기 말 미국이 급격한 산업발전으로 록펠러와 같은 거부들이 출현하고 졸부들의 부의 과시가 지나치던 시절에 경제학자 소스타인 베블런Thorstein Veblen은 '과시적 소비'라는 개념을 제안했다. 소득이 높아질수록 사람들은 물질의 사용가치보다는 남과의 비교에서 자신의 상대적인 지위를 높이는 목적의 '지위재'에 더 많이 소비한다. 명품이나 큰 집, 큰 차, 요트 등을 구입하는 것은 대표적으로 지위재를 소비하는 것이다. 경제학자 프랭크에 따르면 소득 불평등이 높은 사회에서는 자신보다 상위의 사람을 모방하고 자신보다 하위의 사람들과 거리를 두려는 목적의 과시적 소비가 발달한다.[41] 불평등이 높아지면 경쟁의 압력은 커지며, 지위 경쟁에 타협과 휴전은 점점 더 어려워진다. 반대로 북유럽 사회와 같이 평등주의 가치관이 지배하고 불평등이 낮은 경우 지위재는 상대적으로 효용이 적다. 과시적 소비는 이웃의 비난을 초래하는 행위로서 서로 자제하는 분위기가 지배한다.

미국 사회는 근래로 오면서 소비의 수준이 점점 더 높아지고 있다. 그림 3-2에서 보듯이 신축 주택의 규모는 지난 수십 년간 계속 커졌는데, 이는 같은 기간 중류층의 가구 규모가 계속 축소된 경향과 정반대이다. 근래에 미국 가구는 1970년대 초와 비교해 1인당 85%나 더 넓은 집에서 산다. 중류층 가구의 실질소득은 그다지 빠르게 성장하지 않았는데 소비가 지속적으로 증가한 결과 미국인의 순저축률은 거의 제로에 가깝다. 많은 미국인은 자신이 버는 능력을 초과해 소비한다. 미국의 중류층은 은행에 저축한 금액보다 대출과 신용카드 빚 등으로 갚아야 할 금액이 더 많다. 물론 장기 주택담보 대출과 같이 자산을 구입하면서 발생한 빚을 제한 순 자산으로 따지면 마이너스는 아니다.

소비수준이 높아진다고 하여 더 행복해진 것은 물론 아니다. 많은 연구는 소득이 어느 수준을 넘어서면 행복에 미치는 영향은 미미하다고 주장한다. 소비 수준이 높아질수록 소비가 가져오는 한계효용은 체감하고, 사람들은 쉽게 새로운 물건에 적응하기 때문에 새로운 소비가 행복에 미치는 영향은 미미하다. 미국인의 생활은 지난 반세기 동안 물질적으로 크게 개선되었지만 미국인이 느끼는 삶에 대한 만족이나 행복한 정도는 1960년대 이후 거의 변함이 없다.[42]

미국에서 소비는 축제의 장이다. 주요 명절에는 대량으로 소비하는 것을 미덕으로 여긴다. 미국의 상점은 추수감사절부터 크리스마스까지의 기간에 1년 매출의 거의 절반을 올린다. 미국에서 중류층 소비의 많은 부분은 생계를 유지하기 위해 필수적인 물품과는 무관하다. 물질적으로 많이 소비하는 것은 풍요를 의미하나 소비 행위는 희생을 수반한다. 소비를 많이 하기 위해서는 많이 벌어야 하며 이는 노동 시간이 길고 노동 강도가 높음을 의미한다. 미국인의 여가 활동에서 쇼핑은 TV 시청 다음으로 큰 부분을 차지한다. 생계에 꼭 필요하지 않은 물품을 구매하는 행위가 즐거움이라고 하지만 이러한 것을 쇼핑하는 데에는 시간과 노력이 많이 든다. 미국인은 어릴 때부터 많은 물건을 구매하는 버릇을 부모로부터 물려받아 일생 동안 쇼핑하는 버릇에 중독되어 있다. 중류층 미국인은 특별한 물건을 구매할 의사 없이 쇼핑몰을 배회하는 경우가 많다. 소비에 쏟는 시간과 에너지가 많이 들어가면 여가나 자기 발전과 같이 삶의 다른 부문에 투자할 수 있는 여력은 줄어든다. 왜 미국인은 이렇게 많은 소비를 하는 것일까? 미국인이 소비를 많이 하는 데에는 경제적·사회적으로 소비를 장려하는 장치가 잘 작동하기 때문이다.

경제가 잘 돌아가려면 생산 못지않게 탄탄한 수요가 존재해야 한다. 미국은 많이 생산하지만 또한 많이 소비하기에 해외 부문에 수요를 크게 의존하지 않고도 잘 돌아간다. 미국 경제는 선진 산업국 중에서 수출과 수입을 합한 해외 부문의 비중이 특이하게 작은 나라이다. 미국은 제2차 대전 이후 1970년대 중반까지 수출이 수입보다 많은 무역 흑자국이었으나 1970년대 후반 들어 수입이 수출보다 많은 무역 적자국으로 돌아섰으며, 이후 지금까지 무역 역조는 지속되고 있다. 미국인은 국내에서 생산하는 것보다 더 많은 양을 소비해 세계 시장을 떠받쳐주는 소비자이다.

자본주의 시장에서 활동하는 기업은 이익을 극대화하기 위해 수요를 촉진시켜야 한다. 그러나 이미 풍요로운 생활수준에 도달한 미국인에게 새로이, 그것도 많이 소비하도록 하는 것은 쉬운 일이 아니다. 물론 미국인 중에는 가난한 사람이 적지 않지만, 그들보다는 이미 필요한 것을 모두 갖추고 있는 중류층이 더 소비를 하도록 만드는 것이 중요하다. 구매력이 있는 소비자가 새로이 더 많이 구입해야만 기업은 이윤을 늘일 수 있기 때문이다. 따라서 소비는 미덕이라는 메시지를 사람들에게 계속 주입한다.

사람들이 더 많이 일해서 더 많은 소득을 거두고 이 소득으로 더 많이 소비하도록 하는 것은 미국 경제의 핵심이다. 1인당 연간 소득이 5만~6만 달러에 달해 이미 상당한 풍요를 누리는 사람들이 조금 덜 일하고 조금 덜 소득을 거두고 조금 덜 소비하는 반면 더 많은 여가를 갖도록 한다면, 이는 개인의 삶의 질을 높이는 데 도움이 될 것이나 기업의 입장에서 보면 이윤을 극대화하는 목표에 반한다. 일과 여가, 소비와 절제 사이에 균형을 맞추는 삶에 대해 미국의 자본주의 경제는 여가와 절제보다는 일과 소비 쪽에 더 큰 가치를 두도록 부추긴다.[43] 노동 시간을 줄이고 여가를 늘리려고 하면 미국의 근로자는 큰 불이익을 강요당한다. 일자리를 잃거나, 열악한 일을 감내해야 하거나, 현저하게 낮은 임금을 감수할 수밖에 없다. 미국의 근로자는 기업이 요구하는 초과 노동의 사이클에 자신의 삶을 맡길 수밖에 없다. 가족의 생계를 책임지는 남성 근로자는 불이익을 감수하면서까지 노동시간을 줄이는 것을 생각하기 어려우나, 일부 여성 근로자는 소득의 희생을 감수하면서 노동시간을 줄이는 선택을 한다. 이들은 양육 및 가사와 직장 일을 동시에 담당해야 하므로 과도한 직장 일의 부담을 줄임으로써 가정과 직장을 병행하려는 것이다.

미국 경제가 소비를 부추기는 방향으로 움직이지만 지난 수십 년간 확대된 미국의 높은 소득 불평등은 수요 부족의 문제를 안고 있다. 이는 소득 불평등이 가중됨에 따라 돈이 부자에게 몰리고 부자는 소득이 증가하는 만큼 소비를 늘리지 않기 때문이다. 중하층의 경우 소득의 증가는 소비의 증가로 바로 이어지기 때문에 이들의 손에 돈이 더 들어오면 유효수요의 증가를 가져온다. 물론 레이건의 공급경제학 이론에서 주장하듯이 부자의 소득이 증가하면 투자가 증가할 수 있지만 최종적인 수요인 소비가 늘지 않으면 경제 전체로 볼 때 유효수요의 부족 문제에 봉착할 것이다. 1980년 공화당 집권 이래 부자의 세금을 대폭 삭감하고, 이어 IT 붐과 세계화로 부자들의 부가 크게 늘어나고, 자본에 돌아가는 소득의 몫이 커진 반면 노동에 돌아가는 소득의 몫이 줄어드는 추세는 유효수요의 부족을 초래하리라는 우려를 낳는다. 자동차 왕인 포드가 자동차의 대량생산 체제가 가능하기 위해서는 노동자의 임금으로 자신이 만든 자동차를 살 수 있어야 한다고 주장하면서 자동차 조립공의 보수를 그 당시 시장 임금을 훨씬 뛰어넘는 수준으로 설정했던 일화는 현재에도 여전히 유효하다. 물론 세계화가 진전되어 미국의 자본과 기업이 해외에 투자하는 경우가 늘면서 국내의 수요 감소 때문에 미국 경제가 불황에 처하는 상황은 덜 발생할 것이다. 그러나 미국인의 소비는 세계경제를 견인하는 역할을 하므로 미국의 소비 감소는 미국은 물론 세계경제의 불황을 유발할 수 있다.

6. 소비를 장려하는 사회적 장치

1) 광고와 상업적 대중문화

고상한 수준의 삶에 필요한 기본적인 것을 모두 갖춘 사람에게 덜 필요한 것을 새로 구입하게 하고, 기존에 유사한 것을 가지고 있는데도 또다시 기능면에서 크게 다르지 않은 것을 새로 구입하게 하는 것은 어려운 일이다. 광고는 사람들에게 이러한 설득을 하는 사회적 장치이다. 광고는 더 많은 것을, 더 새로운 것을 갈망하고 소비하는 것이 바람직한 삶이라고 설득한다. 광고에서 행복한 삶이나 인생의 성공은 소비와 연결되어 있으며, 성적인 매력이나 인간적인 향기 또한 상품과 서비스를 소비하는 것과 연관되어 있다. 기업은 소비 욕구를 계속 부추기기 위해 다각도로 연구한다. 자본주의가 발달한 미국에서 심리학이 각광을 받는 것은 우연이 아니다. 광고를 포함한 기업의 마케팅은 바로 이러한 설득의 기술이 최고도로 발휘되는 장이다. 인간의 심리가 합리적으로 움직이기보다는 감정적이며 충동적으로 움직인다는 점을 이용해 광고는 인간의 감정적·충동적 측면을 자극해 구매하도록 설득한다.[44]

광고는 소비자에게 자신의 생활이 무언가 잘못되어 있고 결핍된 것이 있다고 설득한다. 예컨대 아름다움의 기준을 몸매가 마른 모델과 특별히 섹시하게 포장된 여성에 맞추어 설정함으로써 보통 여성은 자신의 몸이 잘못되어 있고 무언가 결핍되어 있다고 느끼도록 만든다. 또한 최신 모델의 자동차와 냉장고를 사야 하고 최신 유행을 좇아가지 못하면 잘못되어 있다는 생각을 주입한다. 사람들은 어린 시절부터 대중매체를 통해 지속적으로 엄청난 양의 광고에 접하면서 항시 최신의 것에 욕구를 느끼도록 키워진다.[45]

이미 물질적으로 필요한 것을 모두 갖춘 사람에게 새로운 것을 구입하도록 하는 데에는 물건의 기능적 측면에 초점을 맞추기보다 지위를 과시하는 측면에 초점을 맞추는 것이 더 효과적이다. 사람들의 욕구를 충족시키는 새로운 기능을 만들어내기는 매우 어려우며 또한 자주 바뀔 수 없다. 반면 사람들이 물건을 사는 이유를 실질적인 효용보다는 남들보다 우위에 서고 남들로부터 부러움을 사는 '지위재'에서 찾도록 할 때, 대다수의 사람은 항시 이러한 것을 갈망한다. 우리가 만든 상품과 서비스를 구입함으로써 주위로부터 관심과 존경을 획득할 수 있다고 설득하는 광고는 필요한 것을 모두 갖춘 소비자에게도 효과적으로 다가갈 수 있다. 사람들이 많이 구입할수록 지위재를 사야 할 필요성이 높아지기 때문에 지위재 경쟁에 빠져들면 재정 능력이 다할 때까지 구입하려 할 것이다. 경제가 제대로 돌아가기 위해서는 소비가 필요하지만, 필요한 수준을 넘어서 소비하도록 부추기는 광고의 속성 때문에 흔히 광고는 자본주의의 필요악이라고 지칭한다.

미국 사회에서 광고는 모든 생활 영역에 깔려 있지만 특히 TV에서 집중적으로 전개된다. 대다수의 미국인은 일과 생리적으로 필요한 시간을 제외한 거의 대부분의 시간을 TV 시청에 할애하기 때문이다. 미국의 성인은 하루에 평균 3~4시간 동안 TV를 시청한다. 기업은 직접적인 광고를 통해서뿐만 아니라 프로그램 내에서 자신의 상품을 노출시킴으로써 시청자의 욕구를 자극한다. 연구에 따르면 TV를 많이 시청할수록 상품과 서비스 소비에 대한 욕구가 높아진다. 시청자의 소비 욕구를 자극하는 것은 미국의 대중문화에 내재된 코드이다. TV에서 소비 욕구를 자극하는 것은 광고뿐 아니라 프로그램 자체에 내재해 있다. 사람들은 자신의 소비 수준을 자신이 비교 기준으로 삼는 준거 집단과 대비해 설정한다. 자신과 비슷한 혹은 자신이 닮고 싶어 하는 집단의 삶의 방식이 자신의 삶에 방향타가 된다. 미국의 TV에서 보는 보통 사람의 삶은 중상류층의 눈높이에 맞추어져 있다. 미국의 TV는 평균적인 실제 미국인의 삶보다는 소비 수준이 한 단계 높은 삶의 양식을 일상적으로 보여준다. 사람들은 TV에서 이러한 삶의 양식을 매일 접하면서 자신의 소비 수준이 그것에 따라가야 한다는 무언의 설득을 당한다. 그러나 〈프렌즈friends〉나 〈섹스 앤드 더 시티sex and the city〉와 같은 인기 드라마에서 비추는 생활양식을 따라가려 한다면 미국의 보통 사람은 가랑이가 찢어질 수밖에 없다. 미국의 드라마에 등장하는 보통 사람의 생활수준은 연간 12만 달러의 소득을 필요로 한다는 연구도 있다. 2015년 미국 가족의 평균 소득이 7만 5591달러이니 자신의 소득보다 60% 이상 높아야만 TV에 나오는 보통 사람의 생활수준에 도달하는 것이다. 미국의 보통 사람들이 소득의 거의 전부를 소비에 쓰고도 모자라 신용카드 빚을 지는 이유가 여기에 있다. 대중문화에서 보여주는 보통 사람의 생활양식에 따라가려고 하다 보니 항시 수중에 돈이 부족한 것이다.

미국의 대중문화는 상업화되어 있다. 이윤 추구라는 목적을 위해 제작되며 상업적인 경로를 통해 대중성을 획득한다. 기업은 더 많은 물건과 서비스를 판매해 이윤을 거두는 방법으로 이윤을 추구하므로, 대기업이 지배하는 미국의 대중문화 산업은 이러한 목적에 기여하는 방식으로 제작되고 전파된다.[46]

미국에서는 공영방송의 역할이 미약하며 미디어는 대부분 상업적으로 운영되므로 기업의 상업적인 목적에 부합하는 내용의 대중문화만이 생존할 수 있다. 미국의 미디어 기업은 광고 수입을 주요 재원으로 하므로 광고주의 의도, 즉 물건을 더 소비하도록 하는 목적에 부합하는 프로그램을 제작한다. 미국의 상업 미디어에서 보통 사람의 소박한 생활을 그린 프로그램을 보기 어려운 이유가 여기에 있다. 소비를 자극하는 화려한 내용과 이미지의 프로그램이 미국의 TV를 뒤덮고 있다. 미국인은 이러한 대중문화에 지속적으로 노출되면서 항시 소비를 갈망하고 소비와 행복을 동일시하는 생각을 품게 된다.

2) 신용카드

신용카드와 할부 금융제도는 사람들에게 미래의 소득을 당겨서 쓰도록 하는 유용한 사회적 장치이다. 미국 가구의 약 절반은 신용카드 빚을 지고 있으며, 그 금액은 평균 1만 5000달러, 한화 약 1600만 원에 달한다.[47] 미국 사람이 이렇게 많은 신용카드 빚을 지고 있는 것은 지난 수십 년간 소득보다 지출이 더 빨리 증가했기 때문이다. 2015년 미국의 평균적인 가족은 매년 6658달러를 이자로 지불하는데, 이는 평균 가족 소득 7만 5591달러의 9%에 달하는 금액이다. 미국 은행의 평균 이자율이 2% 수준인 것을 감안할 때, 이는 매우 고율의 빚을 지고 사는 것이다. 미국의 금융회사는 신용카드나 할부 금융의 빚에 대해 고율의 이자를 매김으로써 이익을 낸다. 자신의 소득 내에서 소비할 경우 금융회사는 돈을 벌 수 없기에 빚을 내서 소비를 하도록 다양한 방식으로 고객을 부추긴다. 예컨대 매달 갚아야 할 빚의 총액의 10%만 지불하면 계속 빚을 내서 살아갈 수 있도록 하고, 이러한 메뉴를 소비자가 우선적으로 선택하도록 설정해놓는다. 현금으로 구입하는 것보다 할부로 빚을 내 구입하는 것을 권장한다. 슈퍼마켓이나 백화점 등에서 구입하려 하는 물건을 계산대에서 결제할 때 신용카드에서 현금 서비스를 받도록 소비자를 부추기는 '캐시백cashback'이라는 정책을 고안해냈다.

일부 기업은 외면적으로는 물건을 생산하는 기업이나 실제 내용을 들여다 보면 물건을 생산해 이익을 내는 부분보다 소비자가 구입하는 물품 빚에 대한 이자에서 거두는 수익이 더 크다. 물품이나 서비스의 금액이 클수록 전체 금액을 한꺼번에 지불하고 구입하는 것에 불이익을 줌으로써 빚을 내서 구입하도록 장려한다. 기업은 소비자로부터 상품 대금의 빚에 대한 이자를 징수하면 물건을 만들어 팔아 얻는 이익에 더해 높은 이자 수익을 거둘 수 있기 때문이다. 예컨대 미국의 대표적 자동차 회사인 GM은 제조 부문보다 할부 금융 부문에서 거두는 수익이 더 많다.

물론 소비자에게 빚을 주고 구입하도록 할 경우 돈을 떼일 위험을 감수해야 한다. 그러나 일부 소비자가 빚을 갚지 못해 입는 손해는 빚에 대한 이자로 거두는 수익과 비교할 때 매우 작으므로, 기업은 소비자가 현금보다 빚을 내서 물건을 구입하는 것을 선호한다. 소비자에게 빚을 만들어줘서 거두는 이익이 크므로 미국 기업은 소득 능력이 안 되는 사람에게도 신용카드를 남발하며 젊은 시절부터 빚으로 생활하는 방식을 익히도록 장려한다. 미국 대학생은 신용카드를 무한정 발급받을 수 있다. 이들은 아르바이트를 통한 소득이 있지만 신용카드 빚이 많이 쌓여 있다. 이러한 빚은 나중에 사회에 진출해 그동안 쌓인 높은 이자 비용을 지불하면서 갚아나가야 한다. 실업으로 빚을 갚지 못할 경우 중류층 부모는 자식의 미래를 염려해 성인 자녀의 빚을 대신 갚아주는 경향이 있기 때문에 기업은 대학생이 신용카드 빚을 많이 지도록 권장하는 데 주저하지 않는다.

20세기 초 대량생산 대량소비 시대가 오면서 함께 출현한 신용카드와 할부 금융은 자신의 미래 소득을 예상해 미리 지출을 할 수 있도록 하는 편리한 제도이다. 그러나 이러한 제도가 기업의 이윤 극대화 동기 속에서 소비자에게 자신의 소득 능력을 넘어서서 살아가도록 설득함으로써 사람들의 삶을 힘들게 만드는 요인이 된다. 대다수의 중류층 미국인은 이러한 설득에 넘어가 소득이 높은데도 계속 빚을 지고 살며, 빚을 갚기 위해 장시간 노동하는 것을 선호한다.[48] 장시간 노동하도록 사회적으로 이끌려진다는 표현이 더 적절할 수 있다. 오래 일하고 많이 벌어 많이 쓰는 순환이 완성되는 것이다.

3) 소비의 사유화

유럽과 비교할 때 미국 생활의 특징 중 하나는 일상에서 사용하는 공공재가 현저히 적다는 점이다. 미국인의 생활은 각자 자신이 배타적으로 소유하여 사용하는 사유재를 중심으로 전개된다. 이동은 대부분 자가용으로 하고 주택이나 의료 서비스 등 삶에 필수적인 재화나 서비스는 각자의 능력에 따라 시장에서 구입한다. 많은 사람이 함께 이용함으로써 자원을 절약하고 효용을 공유하는 공공재가 적게 공급되는 대신, 각자가 배타적으로 사용하는 사유재 중심으로 미국인의 생활이 조직된 것은 우연이 아니다. 이는 기업의 이윤 극대화 요구에 맞추어 국가의 정책과 경제가 조정된 결과이다. 미국은 정부의 역할을 확대해 공공재를 늘리는 쪽으로 정책의 방향을 틀기 어렵다. 미국의 정치는 기업과 부자의 정치헌금에 의존하기 때문에 기업이 이윤 극대화를 위해 사유재 소비 중심의 경제를 옹호하는 입장을 강력히 지지한다. 소비자의 이익과 기업의 이익이 충돌할 경우 미국의 정치는 기업의 이익 쪽으로 움직인다.

단적인 예로 미국의 대도시에서 대중교통 시설이 기업의 의지로 제한된 사례를 살펴보자.[49] 자동차가 널리 보급되기 전인 1930년대까지만 해도 미국의 대도시에는 전차가 다녔다. 사람들은 도심과 가까운 곳에 거주하면서 직장까지 걷거나 전차를 타고 다녔다. 이후 자동차가 보급되면서 사람들의 활동 반경은 도심 외곽으로 점차 넓어졌고 교외가 발달했다. 여유가 있는 사람은 넓은 공간과 자연환경을 찾아 도심 외곽으로 이동했고, 이후 남부의 흑인이 북부 대도시로 몰려들면서 백인 중류층의 교외로의 이동은 가속화되었다. 그러나 중류층 시민이 교외로 이동하는 데 맞추어 공공 교통 시설이 교외로 확장되지는 않았다. 그 대신 미국 정부는 자동차가 다닐 수 있는 도로를 증설하는 쪽으로 투자했다. 유럽 대도시의 교외 지역이 철도, 전차, 버스 등으로 비교적 도심과 잘 연결되어 있는 것과 달리 미국의 교외는 자가용 없이는 직장에 다닐 수 없다. 미국의 자동차 회사는 사람들의 자동차 구입을 촉진하기 위해 점차적으로 공공 교통 시설을 없애는 전략을 구사했다. 자동차 회사들은 전차 회사를 구입한 뒤 노선을 철거해 다시는 전차가 다니지 못하도록 했고 정부가 버스 회사에 재정 지원하는 것을 정치적으로 막았다. 사람들은 전차가 사라지고 버스 서비스는 열악하기 때문에 자가용을 구입하는 선택지만이 남은 상황에 처했다.

미국의 대중교통 시설은 유럽의 선진 산업국은 물론 개발도상국과 비교해도 크게 열악하다. 예컨대 시내버스는 노선이 제한되어 있고 운행 시간 간격이 길기 때문에 이용하기 불편하다. 시내버스 노선은 불합리할 정도로 많이 우회하도록 설계되어 있어 실용적이지 않다. 시외버스는 예약을 받지 않으며, 사람들이 많이 이동하는 시기에는 버스표를 구입했다고 해도 자리를 확보할 수 있을지 알 수 없는 불확실한 상황에서 버스를 기다려야 한다. 미국의 철도는 장거리 화물 운송을 담당하는 쪽으로 발달해 기차 여행에는 매우 불편하다. 기차 시간 간격이 길고 기차역이 시 외곽에 떨어져 있는 경우가 많으나 연결 교통편이 구비되어 있지 않아 대중화되기 어렵다. 대도시 도로 이용의 효율을 높이기 위해 대중교통 시설을 확충해야 할 필요가 큰데도 자동차 회사의 강력한 로비 때문에 대중교통 시설을 확충하기 어렵다.

미국에서 대중교통의 문제는 기업의 반대 로비는 물론 인종 문제와 얽혀 있어 해결이 쉽지 않다. 백인 중류층은 가난한 흑인이 주로 이용하는 대중교통 시설을 자신이 내는 세금으로 지원하는 것에 소극적이다. 그 결과 미국 대부분의 도시에서 대중교통, 특히 버스는 흑인 빈곤층이나 노인과 같이 자동차를 구입하거나 운전할 수 없는 사람만이 이용하는 열등한 교통수단이다. 뉴욕이나 워싱턴과 같이 지하철이 깔려 있는 일부 대도시를 제외하면 미국의 중류층 도시민의 대중교통 이용률은 사실상 제로이다. 미국인이 한국에 와서 살면 감탄하는 것이 두 가지 있다. 하나는 대도시의 대중교통이 잘 되어 있다는 점이며, 다른 하나는 다음에 소개할 의료보험이다.

미국에서 근래에 쟁점이 된 의료보험 문제 역시 소비 사유화의 단적인 예이다. 최근 오바마 대통령이 의료 개혁을 실시하기 전까지 미국인은 각자의 능력에 따라 시장에서 의료보험을 구입했다. 미국의 의료보험은 몇 개의 범주로 나뉘어져 있다. 중류층은 대체로 자신이 일하는 직장에서 단체로 의료보험을 구입하고, 65세 이상 노인과 빈곤층은 정부에서 제공하는 의료보험 혜택을 받는다. 이러한 의료보험체계에 포함되지 않는 사람이 전 국민의 17%에 달했다. 민영 보험의 경우 구입자의 재정 능력에 따라 제공되는 서비스의 질에 차이가 있다. 좋은 직장에 다니는 중상류층은 높은 보험료를 내고 보장 범위가 넓은 의료보험을 직장에서 단체로 구입하므로 의료 서비스에 대한 염려에서 비교적 자유롭다. 반면 불안정한 일자리에 종사하는 근로자는, 직장에서 의료보험을 단체로 구입해주지 않거나, 구입해준다고 해도 보장 범위가 협소한 제한된 수준의 보험만을 구입해준다. 직장을 통해 의료보험을 구입하지 못하는 사람은 보험회사에서 개인적으로 보험을 사야 하나 현실적으로 매우 어렵다. 왜냐하면 보험회사는 과거에 질병을 앓았거나 건강이 좋지 않은 사람에게는 보험을 팔지 않거나 설사 판다고 해도 높은 보험료를 부과하기 때문이다. 따라서 미국인은 직장을 잃을 경우 수입이 없어지는 것 못지않게 의료보험이 사라지는 것을 염려한다.

많은 의료보험 회사와 많은 의료 서비스를 제공하는 기관을 연결하는 일은 복잡하고 비용이 많이 소요되기에 미국의 의료공급체계는 비효율의 대명사로 일컬어진다. 미국은 국민총생산의 17%를 의료비로 지출해 유럽의 선진국이나 한국보다 5% 포인트 이상 더 지출하지만 국민의 건강 수준은 선진국 중 가장 나쁘다. 이렇게 극도로 사유화되어 있는 미국의 의료공급체계는 의료 산업에 속한 기업과 의사 단체의 강력한 로비 덕분에 비효율적이고 비윤리적이라는 비판에도 불구하고 지속되고 있다. 1930년대 대공황이 가져온 비참한 상황을 구제하기 위해 루스벨트 대통령은 유럽의 선례를 본떠 사회보장체계를 도입했다. 그러나 당시 의료 서비스만은 사회보장체계에 포함시키지 못했고, 이후 20세기 전 시기에 걸쳐 수차례의 개혁 시도가 무산되었다. 이는 모두 의료 산업계의 강력한 반대 로비 때문이다. 최근 오바마 대통령이 도입한 의료보험체계는 민영 의료보험을 기본으로 하되 정부의 재정 지원과 행정력을 동원해 모든 사람이 의료보험을 획득할 수 있도록 하는 절충안이다. 개인의 지불 능력에 따라 의료 서비스 접근에 차별이 있어서는 안 된다는 인권주의적 주장과 미국의 의료전달체계가 매우 비효율적이라는 비판에도 불구하고 오바마 대통령이 제안한 의료보험 개혁에서도 의료 서비스가 다른 선진국들처럼 공공재로 편입되지는 못했다. 미국의 의료 서비스의 사유화는 지불 능력이 있는 사람에게는 건강하게 오래 사는 삶이 보장되지만 지불 능력이 없는 사람에게는 병들고 짧은 삶만이 허락되는 결과를 낳았다. 그 결과 가난한 미국인의 건강 수준은 아프리카의 가난한 국가 사람들과 차이가 없다.

미국에서 모든 공공재의 보급이 열악한 것은 아니다. 교외의 공공 도서관이나 공원과 같이 선진국 수준을 자랑하는 공공 서비스도 있다. 교외에 공공 도서관이나 공원은 비교적 잘 갖추어진 반면 대중교통 시설은 왜 그렇게 열악할까? 공공 도서관이나 공원은 지역 주민을 위한 시설이며 접근성에 제한이 있다. 다른 동네에 사는 가난한 사람, 특히 도심에 사는 흑인은 교외에 위치한 중류층 거주 지역의 공공 도서관이나 공원에 접근하기 어렵다. 또한 공공 도서관은 출판사의 이익과 연결되어 있기에 정치적으로 기업의 지원을 받는다. 미국의 대중서 출판사는 전국에 소재한 공공 도서관에서 구입하는 서적 대금이 매출의 큰 부분을 차지하므로 공공 도서관을 키우는 것이 그들에게 이익이 된다. 반면 버스와 같은 대중교통 시설은 다른 동네에 사는 가난한 사람들도 함께 이용할 수 있다. 공공 도서관과 달리 대중교통 시설은 자동차 회사의 반대 로비가 강력하다. 중류층 지역 주민이 배타적으로 이용하는 공공 서비스는 질이 좋은 반면, 가난한 사람들도 이용할 수 있는 공공 서비스의 질은 형편없다. 지역 주민의 세금으로 운영되는 공공 서비스의 질이 주민의 빈부 차에 따라 차이가 나는 것은 지역 자치의 원칙이 강한 미국에서는 당연한 현상이다. 그럼에도 미국의 중류층을 대상으로 한 공공 서비스가 유럽의 선진국과 비교하면 양과 질 면에서 열악한 것이 사실이다.

요컨대 많은 사람이 공유해서 이용하는 공공재의 보급은 기업의 이윤 추구 목적과 어긋나기 때문에 미국 정치에서는 채택되기 어렵다. 미국의 사유재 소비 중심의 경제활동은 자원 낭비와 환경 위협이라는 부작용을 낳는다. 미국인이 서유럽인보다 훨씬 많은 소비를 하는 것은 풍부한 자연 자원에 더해 미국 기업의 적극적인 이윤 추구 행위가 만들어낸 결과이다.

4) 기업은 경험보다 상품 소비를 원한다

행복에 관한 연구에 따르면 사람들이 어느 정도 필수적인 것을 갖추었을 때 추가적으로 더 많은 물건을 소비하는 것보다는 좋은 경험을 많이 하는 것이 삶의 질을 높이는 길이다.[50] 그러나 문제는 사람들이 체험하는 좋은 경험은 시장의 영역 밖에 있으며 기업에 이익을 가져오는 방식으로 조직되기가 어렵다. 물론 기업들은 크루즈 여행이나, 멋진 관광지, 테마파크의 놀이 시설, 극장에서의 영화 관람과 같이 상업화된 서비스로 사람들을 유도하려 한다. 미국에서는 자신이 직접 운동을 하기보다는 상업화된 방식으로 운영되는 경기를 시청하는 쪽으로 스포츠가 발달했다. 그러나 보통 사람의 삶에서 여가란 상업화된 경로로 소비되기보다 자신에게 의미 있는 주관적인 경험과 사람들 사이의 관계 속에서 더 자주 즐거움을 느끼는 것이다.

영화나 공연과 같은 엔터테인먼트 산업은 사람들에게 좋은 경험을 파는 산업으로 사람들의 소득이 높아지면 함께 번성한다. 그러나 각 개인의 주관적인 경험은 기업이 상업화하려고 해도 본질적으로 제한이 있다. 어떤 사람에게는 좋은 경험이 다른 사람에게는 덜 좋은 경험일 수 있다. 경험의 주관적 가치는 사람에 따라 편차가 크기 때문이다. 기업은 주관적인 경험의 경우에도 상품과 서비스를 소비함으로써 즐거움을 누릴 수 있다고 설득하지만, 소비자의 관점에서 볼 때 좋은 경험이 목적이지 상품의 소비가 목적이 아니므로 그들을 설득하는 데 한계가 있을 수밖에 없다. 좋은 경험은 상품의 소비보다는 의미 있는 관계 속에서, 혹은 자신의 몸과 마음을 투입한 활동 속에서 거두는 경우가 많다. 예컨대 TV 시청과 쇼핑 이외에 미국 중류층 사람들의 대표적인 여가 활동인 공원 산책이나 정원 가꾸기는 기업에 큰 이익을 가져오기 힘든 활동이다. 가족이나 가까운 친구와 만나 식사하고 대화하면서 시간을 보내는 것 역시 개인에게는 좋은 경험이지만 기업에 큰 이익을 가져오기 어렵다.

기업은 상품 판매를 통해 거두는 수익이 여가의 경험을 상업화해 거두는 수익보다 더 크기 때문에 상품의 소비 쪽에 삶의 중심을 두도록 소비자를 설득한다. 여가와 취미 활동을 멀리하고 많은 상품을 소비하도록 설득하는 기업의 전략은 대부분의 미국인에게 잘 통한다. 많은 미국인은 TV를 시청하지 않는 여가 시간에 쇼핑몰에서 그리 필요하지 않은 물건을 쇼핑을 하는 데 시간과 에너지를 쓴다. 소비를 주요 내용으로 하는 여가 활동은 여가 시간, 즉 노동하지 않는 시간을 줄이는 결과를 초래한다. 이러한 삶의 양식은 어렸을 때부터 TV를 통해, 대중문화를 통해, 부모와 동년배의 소비생활을 모방하면서 익숙해진다. 이는 대부분의 미국인이 항시 많이 소비하고 빚을 통해 살아가는 습관을 길러내며 이러한 삶의 방식은 외적으로 주어진, 본인의 의지로 쉽게 벗어나기 힘든 악순환으로서 미국인에게 다른 선택지가 없는 자연스러운 삶의 모습으로 인식된다.[51]

|제4장|

안정된 가족은 중류층의 특권으로 변하고 있다

Change of The American Society

개인주의가 지배하는 미국 사회에서 가족은 사람들의 삶에서 가장 소중한 부분이다. 미국의 대중문화에서 인생의 가장 행복한 때는 아이들과 부부가 함께하는 모습으로 그려진다. 가족생활이 원만하지 않으면 삶의 다른 부분 또한 잘 풀리지 않는 것을 흔히 본다. 그러나 미국인의 가족생활은 계층에 따라 질이 다르다. 중상류층은 대부분 원만한 가족생활을 누린다. 반면 중하층 이하의 사람은 가족생활에 굴곡이 있는 사람이 많으며 가족 문제가 삶을 더욱 힘들게 만든다. 현재 미국 사회에서 부부와 자녀가 함께 사는 원만한 가족생활은 중류층 이상에게나 가능한 특권으로 보인다. 가족은 미국인의 삶에서 매우 중요하지만 20세기 후반에 크게 변하고 있다. 어떻게 변하고 있는지, 왜 변하는지, 가족생활의 변화는 미국인의 삶 전반에 어떠한 영향을 미치는지 살펴본다.

1. 핵가족은 미국인의 삶의 이상형이다

미국에서 지난 수십 년간 전개된 가족의 변화에 관해 언급하기에 앞서 사람들이 가족에 관해 가지고 있는 '이상적인 과거'에 대한 잘못된 인식부터 깰 필요가 있다.[1] 부부와 자식이 함께 사는 핵가족은 과거 미국인이 가장 바라는 생활이었다. 그러나 20세기 초반까지 이러한 이상형에 맞는 생활을 한 사람은 그리 많지 않다. 이러한 이상적인 가족생활을 할 수 있는 사람은 중상류층에 한정되었다.

20세기 초반까지 미국인의 결혼은 경제 사정에 따라 차이가 있었다. 결혼하려면 부부가 독립적으로 가구를 꾸려갈 경제적 자원이 필요하다. 농촌의 자영농은 부모가 은퇴에 임박해 집과 농토를 물려줄 때까지, 도시의 노동자는 독립된 가계를 꾸릴 돈을 모을 때까지 결혼을 미루고 기다렸다. 물론 결혼을 미루고 기다렸다고 해서 성적인 관계까지 미루었던 것은 아니다. 중하층 사람 중 적지 않은 수는 결혼하지 못하고 일생 혼자 살거나, 결혼을 한다고 해도 늦게 하거나, 부부가 떨어져 살거나, 가족을 부양하기 힘들 경우 남편은 가족을 버리고 떠났다. 중하층은 가족 이외의 다른 사람, 예컨대 성인 형제나 조카 등 친척과 함께 살거나, 하숙을 치거나, 일하는 사람과 함께 생활하는 경우가 흔했다.

19세기 후반 의료 기술이 발달해 사망률이 줄고 전반적으로 생활수준이 향상될 때까지 미국인의 가족생활은 현재와 다른 모습이었다. 평균수명이 40대 중반이었으므로 조부모가 함께 사는 가정은 드물었다. 일을 하다 사고로 죽는 경우가 많았다. 남편이 일찍 사망하면 아이와 함께 홀로 남겨진 부인은 자식들을 뿔뿔이 나누어 남의 집에 보내고 자신은 일부 자녀와 함께 성인 형제 가족에 얹혀서 사는 경우가 많았다. 여자는 일생 동안 5~7명의 아이를 낳는데 출산 중에 사망하는 경우가 많았다. 아내가 일찍 죽으면 남편은 재혼을 하는 것이 일반적이었다. 자녀가 성인이 되는 것을 보지 못하고 죽는 부모가 대부분이었지만 드물게 오래 사는 경우 대체로 결혼한 성인 자녀의 집에서 함께 살았다. 자녀를 여럿 낳아도 그중 절반은 다섯 살이 되기 전에 죽었고, 성인이 되기 전에 질병 혹은 사고로 죽는 경우가 많았다. 열 살이 지나 노동을 할 수 있는 나이가 되면 부모와 함께 일을 하거나 부모의 곁을 떠나 남의 집에서 도제살이를 하며 이후 생계를 스스로 꾸리는 것이 일반적이었다. 불의의 사고로 자식을 잃을 가능성이 높았던 시절에 부모는 자식에 대한 감정적 애착이 지금처럼 강하지 않았다. 질병으로 사람이 쉬 죽고 먹고살기 힘든 시절에 부부가 자식들과 함께 행복한 가정생활을 영위한다는 것은 보통 사람으로는 도달하기 힘든 목표였다. 20세기 초반까지 핵가족은 이상적인 삶이었지만 다수의 미국인이 실제 생활하는 모습과 부합하지는 않았다.

20세기 들어 핵가족의 이상형은 다수의 중류층 사람이 실현할 수 있는 목표가 되었다. 19세기 후반에 위생과 의료 기술의 발달로 자녀가 일찍 죽을 위험이 낮아지면서 사람들은 출산하는 자녀 수를 줄이기 시작했다. 1930년대 대공황 시기에 여성이 일생 동안 낳는 자녀 수는 2.2명까지 떨어졌다.[2] 부부가 독립적으로 생계를 꾸릴 수 있는 경제적 능력이 확대되면서 결혼하여 부부가 함께 사는 가족이 증가한 반면, 부부와 자녀 이외에 타인이 한집에서 같이 사는 경우는 20세기에 들어 급속하게 사라졌다. 일하다 혹은 출산하다 죽는 경우가 줄면서 결혼 생활이 불의의 사고로 중단되는 경우 또한 크게 감소했다. 남편이 가족을 부양하기 어려워 가족을 등지거나 부부가 떨어져 살아야 하는 사례도 줄었다. 인간의 힘으로 통제하기 힘든 요인 때문에 가족이 파괴되는 사례가 줄면서 삶의 안정성은 크게 높아졌다.[3] 사람들이 오래 살고 적은 수의 자녀만 낳으면서 자녀가 성인이 되어 부모의 곁을 떠난 후에 부부만 사는 '빈 둥지 가족'이 20세기 중반에 새로이 출현했다. 경제적으로 여유가 생기고 의무교육이 확대되면서 자녀들은 아동에서 성인이 되기까지 중간 기간을 부모의 보호하에 '청소년'이라는 새로운 인생의 단계에서 지내게 되었다. 요즈음 주위에서 흔히 보는 핵가족, 즉 부모와 자녀가 함께 사는 가족이 보통 사람의 전형적인 생활로 자리 잡은 것이다.

20세기에 들어 핵가족의 이상형은 많은 사람에게 실현 가능해졌다. 그러나 20세기 전체로 보면 전통적인 핵가족 규범에서 멀어지는 장기적 변화가 진행되었다. 초혼 연령이 늦어지고, 혼인율이 낮아지고, 혼자 사는 사람이 늘어나고, 적은 수의 자녀를 낳고, 이혼율이 늘어나고, 기혼 여성의 취업이 늘어나는 경향은 20세기 초반부터 시작해 100년이 지난 현재까지도 계속되고 있다.[4] 이러한 장기적인 변화에서 예외적인 기간은 1946~1962년까지 베이비붐이라 부르는 특이한 시기이다. 이 짧은 시기에는 그 이전이나 그 이후와는 다른 가족생활이 전개되었다. 이 시기에 미국의 남녀는 더 많은 사람이 이른 나이에 결혼하고, 자녀를 많이 낳았으며, 적게 이혼하고, 혼자 사는 사람이 적었다. 이 시기는 흔히 미국인이 '좋았던 옛날'로 기억하는 시기이다. 아내는 잘 꾸며진 교외의 집에서 자녀 양육과 가사에 전념하는 반면, 남편은 도심에 있는 직장에 자가용으로 출근해서 돈을 벌어오는 식의 부부간 역할 분리가 중류층의 규범으로 자리 잡았다.

20세기 중반 짧은 기간에 그때까지 진행되던 변화의 흐름을 거슬러 전통적인 핵가족 규범이 강화된 이유로 제2차 대전 후 도래한 경제적 풍요가 지목된다. 경제적으로 풍요로워지고 미래에 대해 낙관적인 태도가 지배하면서 이른 나이에 결혼하고 자녀를 많이 낳았다. 남편의 수입만으로 중류층 생활이 가능하므로 아내는 밖에서 돈 버는 것에 신경 쓰지 않고 집에서 자녀 양육과 가사에만 전념할 수 있었다. 물론 이렇게 좋았던 시절은 백인에게만 해당될 뿐 흑인은 이 시기라고 해서 예외적으로 좋지는 않다.

2. 여성의 지위 향상이 가족의 변화를 이끌다

미국 가족의 변화는 베이비붐 시기에 잠시 멈칫했으나 1970년대 이후 계속

되었다. 늦게 결혼하고, 덜 결혼하며, 자녀를 덜 낳고, 더 많이 이혼하고, 혼자 사는 사람이 늘어나는 것은 21세기에 들어와서도 계속 진행 중이다. 이에 더해 20세기 후반에 나타난 새로운 변화로, 혼전 성관계가 자유로워지고, 어머니와 자녀만으로 구성된 모자 가족이 증가하고, 이혼과 재혼으로 어머니나 아버지가 다른 자녀들이 한집에서 함께 사는 가족과, 결혼하지 않고 동거하는 커플이 크게 늘었다. 최근 통계를 보면 남성이 최초로 결혼하는 연령은 28세까지 늦어졌으며 여성은 26세를 넘어섰다. 이는 1960년대에 여성의 초혼 연령이 20세 아래로 떨어졌던 것과 대조된다. 2015년 미국 여성은 일생 동안 평균 1.87명의 아이를 출산하는 것으로 나타나 근래에 급격한 출산율 하락을 보인다. 1980년대 초반에 이혼율은 최고도에 달해 평균 50%의 이혼 확률에 도달한 뒤 이후 약간 줄기는 했지만 지금까지 그 수준에 머물고 있다. 근래 들어 특징적인 현상은 결혼 이전에 동거하는 관행이 급속도로 확대되고 있다는 점이다. 현재 미국인 남녀 15~44세의 절반은 첫 결혼을 하기 전에 동거를 하는데 이 비율은 10년 전에 비해 3분의 1 이상 증가한 수치이다.[5]

20세기 후반의 변화에서 또 다른 특기할 점은 1970년대 이래 모자 가족이 급속히 늘어난 것이다. 결혼하지 않고 자녀를 낳아 혼자 키우는 여성은 과거에는 자주 볼 수 없었으나 근래 들어 백인 가정을 보여주는 TV 드라마에서도 흔히 등장한다. 20세기 중반까지만 해도 여성이 임신을 하면 아이의 아버지가 될 사람과 서둘러 결혼하는 관습이 지배했다. 현재 미국에서 전체 아동 중 3분의 1은 부모 중 한쪽이 없는 가정에서 생활한다. 흑인 중에는 모자 가족이 3분의 2에 달할 정도로 다수를 차지하며 백인 중에서도 모자 가족은 중하층을 중심으로 증가하고 있다.

전통적인 핵가족 규범과 달리 요즈음 미국인 가족은 다양한 모습을 띤다. 부모와 자식이 함께 사는 이상적인 가족은 전체 가구의 4분의 1에 지나지 않는다. 자식은 없거나 떠나고 부부만 사는 가구까지 포함해도 전체의 절반밖에

표 4-1 **가구 유형에 따른 분포(1940~2010)**

가구 유형	1940	1960	1980	2000	2010
가족 가구	**90.0**	**85.1**	**73.7**	**68.1**	**66.4**
자녀와 함께 사는 부부 가구	42.9	44.1	30.7	23.5	20.2
자녀가 없는 부부 가구	33.4	30.5	30.2	28.1	28.2
모자·부자 가구	4.3	4.1	7.2	9.2	9.6
기타 가족 가구	9.4	6.2	5.6	7.1	8.5
비가족 가구	**10.0**	**15.1**	**26.4**	**31.9**	**33.6**
단독 가구	7.8	13.4	22.6	25.8	26.7
기타 비가족 가구	2.2	1.7	3.8	6.1	6.8
합계	100.0	100.0	100.0	100.0	100.0

주: 자녀와 부모가 함께 사는 부부 가구는 계속 감소하여 전체의 5분의 1에 불과한 반면, 단독 가구는 꾸준히 늘어 전체의 4분의 1을 넘어섰다.
자료: US Census Bureau, "Decennial census 1940~2010."

안 된다. 나머지 절반은 홀로 사는 가구이거나 혹은 어머니나 아버지 중 한쪽과 자식이 사는 가구이다. 1인 가구의 비율이 지속적으로 증가하고 있다. 1인 가구는 노인이 홀로 사는 경우와 젊은이가 결혼하지 않고 사는 경우로 나뉜다. 인구 고령화에 따라 노인이 홀로 사는 가구가 계속 늘고 있지만 젊은이가 결혼하지 않고 혼자 사는 가구가 노인 단독 가구보다 많으며 더 빠르게 증가하고 있다.

20세기 후반에 가족의 형태가 다양해진 것이 반드시 전통적인 핵가족 규범이 허물어졌기 때문은 아니다. 가족생활을 중시하고 핵가족을 선호하는 성향은 여전하다. 그러나 인구구조가 바뀌고 가족생활을 둘러싼 사회 환경이 변화하면서 가족의 형태는 다양해질 수밖에 없다. 20세기 중반의 베이비붐 시기를 예외로 한다면 근래 미국인의 가족에 대한 규범은 100년 전과 유사하다. 그러나 사람들이 오래 살고 자녀를 덜 낳는 경향이 오랜 기간 축적되면서 가족의 형태가 다양해진 것이다. 자녀를 덜 낳고 사람들이 오래 살게 되면, 자녀가 성장한 후에도 부부만 살거나, 혹은 남편을 여의고 아내만 홀로 사는 가구가 늘게 된다. 초혼 연령이 늦어진 것은 요즈음 젊은이가 결혼을 늦게 하고 싶어 하기 때문이 아니라, 교육 기간이 늘고 취업이 늦어지면서 경제적으로 독립하는 시기가 늦게 찾아오기 때문이다. 홀로된 노인이나, 혼자 사는 젊은이, 어머니와 자녀만 사는 모자가족은 과거라면 친척 집에 얹혀살거나 성인 자녀와 함께 살았겠지만 지금은 단독으로 가구를 꾸리며 산다. 과거에는 경제적인 필요나 배우자의 사망 등 본인이 통제하기 힘든 요인 때문에 함께 살아야 했던 사람들이 이제는 자신의 선택에 따라 단독으로 가구를 형성해서 살 수 있게 된 것이다. 그 결과 과거에는 좁은 집에서 가족과 친족을 포함해 많은 사람이 함께 살아야 했던 번잡한 가족생활이, 이제는 한 가구에 1~4명의 직계가족만이 함께 사는 조용한 가족생활로 탈바꿈했다.

결혼 이전에 성관계를 갖고 동거하는 젊은이가 늘고 있지만 이들 역시 결혼이라는 제도적 장치 속에서 함께 사는 것을 더 선호한다. 성 해방 운동의 결과 성과 결혼이 분리되고 고등학교 졸업 후 부모와 떨어져 사는 경향이 높아지면서 혼전 성관계와 동거가 늘었다. 그러나 동거하는 기간은 상대적으로 짧으며 궁극적으로 결혼 생활로 정착하기를 기대한다. 이혼이 증가했지만 재혼 또한 함께 증가한 것에서 볼 수 있듯이 결혼 생활에 대한 긍정적인 태도는 변함이 없다. 부모와 자녀가 함께 사는 전통적인 형태의 가족은 줄었음에도 가족에 대한 집착이나 가족생활의 만족도는 변함이 없다. 남녀가 결혼해서 애를 낳고 함께 사는 전통적인 가족과는 다른 형태의 삶, 즉 혼자 살거나, 동거하거나, 미혼모 가족이 더 낫다고 생각하는 사람은 드물다. 핵가족이 최고의 가족생활이라는 생각은 여전히 미국인의 사고를 지배한다.

그러나 어떤 대가를 치루더라도 배우자를 만나 결혼하고 아이를 낳는 삶을 반드시 이루어야 한다는 가치관의 설득력은 약화되었다. 아이를 낳지 않고 사는 부부의 생활이 아이가 있는 가정보다 못하다는 생각 역시 많이 불식되었고, 행복하지 않은 결혼 생활을 지속하는 것보다는 이혼하여 대안을 찾는 것이 낫다는 생각이 지배적이다. 한 걸음 더 나아가, 혼자 사는 것도 괜찮다는 생각, 결혼하지 않고 함께 사는 형태, 결혼하지 않고 아이와 사는 것도 괜찮다는 생각 등이 상황에 따라 설득력을 더하고 있다.

이러한 가족 변화의 중심에는 여성의 지위 향상이 자리 잡고 있다. 전통 가족에서 여성은 가족에 매몰된 삶을 살아야 했던 반면, 남성은 가부장제도 속에서 특권을 누리는 존재였다. 여성은 배우자를 잘 만나야 행복하다는 말은 거꾸로 말하면 배우자에 의해 자신의 삶이 결정되는 수동적인 존재라는 의미이다. 여성이 가족이라는 틀 속에서 배우자에 의존하는 지위로부터 탈피하고자 하는 것이 지난 100년간 전개된 가족 변화의 결정적인 원인이다. 20세기 후반 미국 사회에서 여성의 지위 향상과 가족의 변화는 동시에 전개되었다.

여성의 지위 향상을 초래한 원인은 다른 장에서 상세히 검토한다. 여성의 교육 수준 향상, 여성의 취업 확대, 피임 기술의 보급, 서비스 경제의 도래, 물질적인 풍요 등이 여성의 지위를 향상시킨 요인이다. 여성의 지위가 향상되면서 여성들은 자신에게 불리한 조건의 결혼으로 서둘러 진입하지 않고, 자녀를 덜 낳으며, 불행한 결혼 생활에 대한 대안으로 이혼을 선택할 수 있게 되었다. 일반적으로 부부의 결혼 생활에 대해 남편은 아내보다 더 만족한다. 양육과 가사의 대부분을 담당하고 경제적으로 의존적인 위치에 있는 여성에 비해 집안일을 덜하면서 가부장적인 특권을 누리는 남성이 가정생활에 더 만족하는 것은 당연하다. 전통적인 가족에 내재하는 불평등한 관계가 여성의 지위 향상으로 흔들리면서 전통적인 가족은 변화하게 된 것이다. 남녀 모두 가족생활의 소중함에 대한 믿음은 변함이 없지만 과거의 가부장적인 가족 규범은 남녀 간에 동등한 지위를 요구하는 여성의 압력으로 변화하고 있다.

3. 중류층 '동반자 가족'의 출현

여성의 독립적인 경제력이 높아지면서 가족은 경제적인 결합에서 정서적인 결합으로 변하고 있다. 과거에 결혼은 여성에게는 생존을 위해 필수적인 것이며 남성에게도 여성의 가사 노동은 경제적으로 필요했다. 여성은 결혼 생활을 벗어나서 독립적으로 살아가는 것이 경제적으로 어려웠으므로 배우자를 좋아하는가 여부에 관계없이 결혼하고 가정생활을 이어갔다. 남성 또한 결혼하면 아내가 제공하는 가사 노동을 통해 물질적으로 좀 더 나은 삶을 살 수 있고 자식을 낳아 자신의 노후를 돌볼 수단을 얻기 때문에, 배우자를 좋아하는지 여부에 관계없이 결혼 생활을 이어갔다. 감정적인 애착을 전제로 한 결혼 생활이라는 이상형은 대중문화의 단골 소재이며 미국인이라면 모두 꿈꾸지만 가족의 현실 생활과 부합하지는 않았다.

근래에 들어 가족의 경제적인 효용은 많이 줄었다. 남녀가 함께 살면 각자 따로 살 때보다 비용을 절약할 수 있고 물질적인 삶의 질은 높아진다. 그러나 여성의 취업이 늘고 전반적으로 경제 사정이 나아지면서 반드시 함께 살지 않아도 경제적으로 독립생활이 가능해졌다. 가족이 제공하던 서비스를 이제는 시장에서 구입할 수 있게 되면서 가족생활의 물질적인 중요성은 감소했다. 결혼하지 않고 혼자 살면, 결혼해 함께 사는 것보다 삶의 질이 떨어지고 비용은 더 들지만 이제 의식주를 모두 시장에서 해결하는 것이 가능하기에 일을 하며 생계비를 조달하는 한 결혼하지 않고도 그럭저럭 생활할 수 있게 되었다.

가족생활의 물질적 중요성은 감소한 반면 정서적인 측면은 여전히 중요하다. 사람들은 가족생활을 통해 성적 욕구를 포함해 정서적인 만족을 기대하는데 이것이 제대로 충족되지 못할 때 굳이 가족 관계를 지속해야 할 필요성을 느끼지 못한다. 과거 서로 전인적인 관계를 추구하던 공동체 사회에서 현대의 단편적이며 도구적인 관계로 사회가 이전하면서, 사람들은 가족 밖에서 정서적인 만족을 느낄 수 있는 기회가 줄었다. 반면 가족은 예나 지금이나 전인적이며 정서적인 관계를 중시한다. 이제 사람들은 가족에게서 정서적 친밀을 반드시 기대하며 이러한 기대가 어긋나면 가족 관계를 끝내는 것을 주저하지 않는다.

남녀 간의 역할이 유사해지고 지위가 비교적 동등해지면서 부부간의 관계가 정서적으로 친밀한 '동반자 관계'로 변하고 있다. 남녀가 모두 밖에서 일을 하는 경우 남성과 여성 간 생활 세계의 격차는 좁혀지고, 밖에서 겪는 스트레스를 가족생활을 통해 위안받고 서로 삶의 조언을 구하는 관계로 변한다. 과거와 같이 남성이 밖에서 일하고 여성은 집에서 자녀 양육과 가사를 전담하는 식으로 완전히 분리된 영역에서 생활할 때와는 비교할 수 없을 정도로 결혼한 남녀 간의 관계는 유사한 관심을 지향하게 된다. 남편과 아내 모두 한편으로는 밖에서 자신의 일에 대한 경력을 관리하면서, 가정에 돌아와서는 서로 대등하게 정서적 친밀을 추구하는 친구가 되는 '동반자 관계'를 형성하는 것이다.

현재 미국에서 부부 모두 대학교를 졸업한 중상류층은 부부간에 대등한 관계를 추구하는 경향이 강하다. 이들 고학력 가족은 남편이 가사와 양육 분담을 늘리는 한편, 아내는 직업 경력에 헌신이 높아지면서 집 안과 밖에서 남편과 아내 모두 유사한 역할을 수행하는 쪽으로 이동하고 있다. 1990년대까지만 해도 기혼 여성의 경제활동은 늘어나는 반면 남편의 가사와 양육 참여는 거의 늘지 않던 것이, 근래에 들어 고등 교육을 받은 중상류층을 중심으로 맞벌이 가정 남편의 가사와 양육 참여가 꾸준히 늘고 있다. 교육 수준이 낮은 중하층 가족은 여전히 가부장적 가치관이 지배하며 남성의 가사와 양육 참여가 저조하기 때문에 이것이 맞벌이 가족의 부부 관계에 긴장을 높이는 요인으로 작용한다. 이렇게 부부간 역할 분담에서 계층 간 차이가 벌어지는 경향은 가족 관계의 안정도에서도 계층 간 차이를 만든다. 중상류층의 결혼은 안정적인 반면 중하층의 결혼은 깨지기 쉽다.

대학교 이상의 교육을 받은 사람은 남성이건 여성이건 자녀가 어렸을 때부터 자녀의 성장과 교육에 많은 관심을 기울인다.[6] 교육 수준에 따라 부부 관계와 자녀 양육 방식에 차이가 나는 것은 다음 세대의 사회적 성공과 가족의 안정으로 대물림 된다. 아버지가 자녀의 양육에 많이 참여하고 안정적인 가정에서 자란 아이가 사회적으로 성공할 가능성이 높고 결혼해서도 안정적인 가정을 꾸릴 가능성이 크기 때문이다.

4. 경제 환경의 변화에 적응하기

1) 안정된 가족은 중류층의 특권으로 변하고 있다

미국인은 대부분 가족에게서 정서적 만족을 찾는다. 친구나 직장 동료와의 관계는 피상적인 수준에 머무른다. 그러나 가족에 대한 이러한 기대는 모순적인 현실에 부딪혀 가족의 안정을 해치는 결과를 초래한다. 두 가지 요인이 모순적인 상황을 낳는다. 첫째는 개인주의적 태도이다. 개인주의적 태도란 개인을 삶의 중심에 놓고 개인 각자의 삶에 의미 있는지에 따라 선택을 하며 살아가는 방식이다. 가족생활이 자신에게 어떤 만족을 주고 어떤 의미가 있을지를 생각하며 선택하는 것은 관계를 불안정하게 할 위험이 있다.

독일의 사회학자 울리히 벡Ulrich Beck은 서구 사회의 사람들이 점점 더 개인화되고 있다고 주장한다.[7] 사람들의 삶에서 집단과의 연결은 약해지고 개인주의적 태도가 높아지는 것이다. 개인주의적 태도가 높아지면 부부 상호 간의 차이를 조정하는 일은 어려워진다. 일단 결혼하면 어떤 일이 있건 가족 관계를 지키며 참아낸다는 과거의 방식은 부부 각자 자신의 삶에 도움이 되는지 여부에 따라 가족 관계를 지속할지를 결정하는 방식으로 바뀌었다. 근래에 미국인은 가족 관계에서 적극적으로 만족을 추구한다. 그 결과 과거의 전통적 가족보다 부부간 관계의 만족도는 더 커졌을지 모르나 관계가 불만족할 경우 관계를 끝내는 것도 용이해졌다.

둘째는 경제 환경의 변화이다. 미국 경제는 1980년대 대규모 구조조정을 겪으면서 노동시장이 불안정해졌다. 중하층 사람들은 이러한 노동시장의 변화로 생활이 어려워졌다. 경제생활이 불안정해지면 그로 인한 스트레스는 가족 관계의 스트레스로 전이된다. 1960년대에는 교육 수준이 낮은 사람이 더 많이 결혼한 반면, 1990년대 이후에는 교육 수준이 높은 사람이 더 많이 결혼한다. 근래에 교육 수준이 낮은 사람은 일자리 사정이 악화되면서 결혼하기 어려워졌다. 결혼을 한 경우에도 계층에 따라 관계의 안정도에 차이를 보인다. 중하층은 가부장제도와 가족의 가치를 중시하는 보수적인 가족관을 가지고 있으나 경제적인 어려움 때문에 이를 실현할 수 없기에 결혼 생활이 불안정하다. 반면 중상층은 개인주의적이고 평등한 결혼관을 가지고 있기에 오히려 안정적인 결혼 생활을 누린다. 지난 수십 년간 혼인율과 결혼 생활의 안정도에서 계층 간에 차이가 크게 벌어졌다.

일자리가 불안정해지면 남편과 아내 사이에 외부의 경제활동을 조정하는데 어려움을 겪는다. 남편 혼자만 경제활동을 할 경우 아내는 경제적으로 종속되므로 가족의 안정성은 오히려 더 크다. 반면 부부 모두 독립적으로 밖에서 일을 하게 되면 남성만이 바깥에서 일을 할 때보다 가족 밖의 상황 변화에 의해 가족생활이 영향을 받을 가능성은 더 커진다. 남성과 여성 모두 자신의 일과 가족생활을 동시에 조정해야 하므로 조정이 복잡해진다. 기혼 여성의 경제활동이 높아진 것은 경제 상황이 좋지 않을 때 양날의 칼로 작용한다. 여성이 경제활동에서 벌어오는 수입이 한편으로는 가족의 경제적 충격을 완화하는 완충 역할을 하지만, 다른 한편으로는 부부간에 조정을 어렵게 하고 긴장을 초래하는 요인이 된다. 근래에 중하층의 경제 환경이 악화되면서 가족 관계는 불안해졌다. 중하층에게 안정된 직장이라는 것은 이제 존재하지 않으며 부부 모두 불안정한 일자리나마 열심히 벌어야만 생활할 수 있다. 중하층 사람들에게 서로 장기간의 헌신을 약속한 결혼은 과거보다 더 만들기 힘들고 만든다고 해도 깨지기 쉽다.

그 결과 남녀가 결혼하여 함께 살면서 자녀를 기르는 이상적인 형태의 핵가족은 경제적인 능력이 있는 중류층 이상의 사람들에게만 가능해지고 있다. 중하층 사람들은 경제생활이 불안정하므로 안정된 가족을 유지하기 어렵다. 중하층의 일자리는 불안정하므로 안정적인 가정을 꾸리고 싶어도 수시로 경제적 위협에 시달리며, 질병이나 실업과 같은 위기 상황이 닥쳐 결혼 생활이 파탄나기 쉽다. 결혼하지 않고 미혼인 상태로 아이를 낳아 기르거나, 결혼해 아이를 낳는다고 해도 외부의 경제적 충격으로 인해 부부 관계를 단절하고 자녀와 어머니(혹은 아버지)만 사는 경우가 많다. 이는 미국 정부의 모자가정에 대한 복지 지원과 전반적인 물질적 풍요 덕분에 과거와 달리 어머니와 자녀만으로 생활하는 것이 가능해졌기 때문이다. 미국의 전체 가구 중 다섯에 하나 꼴로 어머니와 자녀만이 사는 모자가구이며 대부분 중하층에 몰려 있다.[8]

현재 미국 젊은이의 절반은 결혼 전에 동거를 경험한다. 동거는 결혼보다 만들기 쉽고 끝내기도 쉽기에 외부 환경 변화에 기민하게 대응할 수 있다. 남자와 여자 모두 개인주의적이고 외부 활동이 불안정할수록 둘 사이에 영속적인 헌신을 요구하는 결혼보다는 가변적인 관계인 동거가 더 합리적이다. 혼전 성관계에 대한 사회적인 금기가 해제되면서 동거가 늘었다. 아이를 낳기 전까지는 언제든 큰 희생 없이 관계를 끝낼 수 있다는 점에서 동거는 편리한 대안이다. 동거하는 커플이 늘고 있지만 동거가 혼인과 대등한 가치를 갖는 것은 결코 아니다. 교육 수준이 높은 사람보다는 낮은 사람이, 백인보다는 유색인이 동거를 더 많이 한다. 이는 그들이 백인보다 사회경제적으로 더 어렵기 때문이다.

좋아하는 사람과 좋아하는 동안 선택적으로 관계를 맺는 동거는 여성이 남성보다 더 선호한다. 가족은 삶의 안정을 높여주는 제도적 장치이지만 가족 속에서 여성과 남성의 혜택이 다르게 배분되는 한, 여성은 남성보다 가족 형성에 훨씬 더 신중하게 접근한다. 여성에게 경제적 독립의 기회가 확대되는 만큼 더 그러하다. 가부장제도는 과거에 가족의 안정성을 높이는 것이었지만 요즈음은 남녀 간 권력 차이가 여성에게 가족 관계의 매력을 낮추는 요인이다. 동거에서는 여성이 관계에 구속되는 정도가 결혼보다 약하고 동거하는 관계에서 남녀 간 권력의 불균형은 결혼 관계보다 훨씬 덜하다. 동거 커플은 남녀 모두 자신의 경제활동을 독립적으로 유지하며 동등하게 가사를 분담한다. 동거 관계의 구속력은 약하다. 3년 이상 동거하는 커플은 많지 않고 동거하는 상대와 결혼하지 않는 경우가 결혼하는 경우보다 더 많다. 동거 커플은 자녀를 낳지 않는 경우가 대부분이므로 관계의 불안정이 자녀에게까지 영향을 미치지는 않는다. 감정적으로 친밀한 사람과 친밀한 동안만 함께 사는 삶의 형태는 개인주의적 가치관과 남녀평등의 가치관이 결합된 결과이므로 앞으로도 꾸준히 늘어날 것이다. 결혼한 경우에도 절반 가까이 이혼으로 끝나는 현실을 감안한다면 동거와 결혼은 관계의 안정에서 정도의 차이가 있을 뿐 근본적으로 다르지 않다.

요컨대 남성과 여성 간의 친밀한 관계가 과거에는 결혼과 가족이라는 틀만으로 한정되었다면 현재 미국 사회에서는 전통적인 가족의 틀을 벗어난 동거나 단독 가구, 모자 가구 등의 형태로 다양해지고 있다. 핵가족을 이상적으로 생각하는 규범은 여전하며, 자녀 양육에 가장 좋은 환경은 부부가 자녀와 함께 사는 가족이라는 사실은 변함이 없다. 그러나 이러한 이상적인 가족 형태는 중류층 이상의 특권으로 변하고 있다. 부부와 자녀가 함께 사는 핵가족의 소득이 가장 높은 반면 모자 가구가 소득분포에서 가장 바닥을 차지한다는 사실은 어떤 가족 형태에서 사는가가 사회경제적 지위와 불가분의 관계임을 말해준다.

2) 맞벌이는 선택이 아니다

미국에서 남편과 아내 모두 밖에서 일을 하는 맞벌이는 이제 보편적 추세이다. 최하층이나 상류층을 제외하면 30~40대의 기혼 여성은 대부분 어떤 방식으로든 돈이 되는 경제활동에 종사한다. 기혼 여성의 소득은 두 가지 측면에서 중요한 역할을 한다. 중하층의 경우 아내의 소득은 이들 가족의 생활을 중류층 수준으로 유지하는 데 필수적인 요건이다. 1970년대 초반까지만 해도 대부분의 백인 가정에서는 남편이 벌어오는 소득만으로 중류층의 생활을 누릴 수 있었다. 그러나 1980년대 이후 남성 근로자의 고용이 불안정해지고 임금이 정체하면서 많은 가정에서 남편의 수입만으로는 중류층 생활을 유지하기 힘들다. 여성의 근로시간은 남성보다 짧으며 여성의 임금은 남성의 77%에 불과하지만 이들이 밖에서 일해 벌어오는 돈은 보조적인 역할을 넘어 가족경제에 핵심적인 위치를 차지하게 되었다.

대다수 중류층 기혼 여성이 밖에서 일하게 되면서 과거 기혼 여성이 밖에서 일하는 경우 감내해야 했던 부정적인 이미지는 불식되었다. 1970년대까지만 해도 기혼 여성이 밖에서 일하면 남편이 제대로 가정을 부양하지 못하는 것으로 인식될 위험이 있었다. 중류층 여성은 학교를 졸업하고 결혼할 때까지 잠시 동안만 일을 하고 결혼하면 직장을 그만두었다. 초등학교 교사와 같은 소수 전문직을 예외로 한다면 가난한 가정의 여성만이 결혼하고도 일하는 것으로 여겼다. 가정에 어린 자녀가 있을 경우 어머니가 밖에서 일하면서 자녀 양육을 소홀히 하는 것은 자녀의 성장에 해를 끼치고 중류층의 고상한 문화에 위배되는 것으로 금기시되었다. 그러나 1980년대 이래 어린 자녀를 둔 기혼 여성이 경제활동에 참여하는 비율은 급속히 높아졌다. 근래에 대부분의 중류층 여성은 자녀를 출산하고도 직장을 그만두지 않는다. 가족의 전형적인 모습이 전업주부 모델에서 맞벌이 가정 모델로 완전히 바뀐 것이다. 이제 밖에서 일을 하지 않는 기혼 여성은 주위 사람에게 왜 자신이 일을 하지 않는지를 설명하면서 자신의 입장을 방어해야 한다.[9] 불과 30여 년 만에 중류층 기혼 여성의 취업과 관련된 규범이 백팔십도로 바뀐 것이다.

그러나 미취학 아동을 둔 어머니가 밖에서 전업으로 일하는 것을 부정적으로 생각하는 미국인이 여전히 적지 않다. 많은 여성은 특히 1~3세의 어린 자녀가 있을 경우 바깥에서 일하는 것에 대해 죄책감 내지 심적으로 큰 부담을 느낀다. 어린 자녀를 둔 기혼 여성은 전업직보다는 시간제·계약직 등으로 노동 시간을 줄여 일하는 경우가 많다. 이는 노동시장에서 여성에 대한 차별이 한 원인이지만 자녀 양육을 도와주는 사회적 장치가 불충분한 상황에서는 자녀 양육을 위해 자발적으로 노동 투입을 줄이는 것이 유일한 대안이기 때문이다. 미국은 선진 산업국 중에서는 예외적으로 유급 출산 휴가나 양육 휴가가 없으므로 자녀를 출산한 후 직장을 쉬게 되면 재정적 손해와 경력 단절을 감수해야 한다. 따라서 많은 중류층 여성은 자녀 출산 후 일을 중단하기보다는 근로 시간을 조절하고 일의 책임을 줄여서 일과 자녀 양육을 동시에 수행한다.

밖에서 일하는 어머니가 전업주부보다 자녀의 성장에 긍정적인 영향을 미친다는 보고가 근래에 잇따르고 있다.[10] 어머니가 밖에서 일하는 것을 보고 자라난 남자아이는 성장해 결혼하면 자녀 양육과 가사에 더 참여하며 자신의 배우자의 경제활동에 대해 더 긍정적이고, 여자아이는 어머니를 모델로 본받아 경제활동에 더 적극적으로 참여하게 된다. 물론 여성의 소득이 가족의 생계를 위해 필수적인 중하층의 경우 자녀 양육 때문에 노동 시간을 의도적으로 줄이지는 않는다. 할머니 혹은 가까운 친척이나 저렴한 탁아소에 아이를 맡기고, 자녀가 학교에 갈 나이가 되면 방임하는 경우가 많다. 중하층의 어린 자녀가 방과 후에 집에 혼자 있으면서 발생하는 문제는 매스컴에서 종종 언급되지만 사회적으로 진지하게 대책을 마련하려는 움직임은 없다.

중류층에서 맞벌이 가족이 늘면서 기혼 여성이 벌어오는 소득은 계층 간 간극을 넓히는 효과를 초래했다. 일반적으로 사람들은 자신과 유사한 사회경제적 지위, 특히 교육 수준이 유사한 사람을 짝으로 맞는다. 근래에 노동시장에서 교육의 중요성이 높아지면서 높은 교육을 받은 사람은 자신과 비슷하게 높은 교육을 받은 배우자를 구하는 경향이 높아졌다.[11] 과거에는 교육 수준이 다른 남녀가 결혼하는 사례가 적지 않았다. 남자는 대학교를 졸업했으나 여성은 고등학교를 졸업한 부부가 흔했다. 반면에 요즈음은 과거와 달리 대학 졸업자는 반드시 대학 졸업자를 배우자로 맞으며, 대학원 졸업자는 대학원 졸업자를 배우자로 찾는 경향이 크다. 높은 교육 수준의 배우자가 만나면 이들은 거의 대부분 맞벌이를 하므로 교육 수준이 높은 가족과 그렇지 않은 가족 간 소득의 격차는 확대된다. 전문직 남성은 전문직 여성과 짝을 이루며 중하층 근로자 남성은 중하층 근로자 여성과 짝을 맺는다.

맞벌이 가족이 늘면서 아내가 자녀 양육이나 가사를 위해 집에 머물 경우 포기해야 하는 기회비용이 늘었다. 아내의 소득이 높은 가정일수록 여성이 밖에서 일을 하지 않는 것은 재정적으로 큰 희생을 의미한다. 따라서 교육 수준이 높은 부부는 맞벌이에 종사할 가능성이 더 크다. 이제는 중류층에서도 기혼 여성이 일을 하지 않고 전업주부로 지내는 것이 경제적으로 허용되지 않는다. 근래에 미국의 중류층 남성은 배우자의 조건으로 돈을 버는 능력을 중요하게 꼽는데 교육 수준이 높을수록 이러한 성향은 더 강하다. 맞벌이 가족은 남성만 돈을 버는 홑벌이 가족보다 경제적으로 더 안정되고, 노동시장이 불안정할 때는 둘이 돈을 버는 것이 크게 도움이 된다. 교육 수준이 높고 고급 직장을 다니는 남녀로 구성된 가족은 교육 수준이 낮고 열악한 일을 하는 부부로 이루어진 가족보다 가족 소득이 높으며 일자리도 안정적이다. 그 결과 가족 관계는 교육 수준이 높을수록 안정적인 반면 교육 수준이 낮을수록 불안정하다.

기혼 여성의 경제활동 참여는 높아졌지만 남편의 가사 참여 비중은 그에 맞추어 늘어나지 않았다. 남편의 가사 참여는 늘지 않은 반면 취업한 기혼 여성은 가사에 들이는 시간을 크게 줄였다. 시장에서 구입할 수 있는 서비스는 구입해 해결하고 가전제품 등 가사 보조 장치를 통해 간소화할 수 있는 것은 간소화하는 방향으로 조정했다. 요즈음 미국에서 평일에 아내가 제대로 조리한 음식을 저녁 식탁에 올리는 것은 찾아보기 어렵다. 맞벌이 가정의 생활의 질은 홑벌이 가정의 생활의 질보다 낮다. 과거보다 더 분주하지만, 덜 깨끗하고, 덜 정돈되어 있으며, 덜 맛있는 저녁 식사를 감수한다. 그들은 높은 소득을 위해, 또 여성의 자기 성취와 독립을 위해 가정생활의 질이 낮아지는 것을 감수한다.

맞벌이 가족은 전업주부 가족보다 자녀를 덜 낳는다. 또한 맞벌이 가족은 전업주부 가족보다 이혼으로 끝날 가능성이 크다. 그렇다고 맞벌이 가족 관계의 만족도가 낮은 것은 아니다. 맞벌이 가족이 증가하면서 여성의 부담이 집 안팎으로 늘어난 것은 사실이지만, 대부분의 중류층 여성은 전업주부를 선호하지 않는다. 여성이 벌어오는 수입은 가족의 경제를 좀 더 안정되고 여유롭게 만들며, 여성의 직장 일은 여성의 독립적인 자아 구축을 뒷받침한다. 직장에 다니는 기혼 여성은 삶의 만족도가 전업주부보다 높기 때문에 기혼 여성의 경제활동은 가족 구성원 간의 관계에 긍정적으로 기여한다.

미국은 사회적으로 모성 보호 장치가 취약하다. 선진 산업국 중에서 유급의 출산 휴가나 양육 휴가가 없는 유일한 나라이며, 탁아 서비스는 전적으로 시장에 맡겨져 있다. 유럽에서 일반화된 공공 탁아소를 미국에서는 찾아볼 수 없다. 상류층의 경우 외국인 노동자를 보모로 고용하는 관행이 일반화되어 있지만 중류층 취업 여성은 대부분 그 수가 크게 부족한 양질의 탁아 서비스와 직장 사이에서 곡예를 한다. 예외적으로 좋은 직장에 다니는 경우 양질의 탁아 서비스를 직장에서 복지 혜택의 일부로 제공받지만 그렇지 못한 대부분의 사람은 주변의 좋은 탁아 시설의 비싼 가격과 매우 긴 대기자 명단을 감내해야 한다. 중하층 기혼 여성은 부실한 탁아 서비스를 참아야 한다. 어린 자녀를 집 안에 홀로 두고 일을 하러 간다거나 탁아 시설에서 아이들을 학대하는 사례를 매스컴에서 종종 보도한다. 미국 사회의 다른 모든 것이 그렇듯이 능력이 있는 사람은 좋은 서비스를 시장에서 구입해 누리지만 능력이 없는 사람은 질 낮은 서비스를 참아야 하는 것은 탁아에서도 마찬가지이다.

기혼 여성의 경제활동 참여가 늘면서 남편과 아내 사이에 소득이 역전되는 경우가 종종 발생한다. 특히 중하층의 경우, 남성 노동자의 주요 직장이던 제조업이 해외로 이전하면서 과거보다 적은 임금을 받고 고용이 불안정한 곳으로 이직해야 하는 반면 여성의 일자리는 늘었다. 그 결과 전체 맞벌이 가구의 20~25%에서 아내가 남편보다 수입이 많다.[12] 여성의 수입이 남편보다 많은 경우 가정에서 여성의 권한은 높아지고 이혼의 가능성 또한 상대적으로 커진다. 아내의 수입이 남편의 수입보다 낮더라도 아내의 수입 규모에 비례해 집안의 주요 결정에서 아내의 발언권이 높아진다. 가부장적 가족 이념이 강한 중하층에서는 아내의 수입이 남편보다 많을 경우 부부 사이에 긴장이 발생한다. 여성이 남성보다 경제적으로 더 많이 기여하는데도 남성이 양육과 가사에 대한 참여를 그만큼 늘리지 않고 중요한 의사결정에서 권위를 양보하려 하지 않는 것이 긴장의 원인이다. 연구에 따르면 여성의 수입이 남성보다 많거나 남성이 실직한 가족의 남편은 그렇지 않은 가족보다 가사와 양육에 오히려 덜 참여한다. 아내가 남편보다 소득이 높고, 다른 가족보다 가사와 양육에 대한 분담도 아내가 더 많은 부부가 이혼할 가능성은 당연히 클 수밖에 없다. 이런 가족의 여성은 남편과의 관계에서 부당함을 더 강하게 느끼기 때문이다. 이런 가족에서 남편과 아내는 모두, 가장이 생계를 책임져야 권위가 선다는 가부장제 가족 이념의 희생자이다.

5. 이혼과 재혼이 일반화된 사회

미국인의 이혼이 증가하기 시작한 것은 오래전이다. 1920년경부터 이혼은 조금씩 증가하기 시작해서 1980년대 초반 최고조에 달한 이후 정체해 현재에 이르고 있다. 현재 미국에서 혼인한 부부의 약 절반은 이혼으로 끝을 맺는다. 20세기 들어 이혼이 증가한 원인은 여러 가지인데 대부분 여성의 지위 변화와 연관이 있다. 1970년에 최초로 '무과실 이혼'을 허용하는 법률이 캘리포니아 의회를 통과하기 전까지 이혼을 하기 위해서는 법원에서 상대의 과실을 입증하고 결혼을 종료하는 판결을 받아야 했는데, 이때 이혼을 신청한 당사자는 대부분 여성이었다. 즉, 결혼 관계를 종료할 만큼 심각한 잘못을 저지른 쪽은 대부분 남성이고, 이로 인해 불행한 결혼 관계를 끝내고자 하는 쪽은 여성이었다. 이혼이 증가했다는 것은 불행한 결혼을 끝내고자 하는 부부가 늘어났다는 것이며, 이는 대체로 여성 쪽에서 원한다는 점이 주목할 만하다. 가부장적인 가족 관계에서 약자인 여성이 불행한 결혼을 끝내고자 하는 사례가 늘었다는 사실은 여성의 사회적 지위가 높아졌음을 시사한다.

여성의 경제활동 참여가 높아진 것이 이혼이 증가한 직접적인 원인이다. 여성이 가족을 떠나 독립적으로 생활할 수 없던 시절에는 아무리 불행한 관계라도 참으며 생활할 수밖에 없었다. 그러나 여성의 독립적인 경제 능력이 높아지면서 남성보다 여성에게 더 많은 고통을 주는 관계를 종료하는 방법으로 이혼을 선택할 수 있게 되었다. 여성의 경제력이 향상된 오늘날에도 이혼을 하면 여성이 남성보다 소득이 훨씬 크게 감소하여 경제적으로 어려움에 빠진다. 이혼했을 때 가장 어려운 점으로 여성은 경제적인 곤란을 언급하는 반면 남성은 정서적인 외로움을 지적한다. 이는 거꾸로 여성이 불행한 결혼 생활을 계속하는 가장 큰 이유는 독립적인 경제력 부족임을 시사한다. 남성은 여성보다 경제력이 있으므로 가족 관계가 불행할 경우 이혼 후의 경제적 어려움을 염려하지 않고 여성보다 용이하게 이혼을 선택한다. 반면 이혼이 일반화된 오늘날에도 여성은 이혼 후에 부닥칠 경제적인 어려움을 염려해 불행한 관계를 끝내는 이혼을 주저한다. 이혼 시 재산 분할에서 불이익을 받지 않고 자녀 양육비를 법원이 강제적으로 징수하는 제도가 도입됨으로써 이혼 후 예상되는 여성의 경제적인 어려움은 조금 줄어들었다.

여성의 교육 수준이 향상되고 여성운동의 영향으로 여성의 자의식이 성장한 점 또한 이혼을 증가시킨 요인이다. 근대적 교육은 자아의 실현이나 자신의 삶에 대해 주체적으로 책임지는 태도를 불어넣고 1970년대에 불붙은 여성운동 또한 여성의 독립적인 자아 형성을 부추겼다. 누구의 '아내'나 누구의 '엄마'라는 역할을 넘어서서 '나는 누구인가'라는 질문을 여성 스스로에게 던지도록 했다. 이는 전통적인 가족 속에 여성의 삶이 매몰되고 의존적이 되는 것에 대해 부정적으로 생각하게 만들었다. 불행한 관계는 적극적으로 개선하기 위해 노력하고 그것이 안 되면 새로운 대안을 찾으라는 계몽주의적인 가르침은 불행한 관계를 끝내고 남편 없이 자식과 살거나 재혼을 하는 등의 방법으로 새로운 삶을 적극적으로 모색을 하는 것에 대해 긍정적으로 생각하게 만들었다.

여성의 경제활동 참여 이외에 이혼의 가능성을 높이는 주요 요인은 초혼 연령과 소득, 교육 수준이다. 소득 수준이 낮을수록 결혼할 가능성이 낮지만, 결혼을 한다고 해도 먹고살기 위한 삶의 스트레스가 크기 때문에 가족 관계에서 긴장이 초래될 가능성이 높으며 이는 이혼의 가능성을 높인다. 나이가 들어 결혼할수록 교육을 많이 받을수록 상대적으로 이혼의 가능성이 낮다. 초혼 연령과 교육 수준은 밀접히 연관되어 있다. 교육 수준이 높은 사람은 늦은 나이까지 교육을 받느라 결혼을 미루기 때문에 결혼 연령 또한 자연히 높아진다. 의사소통 능력이나, 감정적인 자기 절제력이나, 갈등을 조정하는 능력 등은 모두 교육을 받으면서 길러지는 능력이므로 교육 수준이 높은 사람은 교육 수준이 낮은 사람보다 이혼의 가능성이 훨씬 낮다. 교육 수준이 높은 사람은 결혼하지 않고 아이를 낳아 기르는 미혼모가 적다.

과거에 자녀의 존재는 이혼으로 불행한 부부 관계를 끝내는 데 가장 큰 걸림돌이었다. 많은 여성은 배우자와의 관계가 불만족스러움에도 자녀에게 해가 미칠 것을 염려해 결혼 생활을 유지하면서 자신을 희생했다. 이러한 상황은 근래에 많이 바뀌었다. 첫째, 이혼하고 남편 없이 자녀와 살거나 혹은 재혼하는 경우가 늘면서 이혼으로 인한 사회적인 오명과 압력이 크게 줄었다. 결혼한 부부의 절반이 이혼을 하는 상황에서 사람들은 주변에서 이혼하고 재혼한 경우를 흔히 마주치며, 자녀 또한 이혼이나 재혼한 부모 밑에서 사는 친구를 흔히 본다. 사람들은 이제 큰 거리낌 없이 이혼이나 재혼의 경험을 주위 사람에게 이야기하는 단계에 이르렀다. 이혼과 재혼에 대한 사회적 오명이 줄면서 계모나 계부에 대한 부정적 인식 또한 크게 줄었다. 부모가 이혼이나 재혼한 가정에서 성장한 아이들 또한 정상적인 가정에서 성장한 것으로 인정받게 되었다.

둘째, 부모가 이혼하고 재혼한 가정에서 성장한 아이들이 부모의 이혼으로 인해 크게 피해를 입지 않는다는 사실이 점차 밝혀졌다. 부부가 화목하게 사는 가정이 자녀의 성장에 가장 좋은 환경이지만 부모가 친부모인가 여부보다는 양부모라고 해도 얼마나 화목하고 자녀에게 사랑과 관심을 기울이는가에 따라 자녀의 성장이 좌우된다는 사실이 확실해졌다. 갈등하는 친부모 사이에서 성장한 자녀보다는 자신에게 관심을 쏟는 양부 혹은 양모 밑에서 성장하는 것이 자녀의 정신 건강에 더 좋다는 점은 연구로도 확인된다. 양부모 밑에서 잘 성장한 사례를 주변에서 보면서 자식을 위해 불행한 결혼 생활을 참는 것은 어리석다는 인식이 확산되었다. 클린턴이나 잡스와 같은 유명 인사도 양부 혹은 양모 밑에서 성장한 것을 부끄럽게 생각하지 않고 양부모에 대한 사랑을 소중히 기억하고 공개적으로 언급한다. 이제 불행한 부부 관계에 처한 여성은 자신을 위해서는 물론 자녀를 위해서라도 이혼을 선택하는 것을 긍정적으로 생각하게 된 것이다.

미국인이 이혼을 많이 한다고 해서 그들이 과거보다 가족 관계가 더 불행하거나 성적으로 문란한 것은 전혀 아니다. 이혼과 재혼을 반복할 수는 있지만 결혼 생활 내에서 배우자에게 성실해야 한다는 규범은 과거보다 더 강화되었다. 과거에는 결혼 생활을 유지하면서도 적당히 바람을 피우고 배우자에게 폭력을 행사하는 것이 어느 정도 용인되었다. 그러나 가족 관계에서 감정적인 친밀이 중요해지면서 부부의 감정적인 결합에 위배되는 혼외 성관계나 폭력은 용인하기가 더 어려워졌다. 남성 혹은 여성, 어느 쪽이건 법적으로 용이하게 결혼을 끝낼 수 있으므로 혼외 성관계는 과거에 비해 더욱더 결혼을 위협하는 요소가 된 것이다. 이제 결혼한 남성이 바람을 피우다 들키거나 아내와 가정에 무관심하면 이혼을 요구받을 가능성이 과거보다 훨씬 크다. 이는 미혼자 사이의 성관계가 개방적으로 변한 것과 정반대이다.

이혼이 많아진 것은 불행한 결혼 관계를 참고 지내지 않는 사람이 늘었음을 의미한다. 결혼에 대한 기대가 커졌기에 사람들은 불행한 결혼을 끝내고 다시 결혼하는 것을 주저하지 않는다. 물론 이혼한 경력이 있는 사람은 재혼 생활도 이혼으로 끝날 가능성이 높다. 그러나 중요한 것은 이혼이 증가했음에도 전반적인 부부 관계의 만족도는 전보다 높아졌다는 사실이다. 미국인은 과거보다 더 질 높은 부부 관계를 기대하고, 그것을 어느 정도는 실현하고 있다. 오늘날 미국인에게 이혼은 질 높은 부부 관계를 추구하는 적극적인 과정의 일부이다. 이혼에 대한 부정적인 인식은 사라졌지만 미국인은 모두 안정적인 가족 관계를 원한다. 이혼에 이르는 과정은 가족 구성원 모두에게 감정적으로 힘든 고통을 안겨주므로 가급적 이러한 시련이 없는 안정적인 가족 관계를 원하는 점에서는 한결같다.

불행한 결혼 생활을 참고 지속하는 것보다 끝내고 대안을 찾는 것이 낫다는 태도는 결혼 생활의 안정만을 생각한다면 문제를 안고 있다. 결혼 관계가 당사자의 선택에 따라 끝날 수 있다는 생각 그 자체가 결혼 관계의 안정을 위협하기 때문이다. 전통 사회와 같이 결혼 관계를 끝내는 것이 근본적으로 불가능하거나 매우 힘들다면 사람들은 어떤 어려움이라도 참고 견디려고 할 것이다. 갈등이 큰 부부 관계에서는 여성이 남성보다 고통과 희생이 더 크므로 가족의 안정을 절대적인 가치로 여기는 전통은 문제가 있다. 이혼을 종교적으로 허용하지 않는 사회에서는 웬만한 갈등은 참고 지내며, 상황이 정말 힘들 경우 형식적으로 결혼 관계는 유지하면서 사실상 따로 사는 선택을 한다. 별거한다거나, 배우자를 버리고 떠난다거나, 한집에서도 각자 방을 따로 쓰면서 독립적으로 생활한다. 이혼이 가능했다면 이렇게 사실상 따로 사는 부부는 일찌감치 이혼하고 다른 대안을 찾았을 것이다. 요즈음 미국의 젊은 부부들은 이혼의 가능성을 염두에 두기에 은행 계정을 각자 독립적으로 관리하고 각자의 사생활을 결혼 이후에도 유지하는 경우가 많다. 이러한 개인주의적 행태는 외부 환경의 변화나 둘 사이에 감정적인 갈등이 커질 때 이혼으로 발전할 가능성을 높인다. 이혼을 빈번히 하는 현실이 결국 이혼의 가능성을 높이는 자기 완성적인 예언 상황을 만든 것이다. 이는 가족 관계보다는 개인의 주체적인 능력과 개인의 행복을 우선으로 하기 때문에 초래된 당연한 귀결이다.

6. 다양한 유형의 가족생활

1) 흑인 가족과 이민자 가족은 다르다

미국에서 흑인 및 이민자 가족은 백인 중류층 가족과는 다른 모습을 보인다. 먼저 흑인 가족의 경우 아버지 없이 어머니와 자녀만 사는 가족이 전체의 3분의 2에 달한다. 중류층 흑인은 중류층 백인과 마찬가지로 부부와 자녀가 함께 살며 맞벌이하는 가족이 많으나, 이러한 가족은 전체 흑인 가구의 3분의 1에 지나지 않는다. 1970년대 이전에도 흑인은 자녀와 부부가 함께하는 핵가족 비율이 백인보다 낮았지만, 1970년대 이래 흑인 미혼모 가족은 급속히 증가했다. 미혼모 가족 대부분은 어머니와 자녀 둘이서 살지만, 할머니와 성인 자녀, 미혼모가 낳은 자녀가 한 가구에서 사는 3대 가족이나, 혹은 성인 형제가 함께 사는 경우 또한 적지 않다. 흑인 미혼모 가정은 세대를 이어서 미혼모가 되는 경향이 있다.

흑인 여성이 배우자 없이 자녀를 낳아 기르는 원인은 복합적이다.[13] 첫째, 흑인 남성의 취업률이 낮고 젊은 흑인 남성 중 많은 수가 교도소에 갇혀 있어 남편과 아버지로서 가족을 부양할 책임을 맡기 힘들다. 흑인 여성은 남성과 성적 관계를 맺고 자녀를 낳는다고 해도 안정적으로 돈을 벌어오지 못하는 남성을 남편으로 맞기를 꺼린다. 흑인 남성의 입장에서도 생계를 부양하지 못해 여성에게 환영받지 못하므로 결혼을 부담스러워하기는 매한가지다. 미국 사회에서 흑인 남성에 대한 부정적 편견은 매우 크다. 같은 조건에서도 흑인 남성은 흑인 여성보다 취업의 가능성이 낮다. 흑인 여성은 자신에게 적합한 배우자가 될 흑인 남성을 찾을 수 없기 때문에 결혼하기 어려우며, 아이를 임신했을 때 결혼하지 않고 아이를 낳아 기르는 쪽을 선택한다.

둘째, 흑인 가족에서 할머니의 역할은 매우 크다. 아버지가 없어도 할머니의 도움으로 어머니가 밖에서 일하면서 자식을 키우는 것이 가능하다. 많은 흑인 아동은 할머니와 같이 살거나 혹은 이웃에 살면서 도움을 주고받으며 성장한다. 할머니나 자매와 같은 친족의 도움이 주변에 존재하기에 흑인 여성은 남편 없이도 자녀를 낳고 기르며 가족과 유사한 연대망 속에서 외로움을 느끼지 않고 살아간다. 셋째, 어린 자녀에 대해 정부의 복지 혜택이 주어진다는 점이 결혼하지 않고도 자녀를 키우는 것을 가능하게 한다. 클린턴 행정부는 미혼모에 대한 복지제도를 개혁했다. 미혼모도 일을 해야만 복지 혜택을 받을 수 있고 일정 기간 이상은 연속해서 복지 급여를 받지 못하도록 했다. 그러나 이러한 개혁에도 불구하고 미국 정부는 기본적으로 빈곤층의 아동에 대해 현금과 현물 지원을 관대하게 제공한다. 부모의 잘못 때문에 비참하게 사는 아이에게 등을 돌릴 수 없기 때문이다. 따라서 아버지가 함께 살면서 가정에 재정적인 기여를 하지 못하는 것보다는 어머니와 살면서 정부의 복지 지원을 받는 것이 어머니와 자녀 모두에게 물질적으로 더 유리하다.

넷째, 흑인 여성이 아버지 없이 자식을 홀로 키우는 데에는 정서적인 이유도 있다. 흑인 여성은 교육 수준이 낮으며 빈곤하게 생활하므로 정서적으로 메마른 상태인데, 자녀는 자신에게 전적으로 의지하는 존재이므로 자아를 인정받는 기회를 제공한다. 빈곤층 흑인 여성은 중등학교를 끝내기 전에 아이를 출산하고 학교를 중도에 그만두는 경우가 많다. 젊은 흑인 여성은 성 지식이 부족하거나 혹은 남자친구의 충동적인 도발 때문에 임신에 대한 대비 없이 성관계를 갖고 아이를 임신한다. 이렇게 임신한 아이는 대부분 원하지 않는 임신이지만 현실적으로 낙태가 어렵기 때문에 출산으로 이어진다. 어린 나이에 아이를 임신하는 흑인 여성은 정서적으로 결핍한 경우가 많은데, 아이의 출산과 양육을 자신의 존재의 중요성을 확인하는 수단으로 생각하기도 한다. 흑인 여성은 배우자 없이 혼자 아이를 낳아 기르는 것에 대해 두려움이 적다. 본인의 성장 과정을 포함해 어릴 때부터 주변에서 그러한 사례를 많이 본 것도 한 원인이지만, 자신의 현재와 미래를 긍정적으로 보지 않기 때문에 이에 대한 탈출구로 아이를 키우는 것을 선택하는 측면도 있다.

미혼모 가정의 아이는 아버지가 있는 가정의 아이보다 불리한 환경에서 성장한다. 이들은 빈곤하게 생활하며 자기 통제력이나 학업 성취도에서 아버지가 있는 가정의 아이보다 현저히 뒤떨어진다. 아버지가 없는 가정에서 성장한 청소년은 어린 나이에 성관계를 맺고 자녀를 출산하거나 마약과 범죄의 유혹에 빠질 위험성이 크다. 아버지가 없는 가정에서 자라난 흑인 남성은 책임 있는 아버지의 역할 모델을 배우지 못해 다음 세대의 미혼모 가정을 만들 가능성이 높다. 이들은 청소년기에 동년배 집단의 압력을 완화하는 역할을 하는 아버지의 존재가 없기 때문에 사회적으로는 물론 정서적으로 큰 시련을 겪는다. 중류층 흑인과 하층 흑인 사이에 삶의 기회에서 격차가 크게 벌어지는 원인은 소득의 다과뿐만 아니라 가족 구조의 차이도 크다. 그러나 흑인 중에 미혼모 가정이 많은 원인을 보수주의자들이 주장하듯이 흑인의 도덕적인 해이나 나태에서 찾는 것은 옳지 않다. 흑인 여성이 미혼모가 되는 가장 큰 원인은 적절한 배우자감이 없어서인데, 이는 흑인에 대한 백인 사회의 차별이 원인이다. 흑인 중류층 가정은 백인 중류층 가정과 마찬가지로 미혼모가 드물다. 이는 흑인 미혼모 가정이 흑인의 도덕성 부족 때문이 아님을 증명한다.

중남미인과 아시아인이 대부분을 차지하는 이민자 가족은 백인 중류층이나 흑인 가족과는 다른 모습을 보인다. 이들은 전통 사회의 윤리인 집단주의적 가치관을 지니고 있으므로 가족 구성원 간에 유대가 강하다. 이들은 미국인의 꿈 이념을 추종하므로 가족이 힘을 모아 성공하는 것, 특히 자녀의 성공을 위해 부모 세대가 희생하는 것을 마다하지 않는다. 이민자 가족은 백인이나 흑인보다 많은 수의 자녀를 낳으며 경제적으로 어려운 상태에 처해도 쉽게 이혼하지 않는다.

중하층 이민자, 특히 히스패닉 가족은 남녀를 불문하고 가족 구성원 모두

가 능력이 닿는 한 돈을 벌어와 가족 경제에 기여한다. 가부장적 가치관을 가지고 있지만 아내의 소득 또한 가족의 경제생활에 중요한 요소이므로 가족 내 발언권이 크다. 이들이 본국에서 살 때에 비해 남편의 권위는 상대적으로 낮다. 이민자 가족은 미국의 평등주의 이념과 전통 가족의 가부장적 가치관이 긴장을 일으키는 상황이 종종 발생한다. 그러나 이들이 이혼할 경우 경제적으로 어려움에 빠질 위험이 크고, 자신은 힘들더라도 자녀 세대에게 희망을 품고 살기 때문에 가족 갈등으로 인해 이러한 희망을 저버리는 것은 견디기 힘들다. 미국 사회에서 받는 차별과 열악한 노동조건으로 삶이 힘들고 가족 갈등이 종종 발생하지만 자녀의 미래를 위해 참고 지내는 이민자 가족이 많다. 이민자 가족의 결속력은 높지만 이는 가족 구성원의 큰 희생의 결과일 뿐 가족생활의 만족도가 그에 비례해 높은 것은 아니다.

2) 홀로 사는 사람이 증가하는 현상을 어떻게 볼 것인가

근래 들어 젊은 사람은 물론 고령층 또한 홀로 사는 사람이 증가하고 있다. 홀로 사는 단독 가구는 전체 가구 중 3분의 1에 달하며 계속 증가한다. 단독 가구는 부모와 자녀가 함께 사는 전통적인 핵가족의 비율을 넘어섰다. 가구의 숫자로만 본다면 가장 대표적인 미국인의 삶의 형태로 자리 잡았다. 그러나 이러한 통계에서 주의할 점이 있다. '가구'가 아니라 '사람'을 단위로 계산하면 단독 가구의 비율이 전체 인구 중 홀로 사는 사람의 비율을 의미하지는 않는다. 연령에 따라 홀로 사는 비율은 큰 차이를 보이는데, 전체 인구 중 여덟에 한 명꼴로 혼자 산다. 거꾸로 말하면, 미국인의 대다수, 즉 여덟에 일곱 명은 누군가와 함께 살고 있다.[14]

단독 가구가 증가하는 원인은 여러 가지이다. 고령층 단독 가구는 수명 연장이 가장 큰 원인이다. 미국인의 기대수명은 여성이 남성보다 4년 많은데,

남편이 아내보다 평균 2~3세 많으므로 노인 여성은 남편과 사별한 후 6년 이상을 혼자 남게 된다. 한편 젊은 연령의 단독 가구는 초혼 연령이 높아진 것이 원인이다. 현재 미국 남성은 29세, 여성은 27세에 첫 결혼을 하는데, 교육 수준이 높을수록 초혼 연령이 늦다. 교육 수준이 높아지고 취업해 독립된 경제력을 획득하는 시기가 늦추어지면서 젊은이들이 혼자 사는 기간이 늘었다. 동거나 혼전 성관계가 사회적으로 허용되면서 결혼하지 않고도 성적 욕구를 충족하고 친밀한 관계를 유지할 수 있게 된 것 또한 혼자 사는 젊은이가 늘어난 원인이다.

근래로 올수록 젊은이와 고령층 모두 혼자 사는 가구가 증가한 데는 경제적 풍요가 한 원인이다. 과거에는 성인 자녀나 홀로 된 노인이 경제적 이유 때문에 가족이나 친척과 함께 지낼 수밖에 없었다. 요즈음도 성인 자녀와 함께 사는 노인이 있지만 이들은 이민자 가족이거나 혹은 경제적으로 어려운 계층에 국한된다. 개인주의가 지배하는 사회에서 사람들은 자신의 사생활을 보장받는 독립된 생활을 선호하는데, 제2차 대전 이후 찾아온 풍요는 이러한 개인주의적 가치관이 실현될 수 있는 물질적 수단을 제공했다. 근래로 올수록 배우자를 여의고 홀로된 노인이 혼자 사는 경향이 높아졌다. 이는 노인이 혼자 살고 싶어 하는 것 못지않게 성인 자녀 또한, 남편과 사별한 후 홀로된 노모와 함께 살기보다는 근거리에 거주하면서 도움을 주고받는 것을 선호하기 때문이다. 경제적 침체기에는 단독 가구의 비율이 줄어든다. 청소년들이 부모 집을 떠나 사는 것을 미루며, 부모에게서 떨어져 살던 젊은이들이 부모의 집에 들어와 얹혀사는 방편을 택하기 때문이다.

젊은이가 혼자 사는 것은 과거에는 학교를 졸업하고 결혼하기 전까지 짧은 기간 경제활동을 하면서 지내는 임시 형태였다. 그러나 홀로 사는 젊은이가 증가하고 이 기간이 늘면서 홀로 사는 삶의 방식에 대한 부정적인 이미지는 사라졌다. 홀로 사는 것은 남에게 구애받지 않고 독립적으로 생활할 수 있으며 쉽게 이동할 수 있는 장점이 있다. 근래에는 홀로 살 경우 자신이 좋아하는 상대와 자신이 선호하는 방식으로 친밀한 관계를 맺고 즐기는 자유가 주어진다는 점이 부각된다. 특히 여성은 결혼하면 자신의 자유로운 생활 방식과 직업생활을 남편과 자식을 위해 희생해야 하기에 홀로 사는 방식에 대해 긍정적이다. 고학력 여성은 경제적으로 독립적인 생활이 가능한 반면, 높은 집중을 요하는 직장 일과 가정생활을 양립하는 것이 힘들다. 이들은 성공을 추구하며 결혼은 미루는 사례가 증가했다. 결혼해 가정을 꾸리는 것만이 유일한 삶의 방식이라는 사회적 압력은 완화된 반면, 자신의 선택에 따라 홀로 사는 것을 포함해 동거하는 것, 각자 독립적인 거처를 두고 부분적으로 함께 사는 것 등 다양한 삶의 방식을 허용하는 쪽으로 미국 사회가 이동하고 있다.

적은 수의 자녀를 낳게 되면서 미국의 중류층은 대부분 50대 초반이면 사실상 부부만 사는 '빈 둥지 가족'이 된다. 자녀들이 대학에 진학하면서 집을 떠나기 때문이다. 과거에는 평균수명이 낮고 자녀를 많이 출산했기 때문에 빈 둥지 가족은 흔치 않았다. 그러나 근래에 중류층은 결혼 기간의 절반, 즉 25년 이상 부부 둘만이 빈 둥지 가족 상태로 살게 된다. 이러한 빈 둥지 가족은 자녀와 부모가 함께 사는 핵가족과 숫자 면에서 비슷해졌다. 20세기 중반 베이비붐 시대에 출생한 사람들이 20세기 후반에 대거 빈 둥지 가족이 되었다. 이 시기를 어떻게 사는 것이 바람직한가에 대해 사회적인 규범은 아직 형성되지 않았다. 미국에서 전통적으로 행복한 가족의 이미지에는 항시 자녀가 함께했기 때문이다. 그러나 이제 빈 둥지 가족으로 사는 기간이 자녀와 함께 사는 기간만큼 늘면서 이 시기를 전체 가족생활에서 여분의 시기로 간주해서는 안 된다는 시각이 높아지고 있다. 사람들은 각자의 사정에 따라 다양한 방식으로 이 시기를 살아간다. 미국의 중류층은 자녀가 떠난 후에도 은퇴하기 전까지 부부 모두 직업 생활이나 기타 사회 활동을 지속하면서 자녀가 집에 있을 때보다 더 여유롭게 산다. 새로운 취미 활동을 시작하고 지역사회에서 참여를 늘리는 노인이 있는가 하면, 손자, 손녀와의 관계에 많은 시간을 쏟는 노인도 있다.[15] 많은 미국인은 자식이 집을 떠난 후의 생활이 자녀와 함께 살 때보다 더 행복하다고 한다.

미국의 노인은 독립적으로 일상생활이 가능한 시점까지 홀로 사는 것을 선호한다. 홀로 사는 중류층 노인은 대부분 성인 자녀에게서 멀리 떨어지지 않은 곳에서 산다. 자녀와 멀리 떨어져 살았던 경우 직업 생활에서 은퇴하면 성인 자녀가 있는 지역으로 이사하는 경우가 적지 않다. 성인 자녀와 노인은 서로 도움을 주고받는다. 중류층의 노인은 혼자 살 수 있을 때까지 대체로 성인 딸의 도움을 받으며 홀로 살다가, 혼자 살 수 없는 상황에 이르면 요양원에 들어가 여생을 마친다. 플로리다나 애리조나와 같이 기후가 온화한 남쪽 지역의 노인 은퇴자 마을에서 사는 것을 원하는 미국인은 많지 않다. 대다수의 노인은 자신이 지금까지 살았던 익숙한 곳에서 노년 생활을 지내고 싶어 한다. 중류층이 주로 사는 교외 지역에는 은퇴 이후에도 살던 집에서 계속 살다가 남편과 사별하면 생활의 편의를 위해 가까운 도심이나 성인 자녀가 사는 다른 도시로 이동해 자녀와 유대를 지속하면서 홀로 사는 경우가 많다.

근래에 혼자 사는 사람이 증가한 것을 부정적으로 해석해서는 안 된다. 젊은이나 노인이 혼자 사는 이유는 서로 다르지만 경제적으로 여유가 없으면 혼자 살기 어렵기 때문이다. 부부와 자녀가 함께하는 가구가 홀로 사는 가구보다 소득이 훨씬 많으며 삶의 만족 또한 더 크다. 그러나 이는 인생 주기에서 어디에 위치하는가에 따라 차이가 나는 것이다. 인생의 출발점에서 경력을 개발하면서 결혼을 미루고 혼자 사는 젊은이나, 인생의 마지막 단계에서 혼자 사는 노인은 풍요가 낳은 산물이다.

7. 가족생활의 미래 모습

20세기 전 기간에 걸쳐 가족 관계는 계속 변했으며 지금도 그 변화는 진행 중이다. 어떤 변화의 흐름이 이 시기를 관통했으며, 이러한 변화는 앞으로 가족생활을 어떻게 바꾸어놓을지 생각해보자. 가족생활은 우리의 사적인 삶의 중심을 차지한다. 일하고 돈 버는 것이 공적인 삶의 중심인 것과 대비된다. 지난 100년간 가족 관계의 변화를 몰고 온 동력은 크게 두 가지이다. 하나는 삶의 개인화이며, 다른 하나는 여성의 지위 상승이다.

근래로 올수록 개인이 집단의 압력으로부터 벗어나고 개인을 삶의 중심에 놓는 세계관의 영향력은 커진다. 내가 속한 집단이 아니라 '나'를 중심으로 생각하고 행위하고 의미를 찾는 태도가 지배한다. 과거에는 '나'의 테두리에 '나의 가족'이 포함되었지만, 점차 '나'와 '나의 가족'을 떼어서 생각하는 태도가 확산되고 있다.[16] 가족 관계의 안정성이 약화될수록 이러한 태도는 뚜렷해질 것이다. 이러한 변화가 바람직한지는 쉽게 판단하기 어렵다. 왜냐하면 '집단의 구속으로부터 자유로운 자아'라는 것은 사람이라면 누구나 항시 꿈꾸는 것이기 때문이다. 아무리 그 집단이 '나의 가족'이라고 해도 그것은 일종의 구속이다. 개인의 선택지와 자유가 확대되는 것이 발전의 핵심이라면, 이러한 변화는 분명 바람직한 것이다. 물론 삶의 개인화는 치러야 할 대가가 크다. 집단의 구속이 적어질수록 삶의 위험을 홀로 책임져야 하며 외로움의 고통도 감수해야 한다.

미국 사회의 가족 관계는 개인화되어 가고 있다. 혼자 사는 사람이 늘고, 결혼 생활은 남녀 각자가 좋아하는 사람과 원하는 기간만큼 원하는 방식으로 살다가 끝내는 방식으로 바뀌고 있다. 결혼과 더불어 이혼과 재혼이 일반화되었다는 것이 그 증거이다. 동거하는 사람이 늘어나는 것 또한 이러한 변화의 일부이다. 미국에서 근래에 동거가 급속히 늘고 있는데, 궁극적으로 북유럽 사회와 같이 동거가 거의 모든 사람이 경험하는 보편적인 삶의 방식이 될지는 지켜볼 일이다. 동거는 남녀가 함께 사는 방식 중 가장 개인주의적인 것이다. 동거는 남녀가 결혼이라는 법적 구속 없이 함께 사는 것을 의미하지만, 완전히 홀로 사는 방식과 결혼해서 함께 사는 방식 사이에 매우 다양한 방식이 혼재한다. 각자 거처를 가지고 있으면서 부분적으로만 함께 사는 동거가 있는가 하면, 남녀가 번갈아가며 함께 지내는 곳을 바꾸거나, 주말에만 함께 지낸다거나, 혹은 몇 년간을 결혼한 부부와 다름없이 함께 사는 동거 관계도 있다. 사실 결혼한 관계라고 해도 서로 떨어져 지내는 부부는 함께 사는 부부보다 관계의 결속력이 약하다. 인구 통계국에 따르면 법적인 별거가 아닌 부부가 따로 사는 사례는 현재 전체 부부 중 3.1%를 차지하는데 근래로 오면서 꾸준히 증가하고 있다.[17]

여성의 지위가 상승하면서 가족 관계에서 남녀 간 불평등한 권한 배분은 변화하고 있다. 전통적인 가족의 이미지인 남편은 밖에서 돈을 벌어오고 아내는 가사와 양육을 맡는 성 역할 분업은 조만간 역사의 뒤안길로 사라질 것이다. 아내가 밖에서 일하는 만큼 남편이 가사와 양육에 참여하는 것이 늘지는 않고 있지만 점차로 남편과 아내 사이에 역할과 권한의 배분은 대등한 쪽으로 변해갈 것이다. 남편도 아내 못지않게 가사에 참여할 것이며 양육에서도 동등한 몫을 담당하는 쪽으로 발전할 것이다. 이러한 변화는 교육 수준이 높은 부부를 중심으로 근래에 빠르게 전개되고 있다. 교육 수준이 높은 전문직 여성의 일과 소득이 남편 못지않게 되면서 결혼한 여성이 집안에서의 불평등을 참아내는 허용치는 놀랄 만큼 낮아지고 있다. 이혼이 용이하고, 독립적으로 생활하는 것이 가능하며, 새로운 배우자를 찾는 것도 마음만 먹으면 어렵지 않으므로 이러한 변화는 당연한 것이다.

중상층 가족에서 시작된 변화의 바람은 점차 중하층 여성과 그들의 가족에게로 확산될 것이다. 그러한 변화가 전개되는 동안 많은 여성은 불평등한 결혼 관계에 진입하는 것을 미루거나, 결혼한다고 해도 이혼을 통해 불행한 결혼 생활을 종료하는 식으로 불안정한 가족 관계를 이어갈 것이다. 전통적인 가족 관계가 약해지는 것이다. 그러나 다른 관점에서 보면 평등한 결혼 관계를 모색하면서 나타나는 과도기적 현상으로 볼 수 있다. 삶의 공적인 영역이 남녀평등의 방향으로 변화함에 따라 가족 관계 또한 남녀평등의 방향으로 변할 것이다.

일부 학자들은 동거 관계를 통해 미래의 가족의 모습을 추정한다. 동거 관계는 남녀 간 역할 분업이나 권한의 배분이 평등하게 이루어진다. 역할과 권한이 공정하게 배분되지 않는다면 동거 관계는 형성되기 어려우며 설사 만들어진다고 해도 곧 깨질 것이기 때문이다. 물론 미래에도 결혼 관계가 동거 관계로 대치되지는 않을 것이다. 결혼 관계에서 법적인 구속이 관계의 안정성을 높이고, 대등한 권한의 남녀에게도 안정적인 관계는 소중하기 때문이다. 두 가지 측면에서 법적인 구속은 가치가 있다. 첫째, 법적인 구속을 선택했다는 것 자체가 관계의 안정을 높인다. 둘의 관계가 오래도록 안정되기를 원하는 사람만이 이러한 선택을 할 것이며, 이는 자기완성적인 예언의 효과를 발휘할 것이다. 결혼한 사람은 관계의 안정을 잃지 않기 위해 좀 더 노력할 것이기 때문이다. 소득과 교육 수준이 높은 사람일수록 이러한 선택을 할 것이다. 그들은 삶에 대한 통제력이 높으므로 가족 관계에서도 통제력을 높이는 방향의 선택, 즉 신중한 판단을 거쳐 상호 간 구속적인 관계를 만들 것이다. 결혼 관계가 동거 관계보다 상대에 대한 통제를 높일 수 있으며, 이는 결국 자신의 삶에 대한 통제력을 높이는 것이 되기 때문이다. 반면 소득과 교육 수준이 낮은 사람은 그들의 삶이 외적인 요인에 의해 휘둘릴 위험이 높으므로, 남녀 관계에서도 큰 통제를 기대하지 않으며 관계의 안정을 위해 노력을 덜 기울인다. 이러한 태도 역시 자기완성적인 예언의 효과를 발휘해, 그들의 관계를 외부의 충격에 취약하게 만들며 결국 관계가 쉽게 부서질 것이다.

둘째, 자녀의 출산과 양육은 안정적인 가족 관계를 필요로 한다. 자녀의 출산과 양육에는 엄청난 투자가 필요하므로 관계가 안정적이라는 보장이 없다면 이러한 투자를 꺼릴 것이다. 동거 관계에서는 자녀를 거의 만들지 않는 것이 증거이다. 사실 자녀를 키울 욕심이 없다면 굳이 결혼을 선택할 사람은 많지 않을 것이다. 교육 수준이 높은 전문직 부부 중에 스스로의 선택으로 자녀를 갖지 않는 가정이 있는데, 이러한 관계는 전적으로 둘 사이의 감정적인 친밀에 좌우되므로 불안정하다. 인간의 좋아하는 감정은 바뀌기 쉽기 때문이다. 자녀의 출산과 양육을 원하는 한 안정적인 결혼 관계는 동거 관계보다 항시 선택적 우위에 있다.

요컨대 미국인의 가족생활의 미래는 다양한 강도의 결속력을 가진 관계가 공존하는 모습일 것이다. 자녀를 양육하면서 일생 안정적인 결혼을 이어가는 가족이 있는가 하면, 정반대로 각자의 거처가 따로 있으면서 주말에만 함께 지내는 동거 관계에 이르기까지 다양한 강도의 결속력을 가진 관계들이 나타날 것이다. 연령과 계층에 따라 이러한 관계의 연속선상 어디에 더 많이 위치해 있는가는 차이가 있을 것이다. 20~30대 중반까지의 젊은 연령층이나 중하층에서는 관계의 강도가 약한 동거 관계가 많을 것이다. 반면 중년의 중류층 이상의 경우에는 자녀와 함께하는 안정된 결혼 관계가 많을 것이다. 소득과 교육 수준이 낮을수록 안정적인 결혼 관계를 유지하기는 어려울 것이며, 그들의 자녀 또한 불안정한 관계를 세대 간에 이어갈 것이다. 즉, 안정적인 가족 관계는 중류층의 특권처럼 될 것이다. 소득의 양극화만이 아니라 가족 관계의 양극화도 나타나고 있다.

| 제 5 장 |

가부장 질서의 붕괴는 어디까지 갈까

Change of The American Society

미국은 서구에서도 가장 먼저 여성의 지위가 향상된 나라이다. 경제학자 클라우디아 골딘Claudia Goldin은 20세기의 가장 큰 변화로 여성의 지위 향상을 꼽는다.[1] 20세기 초 미국 여성은 집안에서 자녀를 양육하고 가사를 돌보는 것이 주요 임무였으나, 100년이 지난 21세기 초에 미국 여성의 대다수는 남성과 마찬가지로 돈을 버는 일에 종사하는 것을 당연하게 여긴다. 여성의 경제활동 참여가 늘면서 남성이 여성보다 우월하다는 이념에 바탕을 둔 가부장 질서는 붕괴하고 있다. 남성과 여성의 사회적 역할 분업은 사회의 가장 기본적인 질서이므로 이러한 변화의 파급효과는 사회의 모든 영역에 미친다. 여기에서는 미국 사회에서 20세기 후반에 본격적으로 전개된 중류층 기혼 여성의 경제활동 참여를 중심으로 여성의 지위 향상을 살펴본다.

1. 성 역할의 변화

여성으로 태어나는 것이 아니라 여성으로 만들어진다. 여성은 어릴 때부터 남성과는 다르게 키워지며 성인이 되어서 맡는 역할도 남성과 다르다. 이러한 전통적인 관행의 바탕에는 남성은 여성보다 우월하며 여성에 대해 권위를 갖는다는 가부장 이념과 제도가 자리하고 있다. 서구 국가들 중에서도 미국은 이러한 전통 질서에 대한 도전이 가장 먼저 시작되었다. 19세기 초반 상류층 엘리트 여성을 중심으로 참정권 운동이 일어났다. 여성은 지적으로 열등하며 감정적인 존재이므로 재산을 소유하거나 사회적으로 책임 있는 역할을 맡기에 부적합하다는 통념은 도전받았다. 그러나 그 당시 노예제 폐지를 둘러싸고 벌어진 치열한 갈등 속에서 여성의 권리를 주장하는 목소리는 주목받지 못했다. 20세기 초반 사회문제의 전반적인 개혁을 요구하는 진보주의 운동이 전개되었을 때 여성은 주도적으로 참여했다. 제인 애덤스Jane Addams의 빈민구제 운동이나 '금주법'을 제정하도록 한 절제운동, 여성 참정권 운동이 대표적인 예이다. 서부의 개척민 사회는 동부 사회보다 여성의 역할과 목소리가 상대적으로 컸으므로 19세기 말 서부의 주를 시작으로 여성의 참정권을 인정하는 움직임이 확산되었다. 1920년 미국은 서구 국가 중에서도 일찍이 헌법에서 여성의 참정권을 보장했다. 이민자와 이주민이 많은 사회에서는 여성의 역할이 컸으므로 안정적인 유럽 사회에 비해 미국에서 전통 질서를 부수는 것이 상대적으로 더 용이했다.

20세기 전 기간에 걸쳐 여성의 지위는 지속적으로 향상되는데, 이러한 변화의 중심에는 성 역할 변화가 자리하고 있다. 성 역할 변화란 여성과 남성에게 기대되는 사회적 역할이 변화함을 뜻한다. 전통 사회에서 여성은 가정에서 자녀를 양육하고 집안일을 하고 병약자를 뒷바라지하는 역할을 담당하며, 남성은 집 밖에서 일하며 돈을 벌어오는 생계 부양자의 역할을 담당한다. 사실 이러한 성 역할 분업은 사회적인 규범일 뿐 모든 계층의 여성에게 동일하게 적용되지는 않는다. 중하층 여성은 밖에 나가서 돈을 벌어와 생계에 보태야 하며 초등학교 교사와 같은 일부 전문 직업은 중류층 여성에게도 예외적으로 허용되었다. 전통적인 성 역할 구분이란 사람들이 바람직하게 생각하는 규범이므로 이것에서 벗어날 경우 사회적으로 비난을 각오해야 한다.

성 역할 분업은 각자가 맡는 일의 차이뿐만 아니라 사회적 지위와 권력의 차이를 동반한다. 가사를 돌보고 자녀를 양육하는 일은 집 밖에서 하는 경제활동만큼 사회적으로 가치를 인정받지 못한다. 돈을 중시하는 사회에서 돈을 벌지 못하는 사람은 중요한 의사결정에서 배제된다. 성 역할 분업 구조가 바뀔 때 여성의 사회적 지위도 변화한다. 성 역할 변화의 핵심은 중상층 여성도 남성처럼 집 밖에서 소득이 되는 경제활동에 참여하는 것이다.

여성이 남성처럼 집 밖에서 경제활동을 확대한다고 해서 남성이 여성처럼 양육과 가사에 대한 참여를 동시에 늘리지는 않았다. 여성의 역할이 집 밖으로 확장되는 것과 남성의 역할이 집 안으로 확장되는 것은 별개의 문제이다. 중류층 여성의 역할은 점차 집 밖으로 확장됐지만 남성은 최근까지도 집 안의 일에 많이 참여하지 않았다. 맞벌이 가정에서 남성이 가사와 양육에 대한 참여를 본격적으로 늘린 것은 21세기에 들어와서 지난 10여 년 사이에 벌어진 큰 변화이다. 최근 고학력 맞벌이 가정에서 가사와 양육에 대한 남성의 참여가 현저히 증가했는데, 이는 지난 수십 년간 중류층 기혼 여성이 경제활동 참여를 지속적으로 늘린 결과 마침내 가정에까지 변화가 파급된 것이다.[2]

1) 여성운동과 중류층 기혼 여성의 취업

20세기 후반 전개된 가장 중요한 변화는 중류층 기혼 여성이 집 밖에서 돈이 되는 일에 종사하게 되었다는 것이다. 과거에도 중류층 미혼 여성은 결혼하기 전까지 직업을 가질 수 있었지만, 결혼하면 집 밖에서의 경제활동을 중단하는 것으로 되어 있었다. 이러한 전통 질서에 큰 변화의 계기는 전쟁과 함께 찾아왔다. 제2차 세계대전 중 전쟁 물자를 생산하기 위해 공장이 왕성하게 돌아가야 하는데 젊은 남성은 모두 전장에 나가버려 심각한 노동력 부족 현상이 발생했다. 전쟁 기간 중에는 해외에서 이민자가 들어오지 않았으므로 결국 공장과 사무실의 부족한 노동력은 그동안 집 밖에서 일하지 않던 중류층 여성을 동원해 채워졌다. 여성은 과거에 남성이 산업 현장에서 하던 일을 담당했다. 그 당시 여성의 노동을 권장하는 홍보 포스터에서 묘사한, 일하는 여성의 이미지는 전통적인 여성과 달리 남성의 일을 하는 '리벳공 로지Rosie the Riveter'로 상징되었다. 제2차 대전 중 포스터에 많이 등장하는 남성의 일을 하는 여성 노동자의 이미지는 이후 여성운동의 상징으로 자주 등장한다. 그 당시 여성은 20대 초에 결혼을 하고 결혼하면 바로 애를 낳았으므로 공장과 사무실에 새로 끌어들인 여성 노동자는 대부분 자녀가 있는 기혼 여성이었다. 전쟁이 끝난 후 전장에서 돌아온 남성에게 직장의 일자리를 양보하고 여성은 다시 가

그림 5-1 제2차 대전 중 제작된 여성의 경제활동을 장려하는 포스터

이 포스터에 등장하는 '리벳공 로지'의 이미지는 이후 여성운동의 상징이 되었다.
© wikipedia.org

정으로 돌아가라는 압력이 높았다. 그러나 상당수의 중류층 기혼 여성은 직장 생활을 포기하지 않고 지속했다.

제2차 대전 종전 후 1960년대까지 미국에는 이른바 '행복한 가정'의 이념이 지배했다. 교외에 살며 남성은 도심의 직장으로 출근하고 여성은 집에서 자녀를 돌보고 가사를 담당하는 것을 최고의 행복으로 여겼다. 이전에 비해 혼인이 증가하고 초혼 연령이 낮아졌으며 자녀를 많이 낳고 이혼이 줄었다. 그러나 이러한 이상적인 중류층 가정에서 여성의 삶이 행복했던 것만은 아니다. 1963년 베티 프리댄Betty Friedan은 『여성의 신비The Feminine Mystique』라는 도발적인 제목의 책에서 교외의 행복해 보이는 중류층 가정생활의 이면에는 여성의 비인간적인 삶이 숨어 있다고 고발했다. 교외의 지리적으로 고립된 가정이라는 울타리에 갇혀 살면서 누구의 도움도 받지 않고 혼자 떠맡아야 하는 자녀 양육의 어려움과 매일 매주 반복되는 사소한 가사에 에너지를 소모하면서 삶의 권태와 좌절로 괴로워하는 가정주부의 모습을 적나라하게 묘사했다. 이 책은 사회적으로 큰 파장을 일으키며 1960년대 후반 여성운동의 단초를 제공했다.

1960년대 후반에 시작된 여성운동은 민권운동의 영향을 받았다.[3] 민권운동은 흑인의 정치적·사회적 권리를 찾는 운동인데 여성들에게 자신의 권리를 주장할 계기를 제공했다. 여성들은 민권운동이 전개되는 것을 지켜보면서 자신도 흑인과 마찬가지로 정당한 사회적 권리로부터 소외된 소수자라는 자각이 들었다. 민권운동은 여성에게 자신의 목소리를 집단적으로 높일 용기를 제공했다. 민권운동에서 여성 참여자는 남성 참여자보다 낮은 지위로 밀려나는 경험을 하면서 여성의 권리를 옹호하기 위해서는 별도의 사회 운동이 필요함을 깨달았다. 1966년 베티 프리댄의 주도로 여성운동의 중심 조직인 NOW National Organization for Women가 창립된다.

1970년대는 여성운동의 전성기이다. 흑인은 1960년대 민권운동을 통해 백인과 법적으로 동등한 권리를 획득한 후, 지도자의 암살과 연이은 도시 폭동, 폭력적인 흑인 분리주의 운동으로 인해 폭넓은 지지 기반을 잃고 사회운동의 동력을 상실했다. 반면 여성운동은 민권운동이 촉발한 인권 평등이라는 대의를 이어받아 전국적으로 지지 기반을 넓히고 의제를 장악하는 사회운동으로 성장했다. 여성에 대한 차별을 인종차별과 같은 수준으로 금지하는 제도가 만들어졌다. 연방 정부 산하에 준사법적 법률기구인 '고용기회평등위원회'가 설치됐으며 직장에서 인종차별과 성차별을 감시하는 일이 정부 차원에서 전개되었다. 1970년대에 두 가지 특기할 사건이 벌어졌다. 첫째, 성에 따른 모든 차별을 금지한다는 조항을 헌법에 삽입하고자 했던 헌법개정운동이다. 이 운동은 1970년대 전 기간에 걸쳐 전국을 뜨겁게 달구었지만 결국 헌법 수정 조항을 통과시키지는 못했다. 헌법 수정 조항이 채택되려면 연방 의회를 통과한 개정안이 전국 50개 주 가운데 3분의 2 이상에서 찬성을 획득해야 하는데, 헌법 수정에 필요한 38개 주의 승인 중 3개가 미달해 결국 1982년 이 수정 조항은 자동 폐기되었다.

헌법개정운동은 성공하지 못했지만 1972년부터 시작해 10년간 성평등 문제를 둘러싸고 전국에서 벌어진 격렬한 찬반 논쟁은 미국인에게 사실상 법안 통과 못지않은 효과를 가져왔다. 이 운동을 통해 미국인 전체가 여성의 동등한 인권이라는 이슈에 눈을 뜨게 되었다. 헌법수정운동이 실패로 끝나면서 여성운동은 외면적으로 동력을 잃었지만 1970년대의 여성운동이 불러일으킨 남녀평등 의식은 과거라면 허용되었을 불평등한 관행을 이후에는 감히 상상할 수 없게 만들었다. 민권운동을 계기로 인종을 이유로 한 명백한 차별이 사라졌듯이, 여성운동을 계기로 여성을 이유로 한 명백한 차별은 미국 땅에서 사라졌다. 차별을 지나치게 의식해 과도하게 조심하는 행태를 지칭하는 '정치적인 올바름political correctness'이라는 관행은 이러한 사회운동의 결과이다.

1970년대 여성운동에서 또 하나의 기념비적인 사건은 1973년 대법원이 여성의 자기 선택권을 존중해 낙태를 법적으로 허용한 결정이다. 원치 않는 아이를 낙태할 권리는 피임과 함께 여성의 자기 몸에 대한 결정권의 핵심이다. 미국인은 유럽 사람들과 달리 종교적인 믿음이 강하므로 전통적인 가족 가치를 소중히 하며 낙태를 금하는 분위기가 지배했다. 이러한 사회 분위기 속에서 여성운동계의 적극적인 노력으로 낙태가 법적으로 허용되게 되었다는 것은 큰 의미를 갖는다. 기독교는 여성이 남성의 권위에 복종하고 자녀를 많이 낳아 번성하라고 가르친다. 여성이 자신의 몸에 대한 권리를 주장하면서 원치 않는 임신을 중단한다는 것은 기독교의 권위에 정면으로 도전하는 것이다. 1980년 복음주의 교회의 절대적인 지지에 힘입어 취임한 레이건 대통령이나 이후 계속된 공화당 정부에서 낙태를 불법화하기 위해 꾸준히 노력했다. 근래에 남부의 여러 주에서 낙태를 부분적으로 금지하거나 낙태 시술소를 없애버린 것은 여성운동의 성과가 공화당 정권하에서 부분적으로 후퇴한 것이다. 그러나 미국 사회는 1970년대에 여성운동을 거치면서 그 전과는 비교할 수 없을 정도로 여권이 신장되었다. 이는 일부 정치인의 의지로 되돌려놓을 수 있는 범위를 훨씬 넘어선다.

많은 사람이 특정한 대의를 추구하면서 참여하는 사회운동으로서 여성운동은 1980년대에 동력을 상실했다. 그러나 1970년대의 여성운동은 미국 사회에 큰 영향을 끼쳤다. 미국인의 대다수가 남녀 차별에 새로이 눈뜨게 되었다. 대학교에는 '여성학과'가 만들어져 남녀 차별에 대해 체계적인 연구가 전개되었으며, 남녀를 구분해 집계하는 통계가 새로이 개발됨으로써 남녀 격차를 줄이기 위한 노력이 힘을 받았다. 여성의 경제활동 참여가 높아지고 임금 격차가 줄어들었으며, 여성에 대한 억압 행위인 성희롱이나 성폭력에 대한 개념 규정과 함께 이를 처벌하는 법규가 만들어졌다.

1960년대까지 중류층 기혼 여성의 가정 밖 활동은 종교 활동이나 이와 연관된 자원봉사가 전부였다. 중류층 기혼 여성에게는 밖에서 일하는 것이 권장

그림 5-1 남녀 경제활동 참가율 추이(1948~2015) (단위: %)

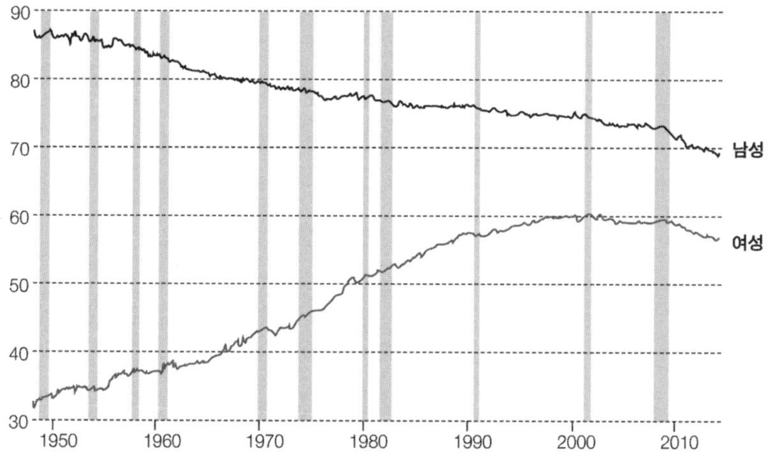

주: 회색 부분은 불경기 기간을 나타냄. 여성의 경제활동 참가율은 제2차 대전 이래 꾸준히 증가해 1997년 최고 수준을 기록한 후 점차 하락하고 있다.
자료: US Bureau of Labor Statistics.

되지 않았다. 이러한 인식은 여성운동과 경제 변화의 영향으로 바뀌기 시작한다. 1960년대 이래 미국 경제는 제조업에서 서비스업으로 중심이 서서히 이동했다. 자녀를 학교에 보낸 중년 부인이 서비스 업체에서 고상한 일을 하는 경우가 점차 증가했다. 예컨대 은행이나 보험회사, 백화점, 학교, 병원에서 일하는 등 여성의 고용 기회는 확대되었다. 중류층 기혼 여성의 취업은 어느 한 시점에 갑자기 증가한 것이 아니라 1960년대 이래 꾸준히 증가했다. 2014년에 25~54세 기혼 여성의 경제활동 참여율은 73%에 달하는데 이는 미혼 여성과 비교해 불과 6%밖에 차이가 나지 않는다. 물론 일하는 기혼 여성은 일하는 양과 강도에서 남성보다 떨어진다. 미국 전체 여성의 경제활동 참여율은 지난 수십 년간 꾸준히 증가해 1997년에 70.7%를 기록한 이후 성장을 멈추었다.[4] 2000년대 들어 기혼 여성의 경제활동 참여율은 계속 감소하고 있다. 2015년 여성의 경제활동 참여율은 66.9%로 최고점에 비해 3.8%포인트나 감소했다. 기혼 여성의 경제활동 참여 추세가 중단된 가장 주된 이유는 일과 가정의 양립이 어렵기 때문이다.

2) 일과 가정의 양립이 어려운 사회

현재 미국 중류층 기혼 여성의 4분의 3은 집 밖에서 일한다. 그러나 기혼 여성은 남성보다 경제활동에 참여하는 정도가 낮다. 직장에서 여성에 대한 차별도 있지만 그보다는 양육과 가사의 부담을 주로 여성이 지기 때문에 여성 스스로 적게 일하는 선택을 한다. 미국에서 어린 자녀를 둔 여성이 일하는 경우 그녀의 생활은 무척 바쁘고 힘들다. 미국 사회는 여성이 일하는 가정에 제도적으로 도움을 주려 하지 않는다. 근래까지 여성의 출산휴가는 매우 짧고 양육 휴가는 전혀 없었다. 요즈음 일부 주에서 무급의 양육 휴가를 도입했지만 재정 부담 때문에 많이 사용하지 않는다. 여러 학자들이 어머니가 밖에서 일하는 것이 자녀가 건전하게 성장하는 데 도움이 된다고 입증했음에도 어머니의 취업이 자녀에게 해가 된다는 인식은 여전히 미국 사회에 널리 퍼져 있다. 개신교 교단에서는 여성이 있을 곳은 가정이고 자녀를 양육하는 것은 하느님이 여성에게 부여한 가장 고귀한 임무라고 계속 가르친다. 현실은 변했지만 이를 뒷받침할 가치관의 변화는 지체되고 있다.

미국에는 유럽의 선진국과 달리 보통 사람들이 이용할 수 있는 공공 탁아소가 없다. 탁아소와 어린이집은 모두 민영으로 운영된다. 양질의 탁아소와 어린이집은 매우 비싸거나 고급 직장에서 직원에게 복지 혜택으로 제공한다. 따라서 집중적인 보살핌이 요구되는 다섯 살 이하의 아이를 둔 엄마는 직장을 그만두거나, 비싼 탁아 비용을 부담하면서 다닌다고 해도 직장에 쏟는 시간과 에너지를 줄이는 방식으로 대처할 수밖에 없다. 남성은 생계를 책임지는 사람이라는 인식이 강하고 남성의 임금이 여성보다 높으므로, 남편이 일을 쉬고 집에서 애를 본다는 것은 생각하기 어렵다. 여성이 사회적으로 성공하기 위해 결혼을 늦추거나 아예 안 하고, 자녀를 덜 낳는 경향이 나타나는 것은 당연하다. 높은 교육을 받은 여성은 사회적인 성취의 기회가 크므로 이러한 경향이 두드러진다.

고등 교육을 받은 능력 있는 여성은 직장에서 받는 높은 임금으로 양질의 양육 서비스를 구입할 수 있다. 그들은 일을 하지 않을 경우 포기해야 하는 임금, 즉 집에서 자녀만을 양육할 때의 기회비용이 높으므로 일을 하는 비율이 높다. 그러나 교육 수준이 낮아 최저임금을 받으며 일하는 중하층 여성은 어떻게 자녀 양육 문제를 해결할까? 생계 때문에 전업으로 일하면서 어린 자녀를 키워야 하는 여성은 엄청난 스트레스를 받으며 산다. 흑인 여성은 자신의 어머니나 성인 자매와 함께 살거나 근거리에 거주하면서 도움을 받는다. 가까운 친지나 이웃의 도움을 받지 못할 경우 자신의 임금으로는 양육 서비스 비용을 충당하기에 벅차므로 일을 그만두고 정부가 아이에 대해 지급하는 복지 혜택에 의존해서 살아간다. 근래에 정부의 복지 개혁 중 미혼모의 자녀 양육을 지원하면서 취업을 돕는 프로그램은 이들을 복지 지원에 의존하는 상태에서 벗어나게 하는 효과가 크다. 그럼에도 여성의 교육 수준이 높으면 경제활동 참여율이 높고 여성의 교육 수준이 낮으면 경제활동 참여율은 현저하게 떨어진다.

중류층 기혼 여성이 밖에서 일하면 가사는 어떻게 처리할까? 근래에 남성의 가사 참여율이 높아졌다고는 하지만 맞벌이 가정의 가사는 다음 두 가지 방식으로 해결한다. 첫 번째는 가사의 양을 절대적으로 줄이는 것이다. 가사를 돕는 기계를 사용해 효율성을 높이고, 청소를 한 주에 한 번만 하는 등으로 가사의 양과 질을 낮춘다. 맞벌이 가정은 홑벌이 가정과 비교해 가사에 투입하는 총시간이 현저하게 적다. 두 번째 방법은 가사를 본인이 직접 하는 대신

시장에서 구입하는 것이다. 집에서 요리하는 대신 외식을 하거나 미리 조리된 것을 구입해 집에서 간단하게 데우는 방식으로 처리한다. 중상류층 맞벌이 가정의 경우 한 주에 한두 번 파출부를 고용해 집안 청소를 대신하도록 한다. 이러한 조정은 모두 전통적인 가정의 안락함을 희생하는 것이므로 남편의 입장에서 보면 과거보다 질이 낮은 가정생활을 감수하는 것이다. 이렇게 양육과 가사를 조정하는데도 기혼 여성이 부담해야 할 책임은 남성과는 비교가 안 되게 많다. 따라서 자신의 경력에서 성공을 진지하게 추구하는 여성은 결혼과 가정생활을 희생할 수밖에 없다. 근래에 정부 고위직의 여성이 자발적으로 그 지위를 포기해 화제가 되었다.[5] 그녀는 자신이 그러한 선택을 한 이유를 언론에서 상세하게 밝혔는데, 요점인즉 업무 부담이 많은 직책과 질 높은 자녀 양육을 병존하는 것이 불가능함을 깨닫고 후자를 선택했다는 것이다. 그러나 그녀는 정부 고위직에서 사퇴했을 뿐 하버드 대학교 교수직은 여전히 유지했으므로 사실 가정으로 완전히 복귀한 것은 아니다.

기혼 여성이 밖에서 일할 경우 감내해야 할 부담이 엄청난데도 여성의 경제활동 참여율이 20세기 동안 꾸준히 높아진 데에는 분명 이유가 있다. 현대 사회에서 직업은 사람들의 사회적 지위를 결정하는데 가정주부의 사회적 지위는 매우 낮기 때문이다. 과거 대다수의 중류층 기혼 여성이 일을 하지 않을 때는 그들의 직업 활동이 사회적 지위를 결정하지 않았다. 그 대신 남편의 사회적 지위가 곧 부인의 사회적 지위를 대변했다. 그러나 근래에 기혼 여성의 대다수가 일을 하게 되면서 여성의 직업이 남편의 지위와 함께 자신의 사회적 지위를 결정하게 되었다. 잘나가는 남편을 둔 것은 여성이 사회적 지위를 높이는 데 여전히 중요한 요소이나, 점차로 여성 본인 직업의 중요성이 높아지고 있다.[6] 이제 전업주부는 남편의 지위만으로는 보상이 되지 않는 열악한 지위로 추락하고 있기에 교육 수준이 높은 여성일수록 전업주부가 되는 것을 기피한다.

2. 성 격차는 어떻게 왜 벌어지나

미국은 20세기에 들어 꾸준히 여성의 사회참여가 증가하고 여성의 지위도 상승했다. 그러나 여전히 여성은 남성과 비교해 현저히 열악한 지위에 머물러 있다. 법적인 지위에서는 여성이 남성과 동등하나, 현실에서 남성과 여성 사이에 어떻게 왜 격차가 벌어지는지 살펴보자.

1) 성 차별이 성 격차의 주원인은 아니다

현재 미국 여성은 평균적으로 남성의 약 77%의 임금을 받으며 주로 중하위직에 몰려 있다. 1990년대 후반 이래 지난 20년간 남성 대비 여성의 임금은 70% 중반에 정체해 있다. 이는 여성의 경제활동 참여율이 1990년대 후반 최고점에 도달한 이래 정체 상태에 있는 것과 유사하다. 왜 그럴까? 첫 번째로 떠오르는 생각은 직장에서 여성에 대한 차별 때문이지만 현실은 이보다 복잡하다. 물론 직장에서 여성에 대한 차별은 여전히 존재한다. 취업 시장에서 여성 지원자는 같은 자격 조건을 갖고도 남성보다 뒤지고 입사해서도 일의 배분이나 업적 평가, 승진에서 남성에 미치지 못한다.

1970년대 여성운동이 한창일 때 여성에 대한 명백한 차별은 법으로 금지되었다. 비록 완전하게 성공하지는 못했지만 '동일 노동 동일 임금'을 추진하는 사회운동으로 직장에서 여성의 지위가 급속히 상승했다. 그러나 명백한 차별 요소가 제거된 뒤에는 향상의 정도가 미미하다. 이는 여성 근로자가 처한 구조적인 환경이 개선되지 않는 한 성 격차를 좁히는 일이 쉽지 않음을 시사한다. 교육 수준에 따라 향상의 정도에 차이가 난다. 여성 중에도 고등 교육을 받고 전업으로 일하는 근로자의 임금은 남성의 80%를 넘어섰다. 반면 교육 수준이 낮은 여성 근로자의 성 격차는 좀처럼 좁혀지지 않고 있다.[7]

여성이 남성보다 임금이 낮은 이유는 두 가지이다. 하나는 여성 근로자의 노동 투입이 남성보다 적기 때문이다. 여성은 남성보다 적은 시간을 일하며, 시간제 근로나 임시직 등 임금 수준이 낮은 고용 형태가 많다. 여성은 남성보다 일반적으로 부담이 작은 성격의 일을 하며, 때때로 긴급하게 많은 시간과 에너지를 투입해야 하는 성격의 일은 가급적 피한다. 여성이 이러한 선택을 하는 이유는 물론 양육과 가사에 대한 책임이 크기 때문이다. 현재 미국의 직장에서 여성이 남성과 같은 방식으로 일하려면 양육과 가사에서 큰 희생을 감수해야 하는 반면, 남성은 이러한 희생 없이 전적으로 직장 일에 헌신할 수 있다. 기혼 여성은 양육과 가사의 부담 때문에 스스로 시간과 에너지의 투입을 줄이는데, 그 결과 직장에서 중요한 일을 맡지 못하고, 승진에서 뒤처지며, 경력 단절까지 감수한다. 미국의 직장에서 큰 책임이 따르는 중요한 일은 담당자의 전적인 헌신을 요구하는데, 여성은 스스로 이러한 일을 맡는 것을 기피하거나 이러한 일을 맡기 위한 경력 개발을 소홀히 한다. 그 결과 여성은 직장에서도 중하위직에 몰리게 된다.

여성이 남성보다 임금이 낮은 또 다른 이유는 여성 근로자는 여성이 많이 일하는 직종에 몰려 있기 때문이다. 여성이 많이 종사하는 일은 남성이 많은 직종에 비해 임금이 낮다. 예컨대 여성이 많은 직종인 보육 교사, 초등학교 교사, 간호사, 비서, 판매원, 개인 서비스 등에는 거의 대부분이 여자인 반면, 남성이 많은 직종인 자동차 수리, 트럭 운전수, 항공기 조종사, 엔지니어, 숙련 기술공 등에는 거의 대부분이 남성이다. 남성이 주로 일하는 직종에 여성의 고용을 기피하거나, 여성이 많이 일하는 직종에 여성을 선호해 고용하는 관행에 대해 성 차별을 주장하기는 쉽지 않다. 근래에 남성이 독점하고 있던 직종에 여성의 진출이 조금씩 늘고 있지만 전통적으로 남성의 직종에 여성이 진출하기는 힘들다.

이 두 가지의 요인 중 전자, 즉 여성이 남성보다 노동 투입이 적은 것이 남녀 간 임금 격차를 크게 하는 데 더 중요한 요인이다. 여성이 남성과 같은 직업에 종사한다고 가정했을 경우에도 남녀 간 임금 격차는 4분의 1밖에 줄지 않는다. 남녀 간 임금 격차의 4분의 3은 여성이 남성보다 노동 투입을 적게 하기 때문이다.[8] 남녀 간 임금 격차는 여성이 남성보다 절대적으로 적은 시간을 일하기 때문이라기보다는, 유연한 근무 방식을 선호하기 때문에 지불하는 비용이다. 여성 근로자는 절대적인 근무시간보다는 직장 일에 헌신하는 정도에서 남성보다 떨어지기 때문에 비싼 대가를 치른다. 예컨대 직장의 일 때문에 예기치 않게 장시간 일을 해야 하거나 먼 곳에 출장을 가야 하는 상황에서 남성과 달리 집에 어린 자녀를 둔 여성은 이러한 일을 맡지 않는다. 어린 자녀가 갑자기 아프거나 문제가 발생하면 남성과 달리 여성은 직장의 일을 희생하면서까지 자녀에게 헌신한다. 회사는 이러한 여성에게 중책을 맡기지 않으며, 교육 훈련에 인색하고, 승진을 시키지 않으며, 낮은 임금을 지불하고, 불경기에 먼저 해고한다. 이렇게 직장 일에 덜 헌신하는 여성 근로자에게 큰 대가를 치르도록 하는 경향은 남성이 많은 직장에서 심하다. 예컨대 금융계, 법률계, 경영 컨설팅 등과 같이 남성이 몰려 있는 고급 직장에서 남녀 간 임금 격차는 매우 큰데, 이러한 직장에서 기혼 여성은 높은 책임이 요구되는 일을 맡지 못한다. 높은 책임이 요구되는 일은 어린 자녀를 키우는 생활과 병립하기 어렵기 때문이다.

미국 가정에서 남편의 직장 생활은 아내의 직장 생활보다 우선한다. 남편과 아내 사이에 직장 생활을 조정하는 데 어려움이 발생할 경우 대체로 여성 쪽에서 희생한다. 이는 여성의 경력 단절이나 훼손을 가져오는 주요 원인이다. 이러한 방식으로 조정하는 것은 합리적인 계산의 결과이다. 왜냐하면 아내의 소득이 남편의 소득보다 낮은 상황에서, 남편의 직장 생활에 우선적 가치를 두는 것이 가족 전체로 볼 때 더 이익이 되기 때문이다. 자녀나 가정의 사정 때문에 기혼 여성이 직장에 투입하는 노력을 줄이면, 이는 거꾸로 여성에 대한 차별을 정당화하는 요인으로 작용하는 악순환을 불러온다. 직장에 덜 헌신하는 근로자에게 낮은 보수를 주고 덜 중요한 일을 맡긴 결과 여성과 남성의 지위에 격차가 발생한다는 주장은 사실이다. 여성의 양육과 가사에 대한 책임을 남성과 사회가 분담하지 않는 한, 기혼 여성은 직장에서 남성보다 열악한 지위에 머무를 수밖에 없다. 직장과 가정의 요구가 충돌할 때 여성은 가정의 요구에 우선을 두어야 한다는 사회적 규범이 경제생활에서 더 이상 성 격차를 좁히지 못하는 원인이다.

2) 교육 격차는 양이 아니라 질이 문제이다

제2차 대전 때까지만 해도 여성의 역할은 가정에 한정되었으므로 중등 교육을 넘어서는 여성의 교육은 권장되지 않았다. 소수의 중상류층 여성은 고등교육을 받았으나 이는 결혼을 잘 하기 위한 용도로만 의미가 있을 뿐 사회참여나 경제활동에 도움을 주는 것은 아니었다. 제2차 대전 후 여성의 교육 수준은 꾸준히 상승했다. 독립적인 인격체로서 자기 개발과 삶의 책임을 강조하는 학교 교육은 여성의 사회적 자각을 낳았다. 이는 여성의 집 밖에서의 활동을 높이는 데 기여하며 1960년대 후반 여성해방운동으로 이어졌다.

1970년대까지만 해도 남성이 여성보다 더 많은 교육을 받았지만 여성의 교육 수준은 점차 높아져 마침내 남성을 추월했다. 이제 교육 연수로 따지면 여성은 남성보다 앞서 있다. 미국의 대학교에는 여성이 남성보다 훨씬 많으며, 고등학교와 대학교의 졸업률에서 여성은 남성을 압도한다. 근래까지 대학원 교육에서는 남성이 여성보다 앞섰으나 이제 박사학위를 취득하는 비율에서도 여성은 남성과 차이가 없다.

교육 수준에서 여성은 남성을 추월했으나 교육의 내용에서는 여성과 남성 사이에 차이가 있다. 여성은 남성보다 직장에서 요구하는 기술을 배우는 데 적극적이지 않다. 여성은 졸업 후 취업이 용이하며 높은 소득을 거두는 분야인 과학과 공학에서 남성보다 현저히 적다. 반면 취업이 힘들고 상대적으로 소득이 낮은 인문학과 예술 분야에는 여성이 몰려 있다. 전문직 분야에서도 간호학, 복지학, 교육학 등에 여성이 집중된 반면, 의학, 법학, 공학에는 여성의 비율이 낮다. 여성이 집중된 전문직은 남성이 집중된 전문직보다 소득이나 사회적 지위가 낮다. 근래 들어 대학에서 과거 남성이 독점하던 전공에 여성의 진입이 늘고 있다. 최근 경영대학원과 법학전문대학원의 여학생 비율은 40%에 달하며, 컴퓨터 공학과 같은 일부 분야에서는 여성의 비율이 아직 10%대에 지나지 않지만, 공학 분야 전반으로 보면 여학생의 비율이 3분의 1에 육박한다. 그 결과 STEMScience, Technology, Engineering, and Mathematics이라 불리는 자연과학과 공학 분야의 전문직에 종사하는 여성의 비율은 남성의 3분의 1에 도달했다.[9] 미국의 대학은 한국과 달리 입학 후에 학교를 다니면서 자신의 의사에 따라 자유로이 전공을 선택하는데, 여성은 왜 졸업 후 취업이 어렵고 소득이 낮은 전공을 집중적으로 선택하는 것일까? 많은 여성은 경제적인 불이익에도 불구하고 남성이 많이 하는 일이 자신의 선호나 적성에 맞지 않는다고 생각하기 때문이다. 여성이 이렇게 생각하는 것은 여성에 대한 고정관념 때문이다.

3) 여성적인 특성은 나쁜 것인가

미국에서 여성은 어렸을 때부터 여성답게 자라도록 부모와 주위 사람으로부터 이끌어진다. 여자아이에게는 인형이, 남자아이에게는 움직이는 장난감이 주어진다. 사람들은 여자아이는 얌전하다고 칭찬하는 반면, 남자아이는 활동적이라고 칭찬한다. 여자아이는 외모를 가꾸는 데 신경을 쓰고 주위와 화합하고 사랑을 받도록 이끌어지는 반면, 남자아이에게는 생계를 책임지고 나아가 세계를 바꾸는 사람이 되기 위해 내면의 실력을 쌓도록 격려된다. 여자아이에게는 성실한 추종의 미덕이 권장되는 반면, 남자아이에게는 독립적인 반항과 지도자의 미덕이 권장된다. 여자아이의 롤 모델은 헬렌 켈러Helen Keller 나 나이팅게일Florence Nightingale인 반면, 남자아이의 롤 모델은 조지 워싱턴George Washington이나 찰스 린드버그Charles Lindbergh이다. 그 결과 여성은 자신의 외모를 가꾸고 주위의 시선에 부응하는 데 남성보다 시간과 노력을 더 많이 들이는 반면, 남성은 어릴 때부터 남과 경쟁해 승리자가 되도록 훈련받는다.

학교에서도 여성과 남성을 구별하는 관행은 계속된다. 여성은 선생님의 말을 잘 듣는 태도를, 남성은 도전적이고 창의적인 태도를 칭찬받는다. 여자아이가 수학이나 과학을 잘 못하는 것은 여성적인 특성의 반영으로 받아들여져 문제시되지 않는 반면, 문학적 혹은 예술적 소양에 대해서는 칭찬과 격려가 쏟아진다. 남자아이는 경쟁적 스포츠나 기계를 고치고 만드는 취미에 몰두한다. 남자아이에게는 경쟁에서 이기고 강해져야 한다고 격려하는 반면, 여자아이에게는 경쟁이나 갈등을 삼가도록 권유한다. 중등학교 여학생 사이에는 치어리더가 선망의 대상인 반면, 남학생 사이에는 풋볼 선수가 선망의 대상이다.

이러한 편향된 사회화 과정이 오랫동안 지속된 결과 여성은 대학교에 가서도 인문학이나 예술 분야의 전공을 선호한다. 이러한 기대와 반대로 여성이 공학이나 과학 분야를 선택하면 주위의 의심과 우려를 낳는다. 여자가 전문대학원에 진학하고 나아가 박사학위를 추구하면, 남성과 본격적으로 경쟁하는 여자로 인식되어 남자들이 여성으로 보지 않고 멀리할 것을 걱정해야 한다. 대다수 남성은 도전적인 직업 경력을 추구하는 여성이나 자신보다 교육 수준이 높은 여성을 호감 있게 보지 않기에, 이러한 우려는 현실로 나타날 가능성이 크다. 결혼 배우자로 여성은 자신보다 사회경제적 지위가 높은 사람을 구하며, 반대로 남성은 자신보다 사회경제적 지위가 낮은 사람을 찾는다. 여성은 사회적으로 능력 있는 남성을 배우자감으로 선호하는 반면, 남성은 예쁘고

귀여운 여성을 찾는다. 미국 여성은 평균적으로 자신보다 2~3년 연상의 남성을 배우자로 맞이한다. 따라서 여성은 교육 수준이 높고 직업 지위가 높아질수록 미래의 배우자감이 급격히 줄어드는 것을 각오해야 한다. 전통적인 기대에서 벗어날 경우 여성은 주위에 긴장을 초래하며 자신의 삶에 굴곡이 있을 것을, 혹은 최소한 전통적인 방식으로 살기 어려울 것을 각오해야 한다.

여성에 대한 고정관념은 전통적인 성 역할 분업에 뿌리를 두고 있다. 여성은 양육과 가사를 돌보며 남편에게 감정적인 서비스를 제공하도록 기대되는데, 이는 여성에 대한 전통적인 고정관념과 동전의 양면 관계이다. 반면 남자는 사회에 참여해 일을 수행하고 돈을 벌어오는 역할이 주어지므로 남성적인 고정관념 또한 이러한 역할의 반영이다. 여성운동이 전통적인 성 역할을 바꾸는데, 즉 여성이 집 밖에서 경제활동을 하도록 하는 데 노력을 경주한 것은 바로 이러한 이유에서이다. 여성이 가정에 머물러 있고 남성이 밖에 나가 돈을 벌어오는 구조가 지속되는 한 남성과 여성에 대한 고정관념은 바뀌기 어렵다. 남성과 여성에 대한 고정관념이 바뀌지 않는 한, 남성과 여성의 성취동기, 교육, 경제활동, 직장 내 역할과 지위 또한 바뀌지 않는다. 남녀 간 사회적 지위의 격차와 남녀의 고정관념은 서로 원인과 결과를 주고받는다. 남성과 여성의 고정관념은 남녀 간 사회적 지위의 격차를 낳으며, 거꾸로 남녀 간 사회적 지위의 격차는 남녀의 고정관념을 강화시킨다.

가정과 학교에서 주입되는 전통적인 가치관은 물론, 상업화된 대중문화는 여성과 남성의 고정관념을 재생산한다. TV, 영화, 광고 등 대중매체는 고정관념을 재생산하는 공장이다. 대중매체에서 간혹 고정관념을 벗어난 여성을 등장시키기도 하지만 전통적인 이미지에서 크게 벗어날 경우 사회적인 긴장을 초래하므로 골치 아픈 것을 기피하고 다수에게 쉽게 수용되는 것을 추구하는 대중 엔터테인먼트의 속성에 어긋난다. 전통적인 고정관념에 어긋나게 행동하는 영화나 TV 드라마의 주인공은 난관에 부딪히고 비극적인 결말을 맞는 경우가 많다. 사람들은 이러한 내용을 반복해 접하면서 남녀의 고정관념을 재확인하고 그에 맞추어 행동하도록 설득당한다.

가정과 사회문화 환경에서 주입된 남녀의 고정관념은 개개인의 의식 속에 내재화되어 있다. 따라서 누가 강요하지 않아도 이에 맞추어 행동하고, 그것을 자신이 좋아하고 적성에 맞는 것이라고 생각한다. 간혹 어떤 여성이 고정관념에서 벗어난 방식으로 행동하면 주위의 제재가 가해진다. 주위 여성에게서 직간접적으로 비난받고 남성 사회로부터 배척당한다. 고정관념에서 벗어난 방식으로 행동한 여성은 결국 사회문화적 환경의 집요한 압력에 굴복해 고정관념과 타협하는 방식으로 처신하게 된다. 미국에서 여성의 사회참여가 일찍이 시작되었지만 대다수의 미국인은 여성과 남성에 대한 뿌리 깊은 고정관념을 여전히 지지한다.

20세기 후반 미국 여성은 전통적인 고정관념에서 벗어나는 방향으로 많이 진전했다. 많은 여성이 대학교와 대학원에 진학하고, 대학교에서 남성이 독점하던 전공을 선택하며, 남성이 독점하던 직종에 진출하고, 결혼 후 아이를 갖고도 직장에 계속 다니며, 결혼하지 않고 혼자 살고, 직장에서 남성을 부하로 둔 여성 상사가 늘어나고, 아내가 남편보다 직업 지위가 높고 돈을 더 잘 버는 가정이 늘어나는 등 전통적인 성 고정관념이 교란되는 경향이 커진다. 이러한 변화는 여성에 대한 묘사에서도 드러난다. 남자처럼 거침없이 행동하는 여성을 지칭하는 '톰보이tomboy'라는 용어가 1970~1980년대에 유행했으나 근래에는 거의 사용되지 않는다.[10] 이는 근래에 미국 여성에게 '여성스러운', '여성만의'라는 표현이 호소력을 잃었기 때문이다. 이제 미국에서 대다수의 젊은 여성은 외적인 모습은 어떠하건 간에, 내적인 의식에서는 모두 '톰보이'다. 여성과 남성을 구분하는 고정관념의 영향력이 약화되면서 삶에 대한 태도와 행동방식에서 여성은 남성과 동등해지는 쪽으로 많이 진전한 것이다.

3. 성 역할 분업 구조의 붕괴

근래에 교육 수준이 높은 젊은이들 사이에서 남녀의 성 역할 분업이 현저히 약화되고 있다.[11] 과거에는 여성이 거의 진출하지 않던 자연과학과 공학의 전문직에 여성의 진출이 활발하다. 교육 수준이 높을수록 남녀평등에 대한 의식이 높고 남녀의 고정관념이 적은 반면, 교육 수준이 낮을수록 전통적인 편견의 영향을 크게 받는다. 학교 교육, 특히 대학 교육이 전통적인 남녀의 고정관념을 파괴하고 직장에서 남녀의 격차를 줄이는 데 가장 큰 효과를 발휘한다.

가정 내에서도 남녀의 고정관념이 파괴되는 경향이 뚜렷하다. 근래에 대학을 졸업한 남녀는 전통적인 남녀의 고정관념에서 많이 벗어났고 직장이나 집에서도 남녀 간 역할 구분을 크게 의식하지 않으며 생활한다. 1990년대까지 맞벌이 가정에서 남편이 양육과 집안일에 참여하는 수준은 미미했다. 그러나 2000년대 들어 대학 졸업자 중 직업 지위가 높은 맞벌이 부부들은 자녀 양육과 가사에서 남편의 참여가 크게 늘었다. 전반적으로 집안일의 절대 양을 줄이면서 남성이 분담하는 몫을 늘린 결과 남녀 간 격차가 크게 줄었다. 자녀 양육에서도 남녀 간 격차가 크게 줄었는데, 가사와 달리 자녀 양육에 투입하는 절대 시간이 전보다 늘었음에도 남녀 간 격차가 줄었다는 점이 특이하다. 이는 고등 교육을 받은 아버지들이 자녀와 함께하는 시간을 크게 늘렸기 때문이다. 대학을 졸업하고 직업 지위가 높은 젊은 부부는 남편과 아내의 소득 격차가 크지 않다. 그들이 직장에서 일하는 시간이나 내용에서 남녀의 차이가 줄었기 때문이다. 집 밖에서 남녀 간 일의 차이가 줄수록 남성이 양육과 집안일을 늘리지 않으면 여성이 관계에 불만족할 가능성이 커지며 이혼에 이를 수 있다. 남녀가 함께 지내는 손쉬운 대안으로 동거하는 커플이 늘면서 가정생활에서 남녀 간의 격차는 여성에게 과거보다 더 참기 어려운 것이 되었다.

최근 이러한 변화가 빠르게 전개되는 것은 제2차 대전 이후 꾸준히 진행된 여성의 지위 상승이 축적되고 사회적 압력이 높아진 결과이다. 또 다른 요인으로는 세계화와 정보화를 들 수 있다. 1980년대 이래 남성 근로자의 소득이 정체되고 직업 안정성이 약화된 반면, 여성에게는 상대적으로 유리한 방향으로 변화가 전개되었다. 서비스와 지식 경제는 남성보다 여성에게 유리하게 작용해 남녀 간 힘의 균형을 바꾸어놓았다. 남성과 대등하게 고등 교육을 받은 여성은 이러한 기회를 잘 포착해 남성과 대등한 지위에 올라서게 된 것이다. 물론 이러한 변화는 대학교 졸업 이상의 맞벌이 부부에게서 나타나는 현상으로 교육 수준이 낮은 남녀에게는 아직 거리가 먼 것이 현실이다. 그러나 위로부터의 변화는 시간이 흐르면서 하위층으로 확산되어 사회 전반적인 규범과 문화적인 가치를 바꿀 것이다.

과거에 비해 여성의 지위가 높아졌지만 상위직에 진출한 여성은 드물다. 국회의원이나 정부의 고위관료, 대기업의 이사진에 여성의 진출은 미미하다. 유엔개발계획UNDP이 매년 발표하는 여성권한 척도에 따르면 미국은 세계적으로 47위를 기록해 중위권에 머물러 있다.[12] 미국 여성은 의회에 18.2%만이 진출해 있다. '왜 상위직에서 여성을 찾아보기 힘든가?' 하는 질문은 '여성이 이러한 직책에 오르는 데 방해 요인은 무엇인가?' 하는 질문으로 바꿀 수 있다. 상위직을 제외하고 거의 전 영역에서 여성의 진출이 크게 늘었기 때문에 상위직에 여성의 진출을 확대하는 것이 남녀평등을 추구하는 데 마지막 남은 고지이다.

학자들은 두 가지 요인을 지목한다. 하나는, 앞에서 언급했듯이 일과 가정을 병행해야 하는 부담으로 인해 여성은 남성만큼 일에 시간과 정력을 투입하지 못하기 때문이다. 이러한 격차가 오랜 시간 쌓이면서 결국 고위직에 이르지 못하게 된다는 것이다. 공공 부문이건 민간 기업이건 상위로 올라갈수록 일에서 집중과 책임이 더 많이 요구되는데 이러한 업무 환경은 결혼해 자녀를 키우는 여성에게는 불리한 게임이다. 자신의 경력에서 성공을 진지하게 추구한다면 결혼하지 않거나 한다고 해도 애를 낳지 않아야만 남성과 대등하게 경쟁하고 상위직에 오를 수 있다. 이러한 상황은 실제 상위직에 오른 소수의 여성 중에 독신이거나 자녀가 없는 사례가 많은 현실이 증명한다.

두 번째 요인은 차별이다. 하위직의 여성에 대한 차별과 달리, 상위직에서 차별은 간접적이며 남성 참가자 본인도 의식하지 못하는 가운데 이루어진다. 효율적인 의사소통 능력과 지도력이 요구되는 상위직의 경우, 당사자 개인의 능력뿐만 아니라 함께 일하는 사람들의 환경에 따라 업무 성과가 좌우된다. 상위직으로 올라갈수록 업무 능력이나 성과를 객관적으로 평가하기 어려우므로 동료나 관계자의 주관적 평가에 크게 의존할 수밖에 없다. 문제는 상위직에 있는 사람은 대부분 남성인데, 사람들은 자신과 유사한 사람에게 호의적이며 함께 어울리는 성향이 있다는 점이다. 남녀를 구분하는 사회문화에서 성장한 남자들에게 여성은 남성과는 외모부터 사고방식까지 다르다는 고정관념은 여성에게 불리하게 작용한다. 남녀를 구별하는 사고방식은 의사소통의 비효율을 초래하며 여성의 지도력에 해를 끼친다. 따라서 남성 의사결정자는 다른 조건이 비슷하다면 자신의 동료나 후임자로 여성보다는 남성을 선호한다. 고위직 업무의 효율성은 상호 신뢰하는 인간관계를 통해 높아진다. 여성은 이러한 남성의 인간관계망에 진입하기 힘들기 때문에 상위직에 올라서기 어렵다.[13]

요컨대 상위직에 여성이 진출하기 어려운 것은 기존에 상위직에 진출한 여성이 드물기 때문에 효율적 의사소통과 리더십을 확보하기 어려운 구조적 이유 때문이다. 이러한 한계를 극복하기 위해 상위직 진출에 성공한 여성들 사이에 긴밀한 인간관계망을 구축해 남성의 인간관계망을 대신할 수단을 확보하는 것이 대안으로 제시된다. 미국의 여성계는 미래의 꿈나무 여성을 위한 멘토링 프로그램과 각계에서 상위직에 올라선 여성들의 네트워킹 활동을 중요시한다.

근래에 성공한 여성 경영자인 셰릴 샌드버그Sheryl Sandberg가 쓴 『린인Lean In』이라는 제목의 책이 큰 파장을 일으켰다. 이 책의 요지는 여성이 상위직에 오르지 못하는 이유가, 여성이 자신의 주장과 요구를 적극적으로 개진하지 못하는 소극적인 성향에 있으므로 적극적으로 나서서 남성 동료들과 지위와 보상을 두고 치열하게 경쟁하라는 것이다. 조직 활동에서 여성의 소극적인 성향은 여성의 문화적인 이미지와 부합한다. '여성적'이라는 것은 경쟁과 갈등을 회피하고 남을 배려하며 자신의 이익을 우선하지 않는다는 화합의 이미지를 담고 있다. 샌드버그의 주장은 곧 직장에서 여성으로 행동하지 말라는 것이다.

한때 경영학계에서 여성 경영자가 남성 경영자보다 업무 효율이 더 높은지 여부를 놓고 논쟁이 벌어졌다. 여성 경영자는 화합을 중시하며 부하의 의견을 귀담아 듣기 때문에 의사소통과 조직의 효율성이 높다는 주장이 제기되었다. 반면 중요한 의사결정이란 항시 상충된 요구를 조정하는 것인데, 이를 위해서는 냉철하고 합리적인 판단과 추진력이 중요하다는 반론이 제기되었다. 또한 좋은 상사란 화합을 중시하는가 여부보다는 조직의 임무를 효과적으로 수행하는가에 달려 있으며, 부하는 조직의 일을 잘해내는 상사를 따른다는 지적도 있다. 아무리 화합을 중시하고 부하의 의견을 귀담아 듣는다고 해도 그가 관장하는 업무의 성과가 신통치 않으면 부하들이 따르지 않으므로, 상사가 여성적인 부드러움을 가졌는가 여부는 리더십에서 중요한 요소가 아니라는 주장이다. 이러한 논쟁은 경영 성과를 객관적으로 비교한 결과 경영자의 성별은 중요한 요소가 아닌 것으로 드러나면서 마감되었다.

세상은 남성적인 가치에 의해 움직인다. '적극적이고, 참여하고, 경쟁하고, 성공을 추구하고, 효율성을 중시하고, 감정에 좌우되지 않고, 이성적이고, 힘세고, 강인하고, 민첩하고, 도전적이고, 남에게 의지하지 않고 독립적인' 등의 가치는 모두 미국 사회에서 바람직하게 여기는 것이며 남성적인 이미지에 부합한다. 여성적인 이미지는 이러한 남성적인 가치에 반대된다. '소극적이고, 자제하고, 화합하고, 자기를 희생하고, 정서적이고, 부드러우며, 남에게 도움을 주고, 서로 의지하고' 등의 여성적 가치는 남성적 가치가 지배하는 세상에서 열등한, 내지는 대안적인 것이다.

샌드버그의 주장에 따르면 여성적인 가치를 유지하면서 남자의 세계에서 성공을 추구하는 것은 자가당착이다. 여성적인 가치가 반드시 부정적인 것은 아니지만 근래 스웨덴의 학교에서는 흥미로운 실험을 하고 있다.[14] 남성과 여성을 어릴 때부터 구분하지 않고 키워서 완전히 중성적인, 혹은 남성과 여성이 구분되지 않는 '인간'이라는 이미지만이 존재하는 사회를 만드는 것이다. 그들은 어린이집에서부터 남성과 여성의 차이를 암시하는 모든 징표와 행위 양식을 폐지했다. 외모와 복장, 장난감, 읽는 책과 놀이, 화장실에 이르기까지 남자와 여자의 구분을 없앴다. 심지어 남성과 여성을 구분하지 않는 중성적인 대명사를 새로 만들어 이를 공식적으로 사용했다. 이러한 실험의 배경은 모든 사회문화에서 '여성성'은 '남성성'보다 열등하게 취급되기 때문에 사회적으로 남녀의 격차를 없애기 위해서는 성별 구분 자체를 없애는 길 밖에 없다는 과격한 주장을 바탕에 깔고 있다. 이러한 주장은 서구 사회에서 가장 진보적인 스웨덴에서도 많은 비판을 초래했지만 남녀의 격차가 얼마나 뿌리 깊은 것인가를 말해준다.[15] 사람들은 외면적으로 서로 다르게 보일 경우 이를 단순히 다른 것으로 인식하는 데서 멈추지 않는다. 사회심리학자 고든 올포트Gordon Allport에 따르면 집단적으로 외면적인 차이가 뚜렷할수록 사람들은 그 차이에 대해 편견을 만들어내어 위계적으로 구분하고 차별하는 데 활용한다.[16] 올포트의 주장이 타당하다면 현재 남성과 여성은 분명히 구분되므로 이러한 구분을 줄이는 것이 남녀 차별과 격차를 줄이는 방법이 될 수 있다. 여성이 미국 사회에서 성공하려면 여성적인 특성을 버리고 남성적인 특성을 획득해야 한다는 주장은 타당하다. 상위직으로 올라갈수록 경쟁이 치열하고, 적극적인 추진력, 냉철한 판단력, 지도력 등이 요구되는데 이것은 모두 남성적인 특성이기 때문이다.

4. 성 개방은 여성 해방이다

여성의 지위 향상은 성 개방과 밀접한 관계가 있다. 과거에 성은 극도로 억제되고 엄격히 통제된 영역이었다. 사람들은 살아가면서 일상적으로 성행위를 하지만 이에 대해 공적으로 관심을 두어서는 안 된다. 서구에서 성에 대한 부정적인 태도는 기독교 및 가부장제 이념과 연관이 있다. 기독교는 성을 죄악시했으며 후손을 낳기 위한 필요악으로 규정했다. 공식적으로 성은 혼인의 틀 내에서만 제한적으로 허용되었다.

여성의 성은 남성의 성과 달리 불평등하게 억압되어 있다. 가부장제는 성에 대해 남성과 여성에게 다른 기준을 적용한다. 남성의 성에는 폭넓은 자유가 허용되며 남성의 정력은 능력의 상징인 반면, 여성의 성에는 자유가 없으며 여성에게 성적 쾌락은 금지되었다. 여성은 미래의 배우자가 될 남성의 환심을 사기 위해 성적 매력을 가꾸고 자신의 성적 욕구를 엄격히 통제해야 한다. 여성은 외면적·육체적 매력이 중요한 반면, 남성은 사회경제적 지위가 미래의 배우자를 획득하기 위한 가장 큰 매력이다. 미혼 기간 중 성적인 활동은 남성의 가치를 떨어뜨리지 않는 반면 여성에게는 부정적으로 작용한다. 성의 불평등은 남녀 간 불평등 중 가장 정도가 심한 영역이다.

20세기 중반 미국 사회에 성 개방의 바람이 불었다. 서로가 좋아하면 남녀가 혼인 이전이라도 성관계를 가질 수 있다는 새로운 규범이 형성되었다. 그 이전에도 미혼 남녀가 성관계를 갖는 것은 흔한 일이었지만 혼전 성관계에 대한 사회적 금기가 해제된 것은 1960년대에 들어서이다. 성 개방이라고는 하지만 남성에게는 과거에도 성 윤리가 관대했으므로 1960년대의 성 개방은 여성 쪽에서 볼 때 획기적인 변화이다. 사랑하는 사이의 남녀가 혼전 성관계를 갖는 것이 여성에게도 나쁜 일이 아니게 된 것은 처음이다.

왜 1960년대에 이러한 변화가 폭발적으로 일어났을까? 피임 기술의 발달, 여성의 교육 수준 향상, 소수자의 인권 향상, 물질적인 풍요와 청년 문화의 확산 등이 주요 요인으로 지적된다. 피임약, 콘돔 등 신뢰할 만한 피임 도구들이 1950년대 후반 미국 사회에 빠르게 확산되었다. 과거에 성관계는 임신과 연결되며 후손을 만들기 위한 수단으로만 사회적으로 정당화되었는데, 피임기술의 발달로 성관계와 임신·출산이 별개로 분리되었다. 물론 성관계와 임신·출산을 분리해서 생각하는 의식의 변화가 하루아침에 온 것은 아니지만 신뢰할 만한 피임도구를 손쉽게 이용할 수 있게 되면서 성관계란 그 자체의 독립적인 가치를 지닌 것, 즉 성적 욕구의 만족을 위한 행위라는 인식이 확산되었다. 성관계와 임신·출산이 분리되는 것은 남성보다는 여성에게 큰 변화를 가져온다. 성관계 후 임신·출산의 부담을 일차적으로 여성이 모두 떠안아야 하는데 피임 덕분에 여성이 남성과 동등한 위치에 올라설 수 있게 된 것이다.

1950~1960년대에 여성의 교육 수준이 획기적으로 향상되었다. 여성의 교육 수준이 높아지면서 여성이 자신의 삶에 대해 주체적인 결정을 할 수 있는 의식이 성장했다. 교육받은 여성은 남성의 의견을 수동적으로 따르기보다 자신의 의사를 적극적으로 제시하는 성향을 보인다. 남자 친구와 성적인 관계에서 여성이 자신의 의사를 표명하면서 남녀 간 성적 이중 잣대를 거부하려 한다. 성 개방은 1960년대 민권운동을 통해 분출된 소수자의 인권 평등 의식과 연관된다. 전통적인 성에 대한 이중 기준은 여성의 성을 불평등하게 억압하는 제도였다. 민권운동에서 소수자의 인권을 동등하게 존중해야 한다는 인식은 성에서도 남성과 동등한 권리를 여성에게 허용해야 한다는 압력으로 나타났다. 요컨대 1960년대의 성 개방은 여성의 입장에서 보면 성이라는 삶의 영역

에서 남성과 동등한 인권을 확보하는 것이다.

가정에서 부모가 자녀의 성을 권위적으로 감시하는 전통은 1960년대에 허물어졌다. 20세기 중반까지 중류층 부모는 자녀의 이성 교제를 감독하고 배우자 선택에 개입했다. 이러한 전통이 자유연애의 분위기로 바뀐 데에는 부모의 감독으로부터 자유로운 청소년이라는 새로운 삶의 단계가 형성되었기 때문이다. 제2차 대전까지 서구에서 청소년 시기는 뚜렷하지 않았다. 아동에서 성인으로 넘어가는, 중간의 애매한 짧은 시기일 뿐 청소년이라는 반半독립적인 존재는 허용되지 않았다. 과거에는 생계의 위협이 상존했으므로 돈을 벌 수 있는 능력이 되면 바로 직업 활동에 투입되거나 견습생이 되어 성인이 될 준비를 했다. 10대 후반의 여성은 집안일을 돕거나 집 가까운 곳에서 일하면서 결혼을 위한 기다림의 시간을 보냈다. 중류층 자녀라고 해도 아무 하는 일이 없이 10대 후반을 지내는 것은 상상하기 어려웠다.

물질적 풍요와 교육의 확대는 삶의 과정에서 '청소년기'라는 새로운 인생의 단계를 탄생시켰다. 1950~1960년대에 들어 10대 청소년의 대부분이 학교에 다니게 되었다. 이들은 생계를 벌어야 하는 책임 없이 학교에 다니면서 그들만의 활동과 관심을 공유하는 또래 집단을 형성했다. 전후의 경제적인 풍요는 청소년기의 자유로운 활동을 부모가 재정적으로 지원할 수 있게 해주었다. 성적인 에너지가 넘치는 10~20대의 젊은이에게 그들만의 삶이 허용되었을 때 성관계가 활발해지는 것은 당연하다. 자동차 문화와 대학교 기숙사 생활은 부모의 감시를 벗어나 자유롭게 성관계를 시험하는 좋은 환경을 제공했다. 자녀의 성에 대한 부모의 감시는 남자보다 여자에게 더욱 엄격했으므로 대학교 기숙사에서 생활하는 환경은 남성보다 여성의 성에 더 큰 변화를 가져왔다. 피임 기술의 발달과 물질적 풍요가 복합되면서 여성에게 성적인 자유를 허용하는 규범이 새로이 형성된 것이다.

다른 삶의 영역과 마찬가지로 성에서도 남녀 격차는 여전히 크다. 남녀 관계에 문제가 발생할 때 여성은 남성보다 더 큰 책임과 비난을 짊어져야 한다. 성적인 욕구의 표현에서 여성은 남성만큼 자유를 누리지 못한다. 남녀 관계에서 여성이 자신의 성적인 욕구를 드러내면 도덕적으로 비난받을 수 있다. 여성은 남성이 가하는 성희롱과 성폭력을 항시 염려해야 한다. 그러나 이제 미국 사회에서 여성의 순결에 남성의 순결과 다른 잣대를 적용하지 않는다는 것은 큰 발전이다. 보수적인 남부나 복음주의 개신교 신자들은 여성의 순결을 여전히 중시하지만 그들의 성적인 보수성은 중류층 전반의 도덕적 기준과 거리가 멀다.

1973년 대법원 판결을 통해 낙태가 합법화된 것은 1970년대 여성운동의 기념비적 사건으로 기록된다. 그러나 미국에서 낙태 허용 문제는 이후에도 뜨거운 논쟁을 불러일으켰다. 불법 낙태는 여성의 건강을 위협하고, 원치 않는 아이를 출산할 경우 양육의 부담을 여성이 주로 떠맡아야 하기 때문에 낙태 합법화는 여성의 성적 자유와 밀접히 연관되어 있다. 미국은 선진 산업국 중 낙태의 비율이 높은 나라이다. 가임 연령대 미국 여성 1000명당 20.8명이 낙태를 경험하는데, 이 비율은 서유럽 국가들이 열 명 내외인 것과 비교할 때 매우 높은 수준이다.[17] 미국인이 낙태를 많이 하는 이유는 크게 두 가지이다. 하나는 빈곤한 여성이 많기 때문이다. 교육 수준이 낮고 가난한 여성은 성관계 시 피임에 철저하지 않아 임신의 가능성이 높으며 자식을 낳아 기를 능력이 없으므로 낙태를 선호한다. 가난한 여성은 낙태를 많이 할 뿐 아니라 자녀를 출산한다고 해도 원치 않는 자녀를 낳을 가능성이 크다. 어머니가 원치 않는데 태어난 자녀는 부모가 원해서 출산한 자녀에 비해 성장과정에서 문제를 많이 경험하며 사회적인 성취가 낮다.[18]

빈곤 이외에 낙태를 많이 하는 이유로 피임에 대한 지식과 수단의 결핍이 지적된다. 미국은 서유럽과 달리 개신교 교회의 영향력이 큰데, 이들은 청소년에게 효과적인 성교육을 실시하는 데 반대한다. 청소년이 성에 대해 무지해서 임신하거나 혹은 피임에 대한 대비 없이 성관계를 갖는 관행을 교육을 통해 계도하는 것을 막는다. 청년기에 성관계를 갖는 것을 죄악시하기 때문에 학교 교육에서 청소년의 성에 대해 현실적으로 접근하지 않으며, 피임 도구를 학생들에 나누어 주는 데 반대한다. 이러한 학교의 소극적 태도는 청소년의 현실과 유리된 것이다. 미국의 청소년은 10대 후반 무렵에는 대부분 성 경험이 있다. 청소년의 성에 대한 미국인의 위선적인 태도는 아들 부시 대통령의 정책에서 단적으로 드러난다. 부시 대통령은 낙태와 미혼모를 예방할 목적으로 순결 교육을 강조하면서 개신교 교회와 연합해 대대적으로 청소년 순결 서명 운동을 벌였다. 엄청난 TV 홍보와 포스터, 순결 교육, 토론회, 행진과 서명식 등 유명 인사를 동원해 사회운동을 전개했다. 물론, 전혀 효과가 없었다. 순결 서명을 한다고 해서 청소년이 성 관계를 삼가지는 않는다. 청소년의 성 관계는 대부분 충동적으로 저질러지기 때문이다.

복음주의 교회는 비록 낙태가 합법화되어 있지만 현실적으로 낙태를 어렵게 만드는 주 정부의 조치를 찬성한다. 낙태는 여성의 자기 결정권과 태아의 생명권이 충돌하는 지점이므로 신앙심이 깊은 기독교 신자가 아니라고 해도 인권의 관점에서 낙태를 반대하는 의견 또한 적지 않다. 미국인의 낙태에 대한 여론은 1970년대 여성운동 이래 1990년대까지는 낙태를 자유롭게 허용해야 한다는 견해가 지배했으나, 근래로 오면서 여성의 자유의사로 낙태하는 것을 어느 정도 제한해야 한다는 쪽으로 바뀌었다.[19] 미국인 중 다수는 임신 첫 3개월 동안은 자유롭게 낙태를 허용해야 한다는 데 동의한다. 그러나 첫 3개월을 넘어설 경우 성폭력의 결과나 의료적인 사유를 제외하고 순전히 여성의 자유의사로 낙태를 선택하는 것에 반대하는 의견이 높아지고 있다. 태아가 언제부터 어머니의 자궁을 벗어나 독립적으로 생존할 수 있는지를 둘러싼 근래의 논쟁은 임신 6개월 이후의 낙태에 대한 부정적인 여론에 반영되어 있다. 의료 기술이 발달해 태아가 자궁을 떠나 생존할 수 있는 시기가 앞당겨지면서 낙태 시기에 대한 도덕적인 허용 한계도 바뀌고 있다.

1980년대 이래 미국의 정치를 장악하고 있는 공화당은 낙태를 불법화하려는 노력을 지속하고 있다. 아들 부시 대통령은 낙태를 금지하도록 헌법을 수정하겠다는 공약을 제시했다. 남부의 많은 주에서는 법적으로는 허용되어 있는 낙태가 실제로 시술될 수 없도록 하기 위해 낙태 시술 병원을 없애는 전략을 구사했다. 낙태 시술 병원에 대한 규제를 강화해 사실상 허가를 받을 수 없도록 한다거나, 낙태를 하고자 하는 여성이 진단 이후에 바로 시술을 받을 수 없도록 한다거나, 태아의 초음파 사진을 보고 심장 박동을 듣도록 의무화하는 등 낙태를 실질적으로 어렵게 만드는 방법은 다양하다.[20] 복음주의 교회는 낙태를 적극적으로 반대하는 정책을 취할 뿐 아니라 원치 않는 임신을 예방하려는 노력 또한 반대한다. 학교에서 임신과 피임에 관한 지식을 정확하게 전달하지 않는 것은 여성에게 피해가 더 크다. 남녀 간 성관계에서 피해자는 여성이 될 가능성이 크기에 이에 대해 정확한 지식을 교육하고 적절한 조치를 취할 수 있도록 하는 것은 여성의 성적 자유를 높인다. 복음주의 교회는 낙태하게 되는 원인을 예방하는 노력에 반대함으로써 오히려 낙태를 늘리는 모순적인 결과를 초래했다.

근래에 고등 교육을 받고 사회적으로 남성 못지않게 성공하는 여성이 등장하면서 여성과 남성 간에 성적인 욕구나 태도에 근본적인 차이가 있다는 전통적인 이론은 도전을 받고 있다. 여성이 남성보다 분위기에 더 민감하다거나, 남성이 여성보다 성적인 욕구가 더 크다거나 하는 기존의 상식은 과거에 여성의 성에 대해 억압하는 사회구조의 산물일지도 모른다는 의심이 커졌다. 성공한 여성이라도 남성에게 적극적으로 성적인 자기표현을 하는 것이 아직은 조심스럽지만 여성의 사회적 지위가 향상되면서 여성의 성적인 자유가 확대될 것은 분명하다. 남녀 간 성적 관계는 권력의 배분과 밀접하게 연관되어 있기 때문이다.

여성의 성적 자유가 확대되는 경향은 여대생들이 남자를 사귀는 방식의 변화에서 드러난다.[21] 근래에 미국의 대학가에서 여대생들은 남성과 가볍게 사귀다 헤어지고 싶어 한다. 한 남성에게 일찌감치 자신을 몰입해 연애에 빠지는 것을 피한다. 그 대신 다양한 남성을 가볍게 만나 즐기면서 젊음의 에너지를 발산하고 대인 기술을 익히는 기회로 삼는다. 이들은 남성과 마찬가지로 일의 세계에서 성공하는 데 삶의 우선순위를 두기 때문이다. 자신이 어느 정도 사회적으로 기반을 닦기 전까지는 결혼해 가사와 자녀 양육의 부담을 지는 것을 피한다. 여대생의 변화된 남녀 교제 방식은 성의 문제에서도 여성이 독자적인 주도권을 확보하면서 남성과 대등한 방향으로 나아가고 있음을 시사한다.

요컨대 미국 사회에서 성에 대한 기독교의 영향력이 줄어들면서 성을 세속적인 일로 보는 태도가 높아지고 있다. 여론조사에서 성에 대한 의식에서 남녀 간 격차는 지속적으로 줄어들고 있다. 근래에 동거 커플이 늘고 있다는 사실은 남녀 간 성관계의 평등에 한 걸음 더 접근하고 있음을 시사한다. 동거 커플은 결혼한 부부보다 가사는 물론 성에서도 더 평등한 관계를 형성하기 때문이다.

| 제 6 장 |

미국의 인종 질서는 어떻게 바뀔까

Change of The American Society

미국에서는 출생신고에서 입학, 취직, 운전면허, 사회보장신청, 유권자 등록, 결혼, 사망신고에 이르기까지 일생 동안 모든 공식 활동에서 자신의 인종을 의무적으로 밝혀야 한다. 미국은 인종주의 사회이다. 어느 인종에 속하느냐에 따라 삶의 기회가 다르다. 인종에 따라 교육과 소득 수준이 다르고, 직업이 다르며, 거주 지역이 다르고, 자녀가 다니는 학교가 다르며, 정치적 성향이 다르고, 성공의 가능성에 차이가 있다. 인종에 따라 삶의 방식이 다르다. 어울리는 상대가 다르고, 병에 걸릴 가능성이나 잘 걸리는 질병이나 기대 수명이 다르며, 즐겨 보는 TV 프로그램이 다르고, 즐겨 먹는 음식이 다르며, 좋아하는 패션이 다르다. 인종에 따라 삶이 다르기에 미국인은 항시 상대의 인종에 대해 의식한다. 어떤 사람에 관해 언급할 때 미국인은 교육 수준이나 직업보다도 상대의 인종을 더 궁금해한다. 두드러지게 인종차별을 하는 것은 사회적으로 허용되지 않지만 은밀히 심지어 자신도 모르게 인종차별이 이루어진다.

인종은 미국인의 삶의 방식을 결정하는 중요한 요소이지만 근래에 변화의 바람이 불고 있다. 1950~1960년대 민권운동이 인종 질서의 변화에서 큰 물꼬를 튼 사건이라면, 2008년에 오바마가 대통령에 당선된 것은 그동안 꾸준히 전개된 변화의 결과이다. 20세기 후반 들어 기존의 인종 질서에 잘 맞지 않는 새로운 부류의 사람이 대규모로 유입되었다. '히스패닉'이라 불리는 중남미 출신의 이민자는 흑백으로 구분되는 전통적인 인종 질서의 어느 범주에도 잘 들어맞지 않는다. 히스패닉의 규모가 이미 흑인을 능가했고, 2042년경에는 유럽계 백인이 전체 인구의 절반 이하로 떨어진다고 한다. 고질적인 인종주의 사회인 미국은 과연 어떻게 변할까? 백인이 아닌 사람이 다수를 차지한다면, 소수인 백인이 다수인 유색인을 차별하는 것이 어렵지 않을까? 미국의 인종 질서가 어떻게 변하고 있는지 살펴본다.

1. 미국의 인종 질서는 변하고 있다

인종주의란 백인이 유색인을 열등하게 보고, 사회적으로 차별하며, 경제적으로 억압하고, 문화적으로 열등한 이미지를 덧씌우는 관행을 말한다. 백인은 정치적·사회적·경제적으로 우월한 지위를 독식하고, 문화적·도덕적으로 우위에 있다. 유색인에 대한 인종주의적 관념은 서구 문명과 함께 시작해 노예무역을 거치면서 강화되었다. 유럽에서는 일찍이 노예제가 폐지된 데 비해 미국은 오랜 기간 노예제에 의지하면서 백인 지주와 흑인 노예를 구별하는 인종 개념을 공고히 했다. 19세기 중반 남북전쟁을 계기로 노예제는 폐지되었지만 1960년대 민권운동 시기까지 흑인은 참정권이 없는 이등 시민으로 취급되었다. 이후 정치적 권리 면에서는 흑인과 백인이 형식적으로 동등해졌다. 그러나 사회적 지위와 경제력의 격차가 매우 크기 때문에 흑인을 열등한 존재로 보고 차별하는 관행은 지속되었다. 미국 사회의 인종 구분은 백인과 흑인의 구분을 가장 중심에 두고 아메리카 원주민, 아시아인, 히스패닉 등 다양한 유색인 집단이 주변에 위치한다. 백인이 아닌 사람은 모두 백인보다 열등한 존재로 간주되며 차별의 대상이다.

인종 개념은 신체적인 특징의 차이에 근거하지만 사회경제적인 차이와 밀접히 연관되어 있다. 한 사회에서 집단 간에 인종 구분이 지속되려면 다음의 조건을 충족해야 한다.[1] 두 집단 간에 외양적인 구별이 용이하며, 역사적으로 한 집단이 다른 집단보다 사회경제적으로 우월한 지위를 오랫동안 차지하고, 두 집단 간의 사회적 접촉이 최소한으로 제한되어야 한다. 미국 사회에서 백인과 흑인의 인종 구분이 뚜렷한 이유는 백인과 흑인은 외양적으로 구별이 쉽고, 두 집단 간에 권력과 사회경제적 지위의 격차가 매우 크며, 사회적 접촉이 제한된 상태가 오랫동안 지속되었기 때문이다.

반면 두 집단 간 사회경제적 지위의 격차가 좁혀지면 외양적 차이가 크지 않은 한 인종·민족 구분은 사회적 중요성을 상실한다. 20세기 후반 미국에서 유대인의 경우가 이에 해당한다. 유대인은 제2차 대전 전까지 별도의 인종으로 구분되었으나, 이후 그들의 사회경제적 지위가 높아지면서 이들을 별도로 구분하는 것의 사회적 중요성은 퇴색했다. 주류 백인은 더 이상 유대인을 별도의 집단으로 구분해 차별하지 않는다. 이제 유대인은 다른 백인과 서로 이웃해 살며 함께 어울리고 결혼한다. 유대인들은 외부의 억압에 집단적으로 대응할 필요가 없어졌기 때문에 자신을 독특한 집단의 일원으로 의식하지 않는다. 유대교 교회에 다니지 않고 유대인의 규율을 지키지 않는 유대인이 많다. 근래에 유대인의 집단 정체성이 급속하게 약화되는 경향은 바로 그들의 사회경제적 지위가 높아지면서 타 집단과 구분되는 인종·민족 지위가 소멸되는 것이다. 유대인 이전에는 독일인, 아일랜드인, 이탈리아인이 비슷한 과정을 거치면서 백인으로 흡수되었다.

정도의 차이는 있지만 동아시아인도 유사한 경로를 밟고 있다. 일본인의 경우 사회경제적 지위가 높아지고 직장이나 일상에서 백인과 교류가 늘면서

'명예 백인'이라고 불릴 만큼 백인과 동류로 취급된다. 일본인은 외모에서 백인과 명확히 구별되지만 백인과 경제적 격차가 사라지면서 인종적 구분은 사회적으로 중요성을 잃는다. 일본인 2세는 백인과 같은 방식으로 생활하며 백인과 이웃해 살고 함께 어울리며 결혼한다. 일본인은 외양적으로 유럽계 백인과 확연히 구분되므로 유대인과 달리 완전한 백인으로 흡수될 수는 없다. 그러나 미국에서 태어난 일본계의 3분의 2 이상이 백인과 결혼하므로 순수 일본인의 존재는 점차 흐려지고 있다.

과거 미국의 인종 질서는 '한 방울의 피'의 규칙을 따랐다. 조상 중에 한 명이라도 유색인이 있으면 그 후손은 모두 유색인으로 간주하는 규범이다. 또한 백인과 유색인 간의 혼인을 엄격히 금했다. 이 두 가지는 노예제를 지탱하는 기본 규칙이었다. 백인과 흑인을 명백히 구분하고 혼혈인을 공식적으로 부정하는 규칙이 없다면 노예제는 지탱할 수 없다. 백인 주인과 흑인 노예 간의 성관계를 통해 혼혈인이 많이 태어났지만 이들은 모두 흑인, 즉 노예 신분의 인종으로 규정되었다. 놀랍게도 1960년대까지 남부의 주에는 흑인과 백인의 혼인을 금지하는 법률이 계속 존재했다. 오래전에 노예가 해방되었지만 이후에도 '짐크로Jim Crow'라는 관행으로 흑인을 비인간적으로 구별해 취급하던 남부에서는 여전히 이러한 규칙이 필요했던 것이다.

미국 사회의 인종 질서는 유럽인이 정복한 아메리카 대륙의 다른 나라와 차이가 있다. 미국에서 인종은 공식적으로 사람을 구분하는 범주로서, 원칙적으로 백인과 백인이 아닌 사람의 이분법으로 구분하며 중간을 인정하지 않는다. 반면 중남미에서 사적으로는 인종을 구분하지만 법적으로는 사람을 구분하지 않는다. 중남미 사회에서 인종은 외모가 백인에 근접한 정도를 의미한다. 중남미 사회의 인종 위계 서열에서 최고는 소수의 순수한 백인이, 최하위는 순수한 흑인과 아메리카 원주민이 위치하며 그 중간에 다양한 혼혈인이 존재한다. 중남미 사회 역시 미국과 마찬가지로 인종과 사회경제적 지위는 정확히 일치한다. 중남미에서는 인종을 몇 개의 범주로 구분하기보다 피부색과 얼굴 윤곽에 따라 차별을 하는 관행이 일반적이다. 즉, 피부색이 밝고 윤곽이 백인에 근접할수록 사회적 지위가 높은 반면, 피부색이 어둡고 윤곽이 흑인이나 인디언에 근접할수록 사회적 지위가 낮다.

미국과 중남미 사회의 인종 구분 방식에서 차이가 나는 것은 서구 정복자들의 정착 방식과 이후 발전 과정에서 벌어진 차이에서 비롯한다. 북미 대륙에 이주한 유럽인은 이주 초기부터 아메리카 원주민을 제거하고 그곳에 정착하는 방식을 택했다. 많은 유럽인이 20세기 초까지 계속해 이주했으며, 가족 단위의 이주는 물론 미혼 여성도 많이 건너왔으므로 백인 내에서 혼인이 원활히 이루어질 수 있었다. 노예제를 유지하기 위해 백인과 노예 간의 혼인을 금하고 백인과 흑인 사이에 성적인 결합으로 태어난 혼혈인에게 시민권을 부여하지 않았다. 그 결과 미국에서는 백인과 유색인의 구분이 엄격히 유지될 수 있었다. 반면 중남미에 정착한 유럽인의 숫자는 북미에 정착한 백인보다 훨씬 적었고 주로 미혼 남성 위주로 이주가 이루어졌다. 북미에 이주한 영국인이나 독일인이 그곳에 정착해 성공하는 것이 목표였던 것과 달리 중남미에 이주한 스페인인이나 포르투갈 사람은 빨리 돈을 벌어 모국으로 돌아가는 것을 목표로 했다. 중남미에 이주한 스페인인이나 포르투갈의 여성은 소수였으므로 상류층을 제외한 미혼 남성은 대부분 현지인과 결혼할 수밖에 없었다. 그 결과 북미에서는 백인이 다수이고 백인과 백인 아닌 사람이 뚜렷이 구분되나, 중남미에서는 순수 백인 혈통은 소수이고 혼혈인이 다수를 이루는 사회가 되었다.

남미 국가와 달리 미국에서 법적으로 인종을 철저히 구분하는 데에는 또 다른 이유가 있다. 인종 간 격차를 줄이고 인종차별을 규제하기 위해서는 인종을 구분하는 작업이 선행되어야 한다. 미국 정부가 생산하는 통계 중에 인종을 구분해 비교하는 통계가 많다. 민간 부문에서도 인종을 구분해 비교하는 통계를 만들도록 정부로부터 요구받는다. 뒤에 언급할 '소수자 우대 정책'이나 차별을 감시하는 정부의 기관은 이러한 통계를 꼼꼼히 관리한다. 이러한 통계를 기반으로 인종 간 격차를 줄이기 위한 정책을 입안하고 집행한다. 인종을 구분해 관리하는 노력은 한편으로 사회 전반의 인종 불평등을 줄이는 데 기여하나, 다른 한편으로 인종을 의식하는 사회를 만드는 데 일조한다.

1960년대 민권운동 이후 흑인의 법적 지위가 향상되고, 20세기 후반 유색인 이민자가 쇄도하면서 오랫동안 굳게 지켜져 왔던 인종 질서가 변화하고 있다. 1965년 이민법이 개정되면서 아시아와 중남미에서 많은 이민자가 들어왔다. 흑인과 백인의 대립 구도에 아시아인과 히스패닉이 더해지면서 미국의 인종 질서는 복잡한 양상을 띠게 되었다. 아시아인과 히스패닉은 유색인이지만 흑인과는 달리 노예제의 유산을 물려받지 않은 사람들이다. 그들은 유색인이기에 인종주의적 편견의 대상이 되고 백인 주류 사회의 차별을 받지만 흑인과는 달리 취급된다. 흑인이 아닌 유색인의 비율이 증가하면서 백인과 흑인의 대립 구도로 설정된 전통적인 인종 질서는 변화하고 있다.

2. 히스패닉의 영향

히스패닉이라 불리는 중남미 출신 이주민이 급증하면서 이들이 미국의 인종 질서에 변화를 가져오고 있다. 히스패닉의 인종 정체성은 모호하다. 이들은 미국 사회에서 '한 방울의 피' 규칙에 따라 조금이라도 피부색이 어두우면 유색인으로 취급하는 관행을 거부한다. 중남미 사회의 인종주의는 백인을 정점으로 하고 피부 밝기와 얼굴의 형상이 백인과 멀어지는 정도에 따라 차별하는 '피부색에 따른 우열이 존재하는' 사회이다. 여기서 피부색에 따른 우열은 사회경제적 지위의 차이와 겹쳐 있다.[2] 같은 밝기의 피부색이라도 사회경제적 지위가 높을 경우 피부색이 조금 더 밝은 사람으로 대우받으며, 거꾸로 사회경제적 지위가 낮으면 자신의 피부색보다 조금 더 어두운 사람과 유사하게 취급된다. 이러한 인종 질서를 경험한 중남미 사람이 미국으로 건너와서 백인 대 유색인의 이분법적인 인종주의에서 가급적 백인 쪽으로 편향되게 자신의 인종 정체성을 주장할 것은 쉽게 예상된다. 히스패닉은 사회경제적 지위와 피부색의 농도에 따라 인종 정체성을 자신에게 유리한 방식으로 조정한다.

중남미 이민자 중 다수(64.7%)가 인구조사에서 자신을 백인이라고 주장하는데, 이는 미국의 백인과 유색인을 구분하는 '한 방울의 피' 규칙을 위반하는 것이다.[3] 예컨대 미국의 기준을 따르면 오바마는 당연히 흑인으로 규정되어야 하고 오바마 대통령 자신도 흑인이라고 인식한다. 그러나 그가 만일 중남미 국가에서 태어났다면 혼혈인으로 대우받을 것이다. 미국의 인구 통계국은 이렇게 자신이 백인이라고 주장하는 히스패닉을 유럽계 백인과 구별하기 위해 '히스패닉계 백인'이라는 범주를 별도로 만들어냈다. 이는 히스패닉계 백인을 백인 중에서 이등 시민으로 취급하는 것이다. 미국은 2042년경 백인의 비율이 절반 이하로 떨어진다고 우려하는데, 그때에 백인이란 '유럽계 백인'을 의미한다. 히스패닉계 백인을 포함해 백인 전체의 비율을 보면 앞으로도 한동안 지금과 큰 차이가 없다. 히스패닉은 빠른 속도로 미국 사회에 동화하고 있으므로 시간이 지나면서 그들을 히스패닉계 백인으로 따로 구별해내는 것은 쉽지 않다. 사실 많은 히스패닉은 '백인'으로 행세하며 살아가고 있다. 정치학자 새뮤얼 헌팅턴Samuel Huntington은 히스패닉이 미국에 동화되지 않고 자신들만의 언어와 문화를 고집하면서 미국인의 정체성을 위협할 것이라고 했지만, 많은 연구는 그의 주장이 그릇됨을 밝혔다.[4] 히스패닉도 유럽계의 다른 이민자들과 마찬가지로 미국에 정착한 기간이 길면 동화의 정도가 높다. 히스패닉계 2세는 거의 대부분 영어를 모국어로 하며 학교에서 다른 인종·민족과 섞여 지낸다.

최근 미국에서 히스패닉의 인종 지위와 관련해 흥미로운 사건이 발생했다.

2013년 2월 플로리다의 소도시에서 히스패닉계 백인 자경단원이 무고한 흑인 청년을 살해한 것이다. 플로리다 법원은 그를 정당방위로 인정해 무죄를 선고했다. 이는 백인이 흑인을 살해한 사건에 대해 배심원 중 흑인은 한 명도 없이 백인 피고를 무죄로 방면한 전형적인 인종주의적 판결이다. 미국 사회는 이 사건을 백인과 흑인의 전통적인 대립으로 해석했으며, 살해자가 히스패닉이라는 사실은 특별히 부각되지 않았다. 전미유색인지위향상협회NAACP를 비롯한 흑인 조직과 흑인 지도자들은 백인 주류 사회의 부정의를 규탄했으며 전국의 도시에서 흑인의 시위가 잇달았다. 이 사건에서 가해자 백인은 흑인, 아메리카 인디언, 독일인의 피가 섞인 페루 출신의 히스패닉계 2세이다. 그의 혈통은 미국의 전통적인 인종 구분에 맞지 않는다. 그림 6-1에서 보듯이 피부색이나 얼굴 윤곽으로 볼 때 유럽계 백인과는 차이가 있음에도 히스패닉계 백인이 미국 사회의 백인과 흑인의 대립에서 백인 편에 서게 된 것이다.

그림 6-1 **히스패닉계 2세 조지 짐머만**

흑인, 아메리카 인디언, 독일인의 피가 섞인 히스패닉계 2세인 조지 짐머만George Zimmerman은 흑인 청년을 살해한 사건에서 백인으로 취급되었다. 그의 외모는 전통적인 백인의 이미지와 부합하지 않는다.
© wikipedia.org

중남미 이민자는 피부색과 외양적 특성이 다양하므로 백인과 흑인으로 대별되는 전통적인 인종분류체계에 혼란을 가져왔다. 미국에서 히스패닉 인구 전체의 3분의 2를 차지하는 멕시코 출신의 이민자는 백인과 흑인의 어느 범주에도 맞지 않기에 혼란은 앞으로도 한동안 지속될 것이다. 히스패닉 내에서도 출신 지역에 따라 인종 정체성에 차이를 보인다. 예컨대 쿠바 출신 이민자는 거의 예외 없이 자신을 백인이라고 생각한다. 푸에르토리코 출신자 중 피부색이 밝은 사람 또한 자신을 백인이라고 생각한다. 반면 멕시코 이민자 중 다수는 얼굴색이 짙으며 인디언의 흔적을 보이므로 백인으로 행세하기가 용이하지 않다. 멕시코 이민자는 과거에 짙은 피부색의 가난한 농업 노동자가 다수를 이루었다. 그러나 근래에 멕시코에서 다양한 계층의 사람이 미국으로 건너오면서 그들의 피부색도 다양하게 분포한다. 피부색이 밝은 멕시코 이민자는 자신을 백인이라고 생각하는 반면, 피부색이 어두운 멕시코 이민자는 자신이 백인과 흑인의 어느 인종에도 속하지 않는다고 주장한다.

히스패닉의 인구 규모가 흑인을 능가하면서 미국의 인종 질서가 어떻게 변할지를 놓고 이견이 분분하다. 대체로 다음의 네 가지 시나리오로 요약된다.[5] 첫째, 히스패닉 특히 멕시코 이민자들이 크게 늘면서 이들이 미국의 인종 질서를 혼란에 빠뜨리고 크게 약화시킬 것이다.[6] 미국의 인종 질서가 크게 약화되리라고 예측하는 이유로, 인종 정체성이 불분명한 히스패닉이 증가하는 것 외에도 백인과 흑인 집단 내의 변화를 원인으로 지적한다. 자신이 백인이라고 주장하는 히스패닉이 증가하면 백인의 특권이나 타 인종에 대한 백인의 배타적인 성격이 약화된다. 흑인 내에서도 분화가 일어나고 있다. 전체 흑인 중 3분의 1은 중류층의 지위에 도달했는데, 이들은 중류층 백인과 생활양식이 흡사하며 이들과 더 동질감을 느낀다. 중류층 흑인이 백인 사회에 동화되면 백인이 흑인을 배척하는 관행은 완화될 것이다.

백인과 흑인이 인종적으로 덜 배타적이 되고 백인으로 행세하는 히스패닉이 많아지면 인종의 사회적 중요성은 감소할 것이다. 사회적으로 인종은 덜 중요해지는 대신 사회경제적 지위의 중요성은 높아진다. 사회학자 윌리엄 윌슨이 주장하듯이 미국 사회가 점차 인종주의 사회에서 계급 사회로 이전하는 것이다.[7] 이러한 시나리오에 따르면 미국은 유럽과 마찬가지로 궁극적으로 인종보다는 사회경제적 지위가 더 중요한 사회로 변화한다.

미국의 인종 질서가 변화하는 두 번째 시나리오는, 히스패닉이 증가한다고 해도 백인과 흑인으로 대별되는 기존의 인종 질서는 존속한다. 다만 백인의 범주가 아시아인은 물론 흑인이 아닌 히스패닉계의 대부분을 포함하도록 확장된다.[8] 이 시나리오는 이른바 '흑인 예외주의'라고 지칭되는 주장으로, 미국 역사에서 흑인만이 사회적으로 배제된 경향이 앞으로도 계속될 것으로 예상한다. 과거 새로운 이민자가 들어올 때마다 이들은 기존의 백인보다 열등한 집단으로 취급되었으나 흑인보다는 항시 상위의 대접을 받았다. 남유럽인, 동유럽인, 유대인, 그리고 20세기 후반에 아시아인이 새로운 이민자의 대열에 합류했는데, 이들은 시간이 흐르면서 주류 집단에 포섭되었거나 그러는 와중에 있지만 흑인만은 배제되었다. 히스패닉 또한 과거의 이민자와 유사한 경로를 밟으며 미국의 주류 집단에 동화될 것이다. 물론 주류 집단 내에서는 이민의 시기에 따라 위계 서열이 형성되어 있으므로 히스패닉은 제일 낮은 위치에 놓이게 되지만, 중요한 점은 이들은 흑인과 구별되는 대접을 받는다는 사실이다.

히스패닉은 사회경제적 지위에서 백인과 흑인의 중간에 위치하며 흑인이 처한 극심한 편견과 차별로부터 벗어나 있다. 미국인은 대체로 흑인 남성을 고용하는 것은 꺼리지만 히스패닉은 환영한다. 흑인 여성에 대해서는 일은 안 하고 정부의 복지 지원만 받는 미혼모라는 부정적인 편견이 있지만, 히스패닉에 대해서는 성실하게 일하는 근로자라는 이미지가 지배한다. 히스패닉은 백인과 흑인으로 대별되는 인종구분체계를 거부하기보다는 기존의 인종 체계에서 특권적 지위를 누리는 백인 쪽에 속하도록 하는 데 노력을 기울인다. 그들은 자신의 외모가 명백히 흑인의 특징을 띠지 않는 이상, 타인은 물론 자기 자신도 백인이라고 인식하려고 한다. 히스패닉은 사회경제적 능력이 허락하는 한 미국 중류층의 의식과 생활 방식에 동화하기 위해 노력한다. 히스패닉 이민 1세대는 백인으로 행세하는 데 어려움이 있다고 해도 이민 2세대나 3세대는 출신 성분을 숨기고 백인으로 행세한다.[9] 이들은 재정 능력이 허락하는 한 자식을 백인이 다니는 학교에 보내고 자녀들 또한 피부색이 밝은 사람과 결혼하려 한다. 과거에 남유럽이나 동유럽 이민자들이 그랬듯이 세대가 넘어가면서 이들 중 일부는 백인에 속하게 될 것이다.

그러나 모든 히스패닉이 백인에 속하게 되지는 않을 것이다. 피부색과 외모가 흑인과는 다르며 사회경제적 지위가 중류층 이상인 히스패닉은 백인이 될 것이다. 반면 피부색이 흑인과 흡사하거나 사회경제적 지위가 낮은 히스패닉은 백인과 흑인으로 대별되는 인종 질서에서 주변에 머무를 것이다. 이들은 자신을 흑인과 동일시하지는 않지만 그렇다고 주변에서 자신을 백인으로 인정해주지도 않는다. 이들은 흑인은 아니지만, 그래도 백인보다는 흑인에 근접해 있으므로 어느 정도 인종차별을 경험할 것이다.

히스패닉 중 자신이 백인이라고 대외적으로 밝히는 사람과 백인이 아니라고 밝히는 사람 사이에는 상당한 차이가 있다. 히스패닉계 백인은 히스패닉계 비백인보다 소득, 교육 수준, 직업 지위, 거주지 등 모든 면에서 우월하다.[10] 히스패닉계 백인은 히스패닉계 비백인보다 피부색이 더 밝다.[11] 피부색이 비교적 밝고 사회경제적 지위가 중류층인 중남미 출신의 이민자와 후손이 미국에서 백인으로 행세하는 것은 그들이 미국으로 오기 전에 중남미 사회에서 일반적으로 통용되던 관행을 따르는 것이다.

히스패닉 중 다수가 자신을 백인으로 인식하고, 조지 짐머만의 사례에서 보듯이 기존의 백인들도 이들을 백인으로 인정한다면 2042년에 유럽계 백인이 전체 인구의 절반 이하로 떨어진다는 예측은 큰 의미가 없다. 유럽계 백인에 히스패닉계 백인까지 더한 백인 인구 전체의 비율은 2042년에도 현재와 큰 차이가 없기 때문이다. 최근 플로리다의 사태에서 미국 사회가 조지 짐머만을 백인으로 인정한 것으로 볼 때 이러한 주장은 설득력이 있다. 백인이 절대 다수를 차지하며 사회의 주도권을 장악한 구도는 앞으로도 변하지 않을 것이며, 백인과 흑인의 대비를 강조하는 현재의 인종 질서는 건재할 것이다.

세 번째 시나리오는, 백인과 흑인으로 대별되던 인종 질서에 히스패닉이라는 인종 범주가 새로이 추가되는 것이다.[12] 현재도 아시아인은 백인과 흑인의 어느 범주에도 속하지 않지만 상대적으로 규모가 크지 않으므로 히스패닉과 같은 영향력을 발휘하지는 못한다. 멕시코계 히스패닉이 밀집한 서부와 남서부 지역에서 이들이 세력화하고 있다. 지역 선거에서 히스패닉 유권자의 집결된 표는 히스패닉 후보자를 당선시키고 공화당과 민주당은 이들의 표를 의식해 히스패닉에 친화적인 정책을 제시한다. 근래에 이민 개혁을 둘러싸고 공화당이 민주당에 타협적인 태도를 보이는 것은 순전히 히스패닉의 표를 의식한 행위이다. 히스패닉 중 시민권을 획득한 사람이 늘면서 이들의 집단 정체성은 더욱 공고해질 것이다. 히스패닉의 수가 늘면 기존의 인종 질서에 편입되기보다 별도의 집단으로 독자적인 목소리를 내는 것이 더 이로울 수 있다. 백인으로 행세하기에는 외모나 사회경제적 지위가 약하지만 다수가 밀집해 거주하는 멕시코계 히스패닉의 경우, 자신들만의 독자적인 집단을 형성해 목소리를 높이는 것이 백인과 흑인으로 대별되는 기존 인종 질서에서 주변인으로 머무는 것보다 훨씬 더 유리하다.

미국 정부의 인종 분류에서 히스패닉은 독립적인 인종 범주가 아니다. 멕시코계 히스패닉은 정부의 인구조사에서 백인이나 흑인의 어느 범주에도 속하지 않는다고 주장하면서 '기타 인종'의 범주에 대거 기표하고 있다. 현재는 외모와 사회경제적 지위에서 백인과 거리가 먼 히스패닉이 주로 '기타 인종' 범주에 기표한다. 그러나 정부의 인종분류체계에서 히스패닉이 독립적인 인종 집단으로 일단 인정받게 되면, 히스패닉의 세력화는 남서부의 히스패닉 인구 밀집 지역을 넘어서서 전국적으로 확산될 수 있다.[13] 히스패닉이 '소수자 우대 정책'에서 흑인과는 별도 범주의 소수자로 인정받을 경우, 지금까지 백인으로 행세하던 히스패닉은 거꾸로 히스패닉 인종에 속하는 것으로 회귀할지도 모른다. 히스패닉의 사회정치적 세력이 커질 경우, 피부색이 밝은 히스패닉은 백인으로 행세할 때와 히스패닉으로 행세할 때의 이해득실을 비교할 것이다. 즉, 백인과 외모가 다른 히스패닉은 물론, 백인과 흡사한 히스패닉조차도 히스패닉이라는 인종 정체성을 견지할 것이다. 미국의 인구 통계국은 히스패닉의 인종 정체성이 모호하다는 이유에서 히스패닉을 독립적인 인종 범주로 인정하지 않는다. 그러나 다수의 히스패닉 조직이 백인, 흑인, 아시아인과 구분되는 독립된 인종 범주로서 히스패닉을 공식적으로 인정해달라고 정부와 의회에 로비를 벌이고 있다. 그들의 노력이 성공한다면 히스패닉은 미국에서 법적으로 독립된 인종 지위를 획득하게 된다. 그 경우 미국의 인종 질서는 양자 대결 구도에서 삼자 대결 구도로 바뀔 것이다.

미국의 인종 질서가 바뀌는 네 번째 시나리오는, 백인과 흑인으로 대별되는 기존의 인종 질서보다 훨씬 복잡한 새로운 인종 질서가 생겨나는 것이다.[14] 이 새로운 인종 질서는 피부색과 얼굴 형상에 따라 순수 백인에서 순수 흑인에 이르기까지 다층적인 형태를 띠게 될 것이다. 피부색에 따른 다층적인 인종 질서는 현재 중남미에서 광범위하게 발견된다. 브라질이나 멕시코 등 중남미 사회에서는 법적으로 규정되는 인종은 존재하지 않으나 사실상 피부색에 따라 정치적 권력과 사회경제적 지위가 차등적으로 배분된다. 미국에서도 다양한 피부색을 지닌 히스패닉이 증가하면서 다층적인 인종 질서로 점차 대체될 것이다.

미국의 이분법적인 인종 구분 내에서도 피부색의 농도에 따라 미묘한 다층적인 위계가 존재한다. 백인 내에서도 피부가 상대적으로 어두운 남유럽계 사람은 피부가 밝은 북서유럽계 사람보다 사회경제적 지위가 낮다. 예컨대 이탈리아계는 주류 백인의 일원으로 인정되지만 여전히 평균적인 지위는 영국계 백인보다 낮다. 20세기 중반까지 이탈리아계가 차별을 받았던 것은 물론 그들의 피부색이 어두운 것 때문만은 아니다. 그러나 상대적으로 짙은 피부색이 영국계와 외면적으로 구별하는 징표로서 작용하면서, 이탈리아계 백인은 유색인종과 유사한 방식으로 백인 집단 내에서 차별의 대상이었다. 피부색에 따른 사회적 위계는 백인 내에서보다는 흑인들 사이에서 더 뚜렷하다. 흑인 중 피부색이 밝을수록 사회경제적 지위가 높다.[15] 중류층 흑인은 거의 예외 없이 피부색이 밝은 반면, 도심의 극빈층 흑인의 피부색은 아프리카 원주민과 유사하게 어두우며 얼굴 모습도 아프리카인을 닮았다. 이는 버락 오바마, 미셸 오바마Michelle Obama, 오프라 윈프리Oprah Winfrey, 콘돌리자 라이스Condoleezza Rice, 콜린 파월Colin Powell 등 성공한 흑인을 보면 쉽게 알 수 있다. 피부색이 밝은 흑인은 그들의 선조 중 백인의 피가 섞였음을 의미하는데, 이들은 백인의 피가 섞이지 않은 흑인보다 사회경제적으로 유리하다. 노예제 사회에서 백인의 피가 섞인 흑인이 그렇지 않은 흑인보다 우호적으로 취급되었으며, 그들이 축적한 우월한 지위는 세대를 넘어 후손에게 물려졌기 때문이다.

흑백의 인종 질서를 흐리는 또 다른 요소는 혼혈인이다.[16] 자신이 둘 이상의 인종에 속한다고 주장하는 혼혈인 인구의 비율이 근래에 증가하고 있다. 2000년 인구조사에서 전체 인구의 2.4%에 머물렀던 혼혈인의 비율은 2010년에 2.9%로 증가했다. 미국에서 혼혈인은 아직 미미한 세력이지만, 이들의 존재는 단일 인종만을 허용하는 전통적인 인종 질서에 위협 요소이다. 혼혈인의 정체성을 주장하는 사람이 계속 증가한다면 미국도 남미 사회와 같이 일부 순수 백인, 흑인, 인디언을 제외한 전인구가 모두 혼혈인이 되어야 한다. 이 경우 미국 사회는 피부색의 농도와 사회경제적 지위가 중첩되어 연속선을 이루는 인종 질서로 대치될 것이다. 자신이 혼혈인임을 주장하는 사람들은 인구조사에 '혼혈인'이라는 독립적인 인종 범주를 설정하도록 정치적 압력을 가했다. 비록 이러한 주장을 관철하는 데 실패하기는 했지만 2000년 인구조사부터 두 개 이상의 인종에 동시에 속하는 것을 허용함으로써 간접적이지만 공식적으로 혼혈인의 존재를 인정받았다.[17]

미국의 흑인은 거의 대부분 백인과 흑인 및 인디언의 피가 섞인 혼혈인이지만 미국의 전통적인 인종 질서는 혼혈인을 인정하지 않는다. 혼혈인의 정체성이 단순히 혈통의 문제가 아니라면 근래에 이들이 증가하는 현상을 어떻게 해석할 것인가?[18] 혼혈인이 증가하는 현상을 두고 백인과 흑인은 서로 다르게 해석한다. 백인이 주도하는 주류 신문에서는 혼혈인의 출현을 미국이 마침내 인종의 굴레에서 벗어난 징조라고 환영한다. 노예제의 어두운 그림자가 깊게 드리우고 있는 사회에서 자신을 기존의 어느 인종에도 속하지 않는다고 생각하는 사람이 늘어난다면 인종의 중요성은 감소할 것이다. 반면 흑인을 주요 독자로 하는 신문이나 흑인의 권익 향상을 목적으로 하는 조직은 혼혈인의 출현에 대해, 흑인이 처한 사회적 질곡을 집단적으로 개선하려는 노력에 찬물을 끼얹는 행위라고 비난한다. 이들의 관점에서 볼 때 혼혈인은 자신의 '흑인성'을 망각한 사람이며, 백인 주류 사회에 대항하는 흑인의 응집된 힘을 분열시키는 회색분자이다. 백인 주류 사회가 혼혈인의 출현에 대해 떠들썩한 것은 흑인의 질곡에 대한 책임을 회피하는 것이다. 혼혈인은 '미국 사회에서 인종은 중요하지 않다'는 이념을 정당화하는 것에 불과할 뿐이라고 주장한다. 자신이 혼혈인이라고 선언하는 사람은 백인의 특권에서 배제되어 있음에도 그들의 주장에 순진하게 동조하는 어리석은 사람들이라고 비난한다.

혼혈인이 확산되면 백인과 흑인이라는 이분법적인 인종 질서는 약화하는 대신 피부색의 차이에 따른 다층적인 위계질서가 들어설 것이다. 히스패닉 중에 자신이 둘 이상의 인종에 속한다고 주장하는 혼혈인의 비율이 현저히 높다. 따라서 히스패닉이 증가하면 미국 사회의 이분법적인 인종 질서는 크게 위협을 받을 것이다. 궁극적으로 흑인, 백인, 히스패닉의 구분보다는 피부색과 얼굴 형상 그리고 사회경제적 지위의 차이가 복합된 복잡한 인종 질서가 탄생하는 것이다.

히스패닉이 미국의 인종 질서에 미칠 영향에 대한 네 개의 시나리오 중 어느 것이 더 가능성이 클까? 단기적으로는 두 번째 혹은 세 번째 시나리오, 즉 히스패닉의 대부분은 확장된 백인의 범주에 포함되는 대신 흑인만이 고립되거나, 혹은 백인, 흑인, 아시아인과는 별도로 히스패닉이라는 인종 범주가 새로이 인정될 가능성이 크다.[19] 장기적으로 볼 때 네 가지 중 어느 시나리오가 전개되건 인종의 사회적 중요성은 현재보다 약화될 것이 분명하다.

일반적으로 흑인은 인종 문제와 관련해 단일 집단으로 취급하지만 실제는 동질적이지 않다. 흑인의 법적 지위는 1960년대에 백인과 동등한 수준으로 회복되었지만 사회경제적 지위는 서서히 향상되었다. 흑인의 사회경제적 지위 향상에서 특징적인 점은 흑인 사회 내에서 양극화가 진행된다는 것이다. 지위가 향상된 집단과 낙오해 비참한 생활을 하는 집단으로 구분된다. 20세기 초반 남부를 탈출해 북부로 이주한 흑인의 후손은 20세기 후반 들어 중류층으로 올라선 반면, 제2차 대전 이후 남부에서 북부의 대도시로 이전한 흑인의 후손은 대부분 도심 빈곤층으로 전락했다. 현재 흑인 중 3분의 1은 중류층 생활을 누리는 반면, 나머지 3분의 2는 빈곤층 언저리에서 헤매고 있다. 중류층 흑인 또한 흑인이라는 이유로 차별을 당하기는 하지만 도심 빈곤층 흑인과 달리 중류층 백인의 생활양식과 사고방식을 수용하고, 도심 빈곤층 흑인과는 사회적으로 거리를 둔다. 백인과 사회경제적 수준이나 생활양식이 흡사한 중류층 흑인의 존재는, 부유한 백인과 가난한 흑인으로 대별되는 전통적인 인종 질서를 약화시킬 것이다. 교육을 받고 사회경제적 지위가 높은 흑인에 대해 백인이 부정적인 편견을 갖고 차별 대우하기는 어려울 것이기 때문이다.

흑인이나 히스패닉만큼 미국의 인종 질서에서 비중을 차지하고 있지는 않지만 사회경제적 지위가 높은 아시아인이 출현하면서 전통적인 인종 질서가 약화되고 있다. 근래에 아시아인은 사회의 전 분야에서 두드러진 약진을 보인다. 교육 분야에서 가장 두드러지며 경제 영역에서도 아시아인의 활약은 눈부시다. 아시아인은 평균적으로 보면 백인보다 사회경제적 지위가 높으나 아시아인 내에서 격차가 크다. 이들은 유색인이면서도 흑인과 달리 사회문화적으로 긍정적인 이미지를 구축했으며, 백인과 함께 어울리는 것이 허용된 사람들이다. 다수의 아시아인은 백인과 결혼하는데, 이들이 낳은 자녀는 백인이지만 아시아인의 정체성을 완전히 버리지 않는다. 아시아인 중 다수가 백인과 유사한 생활양식과 사고방식을 갖고 백인과 혼인하는 사례가 증가한다면 백인의 인종적 배타성은 약화될 것이다.

요컨대 백인과 유색인 사이의 사회경제적 지위의 격차가 줄어들면 인종주의는 쇠퇴한다. 과거와 같은 백인과 흑인의 극단적인 대조는 아시아인과 히스패닉이 중간에 위치하면서 점차 약화되고 있다. 백인과 아시아인이 어울리는 경향이 확산되고, 성공한 흑인과 백인이 어울리는 일이 잦아지고, 히스패닉 중 피부가 밝은 사람은 주류 백인 사회에 흡수되고 있다. 그러나 백인과 유색인 간의 사회경제적 격차가 여전히 매우 크다는 점을 고려할 때 미국 사회의 인종주의가 그리 빨리 사라지지는 않을 것이다.

3. 인종차별의 다양한 모습

미국에서 인종차별은 법으로 금지되어 있지만 일상에서 흔히 드러나지 않게 벌어지는 관행이다. 사적인 관계에서 백인은 흑인과 어울리는 것을 꺼리며, 지하철에서 백인은 흑인의 옆자리에 앉는 것을 가급적 피하고, 백인은 흑인이 이웃에 이사 오는 것을 꺼리며, 회사에서 이왕이면 백인을 고용하려 하고, 상점에서 흑인 고객은 상품을 훔치리라고 더 의심하며, 교통경찰은 흑인 운전자를 더 단속하고, 같은 위반 행위에 대해서도 흑인에게 더 중벌이 내려지며, 학교 교사는 흑인 학생에게 낮은 성취 수준을 기대하고, 레스토랑에서 백인에게 더 좋은 좌석을 안내하고 우선적으로 주문을 받으며, 캐주얼 차림으로 건물에 접근하면 거지로 오해받고, 백인의 관습이나 문화를 흑인의 것보다 우월하게 대접하는 등 미국 사회에서 흑인이 차별받는 방식을 일일이 열거하면 끝이 없다. 이렇게 다양하게 벌어지는 인종차별 관행의 밑바닥에는, 흑인은 근본적으로 열등하며 위험한 존재라는 인종주의가 자리 잡고 있다. 오늘날 미국 사회에서 보이는 유색인에 대한 인종차별은 수세기 동안 이어져온 인종주의의 잔재이다.

일상에서 벌어지는 인종차별 행위를 현장에서 포착하기는 어렵지만 인종차별의 결과로 나타난 인종 간 사회경제적 격차는 뚜렷하다. 몇 가지 주요 지표를 살펴보자. 흑인 가구의 소득은 백인 가구의 58.8%에 지나지 않는다.[20] 흑인과 백인 간 재산의 격차는 훨씬 더 크다. 백인 가족의 재산은 흑인과 히스패닉 가족의 재산보다 6.1배나 많다. 흑인 빈곤율은 백인 빈곤율보다 두 배 이상 높고, 빈곤선 이하에서 사는 흑인 아동의 비율은 백인 아동의 세 배에 달한다. 백인 근로자는 흑인 근로자보다 주당 임금에서 21.6%나 더 받는다. 흑인의 실업률은 백인의 실업률의 두 배가 넘는다.

흑인은 백인보다 대학교에 덜 진학하고, 대학교에 들어가도 중도에 탈락하는 사례가 많다. 흑인의 대학교 졸업 비율은 백인의 3분의 2에 지나지 않는다. 그 결과 30대 인구 중 대학교 졸업자의 흑인 비율은 백인의 절반 수준에 불과하다. 흑인의 건강 상태는 백인보다 나쁘다. 예컨대 흑인 중 당뇨병 환자의 비율은 백인보다 두 배 이상 높다. 흑인은 백인보다 3.8년 더 일찍 죽는다. 흑인은 백인보다 더 자주 범죄의 피해자가 된다. 흑인 중 25~34세 연령의 살인 사건 사망률은 10만 명당 76명으로 같은 연령대의 백인보다 아홉 배나 더 많으고, 이 비율은 미국인 전체보다 14배나 높은 수치이다. 흑인은 백인보다 교도소에 수감될 위험이 더 높다. 교도소에 수감된 죄수 중 39%는 흑인이다. 젊은 흑인 남성 중 교도소에 수감된 사람의 비율은 같은 연령대의 백인에 비해 일곱 배나 높다.

미국의 사법 체계는 인종에 대해 공정하지 않다. 사법부가 저지르는 인종

차별은 법이 집행되는 전 과정에서 벌어진다. 흑인은 백인보다 더 자주 범법자로 지목되고, 청소년이 잘못을 저지를 경우 백인이라면 대부분 귀가 조치되나 흑인은 소년원에 보내질 가능성이 높다. 경찰은 백인보다 흑인의 위법행위를 더 철저히 색출한다. 흑인은 백인보다 사소한 교통 위반으로 경찰에 의해 더 자주 검색되며, 이러한 검색은 다른 위법행위를 적발할 가능성을 높인다. 검사는 흑인이 저지른 사소한 위법행위를 백인의 위법행위보다 더 자주 기소한다. 대부분 백인으로 구성되는 배심원과 판사는 유사한 범법 행위에 대해 흑인을 더 엄하게 처벌한다.

사법부의 인종차별 관행은 1980년대에 레이건 대통령이 '마약과의 전쟁'을 선포하면서 악화되었다. 미국에서 죄수 중 대부분은 마약과 관련된 행위로 수감된다. 전국적으로 백인과 흑인의 마약 복용 비율은 비슷한 수준임에도 교도소에 수감된 마약 사범의 대부분은 흑인이다. 사법부는 마약 복용에 대한 처벌에서 흑인과 백인 간에 이중 잣대를 적용한다.[21] 백인이 주로 복용하는 파우더 코카인과 흑인이 많이 복용하는 크랙 코카인의 형량 차이는 1 대 100에 달했다. 크랙 코카인은 가격이 더 싸고 중독성이 더 강하며 폭력 범죄와 더 연관이 있다는 이유로 더 엄하게 처벌해야 한다는 논리이나, 이는 인종차별적인 의도를 품고 있다. 오바마 대통령은 사법부에서 저질러지는 부정의를 개혁하겠다고 선언하면서 유사한 범죄에 대해 유사한 형량을 구형하는 법률을 제정했다. 그의 주도로 의회를 통과한 '공정형량법'에 따라 위의 두 가지 마약 사범에 대한 형량의 차이는 1 대 18로 줄었다. 사법부의 인종차별은 미국 사회의 전반적인 인종차별 관행을 반영한 것이므로 특정 법률로 흑인에 대한 차별을 방지하는 데에는 한계가 있다.

흑인은 백인보다 일자리를 구하기 어렵다.[22] 같은 이력으로 흑인 이름의 지원자는 백인 이름의 지원자보다 입사 면접의 기회가 제한되며, 면접의 기회가 주어져도 합격할 가능성은 현저히 낮다. 그 결과 흑인은 실업자가 많으며 백인이 기피하는 낮은 임금의 일자리에 몰릴 수밖에 없다. 흑인에게는 사내 훈련이나 승진 기회가 덜 주어진다. 흑인은 수동적으로 명령을 따르는 직무에 머물면서 리더십을 키울 수 있는 기회가 제한되므로 기업에서 고위직에 오르기 어렵다. 흑인은 사업을 하기 어렵다. 은행은 흑인에게 사업 자금을 빌려주는 데 소극적이기 때문이다. 흑인은 돈을 모으기 어렵다. 미국의 중류층 백인은 모기지mortgage라는 장기 주택 담보 대출을 통해 집을 구입하는데, 흑인이 거주하는 지역의 가옥에는 은행이 모기지를 제공하지 않는다. 따라서 흑인은 은행의 대출을 받아 집을 사는 대신 월세로 거주할 수밖에 없다. 같은 비용이 들더라도 월세로 사는 한 자신의 집을 소유할 수 없지만 모기지에 대한 월 납입금을 지불하면서 살면 20~30년 후에는 자신의 집을 소유하게 된다. 미국 정부는 중류층 가구의 주택 소유를 지원하기 위해 모기지에 대한 이자를 세금에서 감면해준다. 월세를 내면서 임대하는 경우 모기지로 집을 소유할 때와 달리 정부의 재정 지원을 받지 못하므로 재산 형성에서 크게 불리하다. 미국 중류층의 재산 형성은 주로 자신이 거주하는 집에 대한 모기지를 통해 이루어지는 점을 감안할 때, 은행의 차별적인 대출 관행은 백인에 비해 흑인 가구의 재산이 현저하게 작은 주원인이다.

재산의 격차는 삶의 기회에서 큰 차이를 가져와 소득 격차를 고착시킨다. 흑인 가족의 재산은 백인 가족의 재산의 6분의 1에 불과하다. 재산이 빈약한 흑인 가족은 비상 상황이 발생할 때 이를 극복할 수 있는 역량을 가지고 있지 않다. 가족 중 크게 아프거나 실직한 사람이 있을 때 충격에 바로 노출되어 근로 능력을 상실하고 장기 실업으로 빠질 위험이 크다. 재산이 없는 흑인 가족은 자녀가 대학교에 진학할 때 학자금을 부담할 능력이 없으므로 이들의 자녀는 일찌감치 대학교 진학을 염두에 두지 않는다. 재산이 없는 흑인 가족은 재산을 담보로 은행의 대부를 받을 수 없고, 자본이 미약하므로 본인은 물론 가족 중 가까운 사람이 새로운 사업을 시작할 기회를 원천적으로 차단당한다.

재산이 없는 흑인 가족이 왜 경제적으로 열악한 처지에서 헤어나기 힘든지는 재산이 있는 중류층 백인의 삶과 비교하면 명확하다. 중류층 백인은 재산을 이용해 자녀를 대학교에 보내고, 예기치 않게 발생하는 높은 의료비를 감당하고, 실업 기간을 이겨내고, 새로운 기술을 익히고, 새로운 사업 기회를 포착한다. 중류층에게 재산이란 자동차를 제외하면 자신이 살고 있는 집이 전부이므로 집을 담보로 하여 필요한 돈을 조달한다. 흑인이 은행에서 모기지를 얻지 못해 집을 소유하지 못하는 상황은, 본인은 물론 자식들의 삶의 기회 전체에 부정적인 영향을 미친다.

대다수 백인은 흑인과 이웃해 사는 것을 선호하지 않는다. 20세기 초·중반에 남부의 흑인이 대규모로 북부 도시로 이전했을 때, 북부 도시에 거주하던 백인은 도심을 버리고 교외로 빠져나갔다. 그 결과 도심 지역에는 주로 흑인 빈민층이 거주한다. 이러한 지역은 건물이나 기간 시설에 오랫동안 투자가 되지 않아 선진국 도시라고 믿겨지지 않을 만큼 비참한 모습이다. 흑인이 거주하는 도심에는 공공 서비스 시설이나 생활 편의 시설이 없고 제대로 된 쇼핑 시설 또한 찾기 어렵다. 가난한 사람이 밀집해 거주하므로 치안이 불안하고 오염 물질이 산재해 있어 주민의 건강 상태 또한 나쁘다.[23] 주변에 범죄자가 많으므로 아이들은 함부로 집 밖에 나가 놀 수 없고 범죄의 유혹에 빠져들기 쉽다. 근래에 미국의 대도시는 재정 위기로 큰 어려움을 겪고 있으며 일부 대도시는 파산을 선고했다. 지방자치의 원칙을 엄격하게 적용하는 미국에서 가난한 흑인이 사는 대도시의 정부는 재정난에 허덕이는 반면, 중류층 백인이 사는 교외의 소도시 정부는 재정을 걱정하지 않는다. 대도시의 기반 시설이나 공공 서비스는 퇴락하고 형편없는 반면, 교외 소도시의 공공 편의 시설은 우수하다. 교외 지역의 아름다운 공원과 어린이를 위한 문화체육 시설은 물론, 최근 영화 DVD부터 신간 서적에 이르기까지 구비하고 대여해주는 공공 도서관은 선진국에 걸맞은 수준이다.

거주 지역의 차별은 법으로 금지되어 있지만 백인 동네에 흑인이 이주하는 것을 막는 관행은 은밀하게 이루어진다. 부동산 중개인은 집을 구하는 흑인에게 부실한 정보를 제공하며 가급적 백인이 살지 않는 동네로 안내한다. 백인이 사는 동네에 흑인을 소개한 중개업자는 동네 주민의 반발로 영업을 중단할 위험을 감수해야 한다. 백인 동네의 주민은 자치 규약을 만들어 자신들의 입맛에 맞지 않는 사람의 진입을 막는다. 개별 건물의 토지 면적이 일정 규모 이상이어야 하거나, 한 건물에는 한 가구만 살아야 한다거나, 집을 남에게 임대하려면 지역 주민 위원회의 심사를 통과해야 한다는 규약을 정한다. 이러한 조항은 자신들보다 가난한 사람이 동네에 진입하는 것을 막으면서 동시에 흑인의 진입을 막는 장치이다.

중류층 백인과 빈곤층 흑인은 서로 사는 곳이 다르고 대인 접촉이 드물기에 서로를 이해하고 배려할 수 있는 공통 경험을 쌓기 어렵다. 중류층 백인과 빈곤층 흑인은 공동의 관심을 형성하기 어려운 사회구조 때문에 서로 운명을 같이하는 공동체의 구성원이라는 의식이 희박하다.[24] 그 결과 가난한 사람에게 혜택이 돌아가는 정부의 복지 정책이 미약할 수밖에 없다. 중류층 백인은 자신이 내는 세금이 자신과 다른 세계에서 사는 빈곤층 흑인에게 쓰이는 것을 좋아하지 않기 때문이다.

미국에서 지역 자치가 극단적으로 전개되는 것, 즉 자신이 살고 있는 지역의 일은 그 지역 주민이 절대적으로 관장하는 제도의 배후에는 흑인과 백인 간 삶의 영역이 분리된 사회구조가 자리 잡고 있다. 흑인과 백인 간에 삶이 섞이지 않도록 하려는 백인의 노력의 배후에는 노예제의 기억이 버티고 있다. 백인은 흑인과 결혼하는 것을 법으로 금하고, 자신이 사는 동네로 흑인이 이사 오는 것을 금하고, 백인이 주로 종사하는 일에 흑인이 진출하는 것을 제한하고, 백인 아이들이 흑인과 함께 공부하는 것을 금하고, 흑인이 투표하는 것을 금하는 관행은 1960년대 민권운동을 통해 법으로 금지되었다. 그러나 오랜 세월 동안 유지된 사회적 관행은 법으로 쉽게 바뀌지 않으며, 흑인과 백인 간 감정적 거리는 쉬 좁혀지지 않는다. 반세기가 지난 지금도 여전히 차별적인 관행은 암암리에 실행되고 있다.

4. 흑인의 삶의 모습의 변화

미국의 흑인은 양극화되어 있다. 중류층 흑인은 세계관이나 삶의 양식에서 중류층 백인과 차이가 없다. 이들의 부모는 대부분 20세기 초 남부에서 북부로 이주한 흑인들이다. 그들은 1960년대 민권운동에 적극적으로 참여한 집단으로, 학교 교육을 제대로 받고 사무직 혹은 전문직에서 일하며 부모와 자녀가 함께하는 가정에서 성장한다. 이들의 부모 중 일부는 제2차 대전에 참전한 후 전쟁이 끝났을 때 참전용사 정착 지원 프로그램의 정부 지원금으로 대학교에 진학하고 집을 장만할 수 있었다. 물론 이들이 제2차 대전에 참전한 후 정부의 도움을 받았다고 해서 전쟁에 참전한 백인과 같은 수준의 혜택을 받은 것은 아니다. 흑인의 입학을 허용하는 대학교의 수가 적었기에 대학 진학을 지원하는 정부의 정책은 소수의 흑인에게만 혜택이 돌아갔으며, 흑인에게 장기 주택융자를 제공하는 은행이 드물었기에 내 집 장만을 도와주는 주택 지원 정책의 수혜자는 일부에 불과했다.[25]

이들은 또한 1960년대 후반 이래 광범위하게 전개된 '소수자 우대 정책'의 수혜자이다. 이 정책 덕분에 많은 흑인이 집안에서 최초로 대학교에 진학했으며 공공 부문에 진출하여 중·하급 공무원이 되었다. 민간업체가 공공사업을 수주할 때 규정된 흑인 고용 비율을 충족해야 하는 의무 조항 덕분에 이들은 민간 기업에서 안정된 일자리를 얻을 수 있었다. 이들은 제2차 대전 후에 전개된 높은 경제성장과 민권운동의 결과로 얻은 혜택이 더해져 고등학교 혹은 대학교를 졸업하고 중류층의 지위에 도달했다. 그들의 자녀 역시 중류층의 가치관과 생활양식을 보인다는 점에서 중류층 백인과 다르지 않다. 그러나 특이한 점은 공적인 생활에서는 백인과 함께 일하고 지내나 사적인 생활에서는 철저하게 흑인들만의 공동체를 형성한다. 이들의 배우자는 거의 대부분 흑인이고 사교의 범위 역시 중류층 흑인에 한정된다. 이들은 북부의 대도시에서는 중류층 백인과 섞여서 교외에 거주하지만, 남부의 대도시에서는 중류층 흑인만 모인 교외의 거주지에 그들만의 삶을 꾸린다.

중류층 흑인 역시 백인의 인종주의적 편견과 차별로 고통을 호소한다. 이들은 어느 정도 사회적 지위가 있으므로 이들에게 노골적인 차별이나 인종주의적 모욕을 가하는 백인은 드물다. 그러나 이들 역시 직장과 일상생활에서 미묘한 차별을 경험한다. 직장에서 백인 하급자가 교묘하게 지시에 따르지 않거나, 직장의 연수나 승진에서 제외되거나, 동료 평가에서 자신의 업적이 정당하게 평가되지 않거나, 채용에서 불이익을 당하는 사례는 흔히 겪는 일이다. 근래에 하버드 대학교의 흑인 교수가 집 열쇠를 두고 나와 문을 따고 들어가려는데 지나가던 백인 경찰이 자세한 사정을 듣지도 않고 경찰서에 연행해 유치장에 하루 동안 가두었던 사건은 단적인 예이다. 이들은 백인으로부터 차별받을 것을 항시 염려해야 하기에 흑인과의 사적인 관계를 선호한다. 이들은 자신과 사회적 지위가 유사한 흑인과 함께 지내는 것이 마음 편하다고 고백한다. 이들 중 일부가 소수자 우대 정책의 수혜를 입어 좋은 대학에 입학하고 좋은 직장에서 일하는 것은 사실이지만, 능력이 부족한데도 불공정 경쟁 덕분에 뒷문으로 들어왔다는 백인의 질시를 받는다. 중류층 흑인 중에는 소수자 우대 정책을 폐지하자는 백인 사회의 주장에 동조하는 사람이 적지 않다. 대표적인 예로 공화당 정부에서 지명된 흑인 대법관 클래런스 토머스Clarence Thomas는 소수자 우대 정책을 강력하게 반대하는 사람으로 대법관 중에서도 가장 보수적인 성향의 판결을 하는 것으로 유명하다.

중류층 흑인의 사회적 지위는 안정적이지 못하다. 본인은 자신의 능력으로 중류층의 지위에 도달했지만 자녀가 중류층의 삶을 살 가능성은 백인에 비해 현저히 낮다. 중류층 흑인 중 절반 이하만이 그들의 자녀도 중류층 수준을 유지한다. 이는 중류층 백인 자녀의 대다수가 중류층 이상의 삶을 사는 것과 대조된다. 왜 중류층 흑인 자녀 중 절반 이상이 부모의 계층 지위를 유지하지 못하고 추락하는 것일까? 미국 사회에 만연한 인종 편견과 인종 차별이 가져오는 삶의 스트레스가 그 이유이다. 아무리 중류층 부모를 두었더라도 흑인 자녀는 학교에서는 물론 직장과 사회생활 전반에서 편견과 차별을 피할 수 없다.

흑인의 지위가 높아지면서 이들에게 대학교 입학, 공무원 채용, 관급공사의 입찰에서 우선적인 혜택을 부여하는 '소수자 우대 정책'에 대한 비판의 소리가 높다. 이 제도는 1960년대 민권운동의 결과, 흑인에 대한 차별을 적극적으로 개선해보고자 흑인에게 특혜를 주는 제도이다. 법 앞에 모두 평등하다는 미국의 원칙을 위배한 정책이기에 끊임없이 비판을 받는다. 이 정책 덕분에 많은 흑인이 대학교에 입학하고 공직에 진출할 수 있었다. 그러나 중류층 흑인이 늘어나면서 이들이 이 제도의 수혜를 독차지하게 되었다. 백인보다 열악한 지위의 흑인에게 특혜를 줌으로써 과거의 질곡으로 인한 불리한 환경을 극복하도록 도와준다는 원래의 취지는 설득력을 잃게 되었다. 여러 주에서 이 정책을 무효화시키는 조치가 취해졌지만 여전히 흑인은 전반적으로 백인보다 지위가 낮으므로 이 정책을 유지해야 한다는 의견 또한 적지 않다.

중하층 흑인은 주로 대도시의 도심에 살며, 삶의 양식이나 가치관에서 백인 주류 사회와 큰 차이를 보인다. 하층 흑인, 그중에서도 남성은 안정된 직장이 없고 결혼해 가정을 꾸리는 경우가 드물다. 이들은 미혼모 가정에서 성장해 중·고등학교를 중퇴한 경우가 많다. 이들은 자기통제 습관을 기르지 못해 직장에서 환영받지 못하고, 마약이나 폭력 사건에 연루되어 처벌을 받는 경우가 많다. 중하층 흑인 남성은 세계화의 피해자이다. 1970년대까지 미국에서 제조업이 건재했을 때, 이들 중 상당수는 비교적 안정된 소득을 유지하며 공장의 반半숙련 노동자로 일했다. 그러나 공장이 해외로 이전하면서 이들은 저임금의 서비스직을 전전하는 불안정한 생활을 영위한다. 이들은 안정적인 직장과 수입이 없기에 가정을 꾸리고 자녀를 키우는 것이 어렵고 정신적으로 힘들게 살아간다.

중하층 흑인 여성은 흑인 남성보다는 사정이 낫다. 이들은 서비스직이나 공공 부문의 하급직에서 일자리를 확보하기가 상대적으로 용이하다. 미국의 기업은 인종차별을 하는 직장이라는 비난을 피하기 위해 흑인 여성을 하급직에 많이 채용한다. 흑인 여성은 '흑인'인 데다 '여성'이라는 이중의 소수자 신분 때문에 소수자 고용 통계를 관리해야 하는 기업 입장에서는 일거양득이다. 이들 역시 교육 수준이 높지 않으므로 좋은 일자리를 얻을 수는 없지만 영어에 능숙한 본국인이라는 이점 때문에 이민자와 일자리 경쟁에서 우위를 차지하며 저임금의 사무직이나 판매직에서 일한다. 그러나 이들은 결혼해 가정을 꾸리기 어렵다. 왜냐하면 중하층 흑인 남성은 불안정한 생활을 영위하므로 남편감으로 부적합하기 때문이다. 중하층 흑인 여성은 자신과 아이들만의 미혼모 가정을 꾸려 아이의 할머니와 함께 혹은 인근에 살면서 모계가족을 형성한다. 이들의 자녀는 아버지 없이 할머니의 보살핌을 받으며 성장한다. 그들 중 대부분은 고등학교를 간신히 마치거나 혹은 중도에 그만두면서 중하층에 주저앉는다. 중하층 흑인 여성은 자신이 일해 얻는 소득에 약간의 정부 복지 혜택을 받아 경제적으로 빠듯하게 살아간다. 큰 병에 걸릴 경우 빈곤층으로 전락하기도 하지만 대체로 '근로 빈곤층'으로 중하층의 생활을 지속한다.

하층 흑인은 대도심 슬럼가에 거주한다. 정상적인 사회생활에서 배제된 하층이 얼마나 되는지는 논란의 대상이다. 이들은 정상적인 미국인의 삶을 살지 못하고 앞으로 그럴 가능성도 희박하다. 고등학교를 마치지 못하고 안정된 직장을 구할 가능성은 전혀 없으며, 정부의 복지 혜택에 전적으로 의지해 어렵게 살아간다. 이들에게는 성공의 기회가 차단되어 있기에 남성은 마약과 범죄의 유혹에 쉽게 빠져들며, 여성은 어린 나이에 아이를 여럿 낳아 기르기에 학교를 마치지 못하고 직장 생활도 하지 못한다. 이들은 좌절과 결핍의 정신적 압박 속에서 헤맨다. 미국인의 꿈 이념은 이들에게 전혀 설득력이 없다.

중류층 흑인과 중하층 및 하층 흑인 사이에 사회적 간격은 크다.[26] 중류층 흑인은 중하층 흑인과 교육과 직업 수준에서 차이가 있으며 사적으로도 서로 어울리지 않는다. 두 집단 모두 흑인이지만 서로에 대해 편견과 차별이 존재한다. 두 집단 사이에는 사회경제적 지위의 차이뿐 아니라 피부색의 차이도 존재한다. 사회적 지위가 높을수록 흑인 내에서도 피부색이 밝은 반면, 사회적 지위가 낮을수록 피부색이 짙다. 흑인에 대한 백인의 억압이 엄청나기에 흑인 사회 내 불평등과 차별에 관해서는 드러내놓고 언급하기를 꺼린다. 피부색이 밝은 흑인은 백인으로부터 차별을 상대적으로 덜 받지만 미국 사회의 인종주의에 대해 정치적 의식이 높다. 이들은 차별 철폐를 위한 미국 사회의 다양한 노력의 가장 큰 수혜자이면서, 동시에 차별 철폐를 위해 정치적 목소리를 높이는 집단이다.

아시아인은 물론 히스패닉과 비교해도 흑인의 사회경제적 지위가 낮은 것을 보고 미국의 보수주의자들은 '흑인은 왜 빈곤에서 벗어나지 못하는가?'라는 질문을 던진다. 유색인에 대한 편견과 차별이 원인이라면 아시아인이나 히스패닉 또한 유색인으로서 차별을 받기 때문이다. 근래에 이민 온 아시아인과 히스패닉은 영어를 잘 못하는 불리함에 외국인에 대한 차별까지 더해져 있으므로 본국인으로서의 이점을 가진 흑인은 이들보다 상위에 있어야 하지만 현실은 그렇지 않다.

흑인의 빈곤에 대한 설명은 둘로 나뉜다. 흑인 특유의 부정적인 문화 때문이라는 '빈곤의 문화' 이론과 흑인은 '사회구조적'으로 불리한 위치에 있기 때문에 빈곤한 것이라는 사회구조적 설명이다. 빈곤의 문화 이론은 흑인 빈곤을 다음과 같이 설명한다. 흑인은 노력하는 것을 권장하는 윤리가 없고, 열심히 공부하고 일하는 사람을 경멸하는 자조적인 태도와 부정적인 가치관이 만연해 있다. 그들은 미래를 계획하거나, 현재의 만족을 뒤로 미루고 어려움을 이겨내는 습관을 키우지 않는다. 어린 나이부터 성적 쾌락을 추구해 여성은 자녀를 많이 낳고 남성은 마약과 범죄의 유혹에 쉽게 빠진다. 흑인 남성은 자녀에 대해 책임감이 없고, 흑인 여성은 자녀를 성실히 돌보지 않으며, 그들은 학교에서 공부를 열심히 하지 않고, 직장에서도 힘든 것을 참고 꾸준히 일하지 않으며, 육체적인 왕성함을 숭상해 운동선수가 되는 허황한 꿈을 꾸거나, 조그만 감정적인 불편함에도 폭력적인 행동을 쉽게 터뜨리며, 충동적인 감정을 조절하는 습관을 기르지 않는다. 이들은 조금이라도 돈이 생기면 마약과 사치스러운 물건을 사는 데 허비할 뿐 절약과 저축의 미덕을 가지고 있지 않다. 따라서 가치관과 생활 관습을 바꾸지 않으면 이들은 빈곤에서 벗어날 수 없다. 이러한 성향의 흑인은 고용되기 어렵고 설사 고용된다고 해도 꾸준히 일하지 않는다. 그들에 대한 단순한 복지 지원은 밑 빠진 독에 물 붓기이다.

반면 흑인 빈곤은 사회구조적 요인 때문이라는 이론은 다음과 같이 설명한다. 흑인은 여전히 노예제의 영향 속에서 고통받고 있다. 백인은 흑인을 과거 노예의 후손이라고 낮추어보며, 그들이 반항할 것을 두려워해 멀리한다. 백인은 흑인이 자신과 동급의 인간이라는 사실을 이성적으로는 받아들이지만 감정적으로는 받아들이기 어려워한다. 1960년대 민권운동 이전 백인이 흑인과 화장실도 같이 쓰지 않던 때에 가지고 있던 흑인에 대한 부정적 감정과 사고방식은 사라지지 않았다. 흑인에 대한 편견과 차별은 흑인을 열악한 처지로 내몬다. 가정 형편이 열악하고 학교의 수준이 낮기 때문에 흑인 자녀는 공부를 잘할 수 없으며, 제대로 된 직장은 흑인을 고용하려 하지 않기 때문에 경제적으로 불안하게 산다. 흑인은 자신들이 미국의 주류 사회에 진입하지 못하는 것을 순전히 백인의 탓으로 돌려 백인을 비난하고 자신의 처지에 좌절하고 분노하는 데 삶의 에너지를 소모한다. 흑인은 백인의 성공 규칙을 받아들이기를 거부함으로써 결국 열악한 지위에 계속 머무는 악순환을 지속하고 있다.

백인은 저임금의 험악한 일을 처리하는 데 흑인보다는 이민자를 선호한다. 이민자는 흑인이 품은 감정적 뒤틀림이 없이 미국인의 꿈을 좇아 열심히 살아가는 순종적인 일꾼이기 때문이다. 백인은 유색인 이민자를 두려워하지 않고, 흑인에게 느끼는 죄의식을 이민자에게는 느낄 필요가 없다. 과거의 유산이나 편견 없이 이민자의 현재 모습 그대로 그들과 대면해 일을 시키면 그만이다. 유색인 이민자들 또한 흑인을 경계하고 멀리한다. 유색인 이민자에게 흑인은 저임금 일자리의 경쟁자이다. 그들이 흑인과 함께할 경우, 백인의 흑인에 대한 편견과 차별을 자신들도 뒤집어쓸까 봐 두려워한다. 그 결과 흑인은 백인은 물론 유색인 이민자와도 떨어져 그들만의 사적인 세계를 구축할 수밖에 없다. 흑인은 흑인끼리 어울리며 흑인들끼리만 결혼한다. 근래에 인종 간 결혼이 늘고 있지만 흑인만은 이러한 변화에서 예외적으로 고립돼 있다.

중류층 흑인은 이러한 흑인과 백인 간의 오랜 숙원 관계의 고리를 깰 수 있는 계기를 제공한다. 중류층 흑인은 백인에 대해 적개심을 갖거나 좌절하지 않고, 백인 주류 사회의 성공의 규칙을 성실히 준수해 성공한 사람들이다. 그들 역시 인종차별의 어려움을 겪지만 이에 굴하여 좌절하지 않는다. 그들의 자녀는 백인 주류 사회에서 백인과 비교적 동등하게 경쟁하며 동일한 가치관과 생활양식을 가진다. 중류층 흑인들에게 흑인으로서의 질곡은 세대가 지날수록 점점 옅어질 것이다. 문제는 성공한 중류층 흑인과 중하층 흑인 사이의 연대가 희박해지고 있다는 점이다. 오바마가 대통령이 되는 데 흑인의 표가 큰 힘을 발휘했지만 도심의 빈곤층 흑인이 그와 얼마나 동질감을 느낄지는 의문이다. 빈곤층 흑인은 인종차별과 빈곤의 어려움을 이중으로 지고 있다. 이들은 자신과 계층이 다르고 피부색의 톤이 다르며 가치관과 생활 방식이 다른 오바마가 대표하는 중류층 흑인과는 거의 접촉할 일이 없다. 백인은 물론 유색인 이민자와 중류층 흑인으로부터도 격리된 하층 흑인은 앞으로도 계속 사회적으로 배제된 집단으로 남을 수 있다.

5. 백인의 특권은 감소하고 있는가

미국의 인종 문제는 사실 흑인이나 유색인의 문제가 아니라 백인의 문제이다. 백인이 유색인에 대해 편견과 차별을 행사하고, 유색인에 대한 백인의 우월적인 지위를 놓으려 하지 않기 때문에 인종 문제가 지속된다. 인종 갈등이나 인종 간의 폭력적 충돌은 거의 대부분 백인의 흑인에 대한 차별과 폭력에서 시작된다. 미국의 인종 문제를 해결하기 위해서는 흑인을 비난할 것이 아니라 백인의 문제, 즉 백인이 흑인에 대해 편견을 가지고 공정하지 않게 대하는 문제를 해결해야 한다.

백인은 주류 사회의 구성원이므로 특별히 인종적인 고려의 대상이 아니다. 미국에서 백인은 정상적인 사회 구성원인 반면, 흑인과 유색인은 비정상적인 존재로 취급된다. '백인의 특권white privilege'라고 지칭하는 사회적인 혜택 혹은 우대는 백인 이외의 인종과 대비해 두드러진다.[27] 그들은 유색인과 달리 인종 차별과 편견의 피해에서 해방되어 있다. 유색인에게 일상적으로 가해지는 부정적인 이미지, 차별 대우, 오해 등을 염려하지 않으며, 개인의 능력과 특성 자체로서 평가받는다. 유색인과 접할 때 백인의 특권이 나타난다. 다른 조건이 같다면 백인은 특별한 이유 없이 유색인보다 우대받는다. 직장에서는 물론 사적인 만남에서도 백인은 유색인보다 더 호의적으로 대접받는다. 백인의 것은 유색인의 것보다 더 아름답고, 더 고상하며, 더 이성적이고, 더 인간적이며, 더 도덕적인 것으로 간주된다. 백인과 유색인이 함께할 때는 참가자의 의

도와 상관없이 공정 경쟁의 규칙이 적용되지 않는다. 미국인이 흔히 쓰는 표현인 '운동장이 기울어져 있다는' 말은 적절하다. 많은 흑인이 스포츠 선수가 되기를 꿈꾸는 것은 사회의 다른 영역과 달리 스포츠에서만 유일하게 인종에 관계없이 공정한 규칙이 적용되기 때문이다. 그러나 스포츠에서도 인종차별이 완전히 배제된 것은 아니다. 같은 기량이라도 백인 선수는 흑인 선수보다 더 선호되고, 선수를 제외하고 감독이나 스포츠에 간접적으로 간여하는 사람은 대부분 백인이다.

백인이라고 모두 같은 백인은 아니다. 20세기 후반 이민 문호가 개방되고 아시아와 중남미에서 유색인 이민자들이 쏟아져 들어오면서, 그 이전에 통용되었던 백인들 사이의 구별은 사라졌다. 20세기 중반까지만 해도 유대인은 백인 중에 이등 시민으로 취급받았으며, 정도의 차이는 있지만 이탈리아인, 폴란드인 등 남유럽과 동유럽 이민자와 아일랜드의 이민자 후손 또한 차별의 대상이었다. 아일랜드인을 제외하면 대부분이 19세기 말 20세기 초반에 들어온 사람인데, 유럽에서 서유럽인이 낮추어 보던 지역 출신의 이민자라는 이유로 20세기 중반까지 편견과 차별의 대상이었다. 20세기 후반에 이민 3세대에 이르러서야 이민자에 대한 사람들의 기억이 희미해지면서 그들에 대한 편견과 차별은 줄었다. 이제 백인 소수집단에 대한 차별은 사라졌지만 이탈리아 후손 중 레스토랑을 경영하는 사람이 많다거나, 건설업계에 아일랜드 출신이 많다거나 등으로 부분적으로 자취를 남기고 있다. 그들에 대한 차별이 줄면서 그들의 민족 정체성도 점차 옅어졌다. 예컨대 이탈리아계 미국인 중에는 자신의 조상이 이탈리아 출신의 이민자라는 사실만을 알 뿐, 이들과 어떤 정서적 연관도 가지지 않은 이탈리아 성을 가진 사람이 대다수이다. 편견을 피해 자신의 성을 영국계의 것으로 바꾼 많은 유대인과 남유럽인은 더 말할 것 없다.

유럽 출신의 백인 사이에 편견과 차별은 사라졌지만 20세기 후반 들어 주류 백인과 구별되는 새로운 종류의 백인이 급속히 증가하고 있다. 중남미 출신의 이민자 중 백인을 자처하는 사람이 바로 이들이다. '히스패닉계 백인'이라 부르는데, 이들은 정부의 통계에서 유럽계 백인과 구별해 집계한다. 히스패닉계 백인의 인종 정체성은 매우 유동적이다. 피부색이 비교적 밝고, 사회경제적 지위가 높으며, 외국인의 악센트가 없는 영어를 구사하는 히스패닉계 2세는 주류 백인 집단에 완전히 흡수되었다. 이들은 이름 중 성에서만 중남미 출신이라는 것을 짐작할 수 있을 뿐, 생활양식에서는 미국의 주류 백인과 구별할 수 없다. 물론 백인이라고 주장하는 히스패닉 중 모두가 주위로부터 백인으로 인정받는 것은 아니다. 히스패닉 중 인구조사에서 자신이 백인이라고 응답한 사람이 65%에 달하지만, 이 중 일부는 완전치 못한 백인으로 간주되거나 아예 백인으로 인정받지 못하는 사람도 있을 것이다. 인종 정체성은 스스로 선언한다고 정해지는 것이 아니라 주변 사람들과 당사자 사이의 상호작용을 통해 형성된다.[28] 흥미로운 사실은 1980년에서 2000년까지 인구조사를 비교한 결과, 1980년에 자신이 히스패닉이라고 응답한 사람 중 상당수가 2000년에는 히스패닉이 아니라고 답했다.[29] 이들이 흑인이나 아시아인이라고 새로이 마음을 바꿀 이유는 없으므로 아마도 백인이라고 응답한 것으로 추정된다. 이들은 히스패닉에서 백인으로 자신의 인종 정체성을 전환함으로써 백인의 특권에 동참하게 되겠지만, 히스패닉계 백인으로 구별되는 한 주류 백인 집단으로부터 부분적인 편견과 차별에 시달릴 것이다.

백인 이민자들이 정착한 시기와 장소에 따라 지역적인 특색이 있다. 대도시는 어디나 비슷한 삶의 방식을 보이지만 농촌에서는 특정 이민자 집단의 후손이 많이 거주한 지역을 미국 전역에서 찾아볼 수 있다. 예컨대 애팔래치아 산악 지역에는 스코틀랜드 출신이 많다거나, 중서부의 북쪽 지역에는 북유럽 출신이 많다거나, 중서부 농촌에는 독일 출신이 많다. 대도시의 경우에도 뉴욕에는 유대인이 많고, 이탈리아인은 뉴욕과 보스턴에 많고, 시카고와 시애틀에는 북유럽인이 상대적으로 많다. 이민자의 출신 지역에 따른 사회경제적 차이가 감소하면서 민족의 차이는 희미해졌다. 단지 축제 등의 상징적인 방식으로만 민족성이 표출된다.[30] 소수민족에 대한 주류 사회의 편견과 차별이 줄어들면 그들만의 집단 정체성을 유지하기 어렵다.

백인이 유색인을 대하는 방식은 지역과 사회경제적 수준에 따라 다르다. 오랫동안 노예제 사회였고 1960년대 민권운동 이전까지 흑인을 사실상 노예와 흡사하게 취급한 남부에서는 유색인에 대한 인종주의가 여전히 기승을 부린다. 외부인이 많이 유입된 애틀랜타와 같은 대도시에는 이러한 특유의 '남부 문화'가 덜하지만, 중소 도시와 농촌 지역에는 과거보다 약한 형태이지만 여전히 유색인에 대한 인종주의가 지배한다. 학교에서 백인 학생들이 유색인 동급생을 심하게 괴롭힌다거나, 유색인에 대해 증오 범죄를 저지르는 사건이 남부에서 종종 발생한다. 북부나 서부 지역에서도 외부와 접촉이 드문 농촌 지역에서는 인종주의를 흔히 볼 수 있다. 지역적 차이만이 아니라 소득과 교육 수준에 따라 백인의 유색인에 대한 인종주의는 차이를 보인다. 사회경제적 수준이 낮은 백인은 자신의 낮은 지위에 대한 보상 심리 때문에 인종주의를 옹호한다. 그들은 인종주의가 부여하는 백인의 특권을 포기하려 하지 않는다. 반면 사회경제적 수준이 높은 백인은 인종주의 관행에서 벗어나 있다. 그들은 다른 인종의 사람들에 대해 개방되어 있으며, 최소한 외면상으로는 인종 중립적으로 공정하게 행동하려 한다.

미국의 정치는 인종주의를 이용하고 조장한다. 공화당은 부유한 계층의 이익을 대변하면서도 백인 중하층의 지지를 받는다. 이는 명백히 모순된 조합인데 이것이 가능한 이유는 공화당 정치인이 중하층 백인의 인종주의적 감정을 이용해 표를 획득하기 때문이다.[31] 중하층 백인은 공화당의 정책이 자신의 이익에 반대되는 데도 불구하고, 경제적으로 어려운 유색인에게 이익이 되는 것을 질시하는 감정에 지배되어 공화당을 지지한다. 반면 민주당은 중류층의 이익을 대변하며 중하층의 복지에 관심을 갖지만, 이는 흑인과 이민자에게 이익이 되기 때문에 백인 중하층의 지지를 얻기 힘들다. 미국의 정치는 백인에 의해 주도되는데, 인종주의적 고려 때문에 합리적 해결이 어려운 경우가 많다. 예컨대 의료 개혁을 둘러싼 공화당과 오바마 대통령 간의 줄다리기에는 인종주의적 복선이 깔려 있다. 미국의 의료제도가 비효율적이고 고비용임을 모두 알고 있지만 흑인에게 더 많은 혜택이 돌아가는 정책을 백인들이 반대한다는 점을 이용해 개혁을 저지함으로써, 의료계는 자신들의 높은 이익을 지키고 공화당은 자신의 지지층의 감정에 영합한다. 미국의 정치와 일반 생활에 내재된 인종주의적 복선은 모두들 짐작하고 있지만 공개적으로 언급하는 것은 금기이다. 노예제에 대한 어두운 기억과 뒤틀린 감정이 여전히 자리 잡고 있기 때문이다. 예컨대 세금 감축을 주장하는 것, 작은 정부를 주장하는 것, 복지 개혁을 주장하는 것, 공공 서비스 확충을 반대하는 것, 주의 권리를 주장하는 것, 지역 자치를 옹호하는 것 등은 표면적으로는 인종에 대한 언급이 전혀 없으나 실상은 인종적인 고려가 담겨 있다.

백인과 유색인 특히 흑인 사이의 사회경제적 격차가 줄면서 백인의 특권이 감소하고 있는 것은 분명하다. 백인과 유색인이 함께 일하고 서로 어울리고 결혼하는 경우가 증가하는 만큼 백인의 유색인에 대한 편견과 차별은 감소할 것이며, 백인이라는 사실만으로 유색인에 비해 특혜를 누리는 일도 사라질 것이다. 그러나 백인과 흑인 사이의 사회경제적 격차가 줄어드는 속도는 1980년대에 공화당이 집권한 이래 현저히 둔화되었다. 중류층 흑인은 늘었지만 백인과 흑인 사이의 혼인은 여전히 드물며, 백인과 흑인 간에 소득 격차가 줄어드는 경향은 1990년대 이래 정체 상태이다. 오바마 대통령과 같이 성공한 흑인이 각계에서 출현하고 있지만, 흑인 중 3분의 2가 중하층 이하에 고착된 상황이 지속되는 한 흑인에 대한 인종주의가 약화되지 않을 것이다.

6. 아시아계 이민자는 유럽계가 간 길을 더 빨리 가고 있다

아시아인이 미국 본토에 건너간 역사는 150년이 넘지만 미국에 사는 아시아인은 대부분 1965년 이민법 개정 이후 건너간 이민 1세대와 그들의 후손이다. 19세기 중반 이후 소수의 중국인과 일본인이 미국 본토에 건너갔으나 극심한 인종차별에 부딪혔다. 미국은 1925년 이민법을 개정해 아시아계의 이민을 완전히 봉쇄해버렸다. 1980년대 이래 중국, 인도, 동남아 지역에서 많은 사람들이 미국으로 건너가고 있다. 1965년 이후 미국으로 이주한 아시아인 이민 1세대와 그들의 자녀 세대의 생활 방식은 크게 다르다.

아시아계는 이민 온 후 시간이 지나면서 미국 사회에 동화한다. 아시아계는 유럽계 이민자와 두 가지 면에서 다르다. 첫째, 아시아계 이민자는 백인이 아니라 유색인이라는 점이다. 유럽계 이민자는 미국 땅에 발을 딛는 순간부터 백인의 특권을 누리면서 미국 사회에 정착하는 반면, 아시아계 이민자는 유색인에 대한 편견과 차별을 안고 힘들게 살아야 한다. 아시아인에 대해 인종 편견을 가진 미국인이 적지 않기 때문이다. 특히 사회경제적 지위가 낮은 백인은 아시아인에 대한 편견이 심하다. 둘째, 아시아계 언어는 영어와 차이가 크기 때문에 이민 1세대는 영어를 제대로 구사하기 힘들다. 반면 유럽계 언어는 영어와 가깝기 때문에 이민 1세대도 웬만큼 영어를 구사할 수 있다. 미국에서 중류층 직업은 대부분 능숙한 영어 구사력을 요구하기 때문에 아시아계 이민자 1세대는 중류층 직업에 진입하기 어렵다. 다만 아시아계 중에 인도계와 필리핀계 이민자는 모국에서 영어를 사용했으므로 언어 장벽을 경험하지 않는다. 따라서 이들은 아시아의 다른 지역 출신에 비해 미국에 정착하는 것이 상대적으로 수월하다. 이들은 이민 1세대에서도 중류층 직업에 종사하는 경우가 많다. 인도계 이민자는 아시아계 중 소득이 가장 높으며 대기업과 금융계에서 많이 일한다.

인종차별과 언어 장벽을 안고 살아야 하는 중국, 한국, 동남아 출신의 아시아계 이민 1세대는 두 가지 방식으로 미국 생활에 적응한다. 첫째, 같은 민족이 함께 모여 살면서 공동체를 형성해 서로 도움을 주고받는다. 민족 교회나 민족 단체가 공동체의 구심점 역할을 한다. 이러한 민족 공동체는 과거 유럽계 이민 1세대에게도 유사한 역할을 했다. 둘째, 기업에 취직하는 대신 소규모 자영업에 종사하는 인구가 많다. 비교적 교육 수준이 높으며 초기 사업 자본을 조달할 수 있는 아시아계 이민자들은 가족 노동력을 투입해 자기 위험부담으로 운영하는 자영업을 선호한다. 아시아계 이민자의 민족 공동체는 자영업 운영에 필수적인 노하우와 지원을 제공한다. 아시아계 이민자들이 자영업에 많이 종사하는 이유는 사업가 정신이 특별히 강해서가 아니라, 인종차별과 언어 장벽 때문에 자신의 교육 수준과 이민 이전의 사회경제적 배경에 걸맞은 일자리를 구할 수 없기 때문이다. 아시아계 이민자라도 언어 장벽이 없는 인도계나 필리핀계 이민자는 대부분 기업체에서 피고용자로 일한다.

아시아계 이민자가 열심히 노력해 성공하는 것을 보고 '모범적인 소수자'라는 칭호를 붙이는데 이는 흑인을 비난하는 함의를 안고 있다. 즉, '아시아계 이민자는 열심히 노력해 성공하는데 너희들은 왜 열심히 노력하려고 하지 않는가'라는 비난이다. 흑인의 입장에서 볼 때 이러한 비난은 공정하지 않다. 아시아계 이민자는 미국에 오기 전부터 교육 수준이 높으며 가족 가치와 직업 경험을 가진 경우가 많다. 미국에서 아시아계 이민자들이 경험하는 인종 편견과 차별은 흑인만큼 가혹하지 않다. 중남미의 서인도제도에서 온 흑인 이민자들이 이민 1세대에는 미국의 흑인보다 사회경제적 지위가 높지만 2세대로 넘어가면서 미국의 흑인과 차이가 사라지는데, 이는 미국의 흑인이 처한 인종 편견과 차별이 얼마나 가혹한지 말해준다. 흑인들은 아시아계 이민자가 자신의 동네에서 장사하여 성공하는 것에 시기심과 좌절이 교차하며 폭력적 충돌로 발전하기도 한다.

아시아계 이민자 2세대는 이민자 1세대와 상황이 다르다. 1965년 이민의 문호가 개방된 이후에 들어온 이민자의 자녀들은 이제 왕성하게 경제활동을 하는 연령대에 진입했다. 이들은 부모의 열성적인 교육열 덕분에 높은 수준의 교육을 받으며 언어의 제약이 없으므로 미국의 주류 사회에 진출한다. 아시아계 2세 중에는 사회경제적으로 성공한 사람이 많다. 미국의 유명 대학교에서 아시아계 학생의 비율은 30%를 넘는다. 아시아계를 모범적인 소수자라고 칭한다고 하여 그들에 대해 인종 편견과 차별이 면제된 것은 아니다. 아시아계 이민자 1세대는 물론 2세대 또한 유색인이라는 이유로 인종 편견과 차별의 대상이다. 백인 학생보다 더 좋은 성적을 보여야만 대학 입시의 관문을 통과할 수 있고, 백인보다 더 열심히 하고 더 높은 성과를 보여야만 취업이나 승진에서 뒤처지지 않는다. 아시아계를 선출직 공무원으로 뽑으려 하지 않고, 정부 공무원으로 고용되기 어려우며, 기업에서 상위직에 진출하기 어렵다. 또한 아시아인에 대한 증오 범죄의 대상이 되거나, 학교에서 왕따의 피해자가 되기 쉽다. 아시아계 2세대는 미국에서 나고 자랐음에도, 종종 '영어를 잘한다', '어느 나라에서 왔느냐' 혹은 '너희 나라로 돌아가라' 등의 말을 듣는다. 아시아인은 백인과 흑인 양쪽으로부터 편견과 차별의 대상이 된다. 1992년 로스앤젤레스에서 폭동이 일어났을 때 경찰이 3일간이나 폭동 지역에 들어오지 않아 흑인 폭도가 한인 상점을 모두 파괴한 사건이 단적인 예이다. 한인들은 만일 이 지역에 백인이 경영하는 점포가 많았다면 경찰이 그렇게 3일이나 방관했겠냐며 분노했다.

아시아계의 소득은 백인보다 높다. 2014년 아시아계 미국인의 가구 소득은 7만 4105달러인데 이는 백인의 5만 7355달러보다 무려 29%나 높은 수치이다.[32] 그러나 이렇게 화려한 아시아인의 성취 뒤에는 어두운 현실이 감추어져 있다. 아시아계 내 소득 격차는 매우 크다. 아시아계는 중상류층에 올라선 사람이 많지만 어렵게 살아가는 아시아계 이민자 또한 많다. 아시아계 이민자 중 빈곤층의 비율은 백인보다 높다. 특히 결혼하지 않고 혼자 사는 성인이나 고령자 중에 가난에 허덕이는 사람이 많다. 결혼하지 않고 혼자 사는 아시아인 세 명 중 한 명은 빈곤하며, 65세 이상 고령자 여덟 명 중 한 명은 빈곤하게 살고 있다. 한국계는 아시아계 이민자 중에 소득 불평등이 크며 빈곤층의 비율이 높은 민족이다.

왜 아시아계는 백인보다 소득이 높음에도 빈부의 격차가 클까? 이는 아시아계 이민자 1세대 내의 격차 때문이다. 아시아계 1세대 이민자 중 교육 수준이 높고 초기 자본을 동원할 수 있는 사람은 전문직 혹은 자영업에 종사하여 시간이 지나면서 경제적으로 성공할 수 있었다. 부모 세대의 경제적 성공은 그들의 자녀가 높은 교육을 받고, 미국의 주류 사회에 진출해 높은 사회경제적 지위를 획득하는 것으로 귀결된다. 그러나 이민 1세대 중 교육 수준이 낮고 초기 자본을 동원할 수 없는 사람은 같은 민족 출신이 경영하는 소규모 점포나 일반 사업체에서 저임금의 열악한 일을 하며 힘들게 살아간다. 이들은 교육 수준이 낮고 자산이 없어서 겪는 어려움에 유색인으로 영어를 구사하지 못해 겪는 어려움이 중첩된다. 이들은 '모범적인 소수자'라는 칭호가 붙은 아시아계의 일원임에도 육체노동으로 빈곤한 생활을 계속해야 하는 데서 오는 좌절과 수치심 때문에 민족 공동체와도 단절된 채 생활한다. 이렇게 어렵게 사는 이민 1세대의 경험은 고스란히 자녀 세대로 이전된다. 아시아인임에도 가정환경이 열악하기에 교육을 제대로 받지 못하고, 민족 공동체의 도움도 받지 못한다. 아시아계 1세대가 하층이면 그들의 자녀 또한 하층에서 벗어나기 어렵다. 교육 수준이 낮고 빈곤하게 생활하는 아시아인 2세대에게 이민자가 가진 성취동기를 찾아볼 수 없다. 이들은 이민자가 아니므로 이민자의 꿈을 가지고 있지 않다. 가난한 아시아인 2세대는 가난한 흑인이나 히스패닉과 마찬가지로 인종 편견과 차별 속에서 힘들게 살아간다.

미국에서 출생한 아시아계의 교육 수준은 매우 높다. 미국에서 태어난 아시아계 중 대학을 졸업한 사람은 전체의 63.9%로 백인의 두 배를 넘는다. 이러한 현실을 반영하여 아시아계에게는 '모범적인 소수자Model Minority'라는 고정관념이 붙어 있으며, 일반적으로 높은 교육 수준에 성공적인 직업 활동이 기대된다. 그러나 이러한 이미지에 미치지 못하는 교육 수준이 낮은 아시아계에게는 불이익이 가해진다. 백인보다는 교육 수준이 높지만 다른 아시아계보다는 교육 수준이 낮은 사람에게 주류 사회는 물론 아시아계 사람들 사이에서도 '실패자'라는 낙인을 찍는다. 이들의 노동의 질이 같은 교육 수준의 백인과 차이가 없다고 해도, 주류 백인 사회는 이들의 교육의 가치를 깎아서 평가한다. 예컨대 미국에서 태어나고 같은 수준의 교육을 받았음에도 고등학교를 졸업한 백인이라면 취업될 수 있는 일자리에 다른 아시아계보다 못하다는 이유 때문에 고용되지 못한다. 교육을 받지 못한 가난한 아시아계 이민자 2세는 교육 수준이 평균적으로 높은 아시아계에 속해 있음으로 해서 이중적으로 불이익을 받는다. 이들은 '모범적인 소수자'라는 아시아계에 대한 고정관념의 희생양이다.[33]

아시아계 이민자 사회는 내적으로 매우 다양하다. 예컨대 인도계와 한국계는 사정이 매우 다르고, 같은 민족 내에서도 오래전에 건너와 자리 잡은 사람과 최근에 이민 온 사람의 사정이 서로 다르다. 교육을 중시하고 근면한 윤리관을 공유한다고 하지만 아시아계 내에서 격차가 크므로 아시아계에 대한 고정관념이 이들 모두에게 동일하게 적용되지는 않는다. 아시아인은 인구 규모에 비해 정치력이 약하다. 아시아인은 근래에 이민 왔으므로 시민권을 가진 사람이 많지 않으며, 시민권이 있다고 해도 유권자 등록을 하고 실제 투표를 하는 사람은 많지 않다. 2000년대에 아시아계 성인 시민권자 중 절반이 못 되는 48.4%만이 투표를 했는데, 이는 백인의 66.0%보다 많이 뒤진 참여율이다.[34] 아시아계는 흑인과 달리 단일한 정치 세력을 형성하고 있지 않다. 아시아계가 많이 모여 사는 서부 지역에서 근래에 선출직 공무원에 많이 진출하지

그림 6-2 아시아계의 민족별·세대별 가족 소득 분포(2010~2014)

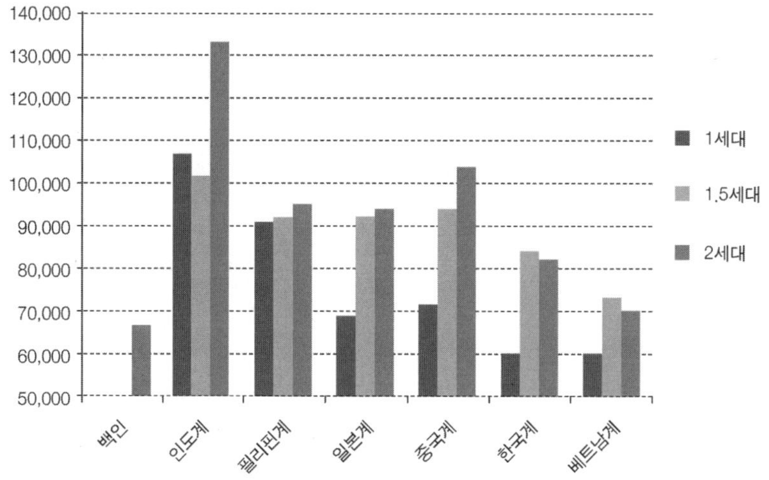

주 1: '백인'은 히스패닉계를 제외한 유럽계 백인에 한정한다. '1세대'는 외국에서 태어난 이민자 중 1.5세대를 제외한 수치이고, '1.5세대'는 12세 이전에 미국에 건너간 이민자, '2세대'는 미국에서 출생한 사람을 모두 포함한다.

주 2: 아시아계 이민자 사이에 민족 간 소득 격차는 매우 크다. 아동기에 이민 온 1.5세대와 미국에서 출생한 2세대는 사회경제적으로 유사하다. 필리핀계를 제외한 모든 아시아계는 1세대에서 2세대로 넘어가면서 소득이 크게 향상되었다.

자료: American Community Survey(2010~2014).

만 아시아계 전체로 표가 결집되지는 않는다. 각 민족 집단별로 표가 분산되는데, 예컨대 한국계 이민자는 중국계와 경쟁하며, 인도계와 백인 중에 전자를 더 지지하지는 않는다.

아시아계 미국인은 인종 편견과 차별을 극복하고 유럽계 백인 이민자처럼 미국의 주류에 합류할까 하는 질문에 부분적으로 긍정적인 답을 제시할 수 있다. 아시아계 이민자는 이민 온 후 시간이 흐르고 세대가 넘어가면서 동족의 집단 거주지를 벗어난다. 중상류층으로 발돋움한 이민 1세대와 그들의 후손은 아시아인 공동체를 떠나 주류 사회에 동화되는 길을 밟는다. 중류층 백인이 사는 교외에 살면서 중류층 백인의 직장에서 일하고 그들과 어울린다. 반면 아시아계 이민자 중 중하층에서 벗어나지 못하는 사람은 이러한 추세에서 예외적인 존재이다. 이들은 이민 온 지 상당한 시간이 흘렀음에도 동족의 집단 거주지 주변에서 생활하며 주류 사회와는 제한적으로만 접한다.

미국에 온 이민자들이 동화되는 가장 마지막 단계는 주류 집단의 사람들과 구분 없이 섞이며 혼인하는 것이다. 아시아계 이민자 2세가 아시아계 이외의 사람과 혼인하는 비율은 매우 높다. 아시아계 여성의 경우 거의 절반이 아시아계 이외의 인종, 특히 백인과 결혼한다. 일본계나 한국계와 같이 새로운 이민자가 줄어드는 아시아계 민족의 경우 아시아계 이외의 사람과 혼인하는 경우가 많다. 반면 새로운 이민자의 유입이 활발한 중국계나 인도계는 동족과 결혼하는 비율이 높다. 미국에서 출생한 일본계 여성 중 3분의 2이상이 백인과 결혼하며, 한국계 2세의 경우에도 타 인종과 결혼하는 비율이 절반을 넘어섰다. 이러한 과정이 지속된다면 백인과 아시아계의 경계는 점차 흐려지고, 궁극적으로 아시아계는 미국의 주류 집단의 일원으로 편입될 것이다. 물론 현재와 같이 아시아의 이민자들이 계속 대규모로 들어오는 한 미국에 동화되지 않은 아시아인에 대한 차별은 계속될 것이므로, 아시아인이 미국의 주류 집단으로 편입하는 시기는 그만큼 뒤로 늦추어질 것이다.

| 제7장 |

미국의 교육은 무엇이 문제인가

Change of The American Society

미국은 세계에서 교육에 가장 많이 투자하는 나라이다. 미국의 대학은 세계 최고 수준이다. 세계의 인재들이 미국의 대학교로 몰려들고 미국의 대학교 연구소는 최첨단 지식의 산실이다. 반면 미국의 중등학교에는 글을 제대로 못 읽고 기초적인 산술도 못해 중퇴하는 학생이 많다. 왜 미국의 대학교는 세계 최고 수준인데 중등학교는 선진국에서도 하위에 머물러 있을까? 세계에서 가장 부자 나라인 미국이 돈이 부족해 학교의 문제를 방치하고 있는 것은 아니다. 새로운 대통령이 취임할 때마다 교육 개혁을 외치고 있음에도 문제가 해결되지 않는 것을 보면, 분명 미국의 교육 문제는 뿌리가 깊고도 복잡하다. 여기서는 미국 교육의 문제가 무엇인지, 왜 해결되지 못하는지, 반면 미국의 대학교가 어떻게 세계 최고 수준에 도달했는지에 대해 답을 찾는다.

1. 교육에 큰 투자를 하는 나라

미국은 일찍부터 국민의 교육에 큰 관심을 기울였다. 미국은 서구에서 가장 먼저 보통교육을 실시했다. 전 국민을 대상으로 한 보통교육은 19세기 초 북동부의 매사추세츠 주에서 시작해 전국으로 확대되었다. 20세기 초반 미국의 교육은 전 국민이 초등 교육을 이수하는 수준에 도달했다. 이후 중등 교육이 급속히 확대되어 제2차 대전 무렵에는 전인구의 절반가량이 중등 교육을 이수했다. 현재 미국인은 주에 따라 약간의 차이가 있지만 대체로 5~6세에 입학하는 유치원에서부터 중등 교육까지, 연령으로는 17~18세까지 국가의 재정으로 부담하는 학교 교육을 의무적으로 받아야 한다. 미국의 학교 교육을 지칭하는 용어인 K-12는 유치원kindergarten부터 12학년, 즉 한국의 고등학교 3학년까지를 뜻한다.

미국에서 공교육은 한국과 달리 중앙정부가 아닌 주 정부의 소관이므로 주에 따라 교육제도가 다양하다. 많은 주에서 5-3-4의 시스템을 택하나, 일부 주, 또는 같은 주에서도 일부 학교는 6-3-3, 8-4 등 다양한 학년 시스템을 적용한다. 혼동을 피하기 위해 초등학교부터 교육 햇수가 누적되는 방식으로 학년을 표시한다. 미국은 지역에 따라 학력의 차이가 크다. 남부는 북부나 서부보다 학력 수준이 낮으며 유치원을 의무교육에 포함시키지 않은 주가 많은 반면, 북동부 지역은 다른 지역보다 주민의 교육 수준이 높으며 공교육 시스템이 잘 갖추어져 있다.

미국에서 보통·의무교육이 일찌감치 발달한 이유는 미국이 유럽으로부터 건너온 다양한 배경의 이주민으로 구성된 나라이므로 모든 사람에게 미국인으로서 공통적인 소양을 주입해야 할 필요성 때문이다. 학교 교육은 인종과 민족의 다양성을 넘어 모든 국민을 '미국인'으로 동화시키고 사회를 통합하는 데 필수적이다. 미국의 학교에서는 영어와 역사 교육을 강조해 많은 시간을 할애하는데, 이러한 과목은 미국인으로서 시민의식을 함양하는 것을 목표로 한다.

수학 기간으로 따졌을 때 미국인의 교육 수준은 서구 국가들 중에서도 높다. 고등학교 취학률은 95%를 넘고, 전체 성인 인구 중 10% 이하만 고등학교 졸업 미만의 학력이다. 미국인의 대학교 진학률 또한 매우 높다. 고등학교 졸업자 중 80%는 전문대학을 포함한 대학교에 진학하며 전체 성인 인구의 42%가 대학교 재학 이상의 학력을 보유하고 있다. 이는 유럽 대부분의 나라에서 대학교 진학률이 50~60%대에 머물고, OECD 국가에서 성인 인구 중 대학교 학력자의 비율이 30%대에 머물러 있는 것과 대조된다.[1]

미국인이 이렇게 높은 수준의 교육을 누리게 된 데에는 정부의 역할이 크다. 미국은 예전부터 국가가 적극적으로 나서서 학교를 세우고 공교육에 크게 투자했다. 현재 미국은 총생산의 7.3%를 교육에 투자하는데, 이는 OECD 평균인 6.2%보다 높은 수준이다. 과거 미국인이 서부로 진출하던 시절에 신개척지의 열악한 환경에서도 학교 세우는 것을 우선으로 했다. 연방 정부 소유의 땅을 대학교 부지로 제공하고 주 정부는 공립 대학교의 설립을 적극적으로 추진했다. 미국의 모든 주에는 주 정부의 재정으로 운영되는 우수한 공립 대학교가 다수 있다. 주에 거주하는 주민의 자녀는 적은 비용으로 이러한 공립 대학교에 수학할 수 있다. 미국 대학교의 등록금이 높다고 하지만 자신이 거주하는 주의 공립 대학교에 수학할 경우 한국의 사립 대학교 등록금보다 크게 비싸지 않다.

제2차 대전이 끝난 후 연방 정부는 전쟁터에서 귀환하는 장병에게 무상으로 대학 교육을 제공해 획기적으로 대학교 취학의 기회를 넓혔다. 그 당시까지 대학 교육은 소수 상류층의 전유물이었으나 중류층과 중하층의 젊은 장병들에게 대학 교육을 시킴으로써 서구 근대사에서 보기 힘든 규모로 단기간에 엄청난 계층 상승이 이루어졌다. 연방 정부가 전후 대규모의 실업 사태를 방지하기 위해 시행한 '전후 귀환 장병 지원법GI Bill'이라는 지원 정책 덕택에 대다수 미국인은 가문에서 최초로 대학교에 다니게 되었다. 이후 미국의 중류층 가정에서 대학 교육은 성장 과정에서 당연히 거치는 것으로 자리 잡았다.

근래에 미국 학교의 교육의 질에 대해 논란이 많지만 여전히 미국인은 대부분 자녀를 공립학교에 보낸다. 유치원에서 고등학교까지 공립학교에 취학하는 아동의 비율은 88%에 달한다. 대학교의 경우에도 사정은 비슷해 2년제를 포함해 전국적으로 4500개 이상의 대학교가 있지만 공립이 대다수를 차지한다. 전체 대학생 중 사립 대학교 학생이 차지하는 비율은 다섯 명 중 한 명 꼴에 지나지 않는다.[2]

20세기 후반 캘리포니아 등 서부 지역을 중심으로 사립학교에 보내거나 가정에서 자녀를 교육하는 열풍이 불었다. 과거에 사립학교라고 하면 대부분은 가톨릭교회 부설의 사립학교였으며, 이외에 최상층의 자제가 다니는 소수의 기숙학교가 있을 뿐이었다. 가톨릭교회 부설의 사립학교는 아일랜드나 이탈리아와 같이 가톨릭을 믿는 유럽 국가에서 건너온 이민자들이 자녀를 교육할 목적으로 설립했다. 이들은 미국 개신교의 공격적인 종교 환경에서 가톨릭 신앙을 지키고 민족 정체성을 유지하려는 의도에서 자신들만의 학교를 건립한 것이다. 그러나 가톨릭교회 부설학교를 설립할 때의 종교적·민족적 열정은 시간이 지나면서 사라지고, 20세기 후반에는 문을 닫는 학교가 늘었다. 특별히 교육의 질이 높지도 않으면서 공립학교와 달리 상당한 금액의 등록금을 부담해야 하는 사립학교가 매력적이지 않게 된 것이다. 물론 이는 유럽의 이민자들이 미국 사회에 동화되면서 자신들만의 종교적·민족적 정체성을 잃어버리는 경향을 반영한다.

1980년대 이래 경제가 악화되고 공화당이 집권하면서 공립학교에 대한 정부의 재정 지원이 크게 줄었다. 그 결과 공립학교 교육의 질이 떨어지는 것에 대한 반작용으로 일부 중상류층 가정에서 자녀를 종교와 연관이 없는 사립학교에 보내는 경향이 나타났다. 1970년대 이래 공립학교에서 종교적으로 중립적인 교육이 강조되었는데, 독실한 기독교 신자들은 자녀가 세속적인 가치관에 물드는 것을 막기 위해 가정에서 자녀를 직접 교육하는 홈스쿨링을 실시했다. 그러나 여전히 대다수의 미국인은 자식을 공립학교에 보낸다. 중류층 자녀가 다니는 공립학교는 무료이면서도 어느 사립학교 못지않게 교육의 질이 높고 학교 시설이 우수하기 때문이다. 전국적으로 초·중등 교육 연령대의 인구 가운데 사립학교에 다니는 학생의 비율은 10%에 불과하며 홈스쿨링을 받는 학생은 전체의 2%로 미미한 수준이다.

2. 미국 학생의 학교생활

1) 미국 학교의 일상

미국의 초·중등 교육은 전국적으로 1만 4000개로 세분화된 교육구에서 관리한다. 학생들은 거주하는 지역에 속한 교육구의 학교에 배정받는다. 일부 대도시에는 일반 중등학교 이외에 다양한 성격의 공립학교가 있다. 과학이나 예술에 특화한 학교, 실험적인 교과과정을 시행하는 학교, 직업 교육을 강화한 학교, 국가의 위탁을 받아 민간이 운영하는 차터 스쿨charter school이 그것이다. 이러한 특수 중등학교는 학생이 지원해서 허가가 나야 입학이 가능하다. 고등학교까지는 무상 의무교육이므로 학교에는 점심 급식비만 내면 된다. 사립학교는 정부의 재정 지원을 받지 않으므로 등록금이 비싸기는 하지만 정부의 규제를 받지 않고 독자적으로 운영할 수 있다. 사립학교는 독자적인 교육과정과 우수한 교사, 최신 교육 시설을 자랑하므로 부유층 자녀나 종교적인 교육을 강조하는 가정의 자녀들이 다닌다.

미국의 중류층은 집의 앞뒤로 잔디밭이 있는, 교외의 단독주택에 사는 것을 선호한다. 미국인은 아파트와 같이 좁은 지역에 밀집해 사는 것을 기피하므로 넓은 지역에 흩어져 산다. 하지만 뉴욕이나 워싱턴과 같은 소수의 대도시를 제외하고는 대중교통이 제대로 갖추어져 있지 않다. 따라서 학생들이 통학하기 위해서는 통학 버스를 이용하거나 부모가 직접 차로 데려다주어야 한다. 초등학생은 물론 고등학생도 통학 버스를 이용하는 것이 일반적이다. 통학 버스를 이용하는 학생 수가 많아 통학 버스 운용은 교육구 행정의 중요 업무이다. 매 학기 초마다 학교에서는 통학 버스 이용자를 조사하고 노선을 조정해 이용하고자 하는 학생을 가급적 많이 포용하려고 한다. 그러나 넓은 지역을 담당해야 하기 때문에 통학 버스는 이른 시간부터, 멀리 우회하여 운행한다. 따라서 중류층 부모들은 가까이 사는 사람들끼리 조를 짜서 순번을 정해 자녀를 직접 실어 나르기도 한다. 미국 학교의 일상은 한국보다 이른 시간에 시작한다. 미국의 대다수 초등학교는 매우 이른 시간인 7시 30분경에 하루 일과를 시작하며, 중등학교는 8시~8시 30분 사이에 첫 교시가 시작된다.

미국의 중등학교는 각 과목 담당 교사가 자신의 교실을 가지고 있고, 학생이 각자 자신의 시간표에 따라 교실을 이동하면서 배우는 시스템이다. 중등학교 학생은 언어와 수학 같은 핵심 공통 과목을 제외하고는 자신의 선호에 따라 다양한 과목 중에서 선택할 수 있다. 학업 능력이 뛰어난 학생을 위해 대학교 수준의 과목이 별도로 개설된다. 한국과 달리 한 반 학생 전체를 관장하는 담임교사가 정해져 있지 않고 개별 학생의 욕구에 따라 상담 혹은 특별활동을 지원하는 별도의 교사가 있다. 재정이 풍부한 학교는 상담 분야에 따라 담당 교사가 여러 명 있어서 개별 학생에게 세심한 상담 지도를 해준다. 좋은 학교일수록 학생들의 학업과 진학을 담당하는 상담 교사의 역할이 중요하다. 좋은 학교는 다양한 과외활동을 지원하는 교사를 분야마다 별도로 배치해 다양한 교육을 제공한다.

미국의 초·중등학교에는 장애 아동을 위한 특수 학급이 개설되어 있다. 장애 학생은 학교 일과의 대부분을 일반 학생과 함께 교육받지만 부분적으로 특수학급에서 학업을 보충한다. 미국 학교의 장애 학생은 대부분 정신적인 장애를 가진 학생이다. 신체장애는 물론, 주의 집중 장애, 감정 통제 장애, 신경성 장애 등 전체 학생의 최대 20%가 장애 학생의 범주에 포함된다. 재정이 풍부한 학교는 장애 학생을 특수 교사가 관리하면서 개별적으로 돌봐주지만 가난한 학교는 장애 학생을 방치하는 경우가 많다. 문제는 중류층 가정의 아이보다 가난한 가정의 아이 중에 정신적인 장애를 가진 학생이 많다는 사실이다. 중류층 부모는 자녀들을 세심히 관리하고 안정된 성장 환경을 제공하므로 정신적 장애가 상대적으로 적다. 그러나 가난한 집의 부모는 자신들의 삶의 스트레스가 크기 때문에 아이를 방치하거나 학대해 어린 나이부터 정신적으로 어려움을 겪는 사례가 많다. 선생님의 말에 주의를 집중하지 못하거나, 수업 시간에 수시로 소란을 피우거나, 감정을 통제하지 못해 급우들과 자주 싸우거나, 사회성이 떨어져서 급우들을 괴롭히고 또 괴롭힘을 당하거나, 글을 제대로 읽지 못하거나 등의 문제는 가난한 가정의 학생이 학교생활을 원만히 하지 못하는 이유로 흔히 지적된다.

미국의 학교는 부모에게 많은 참여를 요구한다. 학교의 운영 사항을 보고하는 목적으로, 자녀의 학업 상담을 위해, 과외활동의 발표회 명목으로, 기타 학교 행사에 학부모가 참여할 것을 요구한다. 중류층 학부모는 아무리 바빠도 한 학기에 두세 번은 학교에 방문한다. 초등학생 자녀를 둔 부모는 집에서 자녀의 학업을 도와야 한다. 숙제를 봐주고, 아이들의 독서와 운동을 지도하고, 자녀와 함께 박물관 미술관 전시회 음악회 동물원 식물원 등을 방문하고, 아이와 함께 지역 도서관에서 자료를 찾고, 책을 읽어주는 등 부모가 해야 할 일이 많다. 가난한 동네의 학교일수록 이러한 과제가 없으며 부모가 학교에 방문하지도 않는다. 중류층 자녀는 학교의 과외활동 외에 발레, 악기, 스포츠 등의 개인 지도를 받는 경우가 많다. 주말에는 어린이 야구단에서 자원봉사를 하고 자녀의 축구 연습에 부모가 간여해야 한다. 자녀의 과외활동을 위해 자동차로 실어 나르는 일은 많은 중류층 부모의 주요 일과이다.

미국 학교의 일과는 한국보다 일찍 끝난다. 고등학교라고 해도 2~3시경이면 학교를 파한다. 학생들은 학교 수업이 끝나면 통학 버스를 타고 바로 집으로 돌아가는 학생과 학교에 남아서 과외활동을 하는 학생으로 나누어진다. 중류층 가정의 경우 부모가 대부분 맞벌이를 하므로 방과 후 학교에 남아 과외활동을 하다가, 어머니가 일찍 퇴근하면서 자녀를 집으로 태워오는 경우가 많다. 미국 학교는 일과가 일찍 끝날 뿐만 아니라 방학 기간이 길기 때문에 전체적으로 볼 때 학교에서 공부하는 시간이 한국보다 훨씬 적다.

미국의 학기는 초·중등학교의 경우 8월 말에 시작해 12월 말에 가을 학기가 끝나며, 1월 중순 경에 새 학기가 시작해 5월 말에 봄 학기가 끝난다. 11월 말 추수감사절과 4월의 부활절을 전후해 1~2주를 쉬고, 크리스마스와 신년을 전후해 2~3주 동안 짧은 겨울방학을 가지며, 여름방학은 5월 말에서 8월에 걸쳐 3개월에 달한다. 중류층 가정의 학생은 여름방학 동안 다양한 종류의 여름 캠프에 참가한다. 부모가 모두 직장에 다니므로 긴 여름방학 동안 아무런 프로그램에도 참가하지 않고 집에만 있는 것은 생각할 수 없다. 여름방학 때 개설되는 다양한 프로그램은 미국 교육 체계의 일부라고 해도 과언이 아니다. 과학 교실과 같이 학업과 연관된 프로그램도 있지만 예술 활동이나 스포츠, 여행과 같이 육체적 활동이 수반된 프로그램이 다수이다. 이러한 프로그램은 비용이 많이 들기에 중류층 이상의 학생에게만 해당되며, 중하층의 학생은 긴 여름방학을 부모가 일하러 나가고 없는 집에서 특별히 하는 일 없이 보내는 경우가 많다.

미국의 학교는 그 지역 주민의 사회경제적 수준에 따라 분위기가 많이 다르다. 중류층이 사는 교외 지역의 학교에는 백인과 아시아인이 학생의 대다수를 차지한다. 이 중에는 학생들의 학업 성취가 특별히 뛰어나서 전국적으로 명성을 얻는 학교도 있지만, 이러한 소수의 예외적 사례를 제외한다고 해도 교외 지역의 학교는 대체로 교육의 질이 높다. 학교 부지가 넓고 개방적이며,

교사의 수준이나 학교 시설이 우수하고, 교과과정이나 교외활동, 학생들의 학업 성취도 또한 우수하다. 교외 지역 학교의 학생은 졸업 후 거의 대부분 대학교에 진학한다. 교외 지역의 학교에서 수업하는 모습은 여유가 있으며 교사는 학생의 적극적인 참여를 권장한다. 학생들은 학업 이외에도 예술이나 스포츠, 기타 동아리 활동에 열심이다. 중류층이 거주하는 교외 지역의 학교 수준은 지역 내에서는 서로 비슷하다. 이는 지역 주민으로 구성된 교육구 위원들이 그 지역의 학교에 큰 관심을 가지고 관리하기 때문이다.

반면 중하층과 하층이 거주하는 도심 학교의 시설과 분위기는 교외의 학교와 전혀 다르다. 학생들은 대체로 흑인, 히스패닉 및 근래에 이민 온 가정의 자녀이다. 학교의 외양에서도 차이가 난다. 학교 부지는 좁고, 주변을 철창으로 둘러치거나 학교 건물로 외곽을 둘러싸서 외부인이 접근하기 어려운 성채의 모습을 띤다. 학교 교사와 내부 시설은 매우 낡았다. 수업하는 교실을 제외하고는 이렇다 할 부속 시설이 없거나 항시 굳게 잠겨 있어서 사용할 수 없다. 수업 분위기는 소란하고 교사에게 집중하지 않는 학생이 많다. 방과 후 활동은 미약해 수업이 끝나면 대부분의 학생은 학교를 떠나고 학교가 조용해진다. 학생들이 방과 후에 학교에 남아 사고를 저지르는 위험을 막기 위해 학교는 방과 후 학교 구역 안에서 돌아다니는 학생을 엄격하게 통제한다.

2) 미국 학생들의 대학 입시

미국의 학교생활은 한국과 달리 스트레스가 덜하다. 중류층 배경의 학생이 다니는 교외 지역 학교의 분위기는 느긋하다. 학업성적이 매우 우수해 명문대를 진학하려는 소수 학생을 제외하면 대부분의 학생은 학과 공부에 경쟁적으로 매달리지 않는다. 미국의 중류층 가정의 학생은 대학교에 진학하는 것을 기정사실로 여긴다. 따라서 미국의 학생들도 11학년, 즉 한국의 고등학교 2학년이 되면 대학교 입시를 준비하느라 스트레스를 많이 받는다. 11학년 2학기에는 과목별로 수학능력시험SAT을 치르기 시작하므로 부족한 학력을 보충하느라 뒤늦게 개인 교습을 받거나 사설 학원을 다니기도 한다. 자녀의 학업 성취를 중시하는 아시아계 이민자 가정의 학생은 물론 백인 학생들 또한 대학 입시 준비에 몰두한다. 11학년 말 여름방학 중에 자신이 가고자 하는 대학교를 방문하는 경우가 많고, 12학년이 시작되면 본격적으로 대학교 원서에 넣을 에세이를 준비하고 가을 학기(1학기) 말경에 다섯 개에서 많게는 열 개에 달하는 대학교에 입학원서를 낸다. 12학년 봄 학기(2학기), 매년 3월 중순경 대학교에서 오는 합격 통보 편지는 많은 미국인이 삶에서 가장 중요한 첫 번째 사건으로 기억한다. 대학교의 수준이 높을수록 합격 결정을 일찍 내리므로, 공부를 잘 못하는 학생은 주변 친구들의 합격 통보를 계속 들으면서 초조하게 기다리다 여름이 다 되어서야 최종적으로 자신이 갈 대학교를 정한다. 대학교 진학 준비 과정에서 일부 학생들은 정신적 고통을 호소하며 학교의 상담 교사를 자주 찾는다. 그럼에도 대학교 진학을 준비하는 미국의 고등학생은 한국의 학생들보다 전반적으로 스트레스가 훨씬 덜하다.

미국의 중류층 가정의 자녀는 거의 모두 대학교에 진학한다는 점에서 한국 학생과 차이가 없으나, 한국과 달리 미국의 학교생활은 대학교 입시 준비에 지나치게 목을 매지 않는다. 두 나라는 어떤 차이가 있을까? 몇 가지 이유를 생각해본다. 첫째, 미국은 대학의 서열화가 한국처럼 첨예하게 소수에 집중해 있지 않다. 미국은 대학교의 수가 많을 뿐 아니라 전국적으로 흩어져 있다. 미국 최고의 대학교는 동부의 사립 대학교가 차지하지만 각 주마다 명문 주립 대학교가 있다. 공·사립을 막론하고 세계적으로 교육의 질이 높은 명문 대학교만 전국적으로 수십 개에 달한다. 지역에서 가장 우수한 학생은 고향을 떠나 동부의 사립 대학교에 진학하지만, 대부분의 학생은 자신이 거주하는 주의 대학교에 진학한다. 자신이 살고 있는 주의 대학교는 등록금이 상대적으로 저렴할 뿐 아니라 교육의 질 또한 높으므로, 집에서 멀리 떨어져서 높은 학비와 생활비를 부담해야 하는 동부의 사립 대학교만을 유일한 목표로 삼을 이유가 없다.

둘째, 대학교의 서열화 문제보다 근본적인 이유는 명문대를 나오지 않아도 중류층의 생활을 영위할 수 있다는 점이다. 국민이 전반적으로 잘살기 때문에 반드시 명문대를 나오지 않아도 대학교를 졸업하면 대체로 질 높은 삶을 누릴 수 있다. 미국은 한국과 달리 정치와 경제의 기능이 한곳에 집중해 있지 않고 전국으로 분산되어 있다. 각 주 단위로 정치 과정이 전개되며, 각 주의 경제활동 또한 상당한 규모이다. 미국의 수도인 워싱턴이나 경제 중심 도시인 뉴욕시가 아니라고 해도 자신의 역량을 발휘해서 사회적으로 성공할 수 있는 기회가 전국적으로 광범위하게 열려 있다. 중류층으로 살 수 있는 기회가 광범위하게 열려 있기 때문에 중류층으로 진입하는 관문인 대학교 교육을 받기 위한 경쟁이 그렇게 치열하지 않은 것이다.

선진국 중 한국만큼 학업 경쟁이 치열한 나라가 일본이다. 일본에서는 다른 선진 산업국과 마찬가지로 반드시 명문 대학교를 나오지 않더라도 중류층으로 생활하는 것이 가능하다. 그러나 일본은 미국과 달리 인구밀도가 높고 정치와 경제가 중앙에 집중해 있다. 일본은 대학교의 서열 구조가 엄격하게 설정되어 있다. 성공으로 향하는 기회의 서열이 엄격하게 설정되어 있을 때, 그러한 기회의 관문으로서 대학교 입학은 치열한 경쟁의 대상이 될 수밖에 없다.

셋째, 미국은 한국만큼 심한 학벌 사회가 아니다. 미국에서도 좋은 대학교를 졸업하면 성공하는 데 크게 도움이 된다. 특히 동부의 명문 사립 대학교를 졸업한 사람은 정치나 기업의 최고위직에 오르고, 사회 활동에서 서로가 서로를 추천하면서 배타적인 특권을 누린다. 학연의 중요성은 각 주의 정부와 기업에서도 분명히 작용한다. 좋은 대학교를 졸업하면 어느 분야에 진출하건 덜 좋은 대학교를 졸업한 사람보다 성공의 가능성이 높다. 그럼에도 미국의 학맥은 한국만큼 힘을 발휘하지 못한다. 이는 어느 대학교 출신인가 못지않게 개인의 능력이 평가의 중요한 요소이기 때문이다. 아무리 좋은 대학교를 나왔다고 해도 학연만으로는 중요한 자리에 추천받지 못하고, 개인의 능력이 학벌에 미치지 못한다고 평가하면 좋은 대학교를 졸업한 것을 별로 알아주지 않는다.

이는 미국인의 개인주의 가치관과 연관된다. 개인주의 가치관에 따를 때 사람들은 개인 각자의 능력과 성향을 그가 속한 집단의 속성과 구분해서 생각한다. 개인주의 가치관을 지닌 미국인은 집단의 속성인 출신 대학교의 학벌과는 별개로 개인의 능력과 성향을 중시한다. 능력이 우수한 사람이 좋은 대학교를 나올 가능성이 크지만, 이 둘이 반드시 일치하는 것은 아니다. 미국에서 학벌이 작용하지 않는 것은 아니지만, 개인의 능력이 그보다 더 중요하다고 생각하고 실제로 그렇게 돌아가기 때문에 미국 사회를 학벌주의 사회라고 말할 수 없다. 이러한 사회에서는 오로지 좋은 대학교에 진학하는 것에 목매는 현상이 나타날 수 없다.

넷째, 미국과 동아시아를 비교했을 때 개인주의 가치관과 집단주의 가치관의 차이가 자녀에 대한 부모의 기대 차이를 낳는다. 미국에서는 자녀를 일찌감치 독립된 인격체로 인식하며, 부모가 자녀의 인생에 지나치게 간섭하는 것을 선호하지 않는다. 대학교에 진학할 나이의 자녀는 본인의 삶을 독립적으로 살아가는 것이라고 생각한다. 반면 동아시아에서는 자녀에 대한 부모의 집착이 강하다. 동아시아의 유교 사회에서 자녀는 가문을 계승하는 존재였다. 현대 사회에서도 자녀는 부모의 일부로서 자녀가 학교를 졸업하고 사회에 진출해서까지도 부모와 자녀의 감정적 연대는 매우 강하다. 자녀는 부모의 자아 일부이며 자녀의 성공 여부는 부모 자신의 인생 가치를 좌우한다. 이러한 가치관을 가진 부모가 높은 교육열을 보이고, 자녀의 학업 성취와 명문대 진학에 집착하는 것은 당연하다. 한국의 부모는 자신이 이루지 못한 것을 자식이 이루기를 간절히 바라나, 미국의 부모는 대체로 부모의 뜻보다는 자녀 본인이 원하는 것을 하면서 살기를 바란다. 미국의 부모 또한 자녀가 좋은 학교에 진학해 성공하기를 바라지만 자녀의 인생은 스스로 개척하는 것이며 부모와 독립된 것이라고 생각하므로 자녀의 명문 대학 진학에 일본이나 한국만큼 집착하지 않는다.

유교 문화의 영향으로 동아시아 학부모의 교육열이 높다는 주장이 반드시 맞는 것은 아니다. 왜냐하면 미국에 이민 온 가정을 비교해보면 유대인이나 인도 출신 이민자 가정에서 자녀의 학업에 대한 열정이 대단하기 때문이다. 미국의 학교에서 최상위의 성적을 차지하는 학생 중 인도계 이민자의 자녀가 많다. 본국에서 중류층으로 지내다 미국에 이민 온 경우 자녀에 대한 교육열이 높다는 주장이 더 타당하다. 베트남 이민자의 자녀들 또한 미국의 학교에서 상위의 성적을 기록하는데, 이들 또한 인도계와 사정이 비슷하다. 미국으로 이민 온 베트남 사람 중 본국에서 중상류층이었던 사람은 본국에서도 미국에서와 마찬가지로 자녀의 교육을 중하게 여겼다. 일반적으로 중류층 부모는 교육이 자신의 성공에서 중요한 수단으로 작용했으므로 자녀의 교육을 중시한다. 이러한 가치관을 공유한 중류층 이민자들은 어느 나라 출신이든 자녀의 학업 성취를 중요하게 생각한다. 본국에서 중류층에 속했던 이민자들은 미국 사회에서 경험하는 차별로 인해 더욱더 자녀의 교육을 중시한다. 이민자들은 높은 학업 성취라는 객관적인 기준을 통해 열등한 사회적 지위를 극복하려고 한다. 이민자의 자녀가 높은 교육을 받고 성공한 사례를 주위에서 보면서 이들은 더욱더 자녀의 학업 성취에 몰두한다.

다섯째, 표면적인 이유이지만, 미국의 대학교는 학업성적 이외에 다양한 과외활동을 학생 선발의 자료로 활용한다. 학업성적만 좋다고 명문 대학교에 진학할 수 있는 것이 아니기 때문에 학생들은 학생회 활동이나 스포츠, 예술, 과학, 봉사 등 다양한 교내외 활동에 열심히 참여하는 것이 자신의 기록을 향상시키는 길이다. 대학교는 지원자들이 수학능력시험이나 학업 평점에서 일정 수준 이상의 성적을 비공식적으로 요구한다. 그러나 이러한 기본적인 기준을 넘어서서 어떤 요인이 구체적으로 당락을 결정하는지 밝히지 않는다. 한국과 달리 대학교가 입학 사정의 과정을 공개할 의무가 없으므로 학생들은 학업 성적 이외에 다양한 요소가 반영된다는 정도만 알 뿐이다. 한국과 같이 시험 성적만으로 엄격하게 서열이 매겨지고 당락이 결정되는 체제가 아니므로 학업성적에 대한 경쟁은 덜할 수밖에 없다.

근래 미국의 명문 대학교의 경쟁률은 두드러지게 높아졌다. 동부 지역 사립 대학교의 경우 지원자의 5% 이내만 입학 통지를 받으며, 각 주의 대표 공립 대학교의 경우에도 지원자의 선발률이 10% 이내인 곳이 많다. 근래에 미국 중상류층 학생 사이에 대학교 입학 경쟁이 치열해졌다. 특히 아시아계 이민자 자녀가 많이 다니는 교외의 일부 공립학교의 경우, 학생들 사이에 학업 경쟁이 매우 치열해 백인 자녀는 이러한 학교를 기피하는 현상이 벌어진다. 이제 중상류층이 되는 길에서 대학 교육은 필수이다. 대학 교육이 보편화되면서 상위의 대학교에 대한 경쟁이 높아졌다. 1970년대까지만 해도 대학교에 진학할 것인가 여부가 중류층 학생의 관심사였다면, 2000년대에 들어서는 대학교에 진학하는 것은 당연한 일이고 얼마나 좋은 대학교를 졸업하는가 여부로 관심이 옮아갔다.

근래에 대학교 입학 경쟁률이 치열한 이유는 노동시장에서 고급 교육의 가치가 높아졌기 때문이다. 학력에 따른 사회적 지위의 차이는 과거에도 있었으나 근래로 오면서 격차가 더 벌어졌다. 학력에 따른 지위의 격차는 1970년대 후반부터 본격적으로 벌어지기 시작했다. 예컨대 1975년 대학교를 졸업한 남자 근로자는 고등학교 졸업자보다 임금을 50% 더 많이 받았는데, 이 비율은 2000년에 80%로 확대되었다.[3] 대학교 졸업자와 고등학교 졸업자의 격차뿐 아니라, 고등학교 졸업자와 고등학교 중퇴 이하의 근로자의 격차 또한 근래에 더욱 확대되었다. 대학교 졸업자의 직업 생활은 고등학교 졸업자보다 안정적이다. 그들은 대학교를 졸업하고 정규직으로 일하는 경우가 많고 경제 불황에도 실업에 빠질 가능성이 고등학교 졸업자보다 낮다. 대학교 졸업자는 고등학교 졸업자보다 시간당 임금이 높을 뿐 아니라 근로 시간 또한 많기 때문에 소득의 격차는 더 크게 벌어진다. 과거에도 대학교 졸업자가 고등학교 졸업자보다 더 많이 일했던 것은 아니다. 1980년대의 구조조정으로 제조업 직장이 크게 줄면서 고등학교 졸업자의 일할 기회는 줄어든 반면, 대학교 졸업자가 일할 기회는 늘어났다. 고등학교를 졸업한 사람, 특히 남성 근로자의 삶은 과거에 비해 어려워진 것이다. 지난 30여 년간 미국의 대학교 등록금이 크게 상승했음에도 대학은 반드시 가야 한다는 생각이 미국인의 뇌리에 박히게 된 것은 이러한 노동시장의 변화 때문이다.

대학교 재학생의 수가 늘면서 대졸자의 취업률이 떨어지고 있다. 유럽만큼은 아니지만 미국도 대학교를 졸업하고 제대로 된 직장을 잡지 못하는 사람이 느는 것이 큰 사회문제가 되었다. 대학교를 졸업해도 괜찮은 일자리를 찾지 못하는 졸업생이 늘면서 좋은 대학을 나와야 한다는 인식이 높아지고 있다. 경제활동에서 고급 지식을 중시하는 경향이 커지면서 높은 교육과 고급 전문지식의 시장 가치는 크게 높아졌다. 높은 교육 수준을 요하고 지식과 기술 수준이 높은 직종과 그렇지 않은 직종 간의 임금 격차는 갈수록 커지고 있다. 대학교 졸업자와 대학원 졸업자 사이에 임금 격차가 벌어지고 있을 뿐 아니라, 좋은 대학교와 그렇지 않은 대학교 사이에, 돈이 되는 전공과 돈이 되지 않는 전공의 졸업자 사이에 임금 격차도 크게 벌어졌다. 이러한 분위기에서 신통치 않은 대학교의 돈이 되지 않는 전공에 학생이 들어오지 않는 것은 당연하다. 교육의 가치가 높아지면서 우수한 교육의 가치는 더욱 커지고, 그에 따라 명문 대학교의 입학 경쟁은 더 치열해지고 있다.

교육의 중요성이 높아지면 사람들이 교육에 들이는 노력은 점점 더 커진다. 학생들 간 학업 경쟁이 높아지면서 대도시를 중심으로 사교육 열풍이 불기도 한다. 과거에는 성취 욕구가 높은 아시아계 이민자들 사이에서만 이루어지던 학업 능력 향상을 위한 사교육이 중류층 백인 자녀에게까지 확산되었다. 대학교 수학능력시험 준비를 위한 사교육 기관이 성업을 이루고, 방학 중에 이러한 기관에 다니는 중류층 백인 학생을 흔히 볼 수 있다. 과거 중류층 자녀의 사교육이 주로 예체능에 집중해 있던 것에서 학업 쪽으로 확대되는 경향을 보인다. 이러한 사교육 열풍을 반영하듯 근래 사교육계의 강자인 카플란Kaplan이나 프린스턴 아카데미와 같은 회사가 성업을 이루며 주식시장에 상장되기까지 했다. 물론 이러한 변화는 아시아계 이민자가 많이 사는 동부와 서부 해안가 대도시를 중심으로 진행되는 현상일 뿐 미국 대부분의 지역에서 학생들의 학교생활은 여전히 여유가 있다. 굳이 집에서 멀리 떨어진 명문대를 나오지 않아도 먹고사는 데 지장이 없다는 생각이 지배하기 때문에 대학교 진학은 그렇게 모든 것을 걸어야 하는 것이 아니다.

3. 미국 교육의 구조적 불평등

미국 초·중등 교육의 가장 큰 문제는 교육의 질이 양극화되어 있다는 점이다. 미국의 학교는 한편으로는 우수한 시설과 좋은 교사의 가르침으로 양질의 교육을 제공하는 학교와 다른 한편으로는 열악한 시설과 낮은 수준의 교사로 선진국의 학교라고는 생각할 수 없을 만큼 낮은 수준의 교육을 제공하는 학교로 양분되어 있다. 이러한 엄청난 교육 불평등은 미국의 근본적인 원죄인 노예제에 뿌리를 둔다. 흑인은 과거에 백인과 분리되어 교육받았으며 그러한 분리 교육의 전통은 오늘날까지 이어지고 있다. 노예제는 오래전에 종식되었지만 1960년대 민권운동 시기까지 백인과 흑인은 사실상 서로 분리된 생활을 했다. 백인은 자신의 자녀가 과거에 노예였던 흑인의 자녀와 함께 어울려 지내는 것을 감정적으로 용납하는 것이 아직까지도 쉽지 않은 듯하다.

미국은 19세기 초반 전 국민을 대상으로 보통교육을 실시했지만 흑인 노예는 법적으로 미국 시민으로 간주되지 않았으므로 보통교육의 대상이 아니었다. 19세기 중반 노예제가 폐지된 후 흑인은 점차 보통교육의 대상으로 편입되었지만, 그들은 백인 자녀가 다니는 학교와는 별도로 설립된 열악한 흑인 학교에 다녀야 했다. 19세기 말 미국의 대법원은 흑인과 백인을 분리해 교육하는 것이 헌법이 보장하는 평등권을 위배하는 것이 아니라는 모순된 판결을 내렸다. 1954년 '브라운 대 토피카 교육위원회' 사건에 대한 대법원 판결에서 흑인과 백인을 분리해 교육하는 것은 위헌으로 선언되었다. 그러나 이러한 대법원의 판결과 백인과 흑인을 통합해 교육하라는 행정명령에도 불구하고 백인과 흑인이 서로 다른 학교에서 교육받는 사정은 개선되지 않았다. 왜냐하면 공립학교는 부모의 거주지를 중심으로 자녀의 학교가 결정되는데, 백인과 흑인은 거주하는 곳이 서로 엄격히 분리되어 있기 때문이다.[4]

현재 미국에서 흑인과 히스패닉이 다니는 학교와 백인이 다니는 학교는 서로 구별된다. 흑인과 히스패닉이 다니는 학교는 백인이 다니는 학교보다 모든 면에서 열악하다. 백인과 흑인의 거주지가 서로 엄격히 분리된 것은 경제적인 이유와 사회적인 차별이 중첩해 만들어낸 결과이다. 백인이 거주하는 곳은 도로, 공원, 도서관, 치안 등 사회 기반 시설이 잘 갖추어져 있고 생활환경이 좋으므로 부동산 가격이 높다. 예컨대 2012년 뉴올리언스에 큰 홍수가 나서 도시 전체가 물에 잠기고 2000명이나 사망한 카트리나 사태에서도, 백인이 거주하는 지역은 높은 곳에 위치해 있으므로 침수를 피할 수 있었다. 사회경제적 능력이 열악한 흑인은 백인이 거주하는 동네에 집을 구할 수 없다. 사실 백인과 흑인이 서로 다른 곳에 거주하는 것은 부동산 가격의 차이가 근본적인 원인은 아니다. 왜냐하면 흑인이 이웃에 산다는 사실만으로 동네의 집값이 하락하기 때문이다. 근본적인 원인은 흑인에 대한 백인의 편견과 차별이다. 백인은 흑인과 함께 살고 싶지 않기 때문이다. 백인은 자신의 동네에 흑인이 진입하는 것을 다양한 방법을 동원해 저지했다. 제2차 대전을 전후해 중류층 백인은 대거 교외로 거주지를 옮겼고 도심에는 가난한 흑인들만 남게 되었다. 그 결과 교외 지역의 학교와 도심의 학교는 인종적으로 확연히 구분된다. 중류층 백인이 거주하는 교외 지역에는 백인과 일부 부유한 아시아인의 자녀가 다니는 학교가 있으며, 도심에는 가난한 흑인과 근래에 이주한 히스패닉이 다니는 학교가 있다.

학자들은 백인과 흑인이 사는 곳이 분리되고 그들의 자녀가 다니는 학교가 분리된 것이 바로 미국 사회의 인종주의를 지속시키는 핵심 기제라고 지적한다.[5] 흑인과 백인은 어렸을 때부터 서로 접촉하지 않고 생활하기 때문에 상대에 대해 그릇된 이미지를 가지며, 상대와 함께하는 것을 불편해하고, 상대에 대해 부정적인 감정을 품는다. 백인은 흑인에 대해 편견을 가지고 흑인을 무서워하며, 흑인 역시 백인에 대해 적개심을 품고 있다. 백인과 흑인 사이에 상대에 대해 부정적인 생각과 감정은 서로 접촉하지 않고 서로를 잘 모르기에 강화된다. 서로 자주 접촉해 서로를 알게 되면 편견은 불식되고 감정적인 거리는 사라질 텐데 미국 사회는 어렸을 때부터 이러한 기회를 차단한다.

미국의 공교육은 철저하게 지역 자치의 원칙에 따라 운영된다. 지역 자치란 지역에 거주하는 주민이 지역 내의 일에 대해 결정권을 가지며 책임지고 운영하는 방식이다. 미국은 전국적으로 약 1만 4000개의 교육구로 분할되어 있다. 모든 교육구에는 그에 속하는 모든 공립학교를 관장하는 교육위원회가 구성되어 있다. 이 위원회의 구성원은 지역 주민 중에서 직접선거로 선출한다. 교육위원회는 해당 교육구 소속의 학교에 대해 포괄적이며 절대적인 권한을 가진다. 교장을 포함한 교원의 채용, 학교의 교과과정 결정, 교과서 선정, 교육 시설 확충, 학교의 예산 책정과 감사 등 학교 교육과 관련된 거의 모든 사무에 대해 결정권을 쥐고 있다. 이렇게 교육위원회의 권한이 막강하기 때문에 정치에 관심 있는 미국인은 교육위원에 선출되고자 열심이다. 4년에 한 번씩 열리는 지방자치단체 선거에서 교육위원의 선출은 시장이나 주지사를 뽑는 것 못지않게 열기가 뜨겁다.

지역 주민의 대표로 구성된 교육위원회가 막강한 권한을 가지는 이유는 학교의 재정이 지역 주민이 내는 세금에 직접적으로 의존하기 때문이다. 미국의 공립학교 재원의 절반은 지역 주민이 내는 재산세에 의해 충당되며, 나머지 절반은 주 정부의 재원으로 조달된다. 문제는 지역 주민으로부터 거두는 재산세는 지역 주민의 빈부 격차를 그대로 반영한다는 점이다. 부자 동네는 집값이 높으므로 재산세를 많이 거두는 반면, 가난한 동네의 집값은 낮으므로 재산세 수입이 적을 수밖에 없다. 재산의 빈부 격차는 소득의 격차보다 훨씬 더 커서 학교 교육의 재원은 동네에 따라 편차가 심하다.

공립학교 재정의 나머지 절반을 담당하는 주 정부의 지원 또한 주에 따라 편차가 크다. 미국 헌법에 따르면 교육은 전적으로 주 정부의 관할이다. 연방 정부는 인권이나 형평 등과 관련된 문제에서만 제한적으로 주의 교육 관련 사무에 관여할 수 있다. 대부분의 나라에서 교육은 중앙정부가 일관되게 관리하는 정책의 영역인 반면, 미국은 중앙정부의 통제 없이 순수하게 자발적인 민간 기구에 의해 전국의 학교에서 유사한 교육과정이 운용된다는 점에서 다른 나라와 크게 다르다. 연방 정부는 주 정부에 교부하는 교육 지원금을 통해 연방 정부가 추진하는 특수 목적 사업에 한해 간접적으로 영향력을 행사한다. 연방 정부의 돈은 기껏해야 지역 학교 예산의 8%를 차지하므로 연방 정부의 통제력은 제한되어 있다. 교육과 관련해 연방 정부가 할 수 있는 일이 많지 않기에 1970년대 중반까지 연방 정부에는 교육을 담당하는 장관이 별도로 임명되지 않았으며, 교육부가 설치된 후에도 연방 정부 내에서 위상이 높지 않다.

미국의 공교육은 전국적으로 일관된 체제를 갖추고 있지 않고, 주와 교육구에 따라 차이가 크다. 북동부의 매사추세츠 주와 같은 곳은 주민들이 자녀 교육에 큰 관심을 기울이며 주 정부의 예산을 많이 투입해 학교의 질이 전반적으로 높다. 반면 남부의 루이지애나와 같은 주에서 교육은 지역 교육구의 소관으로 전적으로 위임하고 주 정부가 거의 관여하지 않으며, 학교 재정에서 주 정부가 담당하는 예산의 비중도 작다. 그 결과 북동부의 주들은 공교육 수준이 높으며 학교 간 격차가 크지 않은 반면, 남부의 주들은 공교육의 수준이 낮으며 학교 간 격차가 크다. 남부의 주에서 공교육을 지역의 교육 위원회에 전적으로 위임하는 관행은 남부의 뿌리 깊은 인종주의와 연관되어 있다. 백인은 자신들만의 배타적인 교육구에서 자녀를 교육시키기를 원하며, 자신이 낸 세금이 흑인이 사는 지역의 학교에 쓰이는 것을 거부하기 때문에 교육과 관련해 강력한 지역 자치를 옹호한다. 교육구 간의 격차와 주 사이의 격차를 합하여 비교할 때, 교육 환경에서 양극단에 위치한 북동부 교외 지역의 학교와 남부 대도시의 도심에 있는 학교 간에 학생 1인당 지출 규모의 격차는 세 배 이상 벌어진다.[6]

백인이 다니는 학교와 흑인이 다니는 학교는 교육의 질에서 큰 차이를 보인다. 중류층 백인이 사는 교외 지역의 공립학교는 훌륭한 실내 체육관과 오케스트라를 비롯해 다양한 과외활동을 지원한다. 교외 지역의 학교는 교사들이 모두 해당 분야에서 석사 이상의 학위 소지자이고, 일부 박사급 교사는 대학 수준의 우수한 수업을 제공한다. 이러한 학교에는 정규 수업을 담당하는 교사 이외에도 특별 주제를 담당하는 교사를 다수 고용해 학생들의 학업은 물론 다양한 관심을 발전시키도록 돕는다. 상담 교사와 진학 지도 교사들은 정서적인 어려움을 도와주며 우수한 학생이 좋은 대학에 입학할 수 있도록 적극적으로 돕는다.

반면 도심의 가난한 동네의 학교는 재정이 부족해 낮은 임금으로 정규 교사를 채용하거나 임시 교사로 대체한다. 방과 후 프로그램은 꿈도 꾸지 못하며, 교육을 위한 기본 시설조차 제대로 유지하지 못하는 경우가 허다하다. 가난한 동네의 학교는 상담 교사는커녕 정규 수업을 담당하는 교사도 자주 이직하기에 기본적인 교과과정조차 제대로 가르칠 수 없다. 가난한 지역의 학교는 교육 환경이 열악한 데다 보수까지 낮기 때문에 능력 있는 교사가 오려고 하지 않는다. 미국 학교 교사의 임금이 낮고 실력이 떨어져서 학생을 제대로 가르치지 못한다는 비판은 주로 이들 가난한 지역의 학교에 해당된다. 거주지에 따라 학교의 질이 크게 차이나기 때문에 부모 세대의 격차는 학교 교육을 통해 자녀 세대로 이어진다.

학교 간 불평등을 만들어내는 것은 학교 교육의 질의 격차만은 아니다. 자녀의 학업 성취도는 부모의 사회경제적 지위에 크게 좌우된다. 부모의 교육 수준이 높고 직업 지위와 소득이 높을 경우 아이들은 어려서부터 가정에서 학업 성취에 유리한 환경 속에서 자란다. 중류층 부모는 자녀가 어릴 때 잠자리에서 책을 읽어주고, 동네 도서관에 함께 가서 책을 읽는 습관을 붙여주며, 자녀의 지능 발달을 위해 다양한 자극에 노출되도록 노력한다. 자녀의 학업에 대한 부모의 높은 관심과 다양한 지원 덕분에 이들은 학교에서 좋은 성적을 거둔다. 반면 부모의 교육 수준이 낮고 직업 지위와 소득이 낮은 경우, 자녀는 어려서부터 가정에서 학업에 불리한 환경에 놓인다. 부모는 생계에 허덕이고 삶의 스트레스 속에서 자녀의 교육을 돌볼 여유가 없다. 부모 자신이 과거에 학교생활에서 어려움을 겪었으므로 어떻게 하면 자녀가 학교생활에 잘 적응하고 높은 성취를 올릴 수 있는지 알지 못해 도와줄 수 없다. 가난한 집의 자녀는 일찌감치 돈을 벌기 시작하고 부모와 교사의 무관심 속에서 학업에 관심을 잃는다. 가난한 동네에 사는 많은 아이들은 저녁을 부실하게 먹고 아침을 거른 채 학교에 등교하므로 배고픈 상태에서 학업에 집중하지 못한다. 최근 연구에 따르면 미국의 초등학교 6학년생 사이의 학력 격차는 4년이나 벌어져 있다.[7] 학력이 높은 학교의 학생은 학력이 낮은 학생보다 4년이 앞서 있다는 말이다. 이들이 중등학교로 올라가면 학력 격차는 더 크게 벌어질 것이다.

부모의 사회경제적 지위에 따라 자녀의 학업 성취에 차이가 나는 것은 모든 나라에서 공통적인 현상이다. 그러나 미국은 가난한 동네 학교의 낮은 교육의 질과 불리한 가정 조건이 중첩됨으로써 다른 나라보다도 더 열악한 환경을 만들어낸다.[8] 중학교에 가서까지도 기초적인 읽기와 셈하기를 제대로 하지 못하는 아이가 많으며, 학업 수준이 높아지는 고등학교 때 학업에 대한 관심을 완전히 잃는다. 미국의 가난한 동네에서 고등학교를 중퇴하는 아이들이 많은 것은 이러한 열악한 환경 탓이다. 미국인은 거의 대부분 고등학교에 진학하지만 다섯에 한 명은 고등학교를 졸업하지 못한다. 가난한 동네의 학교에서 중도 탈락자의 비율은 세 명에 한 명꼴이다. 가난한 동네의 학교에서 학생의 학업 능력이 현저하게 떨어지는 것은 교사에게도 책임이 있다. 가난한 동네의 학교 교사는 교사 자신이 학과 내용에 대한 이해도가 낮으므로 학생들에게 잘 이해하도록 가르치기 어렵다. 교사의 낮은 능력 수준은 학생들의 학업에 대한 낮은 관심과 결합해 상황을 악화시킨다. 교사들은 학생의 학업 수준을 높이려고 노력하기보다 조용하게 하고 학교에 잡아두는 보모의 역할에 머무는 경우가 많다.[9]

가난한 동네의 학교에서는 공부를 열심히 하는 것이 학생들 사이에 권장되지 않는 분위기이다. 흑인 사이에서 공부를 열심히 하는 학생은 '백인처럼 행동하는 놈'으로 치부되어 괴롭힘을 당하기도 한다. 학생들 사이에 지적인 능력보다는 육체적인 능력이 더 칭송받으며, 운동선수와 연예인이 롤 모델이 되고, 학생들 간 섹스와 폭력이 일상사가 된다. 미국의 가난한 동네의 열악한 학교 상황을 고발하여 유명해진 저널리스트 조너선 코졸Jonathan Kozol의 책 『야만적 불평등Savage inequalities: children in America's schools』에 따르면 이러한 학교에서 제대로 된 교육이 이루어지는 것은 전혀 기대할 수 없다.[10] 교외에 거주하는 중류층 백인은 이러한 학교에 자녀를 보내지 않고 자신이 낸 세금을 사용하지 않으므로, 흑인이 학생의 대부분을 차지하는 이러한 학교의 문제에 마치 남의 나라의 일인 양 무관심하다. 가난한 동네의 학교 문제를 해결하기 위해 학교의 재정 부담을 지역 간에 연계한다거나 가난한 동네의 아이들을 교외의 학교로 통학시키는 방안이 시도되었지만 교외에 사는 부유한 백인 주민의 반대에 부딪혀 번번이 좌절되었다.[11]

빈부에 따른 학업 능력의 격차는 학교에 진학하기 이전부터 벌어져 있다. 가난한 가정의 아이들은 가정에서 생활 습관을 포함해 자신의 감정을 통제하는 훈련이나 기본적인 소양 교육을 받지 못하고 학교에 들어오기 때문에 학교에 적응하는 데 문제를 보인다. 이들은 가정에서 기본적인 소양을 교육을 받고 들어온 학생들과 비교해 처음부터 열악한 수준에서 학교생활을 시작한다. 학교 교육 초기에 학생들 사이의 격차는 학년이 올라가면서 간극이 벌어진다. 이러한 문제에 대한 대응으로 빈곤한 가정의 미취학 아동을 대상으로 연방 정부에서 주도한 조기 교육 프로그램은 교육 효과가 큰 것으로 나타났다. 그러나 근래에 정부 재정의 어려움 속에서 조기 교육 프로그램을 포함해 교육 불평등의 해소를 목표로 한 프로그램들은 예산이 감축되거나 폐지되었다.

초·중등 교육에서 인종과 계층 간에 큰 격차가 존재할 뿐만 아니라 학생들이 고등학교를 졸업하면 격차는 더욱 확대된다. 교외에 있는 학교의 학생은 대부분 주립 대학교에 진학하고 소수는 부모와 학교의 격려하에 명문 사립 대학교에 진학한다. 반면 도심의 가난한 동네 학교의 학생에게는 부모나 교사가 대학교 진학을 권장하지 않는다. 이들 중 대학교에 가고자 하는 학생이 있다 해도 전문대학 수준으로 기대를 낮추도록 권고받는다. 1980년대 이후 대학교의 등록금이 크게 상승해 가난한 집 학생은 감당할 수 없는 수준에 도달한 것도 가난한 사람과 중류층 사이에 교육의 격차를 벌리는 요인이다.

4. 교육 체계를 둘러싼 논쟁

미국의 교육은 유럽 국가들, 특히 프랑스, 독일, 혹은 1980년대 개혁 이전의 영국과는 다른 시스템을 가지고 있다. 유럽의 국가들은 중학교에 들어갈 무렵부터 학업 능력에 따라 배우는 내용이 구분되며 학생들의 진로가 나누어진다. 지적인 분야에 흥미를 보이지 않는 학생은 지적으로 높은 수준의 학업을 권장하기보다는 직업 교육을 통해 자신의 관심에 맞는 진로로 나가도록 일찌감치 구분된 교육과정을 통해 인도한다. 반면 미국의 교육 체계는 중등 교육까지는 모든 학생이 원칙적으로 동일한 교육과정을 밟는다. 자신의 학업 능력과 관심에 따라 진로를 선택하는 것은 공교육의 마지막 단계, 즉 고등학교의 후반부까지 미루어진다.[12]

각각의 체계는 장단점이 있다. 일찍이 진로를 정하고 교과과정이 나누어지는 유럽식 체계에서는 개별 학생의 관심과 능력에 더 적합한 것을 지도함으로써 교육의 효과성을 높일 수 있다. 그러나 직업학교를 졸업하고 사회에 진출하는 과정을 거치는 학생은 대학 교육을 받는 학생보다 사회경제적 지위가 낮은 직업으로 진출하므로, 어린 나이에 이렇게 미래의 사회적 지위와 인생의 길이 결정되는 현실에 적응하는 데 어려움을 겪는 학생이 적지 않다. 반면 중등 교육까지 모든 학생을 동일하게 교육하는 미국에서는 '누구라도 하려고만 하면 성공할 수 있다'는 꿈을 공교육의 마지막 순간까지 품게 하는 장점은 있다. 그러나 관심과 능력이 미치지 못하는 학생에게 맞지 않는 내용을 가르침으로써 교육의 효과성에서 낭비적인 측면이 있다. 예컨대 대학교에 진학할 능력이 없는 학생에게 고급 수학을 배우도록 하기보다는 사회적인 수요를 고려해 졸업 후 취업에 도움이 되는 실용적 기술을 교육하는 것이 더 도움이 될 것이다. 그러나 미국의 공교육 체계는 학생들이 고등학교를 졸업하면 진로가 갈리는 현실을 크게 반영하지 않고 교육한다. 고등학교에서 실용적인 직업 교육

과정을 부분적으로 도입하기는 하지만 직업 교육이 교과과정에 체계적으로 포함되기보다는 학교의 사정에 따라 선택적이고 임의적으로 적용하는 수준에 머물러 있다. 따라서 미국에서는 독일과 달리 기업과 연계된 기술 교육이 고등학교에서 체계적으로 이루어질 수 없다. 이러한 미국의 교육 체계는 평등주의, 즉 법 앞에 모든 사람이 형식적으로 평등하다는 이념이 교육에 반영된 결과이다. 우수한 사람은 타고난 능력에 차이가 있다는 엘리트주의를 거부하는 대신, 모든 사람은 열심히 노력하면 성공할 수 있다는 평등주의를 강조한다.

미국은 거주하는 지역에 따라 교육의 격차가 크게 벌어져 있는 반면, 개별 학교 내에서는 학생들의 가정환경, 지적 관심, 능력이 비교적 유사하다. 따라서 중등 교육까지 모든 학생에게 동일한 체계의 교육을 한다고 해도 현실적으로는 학교 단위로 학생의 수준에 따라 차등적인 교육이 실시된다. 졸업생이 대부분 대학교에 진학하는 교외 지역의 학교는 학생들이 고등학교만 졸업하고 사회에 진출하는 가난한 지역의 학교와 교육 내용이 다를 수밖에 없다. 교외 지역의 학교에는 직업 교육 과목이 전혀 없는 대신 대학교 수준의 고급 강좌가 개설된다. 반면 가난한 가정의 학생이 주로 다니는 도심의 학교에는 수학이나 과학과 같은 기본 과목은 소홀히 취급되고 대신 직업 교육 과목이 다수 개설된다. 즉, 개별 학교 내에서는 학생들에게 동등한 교육이 실시되지만, 인종과 계층에 따라 구분되어 있는 학교들 간에는 실질적으로 차등적인 교육이 실시되는 것이 미국의 공교육 체계이다.

미국은 연방 정부나 주 정부가 학교의 교육과정에 직접적으로 간여하지는 않으나, 정부가 재정적 수단을 통해 교육에 간여하기 때문에 교육은 정부의 주요 정책 사안이다. 경제가 고도화되면서 교육의 중요성이 갈수록 높아지기 때문에 교육 문제는 사회 전체적으로 큰 관심이다. 미국은 학생들의 학업 성취도에 대한 국제 비교에서 그리 좋은 성적을 거두고 있지 못하기 때문에 학생들의 학업 성취도를 어떻게 향상시킬 것인가는 논란의 대상이다. 미국의 교육 문제는 교육 기회의 평등과 교육 내용 문제로 크게 구분된다.

교육 기회의 평등을 둘러싼 논쟁은 소수자, 특히 흑인의 교육 기회가 백인과 큰 차이가 나는 현실이 초점이다. 흑인과 히스패닉이 다니는 학교는 백인이 다니는 학교보다 모든 면에서 열악하다. 흑인과 백인의 학업 성취도는 큰 격차를 보이며 이는 부모 세대의 사회경제적 지위의 격차를 자식 세대에 그대로 이전시킨다. 흑인이 다니는 학교의 열악한 교육의 질과 학업 성취도를 어떻게 개선할 것인가를 둘러싸고 많은 논쟁이 벌어진다. 이는 다음 절에서 이야기할 교육 개혁의 주요 주제이다.

교육 기회의 평등 문제는 소수자의 교육 기회를 높이는 정부의 정책을 둘러싸고 전개된다. 근래에 가장 논란이 된 것은 '소수자 우대 정책Affirmative Action Program'이다. 이 제도는 민권운동의 결과 1960년대 후반 도입된 정책으로 흑인과 기타 소수자들에게 대학 입학이나 공무원 채용, 정부 입찰 등에서 백인보다 우선적인 혜택을 주는 제도이다. 이는 흑인의 오랜 질곡을 해결하기 위해서는 흑인에게 특별한 혜택을 주는 것이 필요하다는 사회적 공감대가 형성되면서 만들어졌다. 이 제도는 미국인이 숭상하는 공정한 경쟁의 원칙에는 어긋나지만 노예제의 피해를 물려받은 흑인을 도와주고 궁극적으로 공정한 경쟁을 할 수 있는 능력을 키운다는 취지에서 1980년대 후반까지 대체로 긍정적으로 받아들여졌다. 그러나 흑인 중류층이 늘어나고 이 제도의 혜택을 받아 대학교에 들어온 흑인 학생이 늘면서 백인들로부터 이 제도를 폐지해야 한다는 압력이 커졌다. 이 제도에 도전하는 수차례의 소송을 통해 1990년대 후반 대부분의 대학교는 흑인에게 입학 사정에서 명시적으로 가산점을 주거나 입학 할당을 하는 제도를 폐지했다. 그러나 여전히 많은 대학교가 다양한 인종으로 구성되는 것이 교육의 효과성을 높인다는 명목을 내걸고 입학 사정에서 흑인 및 기타 소수자를 우선적으로 고려하는 관행을 지속하고 있다.

교육 내용을 둘러싼 근래의 논쟁은 크게 다음 세 가지로 요약된다. 첫째는 종교적·도덕적 주제의 교육을 둘러싼 논쟁이다. 미국인은 대부분 기독교를 믿으므로 학교에서 종교적인 주제를 어떻게 다룰 것인가는 다수의 관심사이다. 미국의 헌법은 종교와 정치의 분리를 규정하며 세속적인 사안에 종교가 간여하는 것을 금지한다. 학교 교육은 세속적인 사안에 속하므로 종교의 영향이 배제되어야 한다는 것이 헌법의 해석이다. 그러나 남부에 많이 거주하는 독실한 복음주의 개신교 신자들은 학교에서 종교적인 메시지와 함께 이와 연관된 도덕적 지침을 후손에게 가르쳐야 한다고 주장한다. 이들의 영향력은 매우 커서 전국적으로 절반에 달하는 학교에서 기독교의 교리인 창조론을 가르친다. 또한 학교에서 교과과정의 일부로 가르치는 성교육을 부모의 선택에 따라 자녀들이 듣지 않아도 되도록 하고 있다. 1970년대에 대법원 판결을 통해 공립학교에서 학생들에게 기도하도록 강제하는 것은 위헌으로 결정되었다. 그러나 이러한 결정을 뒤집고 학생들에게 기독교적인 세계관을 주입하려는 노력이 끊임없이 이루어진다. 예컨대 아들 부시 대통령은 선거에서 기독교 신자들의 지지에 부응해 자신이 집권하면 학교에서 기도하는 것을 허용하도록 하겠다고 약속했다. 그러나 이는 헌법을 고쳐야 하는 사안이라 부시 대통령이 취임한 후 우회적인 방법으로 추진하려 했으나 좌절되었다.

둘째는 미국인의 정체성 교육에서 소수자의 다양성을 어느 정도 인정할 것인가를 둘러싼 논쟁이다. 미국과 같이 다양한 인종과 민족을 배경으로 하며 다양한 문화가 유입된 나라에서는 어느 특정 집단의 역사와 문화를 미국의 중심으로 규정할 것인지가 문제가 된다. 1960년대 민권운동 이전까지만 해도 '영국계 백인 남성 기독교도WASP'가 미국인과 미국 문화의 중심으로 의심 없이 받아들여졌다. 미국인의 주류인 영국계 백인 이외의 소수자들은 미국의 역사에서 무시되었다. 흑인과 여성 등 소수자의 문화는 열등하고, 궁극적으로 주류 문화에 흡수되어야 하므로 학교에서 후손에게 가르칠 필요가 없다는 입장이었다. 그러나 1960년대 흑인을 중심으로 한 민권운동에서 시작된 소수자의 정치적·사회적 권리를 획득하려는 운동은 1970년대에 여성운동으로, 나아가 동성애자와 아메리카 인디언과 히스패닉의 권리 획득 운동으로 확대되었다. 그들은 정치적 권리 획득에서 한 걸음 더 나아가 자신들의 정체성과 문화적 가치를 인정받으려 했다.

1980년대 후반에 격렬하게 전개된 다문화주의 운동은 소수자들이 자신의 문화적 정체성을 인정받으려는 사회운동이다.[13] 다문화주의 운동은 문화 예술계는 물론 학교의 역사와 문학 교육을 중심으로 격렬하게 전개되었다. 학교는 앞 세대의 역사와 가치관, 문화적 유산을 후손에게 전달하는 곳이므로 학교의 교과과정에서 소수자의 역사와 문화적 가치를 인정받는 것은 다문화주의 운동의 핵심이다. 보수적인 지식인들은 다문화주의가 미국 문화의 진수를 부정하고 훼손하려 한다고 격렬히 반발했으나, 다문화주의 운동은 부분적으로 성공을 거두었다. 다문화주의 운동이 미국의 주류 문화의 정통성을 부정하지는 못했다. 그러나 지금까지 미국 사회의 주류로부터 배제되어왔던 흑인과 소수민족, 여성이 미국인의 정체성 형성 과정에 중요한 역할을 했다는 것이 인정되었으며 학교의 교과과정에 반영되었다.

교육 내용을 둘러싼 세 번째 쟁점은 기본 지식의 습득 대 창의성 교육 사이의 갈등이다. 미국의 공교육은 두 가지의 상반된 비판에 접해 있다. 하나는 미국 학생의 학력 수준이 갈수록 하락하고, 학교에서 기본적인 지식조차 습득하지 못하고 졸업해 사회로 진출하는 학생이 늘고 있다는 것이다. 다른 하나는 경제가 고도화되고 세계화되면서 창의적인 아이디어를 생산하며 유연한 사고를 하는 인재가 많이 필요한데 미국의 학교가 이러한 인재를 제대로 양성하지 못한다는 비판이다. 이 두 요구는 상반된 측면이 있다. 기본 지식을 학습시키는 데 주력한다면 창의성과 유연성을 기르는 것은 소홀할 수밖에 없으며, 반대로 창의성 교육에 주력하면 기본 지식의 학습이 소홀해질 위험성이 있다.

학교 교육에 대해 이렇게 상반된 비판은 계층에 따른 관심의 차이와 연관된다.[14] 학교를 졸업하고 관리직과 전문직 등 두뇌를 많이 써야 하는 직업에 진출할 학생을 위해서는 교육과정에서 창의성과 유연성에 비중을 두어야 한다. 반면 단순 기술직이나 서비스직에서 일할 사람에게는 학교에서 기본 지식을 습득하는 것이 중요하다. 이들에게 창의성이나 유연성 교육은 사치일 뿐이다. 중류층 자제가 다니는 교외의 학교에서는 창의성 유연성 교육이 중시되나, 가난한 집 아이들이 다니는 도심의 학교에서는 기본 지식을 확실히 습득하는 교육이 중시될 수밖에 없다. 미국의 학교에서는 부모의 사회경제적 지위에 따라 학교 교육의 교과과정에 공식적인 차이를 두지는 않는다. 그러나 학생의 가정환경을 반영하는 학교의 수준에 따라 교과과정에 실질적으로 차이가 난다. 부모의 계층과 인종에 따라 교육 내용에서 차이가 벌어지는 것이다. 따라서 가난한 가정의 학생이 다니는 도심의 학교에 대한 비판과 중류층의 학생이 다니는 교외의 학교에 대한 비판은 뚜렷이 구별해야 한다. 요컨대 미국은 외면적으로 보면 모든 학교가 동일한 교과과정과 기준에 따라 교육을 하는 것 같지만, 학생의 사회경제적 배경에 따라 교육의 내용과 질에서 차이가 나고 교육의 문제점과 개선 방향에서도 차이를 보인다.[15]

5. 미국의 교육 개혁은 왜 성공하지 못할까

미국에서 논의되는 교육 개혁의 초점은 크게 두 가지이다. 하나는 흑인과 히스패닉이 다니는 가난한 동네의 학교 교육의 질을 높이는 문제이며, 다른 하나는 미국의 학교 전반을 대상으로 교육 수준을 높이는 문제이다. 전자와 후자는 문제의 초점이 약간 다르다. 먼저 가난한 동네의 학교를 대상으로 한 교육 개혁부터 살펴보자. 2000년대 초 아들 부시 대통령이 만든 '단 한 명도 낙오하지 않는No Child Left Behind' 법은 모든 학생이 전국 혹은 주 단위로 실시하는 학력 시험을 치르고 이 결과에 따라 학교를 평가받도록 했다. 주 내에서 혹은 전국적으로 표준화된 시험에서 학생의 성적이 낮은 학교에 책임을 묻는 정책, 즉 학력 수준이 낮은 학교는 개선하도록 압박하고 궁극적으로 퇴출시키겠다는 정책은 많은 논란을 불러왔다. 이 법은 모든 학교가 학교의 정보를 인터넷에 자세히 공개하도록 했다. 일부 지역의 경우 부모에게 학교를 선택할 권한을 주었다. 좋은 학교일수록 재학생의 학력에 관한 정보 이외에 교육 시설, 교사의 수준, 교육 프로그램, 교외 활동, 대학교 진학 현황, 교육 예산, 학생들의 인종과 민족 구성 비율 등 자세한 정보를 공개한다. 또한 무상급식 수혜를 받는 학생의 비율을 공개함으로써 그 학교 학생의 사회경제적 배경을 짐작할 수 있게 한다. 학교가 우수한 성적을 보이면 그 지역의 집값이 올라가고 그곳에 자녀를 입학시키기 위해 위장 전입을 하는 학부모도 있다. 이 법으로 열악한 학력 수준을 기록한 학교가 강제적으로 폐교하는 사례가 다수 발생했다.

이 정책은 오바마 정부까지 이어졌는데, 현재까지 부분적으로만 효과를 거두었다. 가난한 동네의 학교가 열악하고 학생의 학력 수준이 낮은 문제의 근본 원인이 학교에 있지 않기 때문이다. 학교의 재정 조달 방식을 바꾸어 부유한 지역과 가난한 지역 간 학교 재정의 격차를 없애고, 흑인 동네의 학생이 백인 동네의 좋은 학교에 취학하는 것을 허용하고, 부모의 사회경제적인 차이가 자녀에게 대물림 되지 않도록 가난한 가정의 학생에게 어린 나이부터 추가적인 도움을 주지 않는 한, 가난한 동네의 학교는 학생의 학업 수준을 올리기 어렵다. 가정에서 부모의 보살핌을 제대로 받지 못하는 가난한 동네 학교의 학생은 학교의 재정이 중류층 학교와 동등한 수준으로 올라선다고 해도 학업 성취에서 불리할 수밖에 없다. 그러나 현재의 교육 자치 시스템에서는 가난한 지역 학교의 재정이 중류층 학교에 크게 뒤질 수밖에 없기 때문에, 아무리 행정적으로 압력을 가해도 이러한 구조적인 문제를 해결하지 않는 한 가난한 지역 학생의 학력 수준이 크게 향상되기를 기대하는 것은 무리이다. 가난한 동네의 학교들은 학생의 시험 성적이 낮아서 학교가 폐쇄되는 것을 막기 위해 학교가 나서서 시험 답안을 학생들에게 알려주거나 시험 성적을 조작하는 등 부정을 서슴지 않아 물의를 빚었다. 흑인 학부모가 집에서 먼 곳의 백인 학교에 자녀를 보내는 것을 허용한 일부 지역에서는 흑인 학생의 학력이 뚜렷이 향상되는 것으로 나타났으나, 백인 학부모의 반발에 부딪혀 이러한 정책을 중단해야 했다. 미국 사회는 문제의 원인과 개선책을 분명히 알고 있으나, 이를 수행하기 위해서는 백인이 기득권을 내려놓아야 하므로 문제가 해결되지 않는다.

학생들의 전반적인 학력 수준과 창의성을 높이는 문제 역시 뾰족한 개선 방안을 찾기 어렵다. 근래로 오면서 대학교에 진학하려는 고등학생의 학력을 평가하는 수학능력시험 점수가 꾸준히 하락하고 있다. 이는 대학교에 진학하려는 학생이 늘면서 초래된 자연적인 현상으로 치부할 수 있다. 그러나 부모의 사회경제적 지위를 같은 수준으로 통제한 뒤에도 학생들의 수학능력시험 점수가 감소하는 것을 볼 때 과거보다 평균적으로 학력 수준이 낮아진 것이다. 전 세계적으로 학생의 학력을 비교하는 국제 조사에서 미국 학생의 성적이 중하위권을 벗어나지 못하면서 미국인의 자존심을 자극한다.[16]

학력 수준이 전반적으로 하락하는 문제에 대한 대응으로 교사의 질을 높이고, 학교에서 공부하는 시간을 늘리고, 기본적인 지식 학습을 충실히 하는 방안이 제시되었다. 그중에서도 교사의 질을 높이는 문제는 논의의 초점이 되고 있다. 학생에 대한 교사의 영향력은 부모 다음으로 크기에 학생의 학력 수준을 높이기 위해 교사의 질을 높이는 것은 필수 요건이다. 미국의 공립학교 교사의 지위는 학생의 학력 수준이 높은 아시아 국가나 북유럽의 핀란드와 달리 높지 않다. 미국에서는 우수한 사람이 초·중등학교의 교사가 되기를 희망하지 않는다. 대학교 졸업자 중 중하위 수준에 있는 사람이 교사가 되며 교사의 이직률 또한 높다. 이는 교사의 보수와 사회적 지위가 화이트칼라 직업 가운데 중하위에 머물러 있기 때문이다. 동아시아 국가의 초·중등 교사는 보수뿐 아니라 사회적인 지위에서도 상위를 차지하나 미국 교사의 보수와 사회적 지위는 상대적으로 낮다. 교사의 보수를 국제적으로 비교한 자료에 따르면 미국의 교사는 서유럽 국가의 80% 정도를 받으나 노동 시간은 서유럽보다 많다.[17] 미국은 정부 지출에서 교육이 차지하는 비중이 선진 산업국 중에서 높은 수준임에도 교사의 보수나 수준이 높지 않다는 것은 아이러니다. 학교 개혁의 쟁점 중 하나는 교사의 질을 높이기 위해 유능한 교사에게 장려금을 주고 무능한 교사를 퇴출시키는 것인데 이는 교사 노조의 반발 때문에 추진하기 어려운 문제이다.

학생들의 학력 국제 비교에서 미국이 낮은 순위에 머무는 사실은 양극화된 미국 교육의 실상을 잘 반영하지 못한다. 중류층 백인과 아시아 학생만으로 제한한다면 미국 학생의 학력은 세계적으로 최상위일 것이다. 물론 다른 나라의 경우에도 사회경제적으로 상위 가정의 학생만을 추려서 학력을 비교한다면 국가 평균보다 훨씬 높게 나올 것이기 때문에, 미국의 중류층 백인과 아시아인 학생만을 가려내어 산출한 학력 평균이 다른 나라의 중상류층 학생의 학력 평균보다 월등히 높다고 보기는 어렵다. 문제는 미국 교육은 인종과 계층에 따라 양극화되어 있으므로 미국 교육의 근본적인 문제는 중류층 백인에게는 해당되지 않고 흑인과 히스패닉 및 가난한 사람들에게만 해당된다는 점이다. 많은 미국인은 미국 학생의 학력이 낮은 이유로 근래에 이민 온 사람이 많은 데다 이들이 자녀를 상대적으로 많이 낳으면서 미국 전체 학생의 학력 평균을 끌어내린다고 생각한다. 현재 전체 초·중등학교 재학생의 절반이 흑인과 이민자 가정의 자녀이므로 이러한 미국인의 생각이 전혀 근거가 없는 것은 아니다.[18] 미국의 교육 문제는 주류 집단인 중류층 백인의 문제가 아닌 가난한 흑인과 이민자들의 문제라는 인식이 해결을 어렵게 만든다.

1990년대 이래 공화당 행정부의 교육 개혁의 핵심 메뉴로 '차터 스쿨'이 각광을 받았다. 차터 스쿨은 공립학교와 마찬가지로 정부의 재정 지원을 받지만 운영의 주체가 민간인 학교를 말한다. 도심의 공립학교의 문제점을 개선하려는 취지에서 도입된 이 정책은 효과성을 둘러싼 논쟁이 지속되고 있음에도 미국의 많은 대도시에 계속 확대되고 있다. 차터 스쿨은 기본적으로 민간 기업의 경쟁 원리를 교육 분야에 도입한다는 아이디어이다. 대다수의 차터 스쿨은 비영리 법인에 의해 운영되지만 이익을 목적으로 영리 법인이 운영하는 차터 스쿨도 적지 않다. 차터 스쿨은 교육의 목표치를 구체적으로 설정하고 일정 기간 내에 이 목표에 도달하지 못할 경우 인가가 취소되며 정부의 재정이 끊기는 구조로 되어 있다. 차터 스쿨은 교육의 책임성을 엄격히 물을 수 있으므로 공립학교의 근본적 약점을 개선할 수 있다는 취지에서 환영받았다. 차터 스쿨은 학생 선발을 학교 자율에 맞기고 학부모가 자신이 원하는 학교에 자녀를 보낼 수 있다는 점에서 교육의 결정권이 정부와 학교의 관료의 손을 떠나서 교육 서비스의 공급자와 소비자가 직접 결정하도록 하는 제도이다.

차터 스쿨이 공립학교의 문제를 극복할 수 있는 대안인지를 둘러싸고 논쟁이 큰 이유는 지금까지 차터 스쿨의 성과로 볼 때 판단하기가 쉽지 않기 때문이다. 차터 스쿨은 주로 대도시의 도심 지역에 설립되어 인근 공립학교와 함께 지역 주민의 자녀의 초·중등 교육을 담당한다. 차터 스쿨과 인근 공립학교 학생의 학업 성취도를 비교하면 분명 차터 스쿨의 학생의 학업 성취도가 높다. 그러나 이러한 외면상의 단순 비교를 넘어서서 심층적으로 들여다보면 차터 스쿨의 교육 성과가 반드시 주변 공립학교보다 낫다고 볼 수 없다. 문제는 인근 공립학교는 학생의 거주지에 따라 강제적으로 학교가 배정되는 반면, 차터 스쿨은 학생이 지원하고 학교가 자체 기준에 따라 선발한다는 점에 있다. 같은 지역의 학교라도 차터 스쿨의 학생은 주변 공립학교 학생보다 가정환경이 좋다. 부모가 적극적으로 차터 스쿨을 찾아서 자녀를 보내려고 한다는 사실은 수동적으로 배정받는 공립학교의 학부모에 비해 차터 스쿨의 학부모가 자녀의 학업에 관심을 더 기울임을 뜻한다. 학부모의 사회경제적 지위를 같은 수준으로 통제했을 때 차터 스쿨에 다니는 학생의 학업 성취도가 주변 공립학교 학생의 학업 성취도보다 뚜렷이 높지는 않다. 도심 지역 공립학교의 가장 큰 문제는 사회경제적 수준이 낮은 미혼모 가정의 아이를 교육하는 것인데 차터 스쿨은 이들을 제대로 수용하지 못한다. 차터 스쿨이 미혼모 가정의 학생을 받아들이는 경우 그들의 학업 성취도는 공립학교의 미혼모 가정의 학생과 비교해 차이가 없거나 오히려 더 낮다.

그렇다고 차터 스쿨의 실험이 실패했다고 단정하기는 어렵다. 왜냐하면 차터 스쿨이 지역에 들어옴으로써 인근 공립학교는 비교 대상이 되어 경각심을 갖기 때문이다. 부시 정부의 "단 한 명의 학생도 낙오하지 않는" 법의 발효 이후 개별 학교의 교육의 책임성을 묻는 정책이 강화되었다. 학생의 학업 수준을 학력 시험을 통해 비교했을 때 절대적으로 낮을 뿐만 아니라 같은 지역의 주변 학교들과 비교해도 지나치게 낮을 경우, 문제의 학교 교장에게 일정 기간 내에 이행할 개선 계획을 제출하도록 했다. 이 계획을 이행하지 못하면 인사상의 불이익과 함께 최악의 경우 학교를 폐쇄하는 조치를 취했다. 공립학교가 폐쇄될 경우 기존 학교 시설에 새로운 차터 스쿨이 들어서도록 함으로써, 공립학교가 주변의 차터 스쿨은 물론 자신을 대치할 가능성이 있는 차터 스쿨과 경쟁하도록 하는 구도를 만들었다. 차터 스쿨은 공립학교의 교육의 책임성을 압박하기 위한 수단으로 유용하게 활용되고 있다.

모든 차터 스쿨이 인근의 공립학교보다 교육의 질이나 학생의 학업 성취도가 높은 것은 아니다. 일부 차터 스쿨은 인근의 공립학교보다 교육의 질이 낮은 것으로 드러나 인가가 취소되기도 했다. 차터 스쿨이 미국의 도심 학교의 실패에 대응하는 효과적 대안이 되리라는 기대는 어그러진 것으로 보인다. 차터 스쿨은 수치화된 교육 목표에 지나치게 집착해 학생들의 시험 성적을 올리는 것만을 목표로 교육한다는 비판을 받는다. 영리법인이 운영하는 차터 스쿨은 상담 교사와 정규직 교사를 적게 고용하고 교사의 자질이 떨어진다는 비판을 받기도 한다.

차터 스쿨의 효과성에 관해 긍정과 부정이 교차하는 가운데 차터 스쿨에 대한 입장은 지지자의 정치 성향에 따라 차이를 보인다. 차터 스쿨은 교사의 노조 가입을 허용하지 않으므로 공립학교 교사들은 차터 스쿨을 노조 파괴자로 규정해 극력 반대한다. 교사 노조를 지지 기반으로 하는 민주당은 차터 스쿨의 부정적인 측면을 강조하는 반면, 노조에 반대하는 입장인 공화당은 차터 스쿨의 긍정적인 측면을 강조한다. 1980년대 이래 전국적으로 주 정부에서 다수를 장악한 공화당은 차터 스쿨을 늘리는 정책을 적극 추진했다. 차터 스쿨을 늘리는 정책은 오바마의 민주당 정부에서 부분적으로 제동이 걸렸지만 일반 미국인 사이에서 차터 스쿨에 대한 인기는 식지 않았다. 가난한 도심의 공립학교의 문제가 심각하므로 실제 효과가 있든 없든 이들에 대해 과격한 처방을 내리고 싶어 하기 때문이다. 이러한 이유 때문에 교육구 단위에서 신설하는 학교나 실패한 공립학교를 대치하는 대안으로 차터 스쿨이 전국적으로 꾸준히 도입되고 있다.

6. 학교 교육의 능력주의의 이면

미국은 선진 산업국으로는 특이하게 불평등 수준이 높다. 미국인이 이렇게 높은 수준의 불평등을 허용하는 이유는 기회의 평등을 원칙으로 하고, 노력과 능력에 따라 계층 상승이 가능하다고 믿기 때문이다. 기회 평등의 원칙은 타고난 신분이 아니라 각자 노력과 능력에 따라 보상을 받는다는 '능력주의meritocracy'와 연결되어 있다. 미국 사회에서 학교는 이러한 기회의 평등이 실현되는 장이다. 학교에서 학업 성취는 자신의 능력과 노력의 결과로 간주되기 때문이다. 학교에서 학생들에게 성취의 기회를 공평하게 제공하는 한, 경쟁의 결과로 초래된 불평등은 정당화된다.

문제는 학생들의 학업 성취가 가정환경에 크게 좌우되므로 학교에서 기회의 평등이 보장되지는 않는다는 점이다. 프랑스의 사회학자 피에르 부르디외 Pierre Bourdieu는 '문화 자본'이라는 개념을 통해 세대 간 계층 지위가 대물림 되는 현상을 설명했다.[19] 중상류층 자녀는 가정에서 세련된 취미와 교양, 생활습관을 익히게 되는데 이는 학교에서 높은 가치로 평가된다. 이러한 문화적 소양은 오랜 시간에 걸쳐 공을 들여 형성되는 것이므로 중상류층의 가정에서 성장하지 않은 사람은 쉽게 모방할 수 없다. 학교 교육은 중상류층의 문화적인 소양을 교과과정에 반영하기 때문에 이러한 문화적인 소양을 가정에서 습득하지 못한 중하층의 학생은 불이익을 받는다. 교사들은 중상류층의 문화적인 소양과 태도를 보이는 학생을 선호하며 그들에게 선별적으로 관심과 격려를 주는 반면, 중하층 학생에게는 관심을 덜 기울이고 그들의 장래를 부정적으로 예상하고 대한다.

미국의 대학 진학에서 학업성적 이외에 다양한 요소를 고려해 입학을 결정하는 관행은 중상류층의 문화적 소양을 축적한 학생에게 결정적으로 유리하다. 입학 사정에서 다양한 요소를 고려하는 관행은 20세기 초반 미국의 사립대학교에서 유대인에 대한 차별을 목적으로 도입되었다. 유대인은 19세기 후반 이래 대규모로 미국에 건너왔는데 이들의 자녀는 높은 학업성적을 보였기 때문에 유대인의 입학을 제한하기 위해 학업성적 이외에 성격, 리더십, 교외활동 등 주관적 요소를 입학 사정의 주요 고려 사항으로 추가했다. 제2차 대전 이후 유대인이 미국의 주요 대학에 많이 입학하고, 1960년대 민권운동으로 인종차별이 공식적으로 철폐되면서 유대인에 대한 사립학교의 차별적인 관행은 심사 폐지되었다. 근래에는 유대인 대신 아시아계 학생의 입학을 제한하는 수단으로 입학사정제도가 쓰인다는 비판을 받는다. 학업성적 이외에 다양한 요소를 고려하는 입학사정제도는 우수한 학업성적을 보이는 소수자나 중하층 자녀의 입학을 제한하는 차별적인 장벽으로 여전히 기능하고 있다.

중상류층의 가정에서 형성된 문화적 소양과 관습은 대학교 입학 과정은 물론 대학교에 들어가서도 중요한 역할을 한다. 중상류층 학생은 그들끼리 함께 살며 숙식을 같이하는 우애 집단fraternity을 형성하면서 대학교 생활에서 끈끈한 인연을 맺는다. 이렇게 형성된 인연은 나중에 정계나 재계에 진출해 서로 정보와 도움을 주고받는 관계로 일생 이어진다. 아들 부시 대통령이 예일 대학교 재학 시절에 학업성적은 형편없었으나 남학생의 우애 집단에서 눈부신 활약을 보였으며, 이때 형성된 인맥이 이후 사회 활동에서 크게 도움이 되었다는 일화는 유명하다.

중상류층의 문화적 소양과 취미와 관습은 대학교를 졸업한 뒤 사회적으로 성공하는 데 중요한 요소이다. 미국의 대기업이나 금융회사, 법률회사, 컨설팅 회사에서는 개인적으로 능력이 뛰어난 사람보다는 조직에서 잘 화합할 수 있는 사람을 선호한다. 조직에서 잘 화합하는 사람은 기존의 경영진과 소위 '코드'가 잘 맞는 사람인데, 이는 유사한 성장 배경과 유사한 취향, 관습, 가치관을 가진 사람이다. 고도로 복잡한 일일수록 팀으로 일을 수행해야 하기 때문에 서로 의사소통이 잘 되고 편한 사람이 유능한 사람이 된다.[20] 중상류층 가정에서 성장하면서 습득한 문화적 소양은 학교에서 높은 성취를 이루는 데 기여하며 학교를 졸업한 후 사회적 성공으로 연결되면서 '자본'으로 기능하는 것이다.

요컨대 학교에서 학업 성취에 따라 사회적 보상이 공평하게 주어진다는 능력주의는 학업 성취의 기회 자체가 가정의 계층적 배경에 크게 좌우되기 때문에 공평성이 의심된다.[21] 미국과 같이 불평등이 심한 나라에서 학교는 부모의 사회경제적 지위를 다음 세대로 이전하는 주요 경로이면서, 동시에 이렇게 공정하지 못한 체제를 정당화하는 기제로 작용한다. 이민자의 자녀 중 열심히 노력해 우수한 학교를 졸업하고 성공하는 사례가 계속 배출되고 있기에 미국의 능력주의는 생명력을 이어가고 있다. 그러나 이러한 예외적인 성공 스토리의 이면에 학교는 미국 사회의 기회의 불평등을 세대 간에 재생산하는 곳이라는 사실을 감추고 있다. 미국에서 성공한 사람은 대부분 좋은 대학교를 나왔고 중상류층 가정 출신이다. 중하층 출신은 대학교에 진학하기 힘들며, 성공한 사람 가운데 중하층 출신을 찾기 어려운 것이 현실이다.

학교를 통한 기회의 불평등이 가장 노골적으로 전개되는 곳은 사립학교이다. 미국의 상류층은 자식을 초·중등 교육부터 사립학교에 보내는 경우가 많다. 사립학교는 연 4~5만 달러에 달하는 등록금에도 불구하고 높은 교육의 질과 함께 자식들이 자신과 같은 계층의 사람과 교우 관계를 맺을 수 있다는 이점 때문에 상류층은 공립학교보다 사립학교를 선호한다. 단적인 예로 인종 간 형평에 관심을 많이 기울이는 오바마 대통령조차도 대통령에 당선된 후 시카고에서 워싱턴으로 이사하면서 고심 끝에 자녀를 사립학교에 입학시켰다. 사립학교에 다니면 우수한 사립 대학교에 입학하는 데 유리한 고지를 선점할 수 있다. 사립학교는 우수한 사립 대학교의 입학 사정 담당자와 긴밀한 관계를 유지하며, 다양한 과외활동과 치밀한 상담 지도를 통해 많은 학생을 사립 대학교에 진학시킨다.

학교에서 발생하는 기회의 불평등은 학업 성취에 국한되지 않는다. 학생들이 학교에서 맺은 인간관계는 사회에 진출해 성공하는 데 도움을 준다. 미국은 한국 사회의 학맥만큼 학교에서 맺은 연줄이 크게 작용하지는 않는다. 그러나 사립 초·중등학교나 명문 대학교의 학맥은 미국에서도 성공하는 데 유용한 자원이다. 미국의 명문 대학교는 졸업생의 성공과 연결되면서 서열화되어 있다. 우수한 대학교 출신들은 요직에 진출하는 데 서로 도움을 주고받으며 연결 고리를 형성한다. 미국의 대통령이나 상원의원은 다수가 우수한 사립 대학교 출신이다. 미국의 대기업 이사진에는 우수한 대학교 출신이 다수를 차지하고, 최고의 3대 직장으로 일컬어지는 동부 지역의 금융회사, 법률 회사, 경영 컨설팅 회사는 아이비리그 출신이 아니면 접근하기 힘들다. 미국은 한국보다 규모가 크고 지리적으로 넓게 퍼져 있는 만큼 소수의 특정 대학교 출신이 전국적으로 고위직을 독점하지는 않지만 미국에서도 정관계와 재계에서 성공하려면 학맥이 중요하다.[22]

7. 미국의 대학교는 왜 강한가

미국의 초·중등 교육은 다른 나라와 비교해 그리 우수하지 않다. 이는 앞서 보았듯이 계층과 인종 간 극심한 교육 격차 때문이다. 중등 교육까지는 미국이 다른 나라에 앞서 있지 않으나, 고등 교육에서만은 다른 나라를 훨씬 능가한다. 미국의 주요 대학교는 서구 유럽의 우수한 대학교보다 앞서 있을 뿐 아니라, 근래로 오면서 우위의 정도가 더 심화되고 있다. 학부 과정보다 대학원으로 올라가면 미국과 유럽 간의 격차는 더 벌어진다. 유럽의 우수한 학생이 미국의 대학원으로 유학하는 사례가 늘고 있으며, 특허 건수나 노벨상 수상 등 지식의 발전에서 미국의 대학교는 다른 모든 나라를 압도한다. 중등 교육까지는 별반 좋은 성적을 보이지 못하는데 어떻게 고등 교육에서 점점 더 앞서게 되었을까? 미국의 대학교가 유럽보다 우수한 데에는 여러 가지 요인이 복합적으로 작용한다. 외국 인재의 영입, 풍부한 재정 지원과 고급 전문직 취업 기회, 능력주의 경쟁 체제, 미국과 영어의 패권적 지위 등이 미국 대학교의 경쟁력을 높이는 요인이라면, 높은 등록금은 경쟁력을 갉아먹는 요인이다.

1) 외국 인재의 영입

미국의 대학교가 우수한 이유는 무엇보다 학생과 교수진 모두 외국인과 이민자가 두각을 나타내기 때문이다. 우수한 대학교일수록 외국인과 이민자 자녀의 비율이 높다. 예컨대 미국의 명문 사립 대학교 학생의 3분의 1은 외국인이다. 근래에 미국에 건너온 이민자의 자녀까지 합하면 우수한 대학교 학생의 절반 이상을 외국인 또는 이민자의 자녀가 차지한다. 외국인 또는 이민자 자녀가 아닌 경우 유대인이 가장 큰 비율을 점한다. 미국 사회의 주류 집단인 앵글로·색슨계 백인은 미국의 명문 대학교에서는 소수이다. 업적을 객관적으로 평가하기 어려운 인문학이나 예술 분야에서는 유럽계 백인이 여전히 다수를 차지하지만 공학과 자연과학은 물론 사회과학 분야에서도 외국인과 이민자 자녀의 비율은 놀랄 만큼 높다. 특히 자연과학과 공학 분야에서는 외국인 박사와 대학원생들이 없으면 실험실이 돌아가지 않고 새로운 지식이 창출되지 못한다는 탄식이 종종 나온다. 근래에 이민 규제가 강화되면서 우수한 외국인 학생과 교수진을 제대로 충원하지 못해 미국 대학교의 경쟁력이 떨어진다는 비명은 빈말이 아니다. 미국의 대학교가 외국인과 이민자 자녀 때문에 우수하다는 주장은 미국 대학교 중 우수하지 않은 곳의 학생 구성을 보면 쉽게 납득된다. 미국은 전국적으로 4500개의 대학교가 있는데 그중 많은 수는 수준이 낮아 등록금만 내면 쉽게 입학할 수 있고 졸업장을 남발하는 엉터리 대학교도 많다. 수준이 떨어지는 대학교일수록 학생 중에 내국인 특히 백인의 비율이 높은 반면 외국인과 이민자 자녀의 비율은 낮다.

미국은 이민자의 나라이므로 대학이 외국의 인재를 받아들이면서 성장한 것이 새삼스러운 이야기는 아니다. 미국의 산업혁명은 영국과 유럽의 기술자들이 미국으로 건너와 기술을 전파하면서 이루어졌고, 유럽의 지식인은 모국에서 상황이 어려울 때 미국으로 건너와서 활동했다. 20세기 초까지 미국 대학교의 학문 수준은 유럽에 비해 현저히 낮았다. 20세기 초까지 미국의 우수한 지식인 중에는 유럽으로 건너가 공부하고 그곳에 남아서 활동하는 사람이 많았다. 그러나 두 차례의 세계대전을 계기로 유럽의 지식인은 대거 미국의 대학교로 자리를 옮겼다. 특히 제2차 세계대전은 세계 학문의 중심을 유럽에서 미국으로 이전하는 결정적인 계기가 되었다. 유럽의 지식인 중에는 유대인이 많은데 이들이 나치의 핍박을 피해 대거 미국으로 건너왔다. 미국의 대학교는 이들을 적극적으로 받아들이면서 비약적으로 수준이 높아졌다. 알버트 아인슈타인Albert Einstein, 엔리코 페르미Enrico Fermi, 지그문트 프로이트Sigmund Freud, 에리히 프롬Erich P. Fromm, 한나 아렌트Hannah Arendt, 허버트 마르쿠제Herbert Marcuse 등 수많은 유럽의 유대인 지식인이 미국으로 건너왔다. 뉴욕의 유명 사립 대학교인 "뉴스쿨" 대학교의 경우 제2차 대전 때 독일에서 망명한 유대인 학자를 주축으로 대학교를 설립해 오늘에 이르고 있다.

요컨대 미국의 우수한 대학교는 전 세계로부터 인재가 모여들고, 이들이 제대로 실력을 발휘하기에 우수해질 수 있었다. 지금도 유럽의 대학교는 대체로 자국의 학생을 중심으로 운영되고 교수진 또한 자국민으로 주로 구성되어 있는 데 비해, 미국의 우수한 대학교는 특이하게도 외국인과 이민자 자녀를 중심으로 학생과 교수진이 구성되고 운영된다. 이러한 차이가 바로 유럽의 대학교보다 앞설 수 있었던 결정적인 요인이다. 학교의 중심은 사람이다. 우수한 인재를 얼마나 많이 유치하는가에 대학교의 성패가 달려 있다. 전 세계로부터 인재를 유치하는 전략을 오래전부터 구사한 미국의 대학교가 배타적인 성격의 유럽의 대학교를 앞서게 된 것은 당연하다.

2) 풍부한 재정 지원과 고급 전문직 취업의 기회

전 세계의 인재들이 미국의 우수한 대학교에 집중되는 가장 큰 이유는 무엇일까? 미국 대학교의 풍부한 재정을 가장 먼저 꼽을 수 있다. 풍부한 재정이 세계의 인재를 끌어오는 데 가장 중요한 역할을 한다는 증거는 곳곳에 있다. 미국의 학부 과정에서는 외국인에게 장학금을 주지 않으므로 외국인의 비율이 높지 않은 반면, 대학원 과정에서는 외국인과 내국인을 차별하지 않고 능력에 따라 장학금을 주므로 가난한 나라 출신의 인재가 우수한 대학교의 대학원에 많이 진학한다. 이는 미국에 비해 장학금 혜택이 적은 유럽의 대학교에 가난한 나라 출신의 인재가 적게 지원하는 이유이기도 하다. 학생만이 아니라 교수의 경우에도 사정은 마찬가지이다. 보수를 많이 주는 사립 대학교는 공립 대학교보다 우수한 교수진을 보유하고 있다. 미국의 공립 대학교 교수 중 두각을 보이는 사람은 우수한 사립 대학교에서 높은 연봉과 뛰어난 연구 조건을 제시하며 학교를 옮길 것을 권유받는다.

외국의 인재에게 미국 대학교는 성공의 기회를 제공한다. 재학 중에 돈 걱정 없이 공부에 몰두할 수 있을 뿐 아니라 졸업한 후에도 미국에서 전문직 직장에 취업하는 것이 용이하다. 본국으로 돌아갈 경우 자신의 고급 지식을 활용할 일자리가 없음은 물론 보수도 비교할 수 없이 낮으므로 미국의 고급 직장에 취업할 수 있다는 것은 큰 매력이다. 가난한 나라 출신의 우수한 학생은 미국의 대학원을 졸업한 후 실력을 발휘하여 성공하기 위해 미국의 대학교나 연구소에 계속 남는 선택을 할 수밖에 없다. 이들이 자신의 나라로 돌아가면 열악한 연구 환경 때문에 학문적인 후퇴를 감수해야 한다. 미국의 우수한 대학교에 인도와 중국 등 가난한 나라 출신의 교수진이 많은 이유이다. 이들은 동료 미국인보다 더 우수하기에 미국의 고급 직장에 취업할 수 있으며, 이민자로서 성공을 향한 강력한 성취동기가 있으므로 훨씬 더 노력해 우수한 업적을 낼 수 있다. 이러한 외국의 인재들이 미국의 우수한 대학교에서 길러지고 정착해 기여함으로써 미국 대학교의 수준을 높이는 선순환 구조가 형성된다.

미국의 대학교에 외국의 인재가 몰리는 이유는 단순히 장학금이나 보수가 많기 때문만은 아니다. 미국 대학교는 연구에 필요한 환경을 풍부히 조성해 인재들이 능력을 발휘해 우수한 성과를 낼 수 있는 기회를 제공한다. 우수한 연구 시설과 지원이 잘 갖추어져 있을 뿐 아니라 우수한 사람들이 모여 있다는 것 자체가 연구에 유리한 환경을 조성한다. 지식 생산은 집적의 효과가 크게 작용하는 분야이다. 우수한 인재가 서로 근접하여 지내면서 활발히 교류할 때 새로운 아이디어가 나올 가능성이 크고, 새로운 아이디어는 그와 연결된 또 다른 새로운 아이디어를 이끌어낸다. 미국의 우수한 대학교는 학생과 교수진 모두 세계의 인재를 끌어 모아 긴밀하게 연결하므로 지식 생산의 효율이 높다.

이렇게 선순환의 기반이 되는 미국 대학교의 풍부한 재정은 어떻게 조달될까? 공립과 사립을 막론하고 미국의 대학교가 세계 최고 수준에 도달한 데에는 미국 정부의 재정 지원이 핵심적인 역할을 했다. 미국 정부는 다양한 경로를 통해 미국 대학교의 돈줄 역할을 한다. 직접적인 연구비 지원을 통해, 정부의 연구 프로젝트를 발주함으로써, 학생들의 장학금 지원을 통해, 외국 출신 학생들의 유학 지원을 통해, 공립 대학교의 운영비 지원을 통해 미국 대학교에 다양한 경로로 지원한다. 미국 정부는 매년 엄청난 규모의 연구비를 투입해 학술 활동을 지원한다. 자연과학이나 인문학과 같은 순수 학문 분야는 물론 공학이나 의학과 같은 응용 학문과 예술 분야에 이르기까지 전 분야에 걸쳐 정부의 다양한 기관이 학술 활동을 지원한다. 정부의 지원을 통해 이루어진 연구에 대해 정부가 지적 소유권을 주장하지 않음으로써 학문 발전을 위한 밑거름을 제공한다. 특히 자연과학이나 사회과학과 같은 순수 학문 분야에서 정부의 재정 지원은 학문 발전에 절대적인 역할을 한다.

자연과학의 주요 발견이나 기술혁신은 정부의 대형 연구 프로젝트에서 비롯된 경우가 많다. 미국은 소련과 냉전 시절에 군사적인 목적에 활용될 수 있는 원천 기술을 개발하는 데 힘을 쏟았다. 정부가 주관하는 연구 프로젝트에 많은 전문가가 참여했다. 이러한 원천 기술 개발은 대학교와 연관된 연구소에서 주로 맡았으므로 대학교 학술 활동의 밑바탕을 이루었다. 핵 기술, 텔레비전, 반도체, 컴퓨터, 로봇 공학, 인터넷, 레이저, 3D 인쇄, 유전자 해독, 인공지능, 신물질 개발 등 20세기 중반 이래 개발된 첨단 과학기술은 거의 대부분 미국 정부가 발주한 프로젝트에서 얻은 지식을 기초로 발전했다. 정부의 순수 학문 연구 지원은 민간 기업 연구소의 응용 분야 연구로 이어지면서 미국 대학교에서 배출하는 고급 인재들이 전문 지식을 계속 생산하는 풍부한 생태계를 형성했다.

미국 정부는 대학생들에게 후하게 장학금을 지원한다. 미국의 중하층 출신의 대학생은 '펠 그랜트Pell Grant'라는, 미국 정부에서 지원하는 장학금으로 등록금을 전액 충당하면서 학교를 다닐 수 있다. 정부 장학금 중 일부는 직접적인 지원이고 나머지는 정부가 지급 보증하는 방식의 대출인데 졸업 후 일정 수입 이상의 직장 생활을 할 경우 장기간에 걸쳐 상환하도록 설계되어 있다. 따라서 가정 형편이 어려운 학생도 학교를 다니면서 부업으로 일해 생활비만 조달한다면 등록금 걱정 없이 공립 대학교를 졸업할 수 있다. 특히 제2차 대전 이후 전장에서 귀환한 장병들에게 대학 등록금은 물론 생활비의 일부를 정부가 부담한 것은 미국 대학교 발전에 큰 계기를 마련했다. 미국의 공립 대학교는 갑자기 늘어난 학생을 수용하기 위해 시설과 교수진을 획기적으로 확충해야 했는데 이는 모두 정부의 재정으로 이루어졌다.

1950~1960년대에 미국의 대학교가 비약적으로 성장한 데에는 물론 이 시기에 경제성장이 크게 이루어져 공립 대학교에 주 정부의 재정 지원이 풍부하게 이루어진 것도 한 원인이다. 이 기간에 미국의 주립 대학교는 정부의 풍부한 지원 덕택에 양과 질 면에서 크게 성장해 세계적인 경쟁력을 갖추었다. 반면 이 시기 유럽의 대학교는 전후의 재정적인 어려움 속에서 정체되었으며, 결국 미국의 대학교에 세계적으로 우수한 학생과 교수진을 뺏기는 결과를 초

래했다. 미국 정부는 전 세계의 인재가 미국의 대학교로 유학을 오도록 하는 데 주도적인 역할을 담당했다. 전 세계 대부분의 나라에 개설된 국무성 산하 조직인 미국 문화원은 미국 대학교에 대한 유학 정보를 전달하고 가난한 나라의 인재에게 정부 장학금을 주선해 유학을 적극적으로 장려했다. 즉, 미국 정부가 발 벗고 나서서 미국의 대학교를 위해 일한 것이다.

미국은 초·중등 교육뿐만 아니라 고등 교육에서도 공립학교가 주축이다. 소수의 사립 대학교는 매우 우수하지만 전체 학생 중에 차지하는 비율은 미미하다. 공립 대학교 중에는 유명 사립 대학교 못지않게 우수한 곳이 많다. 세계적으로 유명한 버클리 소재 캘리포니아 대학교, UCLA, 미시건 대학교, 위스콘신 대학교 등은 모두 공립 대학교이다. 공립 대학교의 등록금은 사립 대학교의 절반에도 못 미치며 학교 재정의 대부분을 정부의 지원에 의존해왔다. 근래에 미국 경제가 어려워지고 공화당이 집권해 정부의 지원을 축소하면서 공립 대학교의 재정이 크게 어려워졌다. 과거에 비해 등록금 의존도가 높아지고 장학금 혜택이 줄면서 공립 대학교가 우수한 학생과 교수진을 유치하는 경쟁에서 사립 대학교에 뒤지는 현상이 나타난다. 그러나 사립 대학교는 공립 대학교에 비해 규모가 현저히 작기 때문에 여전히 미국 대학의 주축은 공립 대학교이고 정부의 재정 지원이 미국 대학의 경쟁력을 지탱하는 근간이다.

미국의 유명 사립 대학교는 정부의 재정 지원을 직접적으로 받지 않는 대신 엄청난 기부금을 유치해 우수한 인재를 영입하는 데 적극 활용한다. 사립 대학교에 기부금을 내는 동기는 다양하지만 가장 큰 이유는 자녀와 손자를 입학시키기 위한 것이다. 미국의 사립 대학교는 부모나 조부가 그 학교 동문일 경우 자녀에게 특혜 입학을 허용하고, 학생의 학업 성취도와는 별도로 학교에 대한 부모의 기여도나 사회적인 명망을 고려해 입학을 결정한다. 입학 관련 업무를 맡았던 사람의 증언에 따르면 명문 사립 대학교 학생 중 열에 한 명은 이러한 방식으로 특혜 입학한다. 한국과 같이 입학 사정 결과를 공개해야 할 부담이 없으므로 미국의 사립 대학교는 자신들의 입맛에 맞는 학생을 받아들이는 데 주저하지 않는다. 미국의 고위층이나 한국의 재벌과 같은 외국 유명 인사의 자제가 대부분 미국의 명문 사립 대학교에 다니는 것은 이렇게 자의적으로 운영되는 입학사정제도 덕분이다.

미국 사립 대학교의 기여 입학은 주로 학부생의 선발 과정에서 작용한다. 연구 중심의 미국 유명 사립 대학교의 특이한 점은 학부생과 달리 지식을 생산하는 대학원 과정의 학생은 엄격히 능력 위주로 선발하며 장학금 혜택이 풍부하다는 점이다. 대학원 박사과정의 우수한 학생은 재정 부담이 거의 없다. 미국의 우수한 사립 대학교는 학부생의 특혜 선발을 유인으로 하여 끌어 모은 기부금으로 전 세계의 우수한 인재를 대학원생으로 선발한다. 이렇게 선발된 우수한 대학원생은 높은 보수를 받는 우수한 교수진과 함께 높은 연구 업적을 산출해 사립 대학교의 명성을 높이는 데 기여한다. 이렇게 쌓은 학술적 명성은 다시 엄청난 금액의 기부금을 유치하는 데 활용되어 선순환 구조를 이룬다.

3) 능력주의 경쟁 체제

선진 산업국의 대학은 대체로 공정한 경쟁의 규칙에 따라 운영되지만 미국의 우수한 대학교의 경쟁 체제는 유별나다. 미국의 우수한 대학교 학생들에게 학업 성취에 대한 압력은 엄청나며, 학생들의 학업 평가는 공정하게 이루어진다. 공립 대학교의 경우 학생들의 입학 문턱은 높지 않지만 입학한 학생 중 3분의 1만이 5년 이내에 졸업한다. 학생들은 학비에 대한 부담 때문에 중도에 탈락하는 경우도 있지만, 대부분은 공부에 관심을 잃거나 학업을 따라가지 못해 중도에 그만둔다. 대학원의 경우에도 입학한 학생 중 최종적으로 학위를 취득하고 졸업하는 학생은 일부에 지나지 않는다.

미국의 대학교는 우수한 성적을 거둘 경우 장학금, 표창 등으로 다양한 보상을 제공한다. 대학원에서 우수한 성취를 보이는 학생은 교수의 추천을 통해 졸업 후 좋은 일자리를 구할 수 있다. 학문적 성취는 객관적으로 평가하기 어려우며 주관적인 편견이나 개인적인 정실이 개입하기 쉬운데, 미국 대학교의 교수는 동료의 다면 평가 방식을 적용해 엄격한 평가의 질을 유지한다. 학생과 교수의 성취도를 엄격히 평가하고 그에 따라 차등적으로 보상하는 미국의 대학 시스템은 기득권 집단의 힘을 약화시키는 대신 능력 있는 새로운 인재의 진입을 용이하게 한다. 미국 대학교에서는 능력이 있고 이를 객관적인 결과물로 입증할 수 있다면, 기득권 집단과 전혀 연결이 없는 신참 학자나 외국인이나 이민자의 자녀라도 어느 정도는 합당한 보상을 받는다. 미국의 대학교에서 외국인에 대한 차별이 심하고 업적에 대한 평가가 불합리해 성공의 가능성이 원천적으로 차단되어 있다고 인식한다면 세계의 인재들이 미국의 대학으로 몰려들지 않을 것이다.

미국의 대학교도 사람이 모인 곳이라 기득권 집단의 프리미엄이 엄연히 존재하며 외부로부터 새로운 사람이 진입하는 데 장벽이 있지만 유럽에 비하면 훨씬 적다. 미국 대학교의 엄격한 능력주의 경쟁 체제는 경쟁에 참여하는 사람에게 엄청난 스트레스를 유발한다. 학업 능력이 안 되는 학생은 가차 없이 쫓아내고, 학문의 길에 들어선 초학자는 업적을 내기 위해 연구에 몰두하느라 건강과 가정생활을 망치기도 한다. 미국에 유학 간 한국인 중 학업 스트레스를 이기지 못해 중도에 그만두거나 정신이상이 된 경우를 흔히 볼 수 있다. 미국의 대학교수는 힘든 연구와 교육 생활을 이겨내야 한다. 미국의 연구 중심 유명 대학교의 교수는 처음에 5년 계약의 조교수로 임용되는데, 이들 중 대략 3분의 1만이 정년 보장을 받는 부교수의 지위로 승진하고, 나머지 3분의 2는 해고되어 다른 학교에 자리를 알아봐야 한다. 연구 능력이 떨어지는 교수는 낮은 순위의 대학교에 직장을 구하거나 혹은 가르치는 일을 주로 하는 전문대학에 자리를 잡을 수밖에 없다.

대학교수의 평가는 주로 연구 실적에 대해 동료 평가 방식으로 이루어지는데 아무리 함께 일한 동료라고 해도 평가는 냉정하며 잔인하다. 정년 보장을 받은 이후에도 연구 실적이 항시 공개되므로 치열한 경쟁이 계속된다. 수시로 학과 혹은 단과대학의 소식지를 통해 교수의 연구 상황이 알려지며, 교수들이 쓴 최근 저서는 학과 사무실에 모두가 볼 수 있도록 게시된다. 연구 활동이 활발하지 않은 교수는 대학원생이 지도교수로 정하지 않기 때문에 교수들 사이에 보이지 않는 실적의 등급이 매겨진다. 미국의 대학교는 아무리 정년이 보장되어 있어도 연구 실적을 지속적으로 내지 않으면 버틸 수 없도록 환경이 조성되어 있다. 다른 전문직과 비교해 대학교수의 보수가 높지 않으므로 이렇게 치열한 연구 업적의 경쟁 속에 사는 것에 염증을 내서 교수직을 그만두고 기업으로 직장을 옮기는 경우도 흔하다. 미국의 유명 대학교는 그야말로 살인적인 경쟁 속에서 자살하는 학생이 종종 발생하고 정신적으로 피폐되어 폐인이 되는 사람도 흔하다. 그러나 능력이 있는 사람에게 주어지는 보상은 후하고 능력이 더욱 잘 발휘될 수 있도록 지원을 몰아주는 환경이 조성되어 있다. 이러한 경쟁 체제는 능력 있는 사람을 끌어들이고, 이들의 능력을 활용하는데 매우 효율적인 시스템이다. 공정 경쟁이 이루어지는 미국의 대학 환경에서 전 세계에서 선발된 외국의 인재들이 내국인보다 더 우수한 성과를 내는 것은 당연하다.

4) 미국과 영어의 패권적 지위

세계에서 차지하는 미국의 패권적인 지위 또한 미국의 대학교로 세계적인 인재들이 모이는 이유이다. 정치학자 조지프 나이Joseph S. Nye는 '소프트 파워'라는 개념을 도입해 미국의 힘은 군사적인 우위뿐만 아니라 문화적 영향력을 통해 유지된다고 주장했다.[23] 미국의 대학은 미국 소프트 파워의 중심이다. 대학교를 통해 새로운 아이디어가 생산되며 전파된다. 미국의 대학교는 미국 문화의 산실일 뿐 아니라 세계적인 아이디어의 중심지 역할을 한다. 미국의 유명 대학교에는 세계적으로 유명한 학자, 정치가, 기업인이 자주 방문해 세미나나 강연을 통해 자신의 아이디어를 알린다. 전 세계적으로 미국의 대학교에 재능 있는 사람과 아이디어가 집중되므로 미국의 대학교에서 공부하는 것이 다른 선진국에서 공부하는 것보다 더 보고 배우는 것이 많으며 가치를 인정받는다. 국제 정치경제에서 미국이 차지하는 패권적 지위는 학계에도 패권적 지위를 확장시킨다.

제2차 세계대전이 끝난 후 미국은 세계의 경찰 역할을 자처했다. 세계의 질서를 세우고 이를 지키는 역할은 정치, 군사, 경제 등 모든 분야에서 전 방위로 전개되었다. 미국의 주도로 유엔이 설립되고 나토NATO가 만들어졌으며 '브레턴우즈 체제Bretton Woods System'라 명명된, 달러를 기축 통화로 하는 세계적 금융 질서가 탄생했다. 세계의 금융 질서를 관리하는 IMF와 세계은행은 미국의 통제하에 있으며, 세계의 무역 질서를 관리하는 WTO는 미국의 이익을 압도적으로 반영한다. 세계에 대한 미국의 영향력은 군사와 정치경제에 머물지 않는다. 미국 정부는 자국 문화를 확산시키기 위해 '풀브라이트Fulbright'나 '평화봉사단Peace Corps' 등의 프로그램을 만들었다. 풀브라이트 프로그램은 미국의 대학교를 중심으로 전개된 프로그램으로 미국의 지식인을 세계에 파견해 미국 문화를 전파하고, 세계 각지의 영향력 있는 사람을 미국의 대학교로 불러들여 미국을 배우도록 하는 사업이다. 세계 각지의 정치인, 언론인, 법조인, 학자, 교사, 장교, 시민단체 지도자, 학생 등 그 나라에서 영향력이 있거나 장래가 유망한 젊은이들 중 상당수가 이 프로그램의 도움으로 미국의 대학교에서 수학했다. 이 프로그램의 규모는 엄청나서 한국의 대학교의 중견 교수나 언론인 중 이 프로그램의 혜택을 입은 사람은 헤아릴 수 없이 많다. 이들은 미국 정부의 도움으로 미국의 대학교에서 수학하고 미국에 우호적인 태도를 갖게 되며, 자국으로 돌아가서 미국의 문화적인 영향력을 확대 재생산하는 데 기여한다. 이들은 선진국에 대해 언급할 때 주로 미국의 제도와 문화를 준거 기준으로 삼아 자신의 의견을 형성하고, 다른 사람에게도 미국의 사례를 주로 참고할 것을 권한다. 이들에 대한 미국의 투자는 이들이 자국에서 영향력 있는 인사로 활동하는 내내 효력을 발휘한다. 미국은 한국과는 환경이 매우 다른 나라임에도 한국의 지식인이 주로 미국을 모범 사례로 하여 연구하고 의견을 제시하는 데에는 미국의 소프트 파워의 힘이 크게 작용한 것이다. 풀브라이트 프로그램의 다른 한 축은 미국의 인재를 세계 각국의 대학교로 파견하는 사업이다. 이는 평화봉사단 프로그램과 맥락을 같이하는데, 전자가 주로 대학을 중심으로 이루어지는 사업이라면 후자는 사회개발이라는 포괄적인 목표를 추구한다. 근래에 이 두 사업 모두 예산이 크게 삭감되어 과거와 같은 규모로 운영되지는 못하지만 미국 국무부에서 관장하는 이 사업은 여전히 미국의 소프트 파워를 생산하는 데 기여하고 있다.

미국의 대학교가 세계의 학계를 주도하고 인재를 끌어 모으는 데에는 세계 비즈니스의 공용어 지위를 차지하는 영어의 영향력 또한 매우 중요하다. 과거에는 학계에서 프랑스어나 독일어의 위상도 제법 있었으나 근래로 올수록 학술 세계에서 영어의 지배력이 높아지고 있다. 극단적인 예로 근래 한국의 대학교에서 큰 관심사가 된 대학 평가의 중요 항목은 교수진의 논문 실적인데, 실적을 산정하는 기준인 유명한 국제 학술지는 거의 대부분 영어로 쓰인 것만을 인정한다. 영어 이외의 언어로 쓰인 논문은 아무리 내용이 우수해도 공인 기관에서 인정하는 국제 학술지에 게재되기 어렵다. 예컨대 일본을 연구하는 학자도 영어로 쓰인 학술지에 논문을 게재해야만 연구 업적을 인정받는다. 추상적인 고급 아이디어는 주로 언어를 통해 전달되므로 세계 공용어를 자국의 언어로 하는 미국 대학교의 우위는 국제적인 교류가 커지고 아이디어의 발전이 가속화될수록 더욱 뚜렷해진다.

1980년대 이래 세계화가 가속화되면서 영어의 중요성은 전과 비교할 수 없이 커졌다. 더 많은 사람이 서로 교류하고 자국어 이외의 언어로 의사소통하면서 영어를 공용어로 쓰기 때문이다. 특히 1990년대 중반 이후 인터넷이 정보 교환의 핵심 수단으로 자리 잡으면서 세계인들 사이에 영어의 중요성은 갈수록 커지고 있다. 현재 인터넷에 올라 있는 고급 정보의 70% 이상은 영어로 된 것이며 체계적인 지식일수록 영어를 사용하는 비율이 높다. 영어로 써야만 더 많은 사람이 보고 평가하고 지식의 수준이 높아지며, 지식 생산자의 평판 또한 그와 함께 올라간다. 만일 영어 이외의 다른 언어로 자신의 아이디어를 발표하면 이를 이해하는 사람이 적기 때문에 파급효과가 약하다. 언어 사용은 컴퓨터의 운용 프로그램과 마찬가지로 네트워크 효과를 발휘한다. 즉, 많은 사람이 쓸수록 더욱더 효용이 높아지며, 더 많은 사람이 그것을 기준으로 채택할 수밖에 없게 된다. 갈수록 영어로 의사소통하는 사람이 늘어나고 영어 이외의 외국어를 습득하는 사람이 줄어들면서 세계적으로 아이디어의 교환도 주로 영어로만 이루어진다. 외국어 교육에서 영어 이외의 다른 언어의 입지가 좁아지는 추세는 한국뿐 아니라 전 세계적인 현상이다. 언어학자들은 시간이 갈수록 세계인의 언어 사용이 영어에 수렴하는 현상이 심해지리라고 예언한다.

영어를 쓰는 미국이나 영국 대학교의 위상은 높아진 반면, 프랑스나 독일 대학교의 위상은 하락했다. 영어와 미국 대학교의 위상이 높아지면서 학술 세계에서 영어 이외의 언어는 갈수록 쪼그라드는 모습을 보인다. 영어를 모국어로 하지 않는 유럽의 나라들도 대학교에서는 영어를 씀으로써 외국의 인재를 유치하려고 애쓴다. 영어를 잘 구사해야만 졸업한 후에 다국적 기업이나 국제 노동시장에서 취업이 용이하기 때문에 유럽 통합이 전개될수록 비영어권의 유럽의 대학교는 영어로 가르치고 배우는 경향이 높아진다. 근래에 유럽의 젊은이들 중에는 학문적인 성취는 물론 영어 구사력을 높이려는 목적에서 영국이나 미국에 유학하는 사례가 늘고 있다. 근래에 영국의 대학교와 어학원들은 영어를 배우기 위해 단기로 체류하는 인근 유럽 지역 학생들로 방학도 없이 1년 내내 넘쳐나서 즐거운 비명을 지른다.

5) 미국 대학교의 높은 등록금

미국의 대학교가 국제적으로 경쟁력이 높다는 점에 대해서는 아무도 이견을 제시하지 않지만, 미국 대학교의 등록금이 지나치게 높은 것이 문제가 되고 있다. 미국의 대학 등록금은 세계적으로 가장 높은 수준이며 영국을 제외한 유럽과 비교해 큰 차이를 보인다. 미국의 대학 등록금이 과거에도 이렇게 높았던 것은 아니다. 1970년대 후반 주립 대학교의 등록금은 주 내에 거주하는 학생의 경우 600~700달러 수준이었으나, 최근 많은 주립 대학교의 등록금은 1만 달러를 넘어섰으며 2만 달러에 육박하는 곳도 여럿이다. 대학 등록금은 이 기간 물가상승률의 열 배 이상 뛰어올랐다. 같은 기간 남성 근로자의 실질임금이 정체하고, 중류층은 살고 있는 집을 제외하고는 저축한 것이 없는 현실을 감안한다면, 중류층의 학부모에게 자녀의 대학 등록금은 감당하기 어려운 수준이다. 많은 학생들은 대학을 졸업할 때 큰 금액의 빚을 지고 사회에 나가며 등록금 빚 때문에 오랜 기간 재정적으로 자립할 수 없다. 미국에서도 중상류층 가정은 자녀의 대학 등록금을 대부분 부모가 내준다. 따라서 등록금을 대부분 빚으로 조달하는 중하층 출신의 학생과 등록금 빚이 없는 중상류층 출신 학생 사이에는 대학교 문을 나설 때부터 경제적 능력에 차이가 난다. 근래에 대학교 졸업생 열에 일곱은 등록금 빚을 지고 사회에 나가며, 빚의 규모는 평균 3만 5000달러, 한화로 약 4000만 원에 달한다. 근래로 올수록 등록금 빚을 안고 사회에 나가는 졸업생이 늘면서 빚의 규모도 급속히 증가하

고 있다.[24]

미국의 대학 등록금이 이렇게 오른 것은 정부의 지원이 감소한 것이 주원인이다. 1980년 공화당 정부가 들어선 이래 공립 대학교에 대한 정부의 재정 지원은 크게 축소되었다. 공립 대학교는 줄어드는 정부 지원에 대응해 등록금을 인상하는 방식으로 부족한 재정을 메워왔다. 등록금이 급격히 인상된 또 다른 이유로는 베이비붐 세대가 지나가고 학생 수가 감소하면서 대학들 사이에 학생을 유치하는 경쟁이 치열해졌기 때문이다. 대학은 학생들에게 매력적으로 보이기 위해 시설 고급화와 비핵심적인 서비스를 경쟁적으로 늘리면서 많은 돈을 썼다. 과거에 비해 대학교 캠퍼스는 화려해졌으며 보조 서비스 인력이 크게 늘었다. 이러한 추가적 지출은 모두 학생의 등록금을 통해 메워졌다. 그동안 등록금이 급격히 인상된 것이 반드시 교육의 질의 상승을 의미하지는 않는다.

근래에 미국인의 대학교 진학률이 80%에 달하면서 과연 그렇게 많은 학생이 높은 등록금을 지불하고 대학교에 진학하는 것이 합리적인지에 대해 논쟁이 벌어졌다.[25] 대학교에 입학하는 사람은 크게 증가했지만 중도에 탈락하는 경우가 많기 때문에 그들이 대학 등록금에 들이는 비용의 상당 부분이 낭비라는 지적도 있다. 그러나 대학교 졸업자와 고등학교 졸업자의 임금 격차가 갈수록 벌어지고 있기 때문에 개인의 입장에서 볼 때 대학교 교육은 여전히 합리적인 투자이다. 특히 유명 대학교를 졸업하면 사회에서 우대를 받으며 비용을 벌충하고도 남는다. 그러나 중하위 대학교를 졸업할 경우 취업에 어려움을 겪으며, 전공에 따라 졸업 후 노동시장에서 대우에 큰 차이가 있다. 인문학이나 예술 분야를 졸업할 경우 대학교 졸업 학력에 걸맞은 일자리를 찾기 어려우므로 단기적으로 볼 때 등록금 대비 수지 타산을 맞추기 어렵다. 근래에 젊은 사람의 취업이 힘들어지면서 높은 대학 등록금의 비용 대비 효율성에 대한 비판의 목소리가 높다. 심지어 오바마 대통령까지 나서서 대학 등록금을 낮출 것을 요구하고 있다. 그러나 전반적으로 보면 대학교 졸업장은 노동시장에서 가치 있는 투자라는 견해가 지배적이다. 다만 대학교에 입학했지만 졸업을 하지 못하고 중퇴하거나 전문대학 졸업자의 경우에는 사정이 다르다. 대학교 중퇴자의 임금 수준은 고등학교 졸업자에 근접하며, 그들은 노동시장에서 대학 교육의 프리미엄을 누리지 못한다. 대학교를 졸업하면 좋은 투자가 되지만 중도에 그만두면 가지 않은 것과 다름이 없다.

| 제8장 |

미국인은 앞으로도 믿음이 깊을까

Change of The American Society

미국은 유럽 문화에 뿌리를 두고 있으나 종교에 관한 한 유럽인과는 다른 길을 가는 것처럼 보인다. 서유럽 사회는 20세기 들어 많이 세속화되어 이제 젊은 층에서는 종교를 가진 사람을 찾기 어렵다. 반면 미국에서 기독교는 신자 수나 교회의 영향력에서 여전히 거대한 존재이다. 과학과 기술이 발달하고, 물질적으로 풍요로워지고, 도시에 살게 되면서 사람들의 의식이 합리적이고 세속화된다는 것은 1970년대까지만 해도 자명한 진리로 여겨졌다. '근대화 이론'이라 불리는 이 이론에 따르면 미국은 분명 유럽과 마찬가지로 세속화의 길을 가야 한다. 그렇게 되지 않는 이유는 무엇일까? 종교는 사람들이 역경에 처했을 때 다가온다는데, 미국과 같이 잘살고 안정된 사회에서 사람들이 무엇이 부족해서 여전히 종교에 의지하는 것일까?

1990년대 이래 지난 20여 년간 미국인 중 종교가 없다고 말하는 사람이 급속히 늘고 있다. 최근 이러한 변화는 뒤늦지만 미국도 유럽과 마찬가지로 세속화의 길을 가는 것이 아닌가 하는 의심을 불러일으킨다. 20세기 후반까지 미국인의 신앙심이 예외적으로 높았는데 근래에 급속히 허물어지는 이유는 무엇일까? 이러한 최근의 변화는 일시적 현상일 뿐 다시 회복될 수 있을까?

1. 미국인의 종교적 믿음의 특징

미국인은 종교적인 사람들이다. 동네 곳곳에 교회가 있고, 창조론을 가르치는 학교가 많으며, 아이들이 학교에서 매일 아침 암송하는 '충성서약'에서 신의 은총을 언급하며, 대통령 선거에서 기독교 교회의 영향력을 무시할 수 없다. 유럽과 달리 미국에서 교회는 역사의 뒤안길로 사라져가는 기관이 아니다. 미국인의 종교성, 즉 종교적인 믿음의 상태가 어떠한지 최근의 조사 자료를 통해 살펴보자. 퓨 리서치Pew Research에 따르면 신을 믿는 사람은 92%에 달하며 미국인 열 명 중 여덟 명은 어떤 하나의 종교에 속해 있다. 종교가 자신의 삶에서 매우 중요하다고 응답하는 사람이 절반을 넘고, 전체 성인의 약 40%는 매주 교회를 다닌다. 미국인의 절반 이상은 매일 기도를 한다. 이 수치만으로 보면 미국인은 분명 신앙심이 깊은 사람들이다.[1]

서구 문명의 토대인 개신교, 가톨릭, 유대교의 3대 종교는 미국 문화의 중심에 위치해 있다. 미국인의 생활은 이 종교적 전통과 연관되어 있으며 미국 문화는 직간접적으로 기독교의 세례를 받았다. 개신교와 가톨릭을 합친 기독교 신자의 수는 미국인 전체의 70.6%에 달하며, 기독교 신자 중 개신교의 비율은 다섯 명에 네 명꼴이다. 유대교 신자는 1.9%로 수는 작지만 유대인의 사회적 영향력 때문에 실제보다 더 큰 세력을 형성하고 있다.[2]

서구에서도 과학기술이 가장 발달하고 교육 수준이 높은 미국에서 종교가 번성한다는 것은 얼핏 이해하기 어렵다. 서구 사회의 변화를 설명하는 세속화 이론에 따르면 근대 교육은 사람들을 종교로부터 멀어지게 한다. 학교에서 배우는 세계관은 인본주의적 전통 위에 서 있다. 세속적 세계관은 인간이 주체가 되어 사고하고 움직일 것을 요구하는데, 이는 신이 세상을 주관하고 있다는 종교적 세계관과 대치된다. 세속적 세계관은 신의 매개 없이 인간 스스로 복리 향상을 도모할 것을 요구하므로 종교적 믿음이 들어갈 자리가 없다. 학교에서 배우는 과학적 사고방식은 경험적 인식만을 진리 추구의 정당한 방법으로 인정한다. 과학적인 지식은 인간의 지각을 통해 경험적으로 검증된 것만을 진리로 인정하므로, 경험적으로 검증할 수 없는 믿음의 세계는 진리의 영역을 벗어난다. 과학적 방법론은 기존에 당연시하던 것을 의심하고 비판적인 자세로 접근할 것을 권장하는 반면, 종교적인 믿음은 의심보다는 신의 권위에 절대적으로 복종하고 따를 것을 강조한다. 학교 교육은 다양한 문화와 다양한 견해를 이해할 것을 권장하면서 상대적인 세계관을 주입시키는 반면, 종교는 절대적인 진리를 옹호한다. 종교적 세계관에서는 진리와 거짓이 분명히 구분되는 흑백의 논리를 옹호하는 반면, 인간 사회에 대한 과학적 접근은 흑백으로 분명히 구분되지 않는 다양한 세계가 존재한다고 가르친다. 사람들은 학교에서 세계의 다양한 종교가 저마다 절대적인 진리를 주장하고 있음을 알게 되면서 자신이 믿는 종교의 절대성에 대해 의심하게 된다. 요컨대 세속화 이론에 따르면 학교 교육을 많이 받을수록 세속적인 세계관과 종교적인 세계관 사이에 갈등이 커지고 종교적인 믿음이 약화된다. 이 이론은 유럽인의 세속화를 설명하는 데 매우 효과적인 반면, 미국은 이 이론이 맞지 않는 대표적 사례이다.

미국인 중 대다수가 기독교를 믿는다고 하지만 근래에 이러한 성향에 변화가 감지된다. 1980년대 이래 여론조사에서 종교가 없다고 말하는 사람의 숫자가 꾸준히 증가하고 있다. 현재 미국인 다섯 명 중 한 명은 종교가 없다고 말한다. 1970년대까지만 해도 이런 사람은 매우 드물었다. 종교가 없다고 말하는 사람이 늘어난다고 해서 미국이 유럽과 같이 세속화의 길로 가고 있다고 단정 짓는 것은 성급하다. 왜냐하면 종교가 없다고 말하는 사람 중 대다수는 신의 존재를 믿는 사람으로 무신론자와는 거리가 멀기 때문이다. 이들은 단지 기성 종교에 대한 소속감이 없을 뿐 그 나름대로 신이나 초월적인 힘을 믿으며 어려움에 닥쳤을 때 기도한다.

미국은 다른 나라와 마찬가지로 젊은 사람보다는 나이가 많은 사람이, 남성보다는 여성이 믿음이 깊다. 반면 유럽과 달리 교육이나 소득이 높다고 하여 반드시 덜 종교적이지는 않다. 유럽에서는 교육을 많이 받고 소득이 높을수록 신앙심이 약하나, 미국에서 종교적 믿음은 교육이나 소득 수준과 직접 관계가 없다. 미국은 유럽과 달리 중상류층 중에 교회에 충실한 사람이 적지 않고 가난한 흑인 가운데 독실한 신자가 많다.

미국인에게 종교는 인종·민족과 밀접하게 연관되어 있다. 이민자는 자신들의 교회를 중심으로 미국 생활에 정착했다. 미국인의 종교는 이민의 역사와 중첩된다. 미국을 건국한 영국인과 초기에 건너온 서유럽인은 개신교를 미국의 주류 문화로 설정했다. 이후 대규모로 건너온 이민자들은 각각 민족 집단을 중심으로 종교 분파를 형성했다. 예컨대 18~19세기에 건너온 독일인, 스칸디나비아인 등 북서유럽계는 루터파 개신교 교회를 세웠고, 아일랜드인, 이탈리아인, 폴란드인은 가톨릭교회를, 동유럽계는 동방정교 교회를, 유대인은 유대교 교회를 세웠다. 20세기 후반에 건너온 중남미 이민자는 그들만의 가톨릭교회를 세웠다. 아시아인은 힌두교, 불교, 가톨릭, 개신교 교회를 세웠으며, 중동인은 이슬람교 교회를 세웠다. 인종·민족에 따라 그들이 믿는 종교나 다니는 교회가 뚜렷이 구분되는 것은 흑인의 경우에도 마찬가지이다. 흑인은 백인보다 신앙심이 깊은데, 이들은 백인과는 구분되는 그들만의 흑인 교회를 세웠다.

뒤에 이민 온 민족이 앞서 이민 온 민족과 같은 종교를 믿는다고 해도 각 민족은 자신들만의 교회를 따로 세웠다. 그러나 특정 민족의 이민이 오래전에 중단된 경우, 이들이 다니던 교회의 민족적 속성은 시간이 지나면서 희석된다. 종교에서도 동화 현상이 나타난다. 예컨대 독일인이나 북유럽인이 세운 루터파 교회는 이제 특정 민족과의 연결이 희미해졌으며, 과거 아일랜드나 이탈리아로부터 온 이민자가 세운 가톨릭교회에서 아일랜드인이나 이탈리아인 후손을 찾기 어렵다. 20세기 후반 가톨릭을 믿는 중남미 이민자들이 대규모로 들어오면서 예전에 유럽 민족의 민족 교회였던 가톨릭교회는 중남미 이민자에 의해 접수되었다. 교회 건물은 변함이 없지만 신자의 구성이 변하면서 성직자도 바뀌고, 결국 새로운 성격의 민족 교회로 탈바꿈하는 것이다. 개신교 교회에서도 유사한 변화를 목격한다. 대도시에 정착한 유럽계 이민자들이 교외로 이전하고, 그 지역이 남부에서 이주해 온 흑인에 의해 점령되면서 과거에 백인 교회였던 것이 흑인 교회로 탈바꿈한다.[3] 한국인 이민자로 구성된 한인 교회 중에는 과거에 백인 교회였던 경우가 많다.

미국의 교회는 인종·민족뿐만 아니라 계층에 따라 구분된다.[4] 이는 미국인의 다수가 믿는 개신교의 경우 분명하다. 개신교 교회는 교파에 따라 세력권이 다르며 신자의 사회경제적 지위에서 차이가 나는데, 이는 각 교파가 영향력을 확장해온 역사와 연관된다. 영국의 국교인 성공회에 뿌리를 두고 있는 미국 성공회는 식민지 시절에 지배 계층의 교회였다. 미국 성공회 교회는 동북부 지역에 몰려 있다. 현재 이 교회는 신자 수는 많지 않지만 사회경제적 지위는 미국의 교회 중 가장 높다. 미국의 정치계나 기업계에서 높은 지위에 있는 사람 중 미국 성공회 교회의 신자가 많다. 성공회 다음으로는 장로교 교회 신자의 사회경제적 지위가 높다. 성공회가 영국의 지배 집단인 잉글랜드 사람의 종교라면, 장로교는 영국의 지배 집단에 속하지 않은 스코틀랜드 사람의 종교였다. 미국 성공회가 잉글랜드계 후손의 교회로 가장 부유한 반면, 장로교는 스코틀랜드계 후손의 교회로 시작해 성공회 다음으로 부유한 신자가 많다.

성공회와 장로교가 식민지 시절 권력의 중심인 동부 지역을 지배한 교회인 반면, 감리교와 침례교는 그 당시 신개척지였던 중서부와 남부에서 세력을 확장한 종교이다. 현재 감리교와 침례교는 신자 수에서 성공회나 장로교를 훨씬 능가하여 미국 개신교의 중심을 차지하며 미국 중류층의 대다수가 믿는 교파이다. 침례교는 19세기 중반 노예제도에 대한 입장이 대립되면서 노예제도를 옹호하는 남부 지역에서는 남침례교라는 별도의 교파를 형성했다. 남북전쟁이 끝난 후 남침례교는 전국으로 세력을 확장하면서 미국 침례교의 주류로 발돋움한 반면, 북부에 본거지를 둔 원래의 침례교 교회는 쇠퇴했다. 남침례교 교회의 신자는 남부에 많이 분포해 있으며, 중서부에 많이 분포한 감리교 교회 신자보다 사회경제적 지위가 낮다.

미국인은 새로운 지역으로 이사하여 자신에게 맞는 교회를 선택할 때, 교회 신자의 사회경제적 수준이 중요한 고려 대상이다. 개신교 교파들 사이에 교리의 차이는 근소하며, 일반 신자들은 교리의 차이를 중요시 여기지 않는다. 반면 교회 신자의 사회경제적 수준은 교회 공동체의 성격에 큰 차이를 가져오므로 미국인은 자신에게 편한 교회를 찾는 과정에서 결국 자신과 사회경제적 배경이 유사한 사람들의 모임을 찾아 들어간다. 미국인은 자신과 사회경제적으로 유사한 수준의 사람들이 다니는 교회를 찾기 때문에 개신교 교파 사이에 신도의 사회경제적 수준에 차이가 나게 된다.

미국인이 주로 믿는 개신교 교회는 변화가 심하다. 역사가 오래된 교회가 현재도 세력이 큰 것은 아니다. 예컨대 식민지 시절 세력을 떨쳤던 성공회와 회중교회 교파는 현재 북동부 지역에서 소수만이 믿는다. 개신교의 오랜 전통에 뿌리를 둔 종파를 '주류 교회mainline church'라고 하는데, 장로교, 감리교, 침례교는 주류 교회에 속하며 신자가 전국적으로 분포해 있다. 그러나 한때 미국인의 대다수가 추종했던 주류 교회들은 20세기 후반에 급속하게 신자를 잃고 있다. '주류 교회'라는 명칭에 걸맞지 않게 현재 이 교파에 속한 미국인은 전체의 15%에 불과하다.

반면 19세기 후반에 '주류 교회'에서 떨어져 나온 개신교 종파로 '복음주의 교회evangelical church'는 20세기 후반에 급속하게 세력을 확장했다. 남침례교, 오순절교(순복음교), 성결교, 그리스도의 교회 등은 대표적인 복음주의 교회로서 남부와 서부 지역에 세력이 크다. 복음주의 교회는 기독교 근본주의를 추종하며 복음주의 교회 신자는 주류 교회 신자보다 훨씬 더 신앙이 독실하다. 역사적으로 주류 교회에서 파생된 복음주의 교회는 이제 주류 교회보다 세력이 훨씬 더 커져서 현재 미국인 넷 중 한 명은 복음주의 교회에 속한다.

미국에서 가톨릭은 유럽의 소수민족이 믿는 외래 종교에서 출발했다. 미국의 주류 집단인 영국계와 서유럽계 이민자들은 미국이 건국되기 이전인 식민지 시기에 개신교를 주류 문화의 중심으로 확고히 했다. 미국이 영국에서 독립한 이후 19세기 중반 무렵부터 가톨릭을 믿는 유럽 이민자들이 많이 들어왔다. 아일랜드인, 이탈리아인, 폴란드인이 이 시기에 건너온 가톨릭을 믿는 대표적인 유럽계 이민자이다. 이들은 미국에 건너와 큰 박해를 받았다. 가톨릭과 개신교 사이에 유럽의 해묵은 종교 갈등은 미국의 토양에서 재현되었다. 가톨릭을 믿는 이민자들은 주류 집단과 다른 믿음을 가지고 있다는 이유로 배척당했으며 개신교로 개종하라는 압박을 받았다. 미국에서 개신교 교회는 개별 교회 단위로 운영되는 지극히 독립적인 조직임에 비해, 가톨릭교회는 바티칸에 있는 중앙 본부의 통제를 받는다. 이 때문에 가톨릭교회 신자들은 미국에 충성하지 않는다고 매도되었다. 가톨릭을 믿는 이민자들은 개신교를 믿는 미국 토박이의 텃세에 맞서기 위해 자신들의 민족 교회를 중심으로 뭉쳤다.

가톨릭을 믿는 이민자들은 시간이 지나면서 미국의 생활 방식에 적응하고 개신교로 개종한 경우가 많다. 과거에 가톨릭 민족 교회를 다니던 남유럽과 동유럽계 이민자들은 사회경제적 지위가 상승하면서 20세기 중반에 주류 백인 집단에 동화되었다. 자신들만의 민족 교회를 중심으로 뭉치던 관행은 사라졌다. 개신교를 믿는 사람과 혼인하는 사례가 늘고 가톨릭에 대한 믿음은 약화되었다. 과거에 이민 온 유럽계 백인이 미국 사회에 동화되면서 가톨릭 신앙이 약화되는 과정은 20세기 후반 가톨릭을 믿는 중남미 이민자들에 의해 되풀이 되고 있다. 중남미 이민자들은 이민 초기에는 자신들만의 가톨릭 민족 교회를 중심으로 뭉치지만, 이민 온 후 시간이 지나고 사회경제적 지위가 상승하면서 개신교로 개종하는 사람이 늘어난다. 중남미 이민자가 몰려 있는 남서부 지역에서 복음주의 개신교 교회가 근래에 급속히 성장하고 있는데, 이 교회 신도 중 다수는 근래에 가톨릭에서 개종한 히스패닉이다.

과거 유럽 이민자나 근래의 중남미 이민자의 경험을 살펴보면 가톨릭교회는 미국 문화에서 여전히 비주류의 위치에 머물러 있다. 미국에서 주류로 지칭되는 '앵글로·색슨계 개신교도'의 문화적 지배력은 과거보다 못하지만 다른 종교를 믿는 이민자들이 시간이 지나면서 개신교로 개종하는 경우가 많기 때문이다. 개신교에서 가톨릭으로 개종하는 사례가 근래에 종종 관찰되지만 전체적으로 보면 반대의 경우, 즉 가톨릭에서 개신교로 개종하는 경우가 훨씬 많다. 주변 사람 대다수가 개신교를 믿는 환경에서 생활하면서 그들과 자주 교류하고 혼인하면 소수가 믿는 종교의 영향력은 약화되는 것이다.

근래에 나타난 특이한 현상으로 유타 주에 기반을 둔 몰몬교의 영향력이 확대되고 있다. 몰몬교는 기독교에 뿌리를 두고는 있지만, 이단적인 교리를 주창하고 한때 일부다처제를 관습으로 했기에 미국인이 혐오하는 종교였다. 미국의 북동부에서 시작된 토착 종교인 몰몬교는 사람들의 박해를 피해 19세기 중반 사람이 살지 않던 서부 사막 지대인 유타 주로 쫓겨났으며, 이후 연방군의 토벌로 제압된 쓰라린 역사를 가지고 있다. 그러나 근래에 몰몬교 신자 중 경제적으로 성공한 사람이 많고 중앙 정치계까지 진출함으로써 몰몬교를 긍정적으로 보는 시각이 늘고 있다. 미국의 금융계와 대기업 이사 중에 몰몬교 신자가 적지 않으며, 최근 공화당 대통령 후보로 올랐던 밋 롬니Mitt Romney는 몰몬교도라는 것이 약점이면서 동시에 강점으로 부각되었다. 몰몬교 신자가 엄격히 실천하는 윤리인, 검약, 겸손, 가족 중심, 근면, 정직 등은 미국의 청교도 윤리와 부합하는 것으로 재조명되고, 이러한 윤리를 실천하여 성공한 사례는 미국인의 꿈 이념을 실천한 증거로 칭송된다. 몰몬교의 교리는 여전히 이단으로 경원시되지만 몰몬교를 믿는 사람의 세속적인 도덕률과 세속적인 성공은 거꾸로 그 종교를 정당화한다. 몰몬교에 대한 긍정적인 여론이 높아지면서 몰몬교가 유일하게 미국에서 창시된 토착 종교라는 점이 부각되기도 한다.

2. 미국인이 특별히 종교적인 이유

미국은 물질주의가 팽배한 사회이고, 과학기술에 대한 신뢰가 크며, 도구적인 인간관계가 주를 이루고, 개인주의적이다. 이러한 환경에서 생활하는 사람은 매우 세속적인 세계관을 가지고 있을 것으로 짐작된다. 그러나 예상과는 달리 미국인은 서구 사회에서 가장 독실한 사람들이다. 이러한 모순을 어떻게 설명할 수 있을까? 미국인이 선진국 사람들 중에서 가장 종교적인 이유로 다음 세 가지를 제시한다. 미국 문화에서 차지하는 개신교의 특권적 지위, 이민자와 교회의 결합, 종교적 다원주의가 그것이다.

1) 미국 문화에서 차지하는 개신교의 특권적 지위

'미국은 청교도가 세운 나라다'라는 주장은 엄밀히 볼 때 사실이 아니다. 영국에서 박해받던 청교도가 메이플라워호를 타고 미국으로 건너와 정착지를 건설해 성공적으로 발전시켰다는 것은 역사적으로 맞다. 그들은 지금의 매사추세츠 주에 종교 공동체를 건립해 매우 억압적인 신정정치 사회를 구현하려 했다. 그러나 메이플라워호에 탔던 사람 중 청교도는 소수에 지나지 않는다. 영국인은 물론 이후에 유럽의 다른 나라에서 건너온 이민자들은 대부분 종교적 이유가 아니라 경제적인 성공을 위해서 미국행을 택했다. 미국은 청교도가 설립했다는 주장은 건국 신화이다. 미국은 종교의 자유를 추구한 사람들이 세운 나라가 아니라, 경제적 성공을 추구한 사람들이 세운 나라라는 것이 역사적 사실에 부합한다.

영국의 식민지로부터 독립해 새 나라를 세운 '건국의 아버지'들 또한 그리 독실한 기독교 신자는 아니었다. 미국의 기초를 세운 토머스 제퍼슨Thomas Jefferson이나 벤저민 프랭클린Benjamin Franklin은 기독교보다는 인본주의적 계몽주의에 심취해 있었다. 그들의 신앙은 인격적인 형상을 한 유일신을 믿는 기독교보다는 범신론에 가까웠다. 그럼에도 건국의 아버지들은 다양한 배경의 이주민을 하나로 묶기 위해 신에 대한 믿음을 미국 정신의 중심에 두고자 했다. 미국은 유럽의 타락한 세계에서 벗어나 신이 선택한 선민이 세운 나라이며, 신의 은총하에서 새로운 나라를 건설할 사명을 가지고 있다는 미국의 이념을 만들었다.[5] 이는 기독교에서 빌려와 각색한 건국 신화로 미국인의 우월의식, 자원주의, 낙관주의 등 미국인의 세계관의 밑바탕에 깔려 있다.

미국에서 개신교의 특권적 지위는 미국 사회의 주류인 영국계 이민자의 특권적 지위와 잇닿아 있다. 영국계 이민자들이 미국의 정치경제를 지배한 역사 때문에 현재까지도 그들의 종교인 개신교는 미국 문화에서 특권적 지위를 차지한다. 북미 대륙의 식민지 전쟁에서 승리한 영국계 이민자는 자신들이 믿는 신앙인 개신교를 주류 문화로 설정하고 여기에서 벗어나는 사람을 모두 배척했다. 개신교를 믿지 않는 사람은 미국에 충성하지 않는 사람이라고 비난하고 박해하는 사건은 미국 역사에서 수시로 발생했다. 가톨릭을 믿는 아일랜드 이민자들은 그들의 종교 때문에 미국에 충성하지 않는 사람으로 의심을 받아야 했다. 1950년대에 소련과 첨예하게 대치하던 냉전 시절에 매카시즘이라 하여 공산주의를 배척하는 사회적 광기가 휩쓸었을 때, '비미국적'이라는 명칭을 붙여 진보적인 인사를 탄압했다. 신앙이 깊지 않은 지식인은 의심했으며 갖은 구실을 붙여 직장에서 내쫓고 구속했다. 미국이 공산주의를 두려워하고 배척해야 하는 이유로, 공산주의자는 신을 믿지 않으며 공산주의 국가는 종교를 허용하지 않는다는 점이 거듭 강조되면서, 공산주의에 대한 미국 정부의 부정적인 입장은 미국인에게 큰 호소력을 발휘했다. 개신교를 믿는 미국인의 종교적 편견과 사회적 압력은 합리적인 이유를 넘어서서 작용했다.

미국의 헌법은 종교와 정치의 독립을 명시한다. 그러나 이 조항이 미국인의 일상에서 철저히 지켜지지는 않는다. 공식적으로 볼 때, 세속적 일은 기독교로부터 독립해 있다. 그러나 이것은 표면상 드러나는 공식적인 관계에 국한할 뿐 인간관계의 표면을 넘어서 조금 깊이 들어가면 종교적 편견을 발견한다. 미국인이라면 기본적으로 기독교를 믿어야 한다고 서로 암묵적으로 가정한다. 미국인은 미국이 유럽 문화의 전통을 계승한다고 생각하며 유럽인보다 더 유럽의 정신적 뿌리에 집착한다. 20세기 후반에 아시아나 중동과 같이 비기독교 지역으로부터 이민자가 많이 들어오고 있지만, 이들은 미국인에게 문화적으로 이방인이다. 아무리 미국 시민권을 가지고 있다고 해도 이슬람교나 힌두교나 불교를 믿는 사람은 완전한 미국인이 아니라고 생각하는 사람이 많다. 오바마가 대통령에 당선되었을 때 그를 반대한 사람들은 그가 이슬람교를 믿는다는 허위 소문을 유포해 그의 정당성을 훼손하려고 했다. 기독교의 뿌리가 워낙 단단하기에 미국에서 기독교를 믿지 않는다는 것은 미국을 부정하는 것과 같다. 예컨대 여론조사에서 신을 믿지 않는 사람은 대통령으로 뽑지 않겠다거나, 자신의 자녀를 가르치도록 맡길 수 없다거나, 이웃으로 함께 살고 싶지 않다는 응답이 다수를 차지한다. 미국 사회에서 받아들여지기 위해 교회에 다니는 것은 유용하다. 설사 교회를 자주 나가지 않는다고 해도 신을 믿는다는 사실을 대외적으로 의심받지 않는 것이 중요하다. 어느 교회를 다니는지 혹은 어느 교파를 추종하는지는 그리 중요치 않다.

근래에 기독교의 영향력은 종교 이외의 영역에서는 많이 쇠퇴했다. 개신교 교회가 정치에 간여하는 것을 반대하는 미국인이 다수이다. 그러나 미국인의 심성 깊숙한 곳에는 기독교가 자리 잡고 있다. 여론조사에서 종교를 가지고 있지 않다고 말하는 사람도 대부분 신에 대한 믿음을 가지고 있다. 무신론이나 불가지론과 같이 기독교에 대해 공개적으로 의심을 표하는 것은 미국인에게는 자신의 뿌리를 부정하는 것과 같다. 개신교, 가톨릭, 유대교 중 어느 종교를 믿건 개의치 않지만 여하간 신에 대한 믿음은 반드시 가지고 있어야 한다는 생각이 굳건하다. 여론조사에서 주말에 교회에 다닌다고 응답한 사람이 전체의 40%에 달하나 교회의 주말 예배에 실제 참석한 사람들을 세어본 결과 그 절반 정도만 다니는 것으로 나타났다.[6] 반면 유럽에서 같은 방식으로 비교한 결과 교회 출석률을 과장되게 보고하는 경향이 나타나지 않았다. 기독교에 뿌리를 둔 같은 문명권이지만 미국은 유럽보다 기독교를 믿어야 한다는 사회적 압력이 훨씬 크다.

2) 교회와 이민자의 결합

미국에서 교회는 이민자 집단과 결합해 있다. 이민자들은 어느 곳에 정착하건 규모가 어느 정도에 이르면 그들만이 다니는 '민족 교회'를 세웠다. 미국에 이민 온 소수민족은 모두 그들의 교회를 가지고 있다. 가톨릭교회는 중앙집중적으로 운영되지만 미국에서는 민족 집단에 따라 아일랜드인의 성당, 이탈리아인의 성당, 폴란드인의 성당, 히스패닉의 성당, 필리핀인의 성당으로 나누어져 있다. 개신교의 경우 북유럽 사람은 루터교 교회를 다니고, 한국인은 한인 교회를 다닌다. 유대인이나 기타 소수민족은 자신들만의 고유한 종교와 교회를 가지고 있다. 그리스인은 그리스인의 동방정교 교회를 다니고, 우크라이나인은 그들만의 동방정교 교회를 세우며, 중동 사람은 이슬람 교회를 다니며, 인도인은 힌두 교회를 다니며, 동남아인은 불교 사원을 세운다.

이민자의 생활에서 민족 교회는 중요한 역할을 한다. 이민자에게 민족 교회는 정신적 지주이며 사회적 구심점이다. 그들은 교회에서 사람들과 교제하고, 일자리를 구하고 사업 기회를 얻으며, 친구와 배우자감을 만난다. 이들에게 가해지는 주류 사회의 차별과 배척에 대해, 어려운 삶의 스트레스에 대해 교회는 위안을 제공하고, 신자들은 서로 공감대를 형성해 어려움을 함께 이겨내는 힘을 얻는다. 민족 교회는 모국어를 사용하면서 차별을 걱정하지 않고 자유롭게 소통할 수 있는 가족 이외의 유일한 공간이다. 어려운 일이 발생하면 교회의 조직이 실제적으로 도움을 제공한다. 특히 이민 초기에 영어가 잘 안 되고 미국의 제도와 관습에 익숙하지 않을 때 교회를 통한 도움은 필수적인 생존 수단이다.

미국에 이민 온 지 오래될수록 민족 교회의 중요성은 감소한다. 영어 사용에 불편이 없고, 미국의 문화와 관습에 익숙해지고, 경제적으로 안정되고, 미국인 친구가 늘면서 민족 교회를 통해 정서적으로 위무 받고 실생활에서 닥치는 문제를 해결해야 할 필요성이 줄어들기 때문이다. 오래전에 미국에 온 유럽의 소수민족, 예컨대 독일인, 북유럽인, 아일랜드인, 이탈리아인, 폴란드인의 경우, 원래 민족 교회로 출발했지만 신자 중 그 민족 사람이 줄면서 성격이 바뀌었다. 민족 교회의 특성을 상실하고 일반인을 대상으로 한 교회로 바뀌거나, 새로 이민 온 다른 민족 집단에 의해 다른 민족 교회로 탈바꿈한다. 최악의 경우 교회가 신자를 잃고 문을 닫는다. 근래에 교회 신자의 구성이 크게 변한 대표적인 예가 가톨릭교회이다. 중남미 이민자가 크게 증가하면서 가톨릭교회의 신자 중 중남미 이민자의 비율이 높아지고 있다. 중남미 이민자 신도들이 늘면서 사제 또한 중남미 이민자로 대체되고 교회 활동은 중남미 이민자 중심으로 전환된다. 과거에 아일랜드인이나 이탈리아인의 민족 교회였던 가톨릭 성당은 이들이 교회를 떠나면서 중남미 이민자들에게 교회를 넘겨준 것이다.

교회와 이민자의 결합은 종교의 사회적 역할이 크게 작용한 결과이다. 이민자들은 미국 사회에서 차별당하며 주변적인 위치에 머무르는데, 이러한 환경이 그들을 자신들만의 공동체인 교회를 중심으로 뭉치게 하고 독실한 신앙을 유지하게 한다. 이민자들이 자신의 권익을 옹호하는 결사체를 만들려고 하면 주류 사회의 엄청난 박해를 각오해야 하지만, 민족 교회를 중심으로 뭉치는 것은 관대하게 허용하는 사회 분위기와도 연관이 있다. 미국의 태생이 종교적 자유에 토대를 두어서인지 미국인은 이방인들이 종교를 목적으로 모임을 결성하는 데 대해 비교적 관대하다. 토착민의 편견과 배척에 둘러싸인 이민자들에게 민족 교회는 사회적 스트레스를 해결하는, 그들에게 허용된 유일한 탈출구이다

미국에 사는 한인의 독실한 신앙생활도 교회와 이민자의 관계로 설명할 수 있다. 미국에 거주하는 한인은 본국보다 기독교 신자의 비율이 높으며 교회 활동에 열심이다. 한국에서 기독교 신자는 개신교와 가톨릭을 합쳐 30%에 못 미치나, 미국에 있는 한인 가운데 기독교 신자는 70%를 넘는다. 미국으로 이민 가는 한국인 중 기독교 신자가 상대적으로 많은 것도 있지만 이민 가서부터 교회를 다니게 된 한인도 많다. 1세대 한인의 교회 활동은 매우 활발하다. 반면 미국 사회에 적응한 한인 2세는 부모 세대보다 한인 교회에 덜 다니며 교회 생활에 덜 열심이다.

자신이 속한 인종·민족이 주류 사회로부터 차별받고 구별될수록 민족 교회를 중심으로 뭉치는 성향이 뚜렷하다. 반면 자신이 속한 인종·민족의 사회경제적 지위가 백인 평균에 근접하고 생각이나 생활 방식이 주류 사회에 동화되면 민족 교회에 대한 헌신은 약해진다. 근래에 대표적인 예가 유대인이다. 유대인이 박해를 받던 시절에 유대교 교회는 그들의 강력한 구심점이었다. 그러나 제2차 대전 이래 유대인이 사회경제적으로 성공하고 주류 집단에 속하게 되면서 유대교 교회는 신자를 잃었으며 유대교의 교리 자체도 변하고 있다. 이제 유대교의 정통적인 교리를 철저히 따르는 소수를 제외한다면 대다수 유

대인은 주류 사회의 일원이 되어 일반 미국인과 구별하기 어렵다. 유대인이 아닌 사람과 결혼하는 사례가 늘고, 유대인의 독특한 생활 방식을 따르지 않는다. 근래의 조사에서 유대인의 수가 감소한 것으로 나타난다. 이는 사회경제적 지위가 높은 유대인이 결혼을 늦게 하거나 자녀를 적게 낳는 것도 원인이지만, 그보다는 자신을 주위 백인과 구별해 유대인이라고 생각하는 사람이 줄었기 때문이다.

미국의 흑인은 이민자는 아니지만 미국 사회에서 차별받는 소수자이기 때문에 종교적인 사람들이다. 흑인은 백인보다 신앙심이 깊고 더 열심히 교회를 다닌다. 흑인의 독실한 신앙은 노예제의 유산이다. 노예제 시절 초기 백인 지주는 흑인 노예가 기독교를 믿는 것을 금했다. 기독교를 믿으면 자유를 찾고 권위에 저항할 우려가 있다는 이유에서이다. 그러나 기독교가 어려움에 처한 사람의 감정을 위로하고 위로부터의 명령에 복종하는 메시지를 담고 있다는 점이 부각되면서 백인 지주는 흑인 노예가 기독교를 믿는 것을 허용했다. 흑인 노예는 그들만의 모임이 허용되는 유일한 기회를 교회 생활에서 찾았으며, 흑인 교회를 중심으로 공동체를 형성했다. 사후에 구원받는다는 기독교 교리는 물론, 흑인들만이 모여 서로 교제하는 자유로운 분위기는 이들이 기독교와 교회에 큰 애착을 가지는 이유이다.

흑인 교회는 흑인들의 정신적·사회적 구심점이다. 19세기 중반 노예해방운동이 한창일 때, 남부에 있는 흑인 교회는 자유를 찾아 도망치는 흑인을 보호하고 노예제가 없는 북부로 실어 나르는 정거장 역할을 했다. 북부에 있는 흑인 교회는 흑인들에게 노예제의 불의에 저항하도록 격려하고 흑인 운동가를 키우는 터전이었다. 노예제가 폐지된 19세기 후반 흑인 교회는 흑인에게 투표를 독려하고 그들을 교육하고 의식화시키는 역할을 담당했다. 1950~1960년대에 벌어진 민권운동은 흑인 교회를 중심으로 추진되었다. 흑인 교회의 목사는 민권운동의 지도자이고 조직책이었으며, 교회는 운동 전략을 모의하는 아지트였고 정치적 집회 장소였다. 노예해방 운동의 대부로 일컬어지는 프레더릭 더글러스Frederick Douglass가 목사 출신인 것은 물론, 민권운동의 지도자인 마틴 루터 킹 목사 본인과 그의 아버지와 할아버지도 성직자인 것은 이러한 맥락에서 당연하다.

흑인의 지위가 향상된 지금도 흑인들은 대부분 흑인 교회에 다닌다. 흑인 교회는 신자의 신앙생활뿐만 아니라 세속적 생활에도 깊이 간여한다. 흑인 교회는 흑인들에게 다양한 복지 서비스를 제공하고, 어려운 흑인을 대변하며, 흑인 지역 공동체의 개발 사업에 직접 간여하기도 한다. 오바마 대통령의 선거에서도 논란이 되었지만 흑인 교회의 목사는 정치적인 메시지를 설교에서 직설적으로 제시하며, 투표에 참여하도록 독려하고 실제적인 도움을 주며, 신자들을 정치적으로 의식화시킨다.

흑인 교회의 예배 모습은 백인 교회와 다르다. 백인이 다니는 주류 교회는 조용히 예배가 진행되며 신자의 참여가 제한적이다. 반면 흑인 교회에서 목회자와 신자들은 감정적으로 열이 올라 서로 화합하고 소리를 크게 내며 활발하게 율동한다. 신자들은 교회에서 서로 친밀하게 교류하고, 마치 축제를 연상시키듯 흥분된 분위기를 연출한다. 흑인들은 차별을 우려하지 않아도 되는 그들만의 모임에서 어려운 삶에 대해 감정적으로 위무 받고 힘을 얻는 것이다. 흑인이 밀집한 동네에 교회가 유독 많은 이유는 흑인 교회가 흑인의 삶에서 차지하는 비중이 크기 때문이다. 흑인이 백인 주류 사회로부터 차별당하고 어려운 삶을 이어가는 한 흑인 교회를 중심으로 뭉치는 현상은 계속될 것이다.

3) 종교적 다원주의

미국의 주류 백인이 독실한 이유는 이민자 교회로는 설명이 안 된다. 그보다는 미국의 개신교 교회가 신자들에게 적극적으로 다가가려는 노력과 다양한 서비스에서 이유를 찾을 수 있다. 미국 교회의 적극적인 활동의 배경에는 종교적 다원주의가 있다. 미국은 식민지 시절부터 다양한 종교와 교파를 허용했다. 이는 유럽 국가들이 대부분 국교를 채택하고 이와 다른 교파를 차별하고 박해했던 전통과 구별된다. 그러나 북미 대륙에 건너온 이주자들이 처음부터 종교적 다원주의를 수용했던 것은 아니다. 미국인의 조상으로 숭앙되는 청교도들은 자신들이 영국에서 신앙 때문에 억압받고 도피해왔던 기억을 잊고, 그들이 세운 정착지를 종교적으로 억압적인 분위기의 교회 공동체로 만들려고 했다. 그러나 이들의 노력은 그리 성공을 거두지 못했다. 교리의 독단적 해석에 의견을 달리하고 교회의 사회적 통제에 반발하는 사람들이 계속 나오고 이탈해 분파를 형성하면서, 결국 초기의 독단적인 교회 공동체는 다양한 이견을 허용하는 방향으로 변화했다. 인구밀도가 낮고 새로 이주할 수 있는 공간이 주변에 산재한 환경에서 종교적으로 억압적인 공동체는 유지될 수 없었던 것이다.

북미 대륙의 식민지에서 종교의 자유를 허용하는 정책은 유럽 사람을 많이 건너오도록 해야 한다는 목적에서 의도적으로 이루어졌다. 북미 대륙에 건너온 사람은 물질적인 성공을 위해 이주했으므로 이들에게 하나의 독단적인 교리만을 추종하도록 강요하는 것은 사실상 어려웠다. 서부 개척이 계속 이루어지고 사람들이 자주 이동했기 때문에 다양한 종파를 허용하는 종교적 다원주의 전통이 자연스럽게 뿌리내렸다. 이러한 전통은 영국의 식민지에서 독립해 새로운 나라, 미국의 헌법을 만들면서 국가가 특정 종교를 국교로 정하지 못하도록 하는 조항으로 명문화되었다.

다양한 배경의 이민자들과 신개척지에서 형성된 종교적 자유의 분위기가 결합하면서 미국은 당시 유럽의 어느 나라에서도 볼 수 없는 다양한 종교와 교파가 공존하는 사회가 되었다. 종교적 다원주의 환경에서 교회는 이웃의 교회와 경쟁 관계에 놓이게 된다. 가톨릭교회와 달리 개신교 교회는 각각이 독립적으로 운영되므로 교회 간의 경쟁은 치열하다. 유럽과 달리 특정 종교에 대해 국가의 보호가 미치지 않으므로 미국의 모든 교회는 새로운 신도를 끌어들이고 자신의 신도를 이웃 교회에 뺏기지 않기 위해 많은 노력을 기울인다.[7] 새로운 이민자가 들어오고, 신개척지가 열리고, 사람들의 이동이 많은 미국 사회에서 특정 교회가 세력을 오래 유지하는 것은 어려운 일이다.

다원주의적 종교 환경은 교회의 권위를 약화시키는 대신 신자의 힘은 강화시킨다. 미국의 교회, 특히 개신교 교회는 대부분 신자들이 교회의 운영에 깊숙이 간여하는 반면 성직자의 힘은 약하다. 유럽에서는 중앙 교회 조직이 교리의 해석과 교회 운영을 장악하고 있는 반면, 미국은 신자들이 교회의 운영은 물론 교리의 해석에까지 영향을 미친다. 미국 교회가 신자들에 의해 민주적으로 운영되는 방식은 신자들의 열성적인 참여를 이끌어낸다. 미국 교회의 신자들은 상당한 액수의 헌금을 통해 교회의 재정을 지탱하며, 교회의 성직자를 채용하는 데 간여하고, 자원봉사를 통해 자신의 시간과 경험을 기부한다.

미국에서 교회 조직의 절대적 권위를 인정하지 않는 전통은 신자들의 활동에 활력을 제공하며 역사적으로 다양한 분파를 만들어냈다. 교회의 기득권 세력이 커지면, 때때로 소박한 믿음을 주장하는 사람들을 중심으로 교회 정풍 운동이 벌어졌으며, 뜻을 같이하는 사람들이 모여 새로운 교회를 만들었다. 교회가 고인 물이 되지 않도록 외부의 설교자를 초빙하거나, 교인을 대상으로 복지 서비스를 제공하거나, 자원봉사 활동을 적극적으로 펼치는 것은 신자의 참여를 높이기 위한 노력이다. 신자들은 단순히 주일예배에 한번 출석해 목사의 설교를 듣는 것으로 교회 활동이 끝나는 것이 아니라 성경 공부, 소모임 예배, 주일학교 교사, 이웃돕기 자원 봉사 등 다양한 교회 활동에 참여함으로써 신앙을 돈독히 하고, 집단 소속감을 높이며, 신자들 사이에 유대를 강화한다. 미국에서 교회는 세속적인 사회 조직의 축소판이다. 신자의 사회경제적 지위와 교회에 참여하는 정도에 따라 교회 내에서 지위가 나누어지며, 신자들 간에 복잡한 관계망을 형성한다. 교회를 통해 형성되는 관계망과 지위는 신자들이 교회에 열성적으로 참여할 유인을 제공한다.

일반적으로 가톨릭은 개신교와 달리 중앙 조직이 교회 전체를 장악하는 구조이지만 미국에서는 가톨릭조차도 신자의 목소리가 개별 교회의 운영에 크게 반영된다. 가톨릭 신자들은 교회의 활동에 적극적으로 참여한다. 성직자와 함께 예배의 집전에 참여하는 것은 물론, 신자 평의회를 구성해 성당의 운영에 간여하며, 성당의 행사를 조직하며, 심지어 성직자를 교체할 것을 집단적으로 요구하기도 한다. 미국에서 가톨릭교회는 아일랜드인, 이탈리아인, 폴란드인 등 소수민족의 공동체로서 그들의 생활에 직간접적으로 개입했다. 미국에서 사립학교 대부분이 가톨릭교회 부설인 것은 과거에 소수민족의 신자들이 자녀에게 민족적 정체성을 물려주기 위한 노력의 일환이었다. 교회 부설 학교에서 수녀가 학생을 직접 가르치면서 가톨릭 신앙을 어릴 때부터 주입하고 민족 정체성을 교육시킴으로써 가톨릭은 세대를 거쳐 신자들의 헌신을 확보할 수 있었다.

요컨대 미국인의 신앙과 교회의 활력이 계속 유지될 수 있는 것은 교회들 간의 경쟁이 치열하기 때문이다. 교회들 사이의 치열한 경쟁은 신도들의 적극적인 참여를 끌어들이고, 이는 교회의 분파를 많이 만들어 다시 신도의 열성을 더욱 자극하는 사이클로 이어진다. 예컨대 미국에서 한인 교회의 분파가 많이 형성되는 것은 종교적 열성을 자극하는 요인인 동시에 결과이다. 이는 유럽과 달리 초기부터 종교적 다원주의 전통을 발전시킨 미국의 독특한 환경 때문이다. 거꾸로 유럽의 교회가 활성화되지 않는 원인으로 국교라는 보호막 속에서 교회 구성원의 참여를 적극적으로 구하지 않아도 되는 환경을 지적할 수 있다.

3. 왜 기독교 근본주의가 번성할까

20세기 후반 들어 미국 기독교의 중심이 감리교나 장로교와 같은 주류 교회에서 비교적 신흥 종파인 복음주의 개신교 교회 쪽으로 옮아갔다. 복음주의 교회는 철저한 믿음을 요구하는 근본주의 교리를 추종한다. 이들은 교회 활동을 종교 영역에 한정하지 않고 정치와 사회 분야에까지 확장하려 하기에 사회적으로 갈등을 초래한다. 경제적으로 어렵고 권위주의 정권이 지배하는 후진국에서 주로 나타나는 종교적 근본주의가 어떻게 물질적으로 풍요롭고 과학기술이 발달한, 다양한 이견을 허용하는 민주주의 사회인 미국에서 번성하게 되었을까?

미국에서 오랜 전통을 가진 장로교, 감리교, 침례교와 같은 개신교의 주류 교회는 급속히 쇠퇴하고 있다. 20세기 중반까지 미국의 기독교 신자 대부분이 추종하던 이 교회에는 이제 전체 기독교 신자의 15% 남짓만 남았다. 더 심각한 사실은 이러한 주류 교회의 신자의 연령이 높아지고 젊은이가 새로이 유입되지 않는다는 점이다. 개신교의 주류 교회가 왜 쇠퇴하는가 하는 문제는 복음주의 교회가 왜 흥하는지를 이해하는 데 실마리를 제공한다.

주류 교회는 신의 메시지에 대해 합리적인 해석을 제시하고 감정적으로 지나치게 열광적인 신앙생활을 경계한다. 이들은 종교의 영향력이 세속적인 일, 즉 정치나 사회의 영역으로 확장되는 것을 원치 않는다. 주류 교회는 기독교 이외의 다른 종교도 인정해 여러 종교가 함께 평화롭게 공존하는 세계를 지지한다. 그들은 성경을 신의 말을 그대로 옮긴 것이 아니라 교훈적이고 비유적인 이야기를 담은 것으로 받아들인다.

문제는 이러한 온건한 교리와 감정이 개입되지 않은 신앙생활이 요즈음 젊은이에게 매력적으로 비치지 않는다는 사실이다. 바쁜 도시 생활 속에서 과학기술의 힘이 커지고 물질적으로 풍요로워지면서 젊은 사람들은 굳이 이러한 교회를 찾아야 할 필요를 느끼지 못한다. 젊은이들은 어렸을 때 부모의 손에 이끌려 마지못해 이런 교회를 다녔지만, 성인이 되어 이런 교회를 다니는 것은 고리타분하다고 생각한다. 과거에 주류 교회를 다니던 중류층 백인은 교육 수준이 높아지고 과학적인 세계관을 갖게 되면서 교회를 점차 멀리한다.

주류 교회의 신자가 감소한다고 해서 미국인이 세속화되고 있는 것은 아니다. 미국인 중 신을 믿는 사람이나 교회에 다니는 사람은 20세기 전 기간에 걸쳐 크게 변하지 않았다. 다만 믿음의 내용이나 믿는 방식에 변화가 있었다. 20세기 중반 이후에 크게 교세를 확장한 기독교 근본주의가 그러한 변화를 이끈 주역이다. 1960년대 무렵부터 미국에서 '복음주의'라 불리는 기독교 근본주의 계열의 개신교 교회가 영향력을 확장했다. 한국에도 널리 알려진 빌리 그레이엄Billy Graham 목사는 복음주의 교회의 부흥을 이끈 상징적인 인물이다. 그가 주재하는 부흥회에는 한국은 물론 미국에서도 수만 명이 운집했으며, 수시로 백악관에서 기도회를 이끌었다. 복음주의 교회는 신도 수에서 주류 교회를 추월해 이제 미국인 넷 중 한 명은 이 교회에 속한다. 남부 지역에 중심을 둔 남침례교가 가장 큰 세력을 형성하며, 오순절교(순복음교)나 성결교 등도 큰 규모로 성장한 복음주의 교회이다. 기존에 주류 교회에 속했던 감리교나 루터교에서도 복음주의 교파가 생겨났다.

같은 개신교에 속하지만 복음주의 교회는 주류 교회와 믿음의 내용과 믿는 방식에서 큰 차이를 보인다. 종교적 근본주의는 신자에게 큰 헌신을 요구한다. 성경 구절을 신의 말씀 그대로라고 주장해 문자 그대로 해석하며, 종교적 메시지에 관한 한 합리적이고 비판적인 사고를 멈추고 그대로 믿고 따를 것을 요구한다. 기독교만이 절대적 진리이며, 다른 종교는 모두 거짓이라고 주장한다. 종교적 근본주의는 교회의 가르침이 종교의 영역에 한정되는 것이 아니라 삶의 전반에 적용되어야 한다고 주장한다. 신자는 교회의 가르침에 따라 생활해야 하며, 교회의 메시지에 절대적으로 복종해야 한다. 종교적 근본주의는 신자에게 삶의 목표를 종교적 구원에 둘 것을 요구한다. 근본주의적 신앙은 신의 메시지를 이해하는 것을 넘어서서 신의 존재를 직접 느끼고 체험할 것을 요구한다.

온건한 종교에서는 신앙생활을 삶의 다양한 영역 중 하나라고 이해한다. 반면 근본주의 종교에서는 종교 생활이 삶의 다른 모든 영역보다 상위에 있으며, 삶 전반을 통제해야 한다고 역설한다. 삶에서 가장 중요한 것은 종교 생활이며, 다른 모든 것은 부차적인 것으로서 종교적 목표를 달성하기 위해 필요하다면 희생되어야 한다. 근본주의 종교에서는 합리적인 사고나 온건한 신앙생활을 배격한다. 미국의 복음주의 교회의 신자들 모두가 이러한 근본주의의 원칙을 철저히 따르지는 않지만 온건한 주류 교회 신자들과 매우 다른 것은 사실이다. 여론조사에서 종교를 자신의 삶에서 가장 중요한 것이라고 말하거나, 자신의 삶의 최대 목표는 종교적인 구원이라고 말하는 사람이 미국인 전체의 절반을 넘어선다는 사실은 미국에서 복음주의 교회의 영향력이 상당함을 시사한다.

기독교 근본주의는 미국의 개신교의 오랜 전통이다. 기독교의 주류 교회가 안정적인 지위를 획득하고 정체되는 경향을 보이면, 근본주의적인 교리와 열정적인 신앙을 강조하면서 기존 교회의 권위에 반기를 드는 새로운 세력이 등장해 교회를 활성화시켰다. 18세기 초반 북미 식민지 사회를 휩쓴 '제1차 대각성 운동'이나, 19세기 초반 중서부 지역을 휩쓴 '제2차 대각성 운동'은 모두 기존 교회의 기득권 세력에 반대하면서 근본주의적 교리와 열정적인 신앙생활로 돌아갈 것을 주장하는 종교적 부흥 운동이었다. 지금의 주류 교회도 과거 한때는 근본주의 교회였다. 18~19세기에 중서부의 신개척지에서 교세를 확장한 감리교와 침례교는 그 당시 동북부 중심의 기득권 교회 세력에 반대하면서 근본주의적 가르침으로 새로운 신자를 확보했다. 19세기 중반 북부의 침례교로부터 분리된 남침례교는 노예제를 둘러싼 갈등에서 시작되었지만 근본주의적 성격을 강화한 별개의 교파로, 이후 미국에서 가장 큰 개신교 교회 세력으로 성장했다. 20세기 중반 이래 온건한 주류 교회에 대항해 복음주의 교회가 성장한 것은 이러한 미국의 종교적 전통과 잇닿아 있다.

왜 20세기 중반 이래 미국에서 기독교 근본주의가 세력을 확장하게 되었을까? 다음의 세 가지 이유를 제시할 수 있다. 종교의 기능을 더 잘 수행함, 세속적인 비즈니스 전략의 차용, 보수주의 정치 세력과의 연합이 그것이다.

1) 복음주의 교회가 주류 교회보다 종교의 기능을 더 잘 수행한다

미국에서 복음주의 교회가 사람들을 끄는 이유는 종교의 기능을 잘 수행하기 때문이다.[8] 종교는 사람들에게 인지적·사회적·감정적 기능을 제공한다.[9] 세계의 불확실성과 위험을 극복할 수 있도록 절대적인 가치 기준과 확실한 세계관을 제공하는 기능, 집단에 소속되고 사람들과 어울리고자 하는 욕구를 충족시키는 기능, 살면서 부딪히는 어려움에 대해 위안을 주며 정서적으로 정화시키는 기능이 그것이다. 어떻게 복음주의 교회가 주류 교회보다 이 기능을 더 잘 수행하는지 살펴보자.

먼저 종교의 인지적 기능, 즉 세계의 불확실성과 위험을 극복할 수 있도록 절대적인 가치 기준과 확실한 세계관을 제공하는 면에서 두 교회를 비교해보자. 과학기술이 발전하고 교육 수준이 높아지면서 사람들은 합리적이고 경험적인 세계관을 습득하게 된다. 또한 다른 문화에 대한 소식과 다른 문화 사람을 많이 접하고 다른 문화를 직접적으로 체험할 기회를 많이 가지면서 사람들은 상대적인 세계관 쪽으로 이동한다. 주류 교회는 다른 종교, 다른 문화, 다른 의견에 대해 유연한 태도를 취한다. 개신교의 신만이 아니라 다른 종교의 신도 똑같이 진리일 수 있으며 교회도 오류를 범할 수 있다는 유연한 태도는 일견 주위 환경의 변화에 효과적으로 대응하는 전략처럼 보인다. 그러나 주류 교회의 합리적인 접근과 상대주의적 태도는 종교의 근본적인 기능을 훼손한다. 사람들은 종교에서 절대적이고 확실한 것을 찾기 때문이다. 사람들은 유연한 태도를 취하는 주류 교회에 굳이 다녀야 할 필요를 느끼지 못한다. 합리적이고 다양한 의견을 허용하는 교회를 따르는 것보다는 오히려 과학적인 세계관이 사람들에게 더 설득력이 있기 때문이다.

반면 기독교 근본주의는 신자에게 절대적 가치 기준과 확실한 세계관을 약속한다. 복음주의 교회에서는 성경에 쓰여 있는 그대로 모두 믿으라고 독단적으로 명령한다. 이것은 과학의 합리적이며 경험적인 사고 체계와는 어긋나지만 일단 교회의 가르침을 따르면 확실한 세계 속에서 살 수 있다. 교회가 전하는 신의 절대적인 메시지에 복종함으로써 상대적인 가치의 혼란 속에서 벗어날 수 있다. 복음주의 신앙에서는 참과 거짓이 분명하다. 외부 세계의 경험이 많지 않고, 전통적인 가치를 옹호하며, 교육 수준이 낮은 사람들 사이에서 복음주의 교회의 설득력이 큰 것은 당연하다. 반면 외부 세계에 대한 경험이 많고, 변화에 개방적이며, 교육 수준이 높은 사람에게 복음주의 교회의 독단적인 메시지는 침투하기 어렵다.

기독교 근본주의 교회의 세력은 학교에서 진화론을 가르치는 것을 둘러싼 갈등에서 확인된다. 진화론으로 대표되는 과학적인 세계관과 복음주의 교회 간의 갈등은 오랜 역사를 가지고 있다. 1925년 남부의 테네시 주에서 진화론을 가르치지 못하도록 하는 법에 정면으로 도전해 생물학 교사 존 스코프John T. Scopes는 학교에서 진화론을 가르쳐 기소 당했다. 그는 재판에서 패배했지만 사실 그를 기소한 근본주의 기독교 교회가 패배했다. 왜냐하면 재판 과정에서 성경에 나오는 그대로 세상이 창조되었다는 교리를 주장하는 근본주의 기독교의 비합리적인 논리가 전국적으로 웃음거리가 되었기 때문이다. 이후 한동안 근본주의 기독교 세력은 후퇴했다. 그러나 1960년대 이래 복음주의 교회의 세력이 확대되면서 그들은 또다시 학교에서 진화론을 가르치지 못하도록 하는 운동을 전개했다. 이번에는 그들이 힘을 발휘해 남부 지역을 중심으로 기독교의 교리인 창조론을 진화론과 함께 가르치는 주가 다수를 차지하게 되었다. 퓨 리서치에 따르면 미국인의 3분의 1은 진화론을 부정하고 성경에 따른 창조론을 믿으며, 진화론은 하나의 가설에 불과하다고 생각하는 미국인이 절반을 넘는다.[10] 현재 미국에서 가장 세력이 큰 복음주의 교회인 남침례교는 진화론을 명시적으로 부정하는 원칙을 고수하고 있다.

과학적 지식과 기술이 서구 문명을 지배하면서 종교적인 세계관의 설득력은 약해졌는데 미국에서만 유독 종교적인 세계관의 힘이 오히려 강해진 것은 특이하다. 미국의 복음주의 교회는 과학적인 지식과 기술이 가져다주지 못하는 무엇인가를 사람들에게 준 것이다. 그것은 불안정하고 위험이 가득한 세계에서 절대적이고 확실한 세계관이 가져다주는 심리적 안정이다. 복음주의 교회 신자들은 굳건한 믿음을 견지하고 교회 공동체 안에 있는 한 안전하다고 생각하기에 그들의 믿음에 더 집착한다.

다음으로 종교의 사회적 기능, 즉 집단에 속하고, 사람들과 어울리며, 인정받고자 하는 욕구를 충족시키는 면에서 주류 교회와 복음주의 교회를 비교해 보자. 미국인은 근래로 오면서 더 개인 중심적이 되었다. 직장에서 일자리가 불안정해지고 경쟁이 치열해지면서 동료와의 관계는 피상적인 수준에 머물게 되었다. 결혼을 늦게 하거나 안 하고, 이혼을 많이 하며, 자녀를 적게 낳고, 부부 모두 밖에서 직장 생활을 하면서 가족을 통해 사회적인 욕구를 충족할 기회는 줄어들었다. 이웃이나 친지와는 원래부터 소원한 것이 미국인이다. 이러한 환경에서 미국인의 개인주의는 더욱 심해지며 약물에 의지하거나 전문가와의 심리 상담을 통해 존재의 외로움을 해소하려고 하는 사람이 늘었다.[11]

전통적으로 미국인에게 교회는 소속감과 사교의 장을 제공하는 대표적인 기관이다. 교회에서 자신과 비슷한 사람을 만나 서로 소식을 묻고 친교를 나누었다. 교회는 지역사회의 구심점 역할을 했다. 그러나 근래에 주류 교회에서 소속감이나 신자들 간의 관계는 제한적이다. 주류 교회에 다니는 신자는 대부분 주일예배에 한차례 참여해 목사의 설교를 듣는 것이 교회 생활의 전부이다. 자원봉사나 교회가 제공하는 프로그램에도 제한적으로만 참여한다. 교회에서 사람들 사이의 관계는 피상적이며 예배 시간을 넘어 확장되지 않는다.

반면 복음주의 교회는 신자들이 교회 생활에 전적으로 헌신할 것을 요구한다. 주일예배에 참석하는 것으로 신자의 교회 활동이 끝나지 않는다. 교회는 신앙과 관련된 다양한 프로그램은 물론 교회에서 주관하는 세속적인 프로그램에도 신자들이 적극적으로 참여할 것을 요구한다. 교회 공동체 안에서 신자들 사이의 접촉은 빈번하며 깊이가 깊다. 신자들은 소그룹 활동을 통해 서로 전인격적인 관계를 구축한다. 서로의 집에 방문해 가족 모두와 대화하면서 서로의 사정을 잘 알게 되고, 수련회에 함께 가서 생활을 같이하면서 유대를 돈독히 한다. 신자들 사이에 촘촘하게 형성된 인간관계는 소속감과 정서적 안정감을 부여한다. 이는 교회를 떠나는 것을 막는 강력한 유인으로 작용한다. 그들은 교회 생활에 열심히 참여함으로써 개인주의 사회에서 겪는 외로움으로부터 탈출구를 발견한다. 주변 사람과 연결망이 풍부하지 못한 중하층이나 인간관계에서 상대적으로 고립된 사람 중에 복음주의 교회에 경도된 사례가 많다.

마지막으로 종교의 정서적 기능, 즉 삶의 어려움에 대해 위안을 주며 정서적으로 정화시키는 면에서 주류 교회와 복음주의 교회를 비교해보자. 미국인의 삶에서 감정을 분출할 기회는 드물다. 공적인 관계에서는 자신의 감정을 드러내지 않는 것이 예의이다. 서로 감정을 자제하고 계산적이며 합리적으로 거래하는 것이 교양 있는 사람이 갖추어야 할 자세이다. 삶의 어려움은 각자가 책임져야 하는 것이므로, 타인에게 감정을 표출하거나 의지하려고 하는 것은 금기이다. 미국인의 일상에서 자신의 감정을 밖으로 분출하는 경우는 스포츠를 즐기는 때로 제한되어 있는데, 이 경우 감정적 몰입은 일시적이며 깊이가 깊지 않다. 미국인에게 친구는 피상적인 관계의 타인에 불과하며 자신의 감정을 풀 대상이 아니다. 가족이 유일하게 감정을 표현하고 위안을 주고받는 사람이다.

미국에서 교회는 얼마나 사람들의 정서적인 갈증을 해결해줄까? 주류 교회는 신앙의 정서적인 측면을 그리 강조하지 않으며 종교적인 경외감을 외부로 분출하는 것을 권장하지 않는다. 신에게 자신의 삶의 고달픔을 호소하거나 위로해달라고 간청하는 것은 혼자 속으로 해야 하는 일이다. 신에 대해 경외감을 느끼거나 신의 은총을 느끼는 것은 각자 내면적인 일이므로 외적으로 표시 나게 해서는 안 된다. 교회 밖의 세계와 마찬가지로 교회 안에서도 서로에게 감정 표현을 자제해야 하는 규율이 동일하게 적용된다. 주류 교회의 예배는 조용하고 감정이 절제된 행위로서 정서적인 갈증은 각자가 홀로 해결해야 할 일이다.

반면 복음주의 교회는 종교 생활의 정서적인 측면을 인지적 혹은 사회적 측면보다 더 강조한다. 신의 은총을 직접 체험하고 신의 존재를 직접 느끼라고 역설한다. 개인적인 신앙생활에서는 물론 교회에서 집단적으로 예배를 드릴 때에도 감정적인 접근을 권장한다. 신에게 자신의 어려움을 소리 내어 호소하고 신의 은총을 열정적으로 표현하라고 권장한다. 큰 소리로 기도하고 감탄사를 연발하며 손을 휘젓고 발을 구르는 것과 같은 행위를 통해 자신의 감정을 공개적으로 표현하도록 집단적으로 유도한다. 카리스마적 권위를 지닌 목사의 열정적인 설교나 일반 신도의 체험을 증언하는 데에서 종교적 감정이 노골적으로 분출된다. 복음주의 교회의 예배에서 신도들은 즐거움에 벅찬 모습을 보이고 초월적인 황홀경을 체험하기도 한다. 열정적으로 기도하고, 방언을 외치고, 큰 소리로 찬양하고, 온몸을 흔들면서 참여하다 보면 자신이 감정적으로 정화되는 느낌을 받는다. 신도들은 사회생활에서 오는 스트레스를 이러한 종교적 감정 분출을 통해 해소한다. 교회에서 경험하는 감정적 흥분은 일상의 복잡하고 어려운 것을 잠시 잊게 하며, 일상의 어려움이 대단치 않은 것이며 신의 도움으로 이겨낼 수 있으리라는 확신과 자신감을 준다.[12] 사회생활에서 어려움을 많이 겪는 중하층일수록 교회 생활에서 자신의 억압된 감정을 분출하고 해소함으로써 외부 세계의 어려움을 이겨낼 힘을 얻는다.

복음주의 교회의 예배 의식에서 자신의 감정을 공개적으로 표출하는 것은 믿음을 깊이 하는 데 도움이 된다. 집단적인 예배 의식에 참가해 타인의 종교적 체험을 보면서 자신의 종교적 체험 또한 활성화된다. 사람들은 서로 의식을 교환하는 가운데 감정적인 에너지를 만들어낸다.[13] 사회학자 에밀 뒤르켐 Emile Durkheim에 따르면 종교의 핵심은 집단적인 의식에 참여하는 데 있으며, 종교적 경외감은 집단적인 의식을 통해 서로 전염된다.[14] 종교적 믿음과 교회 활동은 서로 연결되어 있다. 교회 활동을 적극적으로 하면 종교적 믿음이 강화되고, 종교적 믿음이 강화되면 교회 활동을 더 열심히 하게 된다. 복음주의 교회의 근본주의적 접근은 바로 이런 교회 활동과 종교적 믿음 상호 간의 상승 작용을 이용해 신도의 헌신을 확보하는 데 성공했다.

복음주의 교회에 다니는 사람은 주류 교회에 다니는 사람보다 사회경제적 지위가 낮다. 교육 수준이 낮고 소득과 직업 지위가 낮은 사람은 지적으로는 물론 사회적·정서적으로 주류 교회보다 복음주의 교회가 자신에게 더 잘 맞는다. 이들은 사회생활에서 더 많은 어려움에 부딪히지만 그렇기 때문에 더욱 더 열정적인 신앙생활을 통해 해소하려고 한다. 복음주의 교회는 그들에게 정신적·물질적으로 큰 헌신을 요구하지만, 그 대신 교회 생활을 통해 마음의 안정을 얻는다.

반면 사회경제적 지위가 높은 사람은 복음주의 교회의 종교적 근본주의에 크게 끌리지 않는다. 복음주의 교회의 독단적 교리나 열정적인 예배 의식이 사회경제적 지위가 높은 사람의 취향에 맞지 않기 때문이다.[15] 사회경제적 지위가 높은 사람은 체험을 하거나 느끼기보다는 인지적으로 종교를 대하는 경향이 있다. 사회경제적 지위가 높은 신자들은 신이 개개인의 삶에 구체적이고 직접적으로 영향을 미치기보다는, 인간 세계에 추상적이고 간접적인 방식으로 간여하고 있다고 생각한다. 신의 통제가 개인의 일상에 구체적으로 행사되지 않으므로 신을 감정적으로 가깝게 체험하지 않는다. 사회경제적 지위가 높은 사람은 합리적으로 교리를 이해하고 그에 따르는 것을 종교 생활의 중심으로 삼는다. 반면 사회경제적 지위가 낮은 사람은 신이 구체적이고 직접적으로 인간사에 간여한다고 믿으며, 신의 존재를 느끼려 하고 감정적으로 헌신하는 태도를 보인다.

사회경제적 지위가 높은 사람은 그들의 삶이 안정되고 인적 관계망이 풍부해 세속적인 활동에서 사회적 인정과 정서적 만족을 얻을 수 있기에 교회에 전적으로 의지하지 않는다. 그들에게 교회는 다양한 활동 영역 중 하나에 불과하다. 미국에서 주민의 사회경제적 지위가 낮은 지역인 남부에서 복음주의 교회가 융성한 반면, 사회경제적 지위가 상대적으로 높은 북동부에서는 복음주의 교회의 세력이 크지 않다. 남부 지역에서 복음주의 교회의 세력이 큰 것을 두고 '바이블 벨트Bible Belt'라고 부른다. 반면 북동부에서 사회경제적 지위가 높은 사람은 주류 교회에서 점차 멀어지며, 특히 젊은이들 사이에서 세속화의 경향이 두드러진다.

2) 복음주의 교회의 세속적 비즈니스 전략(성공 신학과 경영 혁신)

복음주의 교회가 20세기 후반에 크게 성공한 이유는 신자의 욕구에 맞추어 교리와 교회의 운영 방식을 수정했기 때문이다. 미국의 복음주의 교회는 세속적인 성공이 하느님의 은총이라고 역설한다. 이러한 메시지를 통해 미국인의 성공에 대한 열망과 종교의 절대적인 가치를 결합시킨다. 사실 돈을 많이 벌고 세속적으로 높은 지위를 획득한 것이 신이 그를 선택한 증거라는 주장은 개신교 교리의 바탕에 깔려 있다. 독일의 사회학자 막스 베버는 『프로테스탄트 윤리와 자본주의 정신Protestantische Ethik, und der Geist des Kapitalismus』에서 동양이 아닌 서양에서 자본주의가 발달한 원인을 종교에서 찾는다. 막스 베버에 따르면 유럽의 개신교 교파 중 하나인 칼뱅주의는 검약과 절제하며 열심히 일해 세속적으로 성공하는 것이 신의 선택, 즉 구원의 증거라고 가르쳤다. 이러한 교리는 자본주의 윤리와 부합하므로 서구의 자본주의의 발전에 핵심적인 동력을 제공했다고 주장한다.

미국의 개신교 교회 목사는 칼뱅주의의 '예정설'을 강조하지 않는다. 예정설에 따르면 신은 구원받을 사람을 미리 정해놓았으며, 세속적인 성공은 단지 이렇게 미리 예정된 사항을 확인시켜주는 것에 지나지 않는다. 이러한 교리는 인간이 열심히 노력해 성취하는 것, 즉 인간의 의지로 이룩하는 것의 가치를 부정한다. 이 세상의 모든 것은 신이 관장하며 신의 의지로 결정되는 것이라는 원래의 칼뱅주의 교리는 미국인의 가치관인 자원주의voluntarism나 개인주의와 잘 맞지 않는다. 세상의 일은 각자가 주체적으로 개입함으로써 이루어진다는 자원주의나, 개인이 세상의 궁극적인 중심이라는 개인주의는 기독교 교회의 신 중심적 세계관과 대치된다. 미국의 주류 교회는 미국인의 자원주의와 개인주의 세계관과 기독교의 신 중심 세계관 사이에서 엉거주춤한 타협을 모색한다. 신 중심 세계관은 인간 중심 세계관과 충돌할 수밖에 없다. 교육 수준이 높아져 인간 중심의 계몽주의 세계관을 습득하게 되면 교회를 멀리하고 인간의 합리성에 의존하게 된다.

복음주의 교회는 개인의 성공이 신의 의지에 부합한다는 메시지에서 신의 의지보다는 개인의 노력과 성공 쪽에 방점을 둔다. '성공 신학'이라 하여 세상에서 물질적으로 성공하는 것은 신의 은총이며 동시에 개인의 성취라는 점을 강조함으로써, 세속적으로 성공을 추구하는 행위를 종교적으로 지지한다. 복음주의 교회의 목사는 흔히 개인이 열심히 노력하면 신도 감동해 움직인다고 가르친다. 반면 주류 교회의 목사는 보통 세속적인 성공을 칭찬하지 않으며 세속적인 성공을 추구하는 것을 욕심이라고 일컬으며 자제할 것을 촉구한다. 세속적인 성공을 추구하는 것을 신의 뜻이라고 권장하는 복음주의 교회 목사의 설교는 세속적인 성공을 갈망하는 보통 사람의 마음에 더 다가간다. 이러한 메시지는 아직 성공하지 못한 사람에게 희망을 주고, 조금이라도 성공했다고 생각하는 사람에게는 칭찬으로 들린다. 더 크게 성공할수록 더 많은 은혜를 받는 것이라는 목사의 설교를 매주 예배 시간마다 들으며 신자들은 성공을 위한 노력에 힘을 얻는다. 복음주의 교회의 목사는 더 크게 성공하면 교회에 더 많이 헌금하는 것이 신의 은혜에 보답하는 길이며 앞으로 더 큰 성공을 보장한다는 말을 잊지 않는다.

복음주의 교회 중에 민간 기업의 경영 기법을 도입해 성공을 거둔 대형 교회가 많다. 현재 미국에 1만 명 이상의 신도를 보유한 대형 교회만 50개 이상인데 이들 중 대부분은 특정 교파에 소속되지 않은 복음주의 교회이다. 시카고 인근의 윌로크릭 교회, LA 인근의 새들백 교회, 휴스턴의 레이크우드 교회 등 대형 교회에는 주일마다 3만~4만 명의 신도가 예배를 본다. 반면 주류 교회의 대부분은 신도가 200명 이하이며 대형 교회는 전혀 없다. 복음주의 교회가 이렇게 크게 성장한 데에는 적극적인 마케팅 전략을 개발하고, 체계적으로 고객을 관리하고, 서비스의 질을 통제하는 등 민간 기업의 경영 기법을 도입한 결과이다. 이들이 구사하는 대표적인 기법을 보면 다음과 같다. 잦은 여론조사를 통해 고객의 욕구를 청취해 이를 교회 운영은 물론 설교의 내용에 반영하고, 마케팅 업체를 고용해 지역 주민에게 교회를 광고하며, 고객 집단을 차별화해 관리하면서 특히 부유하고 젊은 전문직 종사자에게 집중적으로 다가가며, 예배 방식에서도 고객에게 편의와 즐거움을 준다는 콘셉트를 도입해 젊은 층에 다가가는 비디오와 음악을 많이 사용하며, 신자 개개인의 정신적·물질적 어려움에 대해 전문가의 상담과 조언을 제공하고, 현대적인 감각으로 교회 건물을 짓고 인테리어를 개선하며, 교회 내에 다양한 편의 시설을 유치해 신자들이 즐길 수 있도록 하고, 케이블 TV를 통한 방송은 물론 인터넷을 통한 정보 제공과 SNS 연결망 구축 등 그들이 구사하는 방법은 매우 다양하다.

복음주의 교회가 신자들에게 가까이 다가가기 위해 도입한 전략은 큰 성공을 거두었다. TV를 통해 종교 메시지를 전파하는 방식은 전국적으로 수백 개가 넘는 방송국에서 이루어진다. 팻 로버트슨Pat Robertson, 제리 폴웰Jerry L. Falwell 등과 같이 전국적으로 명성을 누리는 방송 설교 목사를 탄생시켰다. 대형 교회는 자체의 케이블 TV 방송국을 설립해 신자들이 안방에서 설교를 듣고 교회 행사에 참여할 수 있도록 했다. 복음주의 교회의 혁신은 젊은 층으로부터 큰 호응을 얻었다. '프로미스 키퍼스Promise Keepers'와 같이 수만 명의 학생이 모여 예배와 친교를 도모하는 전국적인 집회, 종교적 메시지에 젊은 감각의 음악과 율동을 접합시키는 방식, 젊은 층으로 구성된 다양한 소집단 모임 등을 도입해 교회가 젊은 사람에게 친화적인 곳이 되도록 했다. 신도들은 연령대에 따라 자신의 욕구와 편의에 맞는 방식으로 교회 활동에 참여하며, 주일에 교회에 가는 것이 일종의 엔터테인먼트가 되었다. 주류 교회가 전통을 고수하면서 엄숙하고 케케묵은 이미지로 젊은 층의 외면을 받는 동안 복음주의 교회는 현대적인 감각을 수용하고 운영의 혁신을 통해 장년층은 물론 젊은이까지 끌어들이는 데 성공한 것이다.

복음주의 교회의 이러한 혁신은 비판을 불러일으켰다. 교회 본연의 경건함을 찾아보기 어렵다거나, 지나치게 고객의 욕구와 편의에 영합하면서 사람들의 영혼을 구제한다는 종교 본연의 목적은 소홀히 하고 상업주의로 흘렀다고 비판받는다. 또한 복음주의 교회가 사회의 구조적인 문제는 외면하고 개인의 노력만으로 성공할 수 있다고 주장하는 것은 사회 현실을 호도하는 것이라고 비판받는다. 복음주의 교회는 구조적인 사회문제를 비판하지 않고 잘못을 개인의 책임으로 돌리기 때문에 결과적으로 약자를 더 힘들게 만들고 사회문제를 존속시키는 데 기여한다고 비판받는다. 복음주의 교회의 메시지는 기득권 집단을 옹호하는 보주주의 성향을 띤 것이기에 보수주의 정당과 친밀한 관계를 맺고 있다.

3) 복음주의 교회와 보수주의 정치 세력의 연합

복음주의 교회는 종교적 가르침이 종교의 영역을 넘어 생활 전반에 적용되어야 한다고 주장한다. 이러한 주장은 사회적 갈등을 유발하기도 하나 강력한 정치적 영향력을 행사한다. 전통적 가치를 옹호하는 보수주의 정당인 공화당은 복음주의 교회에 우호적인 태도를 취함으로써 선거에서 이득을 보려한다. 한편 복음주의 교회는 공화당의 정치적 힘에 기대어 영향력을 확대하려 한다.

복음주의 교회와 정치계의 관계가 밀접해진 것은 1976년 카터 대통령의 선거부터이다. 카터 대통령은 남부 출신의 독실한 복음주의 신자로, 선거 기간 내내 자신의 독실한 신앙을 정치적인 자산으로 활용했다. 그의 독실한 신앙이 국민에게 호의적으로 받아들여진 것은 1960~1970년대 사회적 혼란의 반작용이다. 미국은 1960년대에 민권운동, 성 개방 운동, 반문화 운동, 잇단 암살과 도시 폭동 등으로 혼란을 경험한 데 더해, 1970년대에는 베트남 전쟁에서 비참하게 패배했고, 닉슨 대통령의 비열한 비리 행위가 발각되어 탄핵까지 몰렸으며, 두 차례의 원유 파동으로 경제가 크게 침체했다. 이러한 일련의 사건으로 국민의 사기는 땅에 떨어졌다. 워싱턴 중앙 정치에 전혀 관여한 적이 없는 조지아 주 시골의 땅콩 농장주이며, 해군 장교로 복무했으며, 독실한 기독교 신자로서 정직과 도덕을 강조하는 카터의 이미지는 국민에게 크게 다가갔다.

복음주의 교회와 공화당의 정치적 연대는 1980년 레이건 대통령의 선거운동에서 노골적으로 전개되었다. 레이건 대통령은 교회 신자들의 모임에서 정치적 지지를 호소했다. 교회 목사는 설교에서 공화당의 정치적 보수주의를 기독교의 가르침에 부합하는 것이라고 추켜세우는 반면 민주당은 미국의 정신과 도덕을 타락시키는 집단이라고 매도했다. 2000년에 집권한 아들 부시 대통령도 자신이 다시 태어난 신자라고 주장하며 그의 독실한 신앙을 거듭 강조해 복음주의 신자들로부터 몰표를 얻었다. 그는 대통령이 된 뒤 기독교계의 지지에 화답해 기독교 지도자를 종종 백악관에 초대해 기도회를 열었으며, '믿음에 근거한 지역사회 개발'이라는 기관을 백악관에 부설하고 연방 정부의 인력과 예산을 동원해 교회의 취지에 부합하는 사업을 지원했다. 미국의 정치에서 가족 가치, 동성애, 낙태 등이 치열한 쟁점이 되는 이유는 바로 복음주의 교회와 정치적 세력이 연합해 있기 때문이다.

복음주의 교회와 보수정치 세력 간 연합의 강도는 지역에 따라 편차가 크다. 북동부 지역은 복음주의 세력이 약해 정치적으로 큰 힘을 발휘하지 못한다. 반면 복음주의 세력이 강한 남부에서 이들의 정치적인 힘은 대단하다. 남부에서 복음주의 교회의 가르침은 교회의 테두리를 벗어나 법제화되어 있다. 학교에서 진화론 대신 창조론을 가르치도록 법으로 규정한 주가 있는가 하면, 동성애를 금하는 법률이 존재하고, 이혼을 어렵게 만드는 법을 제정하며, 낙태를 사실상 어렵게 규제하고, 학교에서 성교육이 이루어지는 것을 제한하는 주가 많다. 복음주의 교회의 힘이 막강한 지역에서는 교회에서 종교적 메시지와 보수주의 정치 이념을 결합해 전파한다. 미국에 대한 충성을 강조해 학교에서 충성 서약을 매일 아침 암송하도록 한다. 학생들이 암송하는 충성 서약에는 신이 미국을 보호한다는 내용이 담겨 있다. 그들은 대법원 판결에 의해 금지되었음에도 학교에서 집단적으로 기도하도록 강요한다. 복음주의 교회는 미국이 기독교를 국시로 한 국가임을 강조한다. 이들은 미국에 기독교 이외의 문화가 전파되는 것에 부정적이다. 타 종교에 대한 다문화주의적인 관용은 미국을 타락시키는 자살 행위라고 주장한다.

복음주의 교회와 보수주의 정치 세력이 연합한 결과, 공화당이 집권한 지난 30여 년간 복음주의 교회 세력이 성장하고 교회의 견해가 세속사에 영향을 미치게 되었다. 그러나 장기적으로 볼 때 이것이 교회 세력을 확대하는 결과를 가져올지는 분명치 않다. 교회와 정치의 결합은 반작용을 불러왔다. 첫째, 보수주의 정치 이념을 지지하지 않는 사람을 교회로부터 멀어지게 했다. 기독교 교회가 정치적 보수주의를 표방하는 공화당과 연결되면서 미국에서 독실한 기독교 신자는 공화당을 지지하는 것으로 간주된다. 그러나 보수 정당인 공화당의 지지층은 전체 유권자의 절반에 불과하므로 공화당을 지지하지 않는 다수는 교회에 대해 부정적인 견해를 형성할 가능성이 높다. 둘째, 여론조사에 따르면 교회가 종교 이외의 일에 간여하는 것에 부정적인 사람이 절대다수를 차지한다. 기독교 신자 중에서도 종교와 세속의 일은 분리되어야 한다고 생각하는 사람이 다수이다. 대다수의 미국인은 종교와 정치의 분리를 규정한 헌법 조항을 지지한다. 1990년대부터 복음주의 교회가 성장을 멈추고 2000년대에 들어 축소되는 조짐을 보이는 원인으로, 교회가 정치와 사회생활의 문제에 간섭하는 것에 사람들이 피로감을 느낀 때문이라는 진단도 있다.[16] 선거 시즌이 다가오면 교회 목사가 공화당 후보를 노골적으로 지지하는 반면 민주당 후보를 깎아 내리고, 낙태 반대 운동원이 낙태를 시술하는 의사를 협박·살해하고, 동성애 반대 시위를 벌이고, 학교에서 집단적인 예배나 창조론을 가르치는 것을 허용하는 법을 만들도록 의회에 압력을 행사하는 등으로 교회가 노골적으로 세속사에 영향력을 행사하려는 시도는 반발을 초래했다. 교회가 종교 본연의 영역을 벗어나서 사회문제에 대해 종교적 기준을 강요할 때 거부감을 느끼는 사람들이 늘어나고, 이들은 점차 교회를 멀리하게 된다.

4. 미국은 유럽이 걸어간 길을 뒤따르는가

근래에 미국인의 신앙이 약화되고 있다는 지적이 학계는 물론 대중매체에서도 종종 나오고 있다.[17] 최근 미국의 대표적인 조사기관인 퓨 리서치는 「미국의 종교 지형이 변화하고 있다」는 제목의 보고서에서 미국인이 근래에 급속하게 기독교에서 멀어지고 있다는 사실을 부각시켰다.[18] 유럽과 달리 예외적으로 종교적이라는 미국 사회에서 변화가 감지되고 있다. 물론 현재도 여론조사에서 '신을 믿고 있다'고 답하는 미국인은 90%를 넘는다. 그러나 '종교가 없다'고 답하는 사람이 1980년대 초까지 6%에 머물던 것이 1990년대 후반에 10%를 넘었으며, 2007년에 16.1%를 기록하고 최근(2015년)에는 22.8%로 증가했다. 이제 미국인 다섯 중 한 명꼴로 자신이 특별히 추종하는 종교가 없다고 말한다. 이 통계를 보면 종교가 없다는 사람이 증가하는 경향은 일시적인 것으로 치부할 수 없다.

미국이 세속화되고 있다는 주장은 그동안 부침을 거듭했다. 유럽 사회가 지속적으로 세속화되는 것을 보고, 미국도 조만간 세속화될 것이라는 예측이 1970년대까지 우세했다. 근대화 과정의 일부로 제도와 의식에서 세속화가 진행된다는 주장은 미국에서도 거의 이견 없이 받아들여지는 듯했다. 그러나 1980년대에 종교적 열풍이 미국을 포함해 전 세계에 퍼지면서 미국에서 종교의 영향력이 축소될 것이라는 예측은 자취를 감추었다.

물론 유럽과 달리 미국인의 신앙이 깊다고 해서 미국 사회 전체가 종교의 영향하에 있는 것은 아니다. 미국의 사회제도는 유럽만큼이나 세속화되어 있다.[19] 사회제도의 세속화는 종교가 정치 경제 사회의 영역에 미치는 영향이 줄어드는 것을 지칭하는데, 이 점에서 미국과 유럽은 크게 다르지 않다. 예컨대 미국에서 기독교가 경제에 미치는 영향은 미미하다. 1980년대에 기독교가 대통령 선거에 영향력을 행사하기는 했지만 실제 효과는 제한적이었다. 반면 개인의 의식에서 세속적인 세계관이 지배하는지 여부는 제도적인 차원의 세속화와는 별개의 문제이다. 20세기 초반부터 1970년대까지 여론조사에서 미국인은 대다수가 신을 믿고 있다고 응답했으며, 교회에 다니는 사람의 비율도 변함없이 높았다. 그러던 것이 1990년대 이래 종교가 없다고 공개적으로 표명하는 사람이 급속히 증가하고 있다.

미국에서 종교가 없다고 말하는 사람은 어떤 사람일까? 그들은 대체로 다음과 같은 특성을 보인다.[20] 나이든 사람보다는 젊은 사람이, 여성보다는 남성이, 흑인보다는 백인이, 결혼한 사람보다는 미혼이나 독신자가, 자녀가 있는 사람보다는 자녀가 없는 사람이, 남부에 사는 사람보다는 북부나 서부에 사는 사람이 종교가 없다고 말할 가능성이 높다. 사회경제적 지위가 종교성에 미치는 영향은 조금 복잡하다. 소득이 높고 고등 교육을 받은 사람이 소득이 낮고 교육 수준이 낮은 사람보다 교회를 더 다닌다. 그러나 믿음의 강도로 보면 사회경제적 지위가 높은 사람보다는 사회경제적 지위가 낮은 사람이 더 신실하다. 요컨대 소득과 교육 수준이 높은 사람은 교회에는 많이 나가지만 믿음은 그리 깊지 않은 반면, 소득과 교육 수준이 낮은 사람은 교회에는 많이 나가지 않지만 믿음이 깊다.[21]

종교가 없다는 사람이 근래에 증가한 원인은 복합적이다. 사람들이 종교를 가지게 되는 가장 큰 이유는 성장기의 종교 경험이다. 미국인은 대체로 어렸을 때 부모의 손에 이끌려 교회를 다닌 경험을 가지고 있다. 이들은 젊은 시절에는 일시적으로 교회를 멀리하다가도 결혼하고 자녀를 낳으면 교회로 회귀하는 성향을 보인다. 근래에 들어 결혼하지 않거나 자녀를 갖지 않은 사람이 증가하는 것이 종교가 없는 사람이 증가하는 이유일 수 있다. 배우자의 종교 또한 큰 영향을 미친다. 배우자가 교회를 다니지 않거나 혹은 부부간에 종교가 다른 경우 — 개신교와 가톨릭교인의 결합, 혹은 유대인과 개신교인의 결합 등 — 그들 자신은 물론 자녀도 종교를 멀리하게 된다. 근래 들어 자신과 종교가 같은 배우자를 찾는 성향이 약화되었다. 그 결과 종교가 다른 부부가 증가했고 교회를 멀리하는 사람이 다수 출현했다.[22]

교회를 멀리하는 미국인이 증가한 원인 중에는 근래에 이민자 교회의 영향력이 약화된 것도 있다. 과거에 이탈리아인이나 폴란드인에게 가톨릭 신앙은 이민자의 민족 정체성을 유지하는 핵심이었다. 그러나 이들이 미국 사회에 동화되어 민족 정체성이 약화되면서 이들의 종교적 헌신 또한 함께 약화되었다. 더 이상 자신을 이탈리아계 이민자의 후손으로 의식하지 않으면, 과거에 열심히 다니던 이탈리아계 성당에 나가지 않고 개신교 교회로 개종하거나 혹은 아예 교회에 다니지 않게 된다. 근래에 유대교 교회에 나가지 않는 유대인이 증가하는 경향 또한 그들이 미국의 주류 사회에 동화되었다는 증거이다. 유대교 교회에 다니지 않는 유대인은 대부분 추종하는 종교가 없다고 말한다. 이동이 잦은 미국인에게 교회는 수시로 선택을 해야 하는 대상이므로 자신의 정체성을 구성하는 요소로서 종교의 위상이 약화될 때 자연히 교회에서 멀어진다. 종교가 없다고 하는 사람이 증가하는 원인을 정치적 측면에서 찾기도 한다. 교회가 정치에 참여하는 것에 대해 대다수 미국인은 찬성하지 않으므로 개신교의 노골적인 정치 참여는 많은 사람을 교회에서 멀어지게 했다. 이들은 기성 종교 조직에 염증을 느낀 것인데, 그렇다고 믿음 자체를 완전히 상실한 것은 아니다. 종교가 없다고 하는 사람이 증가했지만 신의 존재를 믿는 사람의 비율은 변함이 없기 때문이다.

20세기 후반 복음주의 교회가 큰 성공을 거두었지만 이는 주류 교회가 쇠퇴하는 것을 보충하는 정도일 뿐 전체적으로 볼 때 종교의 영향력이 확장된 것은 아니다. 미국 사회에서 근래에 '사회적 자본'이 감소되고 있다고 주장해 유명세를 탄 정치학자 로버트 퍼트넘Robert D. Putnam은 최근 자신의 책에서 백인 중류층의 신앙심이 전반적으로 약해지고 있다고 진단한다.[23] 교육 수준이 높을수록 온건한 종교관을 가지고 있으며, 젊은이들은 신에 대해 막연한 개념을 가지고 있을 뿐이다. 그들은 교회에 다니거나 종교 활동에 참여하는 것에 대해 부정적이다. 근래로 오면서 개인주의가 확대되고 기존의 권위에 대해 부정적인 태도가 높아졌다. 이와 함께 교회 조직에 대해 부정적인 태도 또한 확대되고 있다. 근래에 미국에서 기독교의 교세가 약화되는 것처럼 보이지 않는 것은 신앙이 독실한 중남미 이민자들이 대규모로 들어와서 주류 백인들이 빠져나간 교회의 빈자리를 채워주기 때문이다. 20세기 후반 비유럽 지역으로부터 이민자가 쇄도하면서 미국의 종교 지형은 다양해지고 있다. 이슬람교, 힌두교, 불교 등 기독교 문화에 포함되지 않은 종교가 확대되고 있다. 사람이 바뀌면 기존의 종교 또한 성격이 변한다. 대표적인 예가 중남미 이민자의 가톨릭 신앙이다. 중남미 이민자는 그들만의 가톨릭교회를 만들어 교리 해석이나 신앙생활에서도 유럽계 가톨릭과 다른 방식으로 접근한다. 중남미 사람이 믿는 가톨릭은 아메리카 인디언의 토착 신앙의 영향을 받아서 구복 신앙적 성격이 강하며 종교적 상징물에 집착한다.

종교가 없다고 하는 사람이 급속히 증가하는 현상을 어떻게 해석할지를 놓고 논란이 전개되었다. 이들이 종교가 없다고 말해도 무신론자가 된 것은 아니다. 이들은 신의 존재를 여전히 믿으며 때때로 기도도 한다. 이들은 기존의 종교 조직에 불만이 있는 것일 뿐 기독교 믿음으로부터 벗어난 것은 아니라는 주장이 제기되었다. 이른바 "소속되어 있지는 않지만 믿는believing without belonging" 사람이라는 주장이 그것이다. 그러나 유럽의 세속화 과정을 보면 교회를 떠났지만 여전히 신을 믿는다고 하는 사람은 믿음이 점점 약화되는 과정을 밟고 있다.[24] 이들은 결혼식이나 장례식을 제외하고는 교회에 거의 발을 들이지 않으며 기도를 하는 경우도 드물다. 특정 종교의 가르침을 따르지 않으면서 막연하게 신에 대한 믿음 혹은 초월적 힘에 대한 믿음을 가지고 있다고 하는 사람은 생각이나 일상에서 종교의 영향이 매우 약하다. 그들에게 종교는 신이나 초월적인 존재를 부정하지 않는 소극적인 수준에 불과할 뿐 종교를 실천하거나 종교를 체험하지는 않는다. 이들 중 다수는 성장기에 부모의 손에 이끌려 교회에 다녔으며 기독교 문화에 익숙한 사람들이다. 그러나 어떤 때에는 종교가 있다고 하다가 또 다른 때에는 종교가 없다고 대답하는 식으로 일관된 믿음을 가지고 있지 않다. 이들은 완전히 세속적인 세계관을 수용한 것은 아니나 종교성이 약한 상태이다.

유럽은 세속화 과정을 거치는 동안 약한 믿음을 가진 사람이 다수 출현했다. 믿음이 강한 상태와 세속적인 상태의 양극단의 중간에 위치한 모호한 상태의 믿음은 변천 과정에서 나타나는 현상이다. 유럽에서 많은 사람은 믿음이 약해진 상태가 오랫동안 지속된다. 이들은 시간이 지나면서 믿음이 완전히 사라지기보다는 세속적인 세계관을 가진 후속 세대가 이들을 대체하면서 유럽은 전반적으로 세속적인 사회로 변화했다. 즉, 유럽의 세속화 과정은 종교적 인간과 세속적 인간의 중간 단계인 약한 믿음을 지닌 사람이 다수를 차지하다가 점차 세속적인 세계관을 가진 사람으로 대체되는 경로를 밟았다. 미국에서 종교가 없지만 신의 존재를 믿는다고 하는 사람이 지난 30여 년처럼 앞으로도 꾸준히 증가한다면 유럽이 거쳐 간 길을 미국도 뒤쫓아 갈 가능성이 크다.

모든 미국인이 동일한 속도로 세속화되지는 않을 것이다. 북동 지역에 거주하는 교육 수준이 높은 젊은 백인 사이에서는 의식의 세속화가 이미 상당히 진행되었다. 그들은 과학적이며 합리적인 세계관을 좇아 성공했으며, 그들의 삶에서 교회는 별 의미가 없다. 반면 흑인, 이민자, 사회경제적 수준이 낮은 백인, 남부 사람들에게는 이러한 변화가 더디게 진행된다. 과거 미국 역사에서 여러 번 일어났던 '대각성 운동'이라 불리는 종교 부흥 운동이 다시 일어난다면 아마도 이런 사람들에게서 불붙을 것이다. 근래에 크게 성장한 복음주의 교회가 바로 이들에게 다가갈 수 있었듯이 말이다. 사회경제적 수준이 높은 젊은 백인은 기독교에 흥미를 갖기에는 세속화의 길로 너무 멀리 간 것 같다. 기독교에 대한 그들의 생각은 서유럽인에 더 가깝다.

5. 영적인 믿음과 개인주의적 신앙

미국에서 종교가 없다고 하지만 무신론자는 아니라고 하는 사람이 증가하는데 이들이 과연 어떤 믿음을 가지고 있는지 궁금해진다. 이러한 사람들은 자신의 믿음에 대해 '영적인 믿음'이라는 표현을 많이 쓴다. 복음주의 교회에서도 '영적인spiritual'이라는 용어를 많이 쓰는데, 요즈음 젊은 미국인의 종교적 성향을 지칭할 때 '영적이다'는 용어가 자주 등장한다.[25] '영적인 관심', '영적인 탐색자', '영혼의 탐색자' 등의 용어는 근래 미국인의 종교 성향을 논의하는 글에서 흔히 발견된다. 세속화된 사회인 유럽에서도 '영적인 믿음'을 주장하는 사람이 많다. 이들의 믿음은 전통적인 기독교 신앙과는 차이를 보인다.

미국에서 기독교의 장악력이 약화되면서 기독교 이외에 다양한 믿음을 가볍게 실험해보는 시도가 범람하고 있다. 1970년대에 크게 유행했던 뉴에이지 운동New Age Movements은 새로운 종교적 실험이다. 뉴에이지로 통칭되는 신앙, 예컨대 동양 종교 계통의 믿음, 아메리카 인디언 계통의 믿음, 자연과 생태를 중시하는 범신론적 믿음, 인도와 서남아시아의 밀교 내지는 신비주의 계통의 믿음 등 '영적인 믿음'을 표방하는 세력은 근래에 많은 추종자를 만들어냈다. 뉴에이지 운동은 1960년대 기성의 권위에 대한 반대의 일환으로 등장한 반문화 운동의 산물로서 범신론적 종교관을 바탕으로 한다. 이들은 기독교의 인격신을 부정하며 교회의 권위가 아닌 개인 각자가 자신의 믿음을 만들어낸다는 개인주의적 종교이다. 외부의 권위자가 아니라 자기 자신의 내면으로부터 진리를 발견한다는 종교관은 기독교의 신 중심의 세계관과 대치된다. 미국의 중류층 백인은 외부의 권위가 아니라 자기 자신에게서 가치를 찾는 개인주의가 지배한다.[26] 이러한 개인주의적 태도는 뉴에이지 운동의 개인주의적 믿음과 잘 맞아떨어진다.

많은 사람이 영적인 믿음을 언급하나 이것이 무엇을 의미하는지는 뚜렷하지 않다. 본래 '영적이다'는 말은 종교적 경외감 내지 성스러운 느낌이나 체험을 표현하는 용어로 포괄적으로 사용되었다. 그러나 근래에 들어 '영적이다'는 용어는 기존의 뜻에 더해 특정한 뜻을 추가적으로 내포한다. 전통적인 기독교의 믿음과 권위에서 벗어난 성스러운 것을 지칭할 때 '영적이다'는 용어를 흔히 쓴다.[27] 주류 교회의 정례적 의식을 벗어나 경외감을 느끼거나, 기독교의 인격신이 아니라 초자연력을 느끼는 경우에 영적인 체험이라고 말한다. 영적인 믿음은 삶의 의미에 대한 깨달음, 초자연력의 체험, 조화와 합일의 경험, 자아 성찰 등과 같이 긍정적 체험과 연관된다. 미국인은 일반적으로 기독교 신앙이 전통적이며 권위적인 것인 반면, 영적인 믿음은 개인적이고 삶에 실제 도움을 주는 긍정적인 것으로 인식한다.

복음주의 교회에서는 개인의 종교적 체험을 특별히 강조하려는 목적에서 '영적이다'는 용어를 자주 사용한다.[28] '신과의 직접적인 대화', '신을 만남', '신의 은총을 느낌' 등의 표현을 복음주의 교회에서 흔히 사용하는데 이는 신과 개인 간의 직접적인 접촉을 통한 종교적 체험을 복음주의 신앙의 핵심으로 삼기 때문이다. 주류 교회가 교리나 교회의 권위에 따를 것을 강조하는 반면, 복음주의 교회에서는 신자 개개인의 종교적인 체험을 강조한다. 이때 자신들의 믿음을 '영적인 믿음', '영적인 만남', '영적인 체험' 등의 용어를 사용해 주류 교회와 차별화하고자 한다.

종교 연구자들은 서구 사회에서 영적 믿음이 유행하는 현상을 종교에서도 전통으로부터 벗어나는 경향 내지는 종교의 개인화 경향으로 해석한다. 기독교 전통은 쇠퇴하는 반면 개인의 체험과 표현을 중시하고 다양한 내용과 형태의 믿음을 허용하는 경향이 나타난다. 영적인 믿음이 증가하는 현상은 바로 이러한 문화의 변화를 반영한다. 영적인 믿음을 추종하는 사람들은 삶의 의미나 절대적 가치를 교회와 같은 권위적인 기관으로부터 구하려고 하지 않는다. 이들은 권위적이며 절대적인 외부의 기준이 없는 상태에서 '자신에게 의미 있는 것은 어떤 것이건 좋다'고 하는 지극히 주관적인 태도를 취한다. 믿음의 문제가 전통이나 외적인 기관에서 개인의 사적인 결정으로 이전한 것이다.[29]

전통적인 기독교 신앙과 근래에 유행하는 영적인 믿음은 믿음의 내용이 다르다.[30] 기독교는 외재적인 힘에 초점을 맞춘다. 기독교에서 진리는 '안'이 아니라 '밖'에 있으며 신성은 '내재적'인 존재가 아니라 '초월적'인 존재이다. 기독교에서 구원이나 초월은 개인의 밖에 있는 절대자로부터 부여된다. 반면 대부분의 영적 믿음은 외적인 세계의 가치를 부정하는 대신 개인 자신을 성찰함으로써 내부로부터 절대적인 진리 혹은 깨달음을 얻을 수 있다고 주장한다. 절대적인 진리의 존재를 인정하든 혹은 부정하든 영적 믿음은 자신의 삶을 통제하는 주체가 자신의 외부가 아니라 자신의 내부에 있다는 점을 강조한다.

미국에서 영적 믿음이 확대되는 현상을 어떻게 해석할지에 대해 의견이 엇갈린다. 일부 사람들은 영적 믿음을 세속화 과정의 중간 단계로 해석한다. 영적인 믿음은 믿음의 내용과 형식이 불안정하기 때문에 오래도록 사람들의 마음을 차지할 수 없다. 기독교의 교회와 같은 체계적인 조직이나 예배 의식과 같은 안정된 의례 없이, 단지 개인적이며 주관적인 행위로서 영적인 믿음은 영향력이 제한적일 수밖에 없다. 한편 다른 학자들은 전통적인 기독교 신앙이 차지하던 자리에 다양한 형태의 믿음이 공존할 것이라고 본다. 영적인 믿음이 쉽게 사라지지 않을 것으로 보는 이유는, 영적인 믿음이 완전히 개인적이며 주관적으로 행해지고 있지 않다는 점이다. 전통 종교만큼 제도와 형식을 갖추고 있지는 않지만 엘리트 실천가들 사이에 느슨한 조직망이 형성되어 있고, 엘리트 실천가와 일반 신자 간에 지속적 연계가 이루어지고 있기 때문이다.

미국에서는 역사상 다양한 종류의 믿음이 서로 경쟁하며 존재했다. 1970년대 이래 유행하는 영적인 믿음도 역사상 출현한 다양한 종교적 실험 중 하나로 해석할 수 있다. 근래에 유행하는 영적인 믿음은 전통의 권위를 가지고 있지 않으므로 항시 새로운 내용과 방식을 개발해 사람들에게 다가가려고 노력한다. 이들은 지속적인 절충과 혁신을 통해 사람들의 호기심을 자극한다. 각각의 영적인 믿음은 지속성이 떨어지지만 다양한 형식과 내용의 믿음이 계속 변형되어 출현하고 있다. 상대주의적 다양성이 존중되는 문화에서 영적인 믿음은 일부 사람들에게 기존의 권위적인 교회보다 더 매력적으로 보일 수 있다.[31]

미국 사회에서 영적인 믿음의 유행이 얼마나 지속될지는 확실치 않다. 1970년대 뉴에이지 운동의 전성기 이래 지난 반세기 동안 영적인 믿음을 추종하는 사람은 줄지 않았다. 일부 학자들은 요즈음 젊은이들이 기독교를 포함해 영적인 믿음을 탐색하는 노력을 멈추지 않고 있다고 주장한다.[32] 영적인 체험을 강조하는 복음주의 교회가 근래에 젊은이의 관심을 끄는 것이 그 증거이다. 종교사회학자 로버트 우스나우Robert Wuthnow는 사람들이 삶의 의미의 문제에 부닥쳐 이런저런 다양한 믿음을 탐색하다가, 성장기에는 친숙했지만 이후 무관심해진 기독교로 결국 회귀할 것이라고 예측한다.[33] 한편 영적 믿음을 추종하다가 중단하는 경우, 기독교로 회귀하기보다는 신성한 것에 대한 개념을 완전히 상실하는 경우가 많은 점을 들어, 영적 믿음의 다음 단계는 세속주의일 것이라고 예측하는 사람도 있다. 즉, 종교적 믿음이 세속화의 단계로 접어들면서 중간에 나타나는 과도기 현상으로 영적 믿음이 관심을 끈다는 것이다.

미국 사회에서 개인주의가 확대되면서 교회를 포함해 전통적 제도의 힘은 약화되고 있다. 기독교의 장악력이 떨어진 자리에 개인주의적인 성격의 영적 믿음이 틈입해 오는 현상은 한동안 계속될 것이다. 많은 미국인이 신을 믿는다고 하지만 그들은 초자연력이나 자기 자신과 같이 비전통적인 개념의 신성한 것도 동시에 믿는다. 이러한 와중에 신의 존재를 전혀 믿지 않는 세속주의

자도 조금씩 증가하고 있다. 미국 백인 중류층의 믿음은 약화되고 있지만 믿음이 깊은 이민자들 또한 많이 들어오고 있다. 미국의 교회에서 언제까지 새로운 이민자들이 주류 백인이 떠나간 자리를 메울지 지켜볼 일이다. 왜냐하면 새로운 이민자도 시간이 지나면서 주류 집단의 사고와 생활 방식에 동화하기 때문이다.

| 제 9 장 |

인구는 미국 사회를 변화시키는 힘이다

Change of The American Society

역사적으로 미국인의 특성은 변화가 심하며 큰 파장을 가져왔다. 미국은 다른 나라와는 매우 다른 인구 특성을 보인다. 인종이 매우 중요하다는 점, 이민자가 지속적으로 유입된다는 점, 사람들이 많이 이동한다는 점 등은 유럽의 선진 산업국과는 다른 미국의 특색을 연출한다. 모든 선진 산업국이 겪고 있는 인구 고령화 문제를 미국은 비켜가는 듯하지만 자세히 들여다보면 미국 나름의 문제를 안고 있다. 다음 네 가지 주제에 초점을 맞추어 인구의 변화가 미국을 어떻게 바꾸어놓았는지 검토한다. 인종 구성의 변화, 인구 고령화, 지역 간 인구 이동, 이민자의 지속적 유입이 그것이다.

1. 다인종·다민족 사회로 바뀌면 어떻게 될까

미국은 오랜 노예제의 전통으로 인해 인종에 민감한 사회이다. 서구의 다른 모든 사회에서는 교육, 소득, 직업 등이 사람들의 삶을 결정하지만 미국에서는 이러한 것보다 인종이 더 중요하다고 말한다. 근래에 흑인들이 빈곤층과 중류층으로 구분되면서 인종보다는 계급이 더 중요해졌다는 주장이 제기되지만 미국에서는 여전히 흑인으로 태어나면 백인과 다른 삶을 살 가능성이 크다.

미국인의 인종 구성은 20세기 후반 이래 급속하게 변하고 있다. 미국 역사의 초기부터 20세기 중반까지 미국인의 대부분을 차지했던 유럽계 백인의 비중이 감소한 반면, 소수 인종·민족의 비율은 꾸준히 증가하고 있다. 이는 다음의 두 가지 요인 때문이다. 첫째는 20세기 후반 들어 이전과 달리 유색인 이민자가 급증했다. 둘째는 유럽계 백인의 출산율은 낮은 반면 유색인과 이민자의 출산율은 상대적으로 높다.

2010년 미국의 인구조사에 따르면 미국의 인종 분포는 다음과 같다.[1] 백인 72.4%, 흑인 12.6%, 아시아인 4.8%, 아메리카 인디언 0.9%, 기타 인종 6.2%. 지난 수십 년의 추세를 보면 백인의 비율은 조금씩 감소하는 반면, 흑인의 비율은 매우 서서히 증가하며, 아시아인의 비율은 급속히 상승하고 있다. 중남미 이민자를 지칭하는 히스패닉은 미국의 인구통계국에서 분류하는 인종 범주에는 포함되지 않는다. 미국은 원칙적으로 단일 인종 구분만을 허용하는데 이는 주로 혼혈인 중남미인의 인종 개념과 충돌한다. 미국의 인구통계국은 히스패닉 여부를 인종과는 별도로 조사한다. 히스패닉은 미국인의 16.3%를 차지하고, 백인에서 기타 인종까지 어느 인종에도 속할 수 있다. 그러나 이러한 미국 정부의 인종 구분 체계는 미국인의 상식적인 인종 관념과 일치하지 않는다. 미국인은 대체로 히스패닉을 백인, 흑인, 아시아인과 같이 독립된 인종 범주로 인식한다. 히스패닉의 3분의 2를 차지하는 멕시코계 이민자를 백인이나 흑인으로 보기에는 무리가 있기 때문이다. 반면 플로리다에 주로 거주하는 쿠바계 히스패닉은 백인으로 취급한다. 히스패닉을 별도의 인종으로 간주하면 2000년에 이들은 흑인을 누르고 소수자 집단 중 가장 큰 세력으로 성장했다.

미국의 백인은 크게 두 종류로 구분된다. 하나는 미국의 주류를 형성하는 유럽계 백인, 즉 유럽에서 건너온 이민자의 후손인 백인으로, 이들은 현재 전체 인구의 63%를 차지한다. 유럽계가 아닌 백인은 대부분이 히스패닉으로 전체 인구의 9%를 차지한다. 미국 사회의 주류는 유럽계 백인이 차지하고 있으므로 백인 인구의 감소를 거론할 때 백인 전체의 인구 비율이 아니라 유럽계 백인의 인구 비율을 언급한다. 히스패닉계 백인의 인종 정체성은 유럽계 백인에 비해 덜 명확하기 때문이다. 20세기 후반 중남미와 아시아에서 이민자가 몰려오기 이전인 1950년 인구조사에서 유럽계 백인의 비율은 89.5%로 당시 흑인을 제외한 미국인은 거의 대부분이 유럽계 백인이었다. 20세기 후반 반세기 동안 유럽계 백인의 비율은 26%포인트나 감소한 것이다.

인구 통계국의 인구 예측에 따르면 2042년에 유럽계 백인의 비율은 절반 이하로 떨어진다.[2] 반면 히스패닉은 전체 인구의 4분의 1에 달하며, 흑인 14%, 아시아인 7% 순이다. 현재와 비교해 히스패닉 인구 비중은 크게 늘고, 흑인은 약간 증가하며, 아시아인도 많이 증가한다. 미국에서 유럽계 백인이 절반 이하로 떨어지면 미국 사회가 크게 달라지리라고 우려하는 사람이 있다. 과연 그럴까? 유의할 점은 유럽계 백인의 비율이 절반 이하로 떨어진다고 해도 전체 인구에서 백인이 차지하는 비중은 현재와 큰 차이가 없다. 백인의 내적 구성에 변화가 있기는 하지만 전체 백인의 비율은 당분간 안정적이다. 히스패닉 중 자신을 백인이라고 주장하는 사람이 다수이므로 히스패닉의 인구 비중이 높아져도 전체 인구 중 백인의 비율은 감소하지 않는다. 문제는 유럽계 백인이 히스패닉계 백인을 얼마나 인종적으로 자신과 같은 집단에 속한 사람으로 인정하느냐이다.

미국에서 히스패닉 이민자의 문제가 부각된 것은 최근에 들어서지만 사실 중남미 이민자는 미국의 역사와 함께했다. 1802년 토머스 제퍼슨 대통령이 프랑스로부터 미시시피 강 서부의 엄청난 면적의 땅을 구입했을 때나, 1848년 멕시코와의 전쟁에서 승리하여 서남부의 넓은 지역을 미국 영토로 편입했을 때, 그 지역에는 인디언과 함께 멕시코 사람들이 살고 있었다. 유럽계 백인이 이들의 땅으로 진출해 그들을 몰아내면서, 그들은 멕시코로 쫓겨나거나 농업 노동자로 편입되었다. 이후 멕시코 사람은 20세기 중반까지 미국의 서남부 지역에서 농업 노동자로 지내면서 계절에 따라 멕시코와 미국의 국경을 넘나드는 생활을 했다. 이들은 본국을 떠나 미국에 영구 정착한 이민자이기보다 본국에 남겨진 가족 친지들과 밀접하게 관계를 맺으면서 일자리를 찾아 미국과 본국을 수시로 넘나드는 삶을 살았다.

미국에 영구 정착한 이민자 중 히스패닉이 증가한 것은 1980년대에 들어서이다. 이는 여러 가지 요인이 복합적으로 작용한 결과이다. 멕시코 사회에서 이민자 배출 압력이 증가했다. 20세기 중반 이래 멕시코의 급속한 인구 증가로 농촌에서 농사를 지어 먹고살기가 점점 어려워져 도시로 이동하는 사람이 늘었으나 산업화가 진행되는 도시 지역도 이들에게 생계를 유지할 방편을 충분히 제공하기 어려웠다. 독재 정권의 폭압과 경제 실패로 멕시코인의 삶이 어려워진 것 또한 이들을 미국으로 향하게 만들었다.

한편 미국은 1970년대 이래 대규모의 이민을 흡수하는 유인이 조성되었다. 미국은 1970년대 후반에 큰 불황을 겪으면서 산업 구조조정이 전개되어 제조업이 남부와 해외로 이전한 반면 하급의 서비스 일자리는 증가했다. 미국인이 기피하는 이러한 하급 서비스 일자리에 멕시코 이민자들은 쉽게 취업할 수 있었다. 1980년대에 집 밖에서 일하는 중류층 기혼 여성이 증가하면서 멕시코 이민자 여성에게 많은 일자리를 안겨줬다. 멕시코 이민자 여성은 미국 중류층 기혼 여성의 어린 자녀와 집안일을 돌보는 가정부로 일했다. 멕시코 이민자 남성은 농장 일에서부터 공사장의 허드렛일까지 온갖 힘든 일을 묵묵히 하는 값싼 노동력으로 환영받았다. 1980년대 이래 이민에 대한 규제가 강화되면서 국경을 넘나드는 것이 어려워진 것 또한 멕시코 이민자의 영구 정착을 부추겼다. 과거에는 미국에서 살기 어려우면 본국으로 돌아가는 선택을 쉽게 할 수 있었으나 이제는 다른 나라 출신의 이민자와 마찬가지로 미국에서 영구적으로 사는 멕시코 이민자들이 늘었다. 히스패닉 인구는 1980년대 이래 급속하게 증가하고 있다. 1980년에는 전인구의 6%에 불과했으나, 2000년대 초반에 흑인 인구를 넘어서 미국의 소수 인종·민족 중 가장 큰 집단이 되었다.

흑인의 인구 증가율은 매우 완만하다. 흑인 인구는 1980년에 11.7%의 점유율을 기록했는데, 지난 30년 동안 겨우 0.9%포인트 증가했다. 미국에서 흑인은 인종차별로 고생하므로 아프리카나 중남미에서 미국으로 건너오는 흑인 이민자는 많지 않다. 20세기 중반까지 흑인 이민자를 받아들이지 않은 미국 정부의 차별적인 이민 정책 또한 흑인 이민자가 미미한 이유이다. 중남미의 서인도제도와 아프리카 대륙에서 흑인 이민자가 들어온 것은 1990년대 이후이다. 미국의 흑인은 대부분 200년 전 노예의 수입이 금지되기 이전에 끌려온 노예의 후예이다. 19세기 초반까지 흑인은 전체 인구의 5분의 1에 달했으나, 지난 200년간 흑인 인구는 절대 규모에서 크게 증가하지 않았다. 노예제와 인종차별로 인해 자연 증가율이 낮기 때문이다. 흑인의 사망률은 선진국으로는 믿어지지 않을 만큼 높다. 흑인 남성 중 교도소에 갇혀 지내는 사람들 또한 많다. 흑인은 결혼해 아이를 낳는 사람이 많지 않으며 미혼모로 아이를 낳는다고 해도 그 아이가 조기에 사망하는 경우가 많다. 사망률은 높은 반면 출산율은 그리 높지 않으므로 흑인의 인구 비중은 앞으로도 크게 변화하지 않을 것이다. 다만 아프리카 대륙이 개발되기 시작해 인구 배출 압력이 높아진다면 미국에 건너오는 흑인 이민자가 늘어날 가능성은 있다.

아시아인은 인구 비중은 작지만 증가 속도는 놀랄 만큼 빠르다. 1980년에 1.5%에 불과하던 아시아인은 2010년 5%에 달하게 되었다. 증가 속도만 보면 아시아인은 히스패닉을 앞지른다. 유럽계 백인 인구가 전체의 절반으로 떨어지는 2042년 무렵 아시아 인구는 전체의 7.4%일 것으로 예측하는데, 이는 흑인 인구의 절반을 넘어선다. 절대 규모가 작으므로 미국 사회의 변화에서 아시아인의 영향은 그리 크지 않지만, 아시아인은 사회경제적 지위가 높으므로 유대인과 흡사하게 앞으로 인구 규모보다 더 큰 영향력을 행사할 것이다.

근래에 특징적인 사실은 전통적으로 미국에서는 허용하지 않던 '혼혈인'이 증가하고 있다는 점이다. 미국 흑인의 얼굴을 보면 피부색이 아프리카 흑인과 달리 다양한 밝기인데, 이는 오랫동안 흑인 노예와 백인 주인 간에 성적 결합이 이루어졌음을 시사한다. 미국 건국의 아버지인 토머스 제퍼슨까지 노예와 성적인 관계를 맺은 자손이 번성했으니 백인과 흑인 사이에 혼혈이 생겨난 것은 노예제 시절에 광범위하게 저질러진 관행으로 짐작된다. 문제는 이러한 실상과는 달리 사회적으로 혼혈인은 인정되지 않았다. 그런데 근래에 스스로 두 인종 이상이 혼합된 혼혈인이라고 공개적으로 선언하는 사람이 늘고 있다. 혼혈인의 범주를 최초로 공식적으로 인정한 2000년 인구조사에서 전체 인구 중 2.4%를 차지했다.[3] 이들은 2010년 인구조사에서 2.9%로 조금씩 증가하는 추세이다.

미국인의 인종 구성이 변화하면 사회가 어떻게 바뀔까? 백인과 흑인으로 대비되던 미국의 인종 질서는 다양한 인종의 사람들이 늘면서 인종적으로 다원적인 사회로 변모할 것이다. 인종적으로 다원적인 사회에서 백인의 특권은 줄어들고, 인종적 편견은 감소하며, 인종차별은 완화될 것이다. 인종에 따라 삶의 기회가 결정되는 정도가 줄어들고, 사람들이 인종을 덜 중요하게 생각할 것이다. 인종 구분과 사회경제적 지위의 격차가 일치할 때에만 인종 질서가 엄격하게 유지되는데 인종이 다양해지면서 인종 지위와 사회경제적 지위가 어긋나는 사례가 늘어나면 인종이 덜 중요해질 수밖에 없다. 백인보다 교육이나 소득 수준이 높은 아시아인이나 흑인이 증가한다면 백인은 본질적으로 우월하며 그렇게 대접받아야 한다고 하는 인종주의는 지탱할 수 없다.

유럽계 백인의 비중이 줄면 흥미로운 현상이 나타날 것이다. 미국을 유럽과 사회문화적으로 특별히 가깝게 인식하던 관행은 앞으로 깨질 수 있다. 미국의 정치 지도자와 지식인들은 유럽계 백인의 비중이 줄면 미국에서 유럽 문명의 성격이 퇴조할 것이라고 우려한다. 미국의 대표적 지식인인 새뮤얼 헌팅턴의 『(새뮤얼 헌팅턴의) 미국Who are we?』이나 앨런 블룸Allan Bloom의 『미국 정신의 종말Closing of the American mind』 등의 책에서 유럽적인 전통의 퇴조를 우려한다. 사람들은 자신과 흡사한 사람에게 친근하기 마련이므로 미국에서 유색인이 늘어나면 미국이 비유럽적 문화에 친근해질 것은 분명하다. 유럽 이외 지역 출신의 이민자와 그 후손이 늘면 비유럽 지역에 대한 미국인의 관심은 증가할 것이다. 미국이 유럽으로부터 멀어지는 현상이 우려할 만한 변화라는 인식은 현재 미국의 주류를 형성하는 유럽계 백인의 시각이다. 미국의 히스패닉, 흑인, 아시아인들 중 미국에서 유럽계 백인이 감소하는 것을 염려하는 목소리는 듣지 못했다. 오바마 대통령이 미국의 외교 정책의 중심을 아시아로 전환해야 한다고 주장한데 대해, 그것이 정치경제적 상황만을 고려한 것이 아니라 아시아에서 성장한 그의 배경이 무의식중에 반영되었다는 어느 칼럼니스트의 지적은 터무니없는 말이 아니다.[4]

2. 미국은 인구 고령화를 어떻게 맞고 있나

흔히 미국은 선진국이 공통적으로 겪고 있는 인구 고령화 문제로부터 비켜서 있는 것으로 생각하나 이는 사실과 다르다. 현재 미국 인구 중 65세 이상 고령 인구의 비중은 15%에 달하며, 이 비율은 앞으로 꾸준히 증가해 2050년에는 전체 미국인 다섯 명 중 한 명은 노인이 될 것으로 예측한다.[5] 물론 이 비율은 유럽이나 일본에 비해서는 낮은 수준이다. 그럼에도 미국이 인구 고령화 문제에 대해 상대적으로 관심을 덜 기울이는 이유는 이민자가 지속적으로 들어오고 있기 때문이다. 이민자는 상대적으로 젊고 출산율이 높으므로, 지금과 같이 이민자가 대규모로 계속 들어온다면 서구 선진사회와 같은 문제는 발생하지 않을 것이다. 새로이 유입되는 이민자 덕분에 미국은 시간이 지날수록 고령 인구가 계속 증가하는 선진국의 문제에서 한발 비켜서 있다.

2015년 미국 여성은 일생 동안 평균 1.87명의 아이를 출산하는 것으로 나타났다.[6] 이 수치는 선진 산업국 중에서는 높은 수치지만 인구 대체 수준 이하이다. 미국도 미래의 인구 변화를 낙관할 수만은 없다. 2010년 합계 출산율은 2.01명이었는데 불과 5년 만에 출산율이 가파르게 떨어졌다. 2008년의 경제위기로 출산율이 일시적으로 하락한 이후 상당한 시간이 경과했음에도 출산율이 반등하지 않는 것으로 보아, 미국도 다른 유럽 국가들과 마찬가지로 저출산 단계에 접어들었는지도 모른다.[7] 이렇게 빠른 속도로 출산율이 떨어진 이유는 두 가지이다. 하나는 근래에 중류층, 그중에서도 젊은이의 경제생활이 어려워졌기 때문이다. 근래에 미국에서 젊은이의 실업률은 매우 높다. 안정적인 직장을 잡기 힘들므로 결혼을 미루고, 결혼해서도 애를 적게 낳는다. 일반적으로 사람들은 미래에 대해 희망을 품을 때 아이를 낳는데 출산율이 떨어진다는 것은 근래에 미국인의 삶이 어렵다는 것을 말해준다. 대다수 사람들의 생활이 오랫동안 나아지지 않고, 자신보다 자녀가 더 낫게 살 것이라는 확신이 서지 않고, 누구라도 열심히 하면 성공할 수 있다는 '미국인의 꿈' 이념의 설득력이 약해진 오늘날 미국에서 사람들이 과거보다 아이를 덜 낳는 것은 당연하다. 둘째는, 근래에 건너온 이민자들이 미국에서 지내는 시간이 늘면서 급속도로 기존 미국인의 출산 관행을 수용해 아이를 덜 낳기 때문이다. 이민자 가정의 자녀 수는 기존 미국인보다 높지만 이민자 여성이 미국에 건너온 후 낳는 자녀 수는 시간이 지나면서 급속하게 줄어들어 같은 연령대 미국인 여성의 평균 수준에 근접한다.

미국에서 출산율이 크게 떨어진 것은 최근의 현상이라 추이를 더 지켜봐야 한다. 장기적으로 볼 때 미국 사회의 큰 고민은 인구 고령화 자체보다는 인종에 따라 연령 분포가 다르다는 데 있다. 백인의 이민은 오래전에 중단되었고 백인의 출산율은 근래에 이민 온 사람이나 유색인보다 훨씬 낮다. 미국의 유럽계 백인은 아이를 적게 낳는 반면 이민자와 유색인은 상대적으로 아이를 많이 낳는다. 히스패닉의 출산율은 유럽계 백인의 출산율의 1.6배에 달한다.[8] 인종·민족 간 출산율의 차이에 더해 근래에 유색인 이민자가 급증하면서 미국 사회의 고령자는 백인 쪽으로 몰리는 반면, 생산 활동에 종사하는 연령층과 아동은 유색인에 집중되고 있다. 그 결과 현재 미국의 초등학교 학생의 절반 이상은 유색인이 차지한다.

고령 인구가 증가하면 이들의 부양 문제는 전체 사회가 함께 풀어야 할 숙제이다. 그러나 백인과 유색인 사이에 사회적 연대가 희박한 미국 사회에서 유색인 젊은 층이 백인 고령층을 부양하기 위해 희생해야 한다는 주장은 공감을 얻기 어렵다. 미래의 꿈나무인 어린이에 대한 복지와 교육 투자가 고령자를 위한 복지 지출에 우선해야 한다는 주장 또한 사회적 합의를 도출하기 어렵다. 현재도 미국은 정부 예산에서 고령자에 대한 복지 지출, 즉 사회보장 연금과 고령자 의료보험에 지출하는 비중이 국방비를 제외하면 3분의 2를 넘어선다. 미국은 세계적으로 아동 빈곤율이 매우 높은 나라이다.[9] 전체 아동 세 명 중 한 명은 빈곤선 이하에서 살고 있으며 흑인은 이 비율이 절반을 넘어선다. 반면 노인 빈곤율은 전체 인구의 빈곤율보다 훨씬 낮은 10%에 머무른다. 이는 한국의 사정과 정반대이다. 한국에서 노인 빈곤율은 매우 높은 반면 아동 빈곤율은 훨씬 낮다. 한국과 달리 미국에서 아동 복지보다 노인 복지가 우선되는 것은 단순히 인구 고령화 문제만이 아니라 인종 갈등을 내포하고 있다. 현재의 연금제도와 고령자 의료보험제도는 조만간 조정이 불가피한데, 이때 누가 얼마의 비용을 더 부담할 것인가를 둘러싸고 정치적인 갈등이 벌어질 것이다. 고령자의 부양을 둘러싼 세대 간 갈등은 부분적으로 인종 간 갈등의 색채를 띨 위험이 있다.

베이비붐 세대의 퇴장은 미국 사회에 큰 여파를 미칠 것이다. 베이비붐 세대란 제2차 대전 종전부터 1960년대 초까지 출산율이 매우 높았던 시기에 출생한 사람을 지칭한다. 이들은 미국에서 19세기 후반부터 출산율이 지속적으로 감소하던 장기 변화 추세에서 예외적인 존재이다. 이들은 이른바 '행복한 가정'의 이념을 추구한 사람들로, 여성은 이른 나이에 결혼해 전업주부로 가사에 전념하고 자녀를 많이 낳았으며, 교육 수준이 높고, 물질적으로 풍요로우며, 노령임에도 건강하고, 개인주의적인 성향이 강한 세대이다. 이들은 2000년대에 들어 은퇴 단계에 접어들었다. 이들은 노년이 되어서도 과거의 노인과 달리 개방적이고 구매력이 높으며 사회활동에 적극적으로 참여하는, '새로운 노인상'을 제시할 것으로 기대된다.

미국 문화에서 젊음은 최고의 가치로 숭상되는 반면 나이를 먹는 것이나 노인의 존재는 부정적으로 그려지는데, 건강하고 풍요롭게 여가를 즐기는 노인이 증가하면서 이러한 가치관에 어떤 변화가 나타날지 흥미롭다. 근래에 미국의 대도시에는 자녀들을 다 떠나보내고 도심 근처의 집으로 이사해 문화 행사에 자주 참여하며, 자원봉사를 열성적으로 하고, 여행을 자주 다니며, 카페에서 신문을 읽으며 시간을 보내고, 한가로이 거리를 산책하는 노인을 많이 볼 수 있다. 과거와는 비교할 수 없을 정도로 경제력을 갖추고 사회문화적으로 세련된 노인 집단이 출현하고 있다. 이들은 과거의 노인과 달리 어렵게 살면서 죽기를 기다리는 노인이 아니라 경제력을 갖춘, 어떻게 잘살 것인가를 생각하는 노인이다.

베이비붐 세대가 노년이 되면서 '고령자'의 정의가 바뀔 조짐을 보인다. 과거에 65세가 지나면 대부분 경제활동의 일선에서 물러나 '노인'이 되던 것과 달리, 근래에는 65세가 넘어서도 경제활동에 종사하는 사람이 늘고 있다. 모든 노인이 노년이 되어서도 일하고 싶어 하지는 않는다. 교육 수준이 높을수록 노년이 되어도 지적 능력이 퇴화하지 않고 신체적으로 건강하며 오랫동안 경제활동을 지속한다. 관리직이나 전문직에 종사하는 사람은 연령이 높아져도 생산성이 크게 떨어지지 않고 고령으로 인한 임금 하락이 크지 않으므로 월급을 받으면서 일하는 것이 연금을 받으며 은퇴하는 것보다 더 나은 선택이다. 육체적인 노동을 필요로 하지 않으며 일의 보람이 있는 직종에서는 고령이 되어도 계속 일을 하는 사례가 늘어난다. 반면 교육 수준이 낮고 육체적인 노동에 종사하는 경우, 고령이 되어 일자리를 찾기 어려워지면 연금을 받으며 은퇴하는 것이 더 나은 선택이다. 그 결과 베이비붐 세대는 교육 수준에 따라 빈자와 부자의 격차가 더 벌어진다. 교육 수준이 높은 노인은 건강이 좋으며 모아놓은 재산이 있음에도 늦은 나이까지 일하면서 풍요롭게 노년 생활을 즐기는 반면, 교육 수준이 낮은 노인은 건강이 좋지 않으며 일찍 일을 그만두고 얼마 안 되는 연금과 복지 지원에 기대어 어렵게 살아간다.

베이비붐 세대가 고령화되면 이들 모두를 현재 수준의 사회보장 연금과 고령자 의료보험으로 부양하기는 어렵다. 인종이 다르거나 근래에 이민 온 젊은 사람은 고령자의 은퇴 비용을 일방적으로 부담하면서 자신과 자녀의 복리를 희생하려 하지 않을 것이기 때문이다. 결국 베이비붐 세대 중 다수는 65세가 넘어도 일할 수밖에 없다. 그것이 현재 나타나고 있는 현상인데 문제는 능력에 따른 소득과 건강의 격차가 젊은 사람보다 고령자에게서 더 크게 벌어진다는 점이다. 경제활동이 활발한 나이의 사람들 사이의 격차는 시간이 지나면서 이점과 불리함이 계속 누적되어 노인이 될 무렵에는 젊은 사람보다 격차가 더 벌어진다.[10] 노인층의 불평등은 젊은 사람과 달리 소득뿐 아니라 건강에서도 격차가 크게 벌어진다. 다른 선진 산업국과 비교할 때 미국 사회의 불평등 수준은 특이하게 높은데 앞으로 인구 고령화가 진전되면 노인층 내에서 불평등이 크게 벌어질 것이다. 부자 노인과 가난한 노인 간의 격차가 크게 벌어지고 노인에 대한 사회보장이 부실해질 경우, 현재와 같이 풍부한 사회보장 연금과 고령자 의료보험 덕택에 대다수가 여유를 누리며 사는 미국 노인의 모습은 찾아보기 힘들어질 것이다. 중하층 노인의 요구에 영합하는 정치인이 경쟁적으로 등장하면서 세대 간, 인종 민족 간 정치 갈등은 거세질 수 있다.

3. 미국인은 끊임없이 이동한다

미국의 역사는 20세기 중반까지 유럽에서 이주해 북동부에 정착한 이민자들이 중서부와 서부로 계속 이동해 나아가면서 발전했다. 1890년 미국의 인구통계국은 미국 서부의 신개척지는 끝났다고 발표했는데, 같은 시기에 역사학자 프레더릭 터너Frederick J. Turner는 미국 역사는 서부 개척의 역사라고 주장했다. 미국의 핵심은 새로운 곳으로의 '이동'에 있다는 사실을 강조한 것이다. 미국인은 나라 안에서 이동을 자주하는 사람들이다. 21세기에 들어 과거보다 이동의 빈도가 줄기는 했지만 미국인은 선진 산업국 사람 중 이동을 가장 많이 한다.

20세기 미국인의 국내 이동은 이전에 유럽 이민자들이 서부로 이동하던 것과는 다른 유형을 보인다. 20세기 초반과 중반에 걸쳐 남부의 흑인이 북부의 대도시로 대규모로 이동한 것은 흔히 '대탈출exodus'이라고 지칭한다. 이들은 남부의 인종차별을 피하는 한편, 1차 및 2차 세계대전을 전후해 제조업 일자리를 찾아 북부의 산업 도시로 이동했다. 남부의 흑인은 북부로 이전한 시기에 따라 경제적 기회에 차이가 있다. 20세기 초반에 북부로 이동한 흑인은 도시의 노동자로 정착했다. 제1·2차 대전 중 산업이 폭발적으로 증가하는 시기에 공장의 근로자로 일하며 경제적인 상승 기회를 포착한 것이다. 이들은 20세기 중반 민권운동의 주도 세력이 되었고, 이후 흑인에게 점차 확대된 기회를 십분 활용하면서 중류층의 지위에 도달했다. 현재 사회적으로 성공한 흑인은 대부분 20세기 초·중반에 북부 대도시로 이주한 사람의 후예이다.

반면 20세기 중반 이후에 북부로 이주한 흑인은 전쟁 기간 동안 제조업 일자리가 폭증한 기회를 잡지 못했다. 전쟁에서 돌아온 백인 남성들이 좋은 일자리를 다 차지하고 난 후 흑인에게 남겨진 것은 많지 않았다. 더구나 1965년에 이민법을 개정하고 중남미와 아시아 지역에서 이민자가 물밀듯이 들어오면서 흑인은 노동시장에서 주변으로 밀려났다. 이들은 도시의 제한된 일자리와 차별에 고통받으면서 안정된 일자리를 확보하지 못하고 불안정한 생활을 지속하며 어렵게 살아간다. 백인이 교외로 탈출하고 남겨진 도심의 빈민 지역에서 살아가는 흑인은 대부분 20세기 중·후반에 남부로부터 이주한 흑인의 후예이다.

1970년대부터는 반대로 북부 인구가 남부로 대규모로 이동하기 시작했다. 이러한 변화는 경제적 요인과 함께 사회적 요인이 복합적으로 작용했다. 미국 역사에서 남부는 20세기 중반까지 정체된 지역이었다. 19세기 산업화 시기에 유럽에서 엄청난 수의 이민자가 들어왔지만 이들은 북동부의 대도시에 정착하거나 혹은 중서부와 서부로 이동을 했다. 이민자는 남부에 발을 들이지 않았다. 남부는 식민지 시절부터 18세기 후반까지 북미 대륙에 이주한 영국인과 아프리카의 노예가 세대를 이어가면서 외부인의 유입 없이 그들만의 고립된 세상을 만들었다. 이는 비인간적인 노예제도, 흑인과 경쟁해야 하는 부담, 농업 위주의 낙후한 산업구조, 새로운 일자리가 없는 곳, 외부 세계에 배타적인 지방 문화 등이 복합되어 나타난 결과이다. 남부의 지배층 백인은 남북전쟁에 패한 이후 인종 분리 정책을 강화했으며 일당 독재 체제를 구축해 폐쇄적으로 지배했다. 그 결과 북부는 산업화와 함께 번성하고 새로이 유입되는 이민자로 넘쳐났으나, 남부는 가난하고 낙후한 어두운 지역이 되었다.

1960년대에 민권운동으로 흑인에 대한 법적 차별이 제거되면서 남부도 외지의 사람이 이주해 살 만한 곳이라는 인식이 조금씩 확대되었다. 제2차 대전 이후 냉방기가 보급된 것 또한 여름에 무덥고 습한 기후로 고생하는 남부 지역에도 사람이 살 만하다는 인식이 퍼지게 된 계기이다. 외지 사람이 남부에 본격적으로 이주한 것은 1980년대에 들어서부터이다. 미국의 산업은 1970년대 중반부터 외국과의 경쟁에서 밀리기 시작해 1980년대에 본격적인 구조조정을 겪었다. 미국 산업의 중심이었던 북동부와 중서부의 공장은 낮은 임금, 낮은 토지 가격, 낮은 세금, 낮은 규제, 노동조합이 없는 곳이라는 유인을 좇아 남부 혹은 해외로 이전했다. 이후 다국적 기업이 미국 내에서 새로운 공장을 짓는 경우 거의 모두가 남부에 자리 잡았다. 북부의 산업 지대가 쇠퇴하는 대신 테네시, 조지아, 앨라배마 등 전통적인 남부의 주들이 산업의 중심지로 변모하고 있다. 사실 미국의 남부는 미국 내의 개발도상국이라고 불리던 곳이므로 공장을 해외의 개발도상국으로 이전하는 것과 남부로 이전하는 것은 근본적으로 차이가 없다. 북부에 있는 기업의 지속적인 구조조정은 남부에 새로운 일자리를 만들고 인구를 모이게 하는 동력이다.

북부의 산업 기반이 허물어지면서 북부의 인구는 일자리를 좇아 남부로 이주했다. 해외에서 새로이 들어온 이민자들 또한 일자리를 찾아서 남부에 정착했다. 그 결과 북부의 산업도시는 인구가 감소하고, 도시의 일부가 폐허가 되거나 재정 부족으로 파산하는 지방 정부가 속출했다. 미국의 인구가 남부로 계속 이동하면서 남부의 개발이 가속화되고 남부의 정치적 위상이 높아졌다. 근래에 남부는 국내 이동은 물론, 중남미와 아시아로부터 온 이민자들이 정착하는 최종 목적지가 되었다. 그 결과 조지아 주의 애틀랜타나 버지니아 주의 리치몬드 같은 남부의 대표적인 도시는 북부의 대도시와 유사해졌다. 이러한 남부의 대도시에는 지역 토박이는 극히 일부인 반면, 국내 다른 지역이나 외국에서 온 사람이 다수이고 다국적기업의 본사와 금융회사가 늘면서 도심은 빌딩 숲으로 변했다.

20세기에 미국은 지역 간 이동 못지않게 도심에서 교외로의 이동이 두드러졌다. 지역 간 이동이 일자리를 좇아 움직인 것이라면, 도심에서 교외로 이동은 거주의 편의를 좇아 움직인 것이다. 20세기 중반 자동차 소유가 대중화되기 전까지 사람들은 농촌이나 도시의 중심 근처에 주로 거주했다. 제2차 대전 이후 도시화가 지속되는 한편, 도심 외곽 지역으로 이주하는 경향이 가속되었다. 도심보다 교외에 사는 것을 선호한 이유는 교외의 넓은 공간에서 풍요를 누리려는 목적과 함께, 남부에서 북부의 대도시로 이주하는 흑인을 피해 도시를 탈출하려는 의도가 작용했다. 그 결과 미국의 대도시에는 독특한 거주 유형이 자리 잡았다. 대도시의 중심에는 상업 지구가 있고, 그 주변으로 가난한 흑인이 거주하고, 도심을 둘러싼 교외에는 백인이 거주하는 거주지 분리 현상이 뚜렷하다. 중류층 백인이 거주하는 교외에는 넉넉한 재정을 바탕으로 안락한 공공시설이 제공된 반면, 흑인이 거주하는 도심은 빈곤과 범죄에 찌든 모습으로 대조된다.

교외에 거주하는 백인은 도심의 직장으로 출퇴근 하지만 도시의 흑인과 이웃해 살지 않으므로 직장에서 제한된 범위의 접촉을 제외하고는 흑인과 백인 간의 접촉은 거의 없다. 백인들은 도심과는 행정적으로 구분된 교외에 거주하므로 직장이 도시에 있기는 하지만 도시의 공공시설을 유지하는 데 필요한 재정에 도움을 주지 않는다. 중류층 백인이 사는 교외 지역은 그들만의 자치도시를 만들어 세금과 행정을 그 지역 내에서만 사용하도록 하기 때문이다. 이렇게 백인과 흑인 간에 교외와 도심으로 거주지가 분리됨으로써 일상생활에서 서로 접촉하지 않는 상황은 인종 간 편견과 차별을 지속시키는 중요한 원인이다. 일반적으로 집단 간 상호 접촉의 빈도가 덜할수록 상대에 대해 편견이 만들어지고 차별적인 행위를 하기 쉽다. 흑인과 백인 사이에는 오랫동안 편견과 차별이 존재했는데, 20세기에 대도시에서 전개된 흑백 간 거주지 분리 관행은 이러한 전통적인 편견과 차별을 지속시켰다.

백인은 교외에 살고 도심은 흑인이 차지하는 거주지 분리 관행은 근래에 약간의 변화를 보인다. 중류층 백인 중 일부가 도심에서 사는 것을 선호하게 된 것이다. 베이비붐 세대가 은퇴를 시작하면서, 노인층 백인은 교외의 넓은 집에 살면서 자동차를 운전하고 다녀야 하는 생활을 안락하게 느끼지 않는다. 자녀들이 다 떠나간 뒤 도심에서 멀리 떨어진 교외에서 고립되어 노년을 보내는 것을 힘들어한다. 도심 근처에 살면서 도시의 문화·편의 시설을 이용하고 같은 처지의 노인과 교류하는 생활을 선호하는 노인이 늘고 있다. 결혼 연령이 늦추어지고 혼자 사는 젊은이가 늘어나는 경향 또한 도심 근처에 사는 백인을 증가시킨다. 혼자 사는 사람은 다양한 문화생활의 기회가 주어지는 대도시의 도심 근처에서 사는 것을 선호한다. 부부가 모두 일하는 가정이 늘면서 남편과 아내 모두 먼 거리를 운전하며 통근하는 것을 힘들어하는 경우도 늘었다. 그 결과 근래에 대도시의 도심이 재개발되고 중류층 백인이 교외에서 도심으로 이주하는 현상이 나타났다. 반면 가난한 흑인은 도시 주변의 외곽으로 쫓겨나면서 가난한 사람들이 사는 교외 지역이 생겨났다. 그러나 여전히 대다수의 중류층 백인은 결혼해 자녀를 낳으면 교외의 넓고 안전한 환경에서 자녀를 키우고 싶어 한다.

4. 미국은 앞으로도 이민자를 많이 받아들일까

미국은 이민자의 나라다. 20세기 후반에서 현재에 이르는 시기는 미국의 역사 전체로 볼 때 이민자의 유입이 매우 활발한 시기이다. 매년 100만 명 이상의 이민자가 들어오고 있다. 그 결과 2010년 미국인 중 외국에서 출생한 사람의 비율은 13%에 이른다. 이민자와 밀접히 연결된 이민 2세까지 포함한다면 미국인 다섯 중 한 명은 이민과 직접적으로 연관되어 있다.

미국은 이민자가 지속적으로 들어온 덕분에 인구 고령화나 인구 감소의 문제를 덜 걱정한다. 미국의 인구 구조는 출산율보다 앞으로 이민자를 얼마나 받아들일 것인가에 달려 있다. 인구통계국에 따르면 2030년 무렵부터 미국 인구는 출산에 의한 자연 증가보다 이민에 의한 증가가 더 커진다.[11] 1925~1965년은 미국이 이민자를 매우 적은 수만 받아들인 기간인데, 그 결과 해외에서 출생한 사람은 전인구의 2% 이하로 떨어졌으며 인종 구성은 유럽계 백인과 흑인으로 단순화되었다. 이민자의 유입은 정부의 정책에 따라 크게 좌우되는 사안인데, 앞으로도 현재와 같이 많은 인원이 매년 들어온다면 미국 사회는 크게 변화할 것이다.

미국인의 사회적 지위는 이민 온 시기와 이민자의 출신지에 따라 크게 좌우된다. 미국의 정치적 기초를 세운 영국인은 정치적·경제적·사회적으로 핵심에 위치하며, 자신의 언어와 문화를 미국의 기준으로 설정하고 이후에 온 사람들에게 강요했다. 영국인은 스페인인, 프랑스인, 네덜란드인보다 뒤늦게 북미 대륙에 발을 들였으나 전쟁으로 그들을 몰아내고 주인이 되었다. 북미 대륙에 이민 온 지 수백 년이 지난 현재에도 영국계는 미국의 정치·경제·사회·문화의 정점에 위치해 있다. 미국 사회의 위계 체계에서 영국계 다음에는 독일인이나 스웨덴인과 같은 북서 유럽계 사람들이 위치하고 있다. 이들은 개신교라는 공통점과 언어와 생활 관습 등에서 유사한 배경을 지닌 사람들이다. 19세기 중반에서 20세기 초반에 걸쳐 건너온 아일랜드인, 이탈리아인, 폴란드인, 유대인 등은 20세기 중반까지 심한 차별을 받았다. 이들은 앞서 온 서유럽계와 종교 배경이 다르며 아일랜드인을 제외한다면 언어와 생활 관습에서도 차이를 보인다. 이들은 백인의 일원으로 유색인에 대해서는 인종적 특권을 누리는 위치에 있지만 미국의 주류 집단에는 끼지 못하는 주변적인 존재로 뚜렷한 민족성을 유지했다. 이들은 20세기 후반에 들어 유색인과 대비되는 백인이라는 큰 테두리로 통합되었다. 이들은 고유의 민족성을 대부분 상실했으며 사회적 차별은 사라졌다.

1925년 이후 미국으로의 이민은 상당 기간 단절되었다. 1965년 이민법 개정으로 새로운 이민의 물결이 형성되었다. 이번에는 비유럽 지역에서 이민자가 몰려왔다. 중남미인과 아시아인이 가장 규모가 크고 이외에도 중동, 아프리카, 동유럽 등에서 이민자가 들어오고 있다. 20세기 후반에 건너온 이민자는 유색인이며 이민자들 간에 차이가 매우 크다는 점에서 과거에 들어온 이민자와 다르다. 이들은 유색인인 데다 근래에 이민 왔으므로 주류 사회로부터 차별을 받는다. 이들은 앞선 이민자 집단이 물려준 험한 일을 물려받는다. 중남미 이민자 중 남자는 아일랜드계와 이탈리아계가 장악한 건축업에서 하급 노무자로 일을 얻으며, 여자는 과거 가난한 유럽인 이민자가 하던 가정부나 기타 개인 서비스 일을 맡는다.

근래에 건너온 아시아인 중 일부는 재능과 재력이 있는 특이한 이민자들로, 이민 온 지 얼마 지나지 않아 중류층으로 진입했다. 이들은 과거의 이민자들이 교육 수준이 낮으며 기술도 돈도 없는 비숙련 노동자로 미국 생활을 시작했던 것과 대조된다. 인도인과 동아시아에서 온 이민자들은 근래에 왔음에도 이민 1세대에 이미 백인의 평균을 넘는 사회경제적 지위에 도달했으며, 그들의 자녀는 훨씬 높은 사회경제적 성취를 이루었다. 한편 미국 사회의 위계 체계에서 밑바닥에 있는 흑인과 인디언은 이민자들이 들어와 자신보다 상위의 위치에서 미국 생활을 시작하는 것을 지켜봐야 했다.

이민자는 미국 경제에 필요한 주요 노동력 공급원이다. 19세기 산업화 시기에 저임금 비숙련 노동력이 대규모로 필요했을 때 유럽에서 온 이민자들이 이 수요를 충당했다. 20세기 중·후반에 서비스 경제로 이전하면서 서비스 산업은 다양하고 많은 저임금 비숙련 일자리를 만들어냈다. 중남미와 아시아에서 온 이민자는 대부분 이러한 저임금 서비스 일자리에서 미국 생활을 시작한다. 이들은 미국 태생의 사람이 맡으려 하지 않는 더럽고 험한 일도 마다하지 않는다. 이들의 헌신적인 노동은 미국산 제품과 서비스의 국제경쟁력을 유지하는 데 없어서는 안 되는 요소이다. 이들이 없다면 미국의 물가는 유럽처럼 높은 수준일 것이며, 높은 비용 때문에 미국에서 생산하지 못하는 것이 늘어나 경제 전체의 총생산을 낮추는 결과를 초래할 것이다.

이민자들은 저임금 비숙련 일자리를 채울 뿐 아니라 근래에는 새로운 아이디어를 만들어내는 인재로서도 중요한 몫을 한다. 이민자들은 기존의 미국인보다 성취동기가 높으며, 새로운 아이디어나 사업에 뛰어들어 모험을 감수하려는 성향이 강하다. 미국은 과학 분야에서 노벨상을 휩쓸고 있는데 이들 중 다수는 외국에서 출생했거나 부모가 외국에서 온 이민자 가정 출신이다. 20세기 후반 인도와 동아시아에서 온 사람들은 높은 교육 수준과 성취동기가 있으므로, 이들이 미국의 새로운 아이디어 개발과 창업에서 두각을 보이는 것은 당연하다. 이들이 없다면 오늘날의 실리콘밸리는 없고, 애플이나 구글은 탄생할 수 없었다. 미국은 새로운 이민자를 계속 받아들임으로써 정체된 상황을 타개하고 기득 이권을 지키려는 보수화 경향을 극복할 수 있었다. 미국은 이민자를 통해 성취동기와 모험심이 강한 인재를 계속 수혈받고 있다.

이민자는 미국의 사회와 경제에 긍정적인 영향을 미치지만 모든 미국인이 이민자를 환영하는 것은 아니다. 기존의 미국인과 성격이 다른 이민자들이 일시에 대규모로 들어왔을 때 미국인은 항시 이민에 반대했으며 이민자를 억압했다. 영국계가 주도한 주류 사회는 18세기에 새로이 건너온 독일계 이민자를 차별했으며, 19세기 중반 아일랜드인 이민자의 대규모 유입에 반대하여 이들을 살해하고 방화했으며, 20세기 초반 남유럽과 동유럽 이민자의 대량 유입에 반대하고 이들을 억압했다. 1925년에 개정된 이민법은 기존의 미국인과 다른 성격의 사람이 들어오는 것을 억제하려는 의도에서 만들어졌다.

1980년대부터 미국에서 새로운 이민자를 억제하려는 시도가 강화되고 있다. 1986년에 개정된 이민법에서는 불법 이민자를 고용하는 고용주를 처벌하는 강력한 조항이 도입되기도 했다. 이는 1965년 이민법 개정 이후 짧은 시간 동안 중남미와 아시아에서 이민자가 대규모로 들어온 것에 대한 반발이다. 이들은 미국의 주류 집단과 인종은 물론 문화적으로도 매우 다르므로 이들이 급속히 증가하면 기존의 삶의 방식이 위태로워진다는 의식이 높아졌다. 중남미 이민자들이 스페인어를 주로 사용하고 자신들의 문화를 유지하면서, 유럽에 근거를 둔 미국의 정체성은 위기에 처할 것이라는 경고가 이어졌다. 멕시코인 이민자가 많이 정착하는 남서부 지역은 과거에 미국이 전쟁을 통해 멕시코로부터 강탈한 곳이므로, 멕시코 이민자들이 이 지역을 다시 회복하려는 야망을 품을 수도 있다는 주장까지 제기되었다. 이러한 우려는 근거가 없는 것으로, 미국 역사에서 수차 반복되었던 유형, 즉 기존에 정착한 미국인이 새로운 이민자를 억압하고 차별하는 행태에 지나지 않는다. 멕시코 이민자들은 시간이 지나면서 미국의 문화와 관습에 빠르게 동화하고 있기 때문이다.

경제가 어려울 때마다 사람들은 노동시장에서 이민자와 경쟁할 것을 염려해 이민을 제한해야 한다고 목소리를 높인다. 1980년대 이래 전개된 대규모 구조조정으로 제조업의 일자리가 많이 사라지면서 과거에 후한 임금을 받던 노동자들이 안정된 일자리를 잃게 된 것이 근래에 이민 규제를 높이라는 요구가 커지게 된 배경이다. 1990년대 들어 미국 경제는 크게 성장했지만 소득 불평등이 확대되면서 노동자의 삶은 어려워졌으며 청년 실업이 확대되었다. 미국은 2000년대 부시 정부에 들어와 이민 규제의 강도를 높였다. 2001년에 터진 9.11 사건은 외국인을 배격하는 사회 분위기를 강화시켰다. 멕시코와 국경에 엄청난 돈을 들여 높은 장벽을 세운 것은 물론 국경 수비대의 인력과 장비를 크게 늘렸다. 백인 중류층 남성 노동자들이 주요 지지 세력인 미국의 공화당은 기회가 날 때마다 이민 규제를 강화하고 불법 이민자를 내쫓는 정책을 추진하는 데 열심이다.

그러나 미국에서 이민을 제한하는 문제는 정치적으로 뚜렷한 합의점을 찾기 어렵다. 왜냐하면 높은 근로 윤리를 가진 이민자들은 미국의 노동시장에 꼭 필요한 존재이기 때문이다. 미국에 건너오는 이민자는 높은 기술의 인재와 낮은 기술의 근로자 양쪽을 포괄하는데, 이들은 미국 경제가 정상적으로 굴러가기 위해 꼭 필요한 존재이다. 높은 기술의 인재가 계속 공급되지 못하면 미국의 명문 대학이나 첨단 기술 산업은 경쟁력을 잃을 것이고 계속 발전하지 못하리라는 경고의 목소리가 높다. 근래에 외국인 근로자를 제한하는 조치에 대해 가장 크게 반대의 목소리를 낸 사람은 실리콘밸리의 기업가들이다. 또한 양질의 저임금 근로자가 계속 유입되지 않는다면 미국의 서비스 산업은 지금보다 훨씬 높은 비용 부담을 져야 하며 미국 경제 전체가 타격을 입을 것이다.

이민 규제와 관련해 민주당과 공화당은 서로 대치하고 있지만 양당 모두 내부 사정을 들여다보면 이민을 반대할 수만은 없는 입장이다. 공화당 지지 기반의 한 축은 백인 중하층으로 이들은 이민자의 유입을 반대하지만, 지지 기반의 다른 한 축인 기업가는 이민자가 계속 유입되도록 강력한 압력을 행사한다. 민주당은 히스패닉과 아시아인 등 유색인 소수자를 지지 기반으로 하는데 이들은 이민자의 유입을 환영하는 반면, 지지 기반의 다른 한 축인 북부의 제조업 노동자들과 흑인은 이민자의 유입을 반대한다. 민주당의 또 다른 지지 기반인 교육 수준이 높은 전문직 계층은 이민자의 유입을 적극 옹호한다.

근래에 미국 정치권에서 논의되고 있는 이민 개혁 논쟁에서 공화당과 민주당 모두 합법적인 이민자의 유입을 제한하는 것에는 소극적인 반면, 반대할 명분이 뚜렷한 불법 이민자에 대해서만 주로 논의한다. 현재 미국에는 불법 이민자가 약 1200만 명 거주하는데 이들을 어떻게 할지가 미국 정치계의 뜨거운 감자이다. 이들 불법 이민자 중 다수는 미국에 이주한 지 오래되었으며, 어린 시절에 미국에 건너와 초등학교부터 대학교까지 마친 사람도 있다. 오바마 대통령은 어린 시절에 미국에 건너온 사람을 추방하지 않도록 하는 행정명령을 내렸다. 그는 입국한 지 5년이 넘고 성실하게 세금을 납부하며 일하는 불법 이민자를 사면하는 이민 개혁을 추진했으나 공화당이 장악하고 있는 의회에서 좌절되었다. 불법 체재 이민자 중 다수는 중남미 출신인데, 히스패닉의 정치적 지지를 자원으로 하는 민주당은 이들을 합법화해야 할 이유가 뚜렷한 반면, 백인의 정치적 지지를 자원으로 하는 공화당은 불법 이민자를 합법화하는 것은 자신들의 정치력 약화를 초래하기 때문에 강력히 반대한다. 미국에 불법 체재 중인 이민자의 합법화 문제가 어떻게 정치적으로 결말이 날지는 확실치 않다. 미국인 중 다수가 일정한 기준을 갖춘 불법이민자에게 합법적인 신분을 부여하는 것에 찬성하므로 아마도 당분간 시민권은 주지 않고 미국에서 세금을 내면서 일을 계속할 수 있는 권리만 부여하는 타협안이 채택될 가능성이 크다.[12]

불법 이민자 문제와는 별도로, 미국에 유입되는 이민자는 당분간 감소하지 않을 것으로 보인다. 미국의 인구밀도는 여전히 낮으며, 무엇보다 미국 경제가 이민자를 절실히 필요로 하기 때문이다. 여론조사에서도 미국인 중 다수는 이민자가 계속 들어오는 것에 찬성한다. 2008년 금융위기로 미국 경제가 어려움에 빠졌을 때 미국에 유입되는 이민자는 일시적으로 감소했다. 미국에서 일자리를 찾기 어렵게 되면 이민자의 유입은 자연적으로 감소한다. 근래에 불과 수 년 만에 경제 불황을 회복한 데서 보듯이 미국의 경제가 높은 경쟁력을 유지하는 한 미국으로의 이민 행렬은 계속 이어질 것이다. 현재 미국은 서구의 선진 산업국 중 가장 낮은 실업률을 기록하고 있다. 미국 경제가 팽창하면서 불안정하고 임금이 낮은 일자리가 많이 생겨나고 있는데 이 자리에는 노동윤리가 투철한 이민자들이 최적이다. 21세기에도 미국으로 이주하는 사람들은 중남미, 남아시아, 동남아시아 등 개발도상국에서 주로 배출될 것이므로 새로운 이민자들은 미국인의 모습을 계속 바꿀 것이다.

| 제10장 |

맺음말

미국 사회는 어디로 향하고 있나

Change of The American Society

2016년 대통령 선거에서 가장 큰 화제는 트럼프의 등장이다. 트럼프는 공화당 후보이면서 공화당의 노선에 반기를 들고, 미국의 지도자로서는 담기 힘든 막말을 마구 쏟아냈다. 그에 대한 열렬한 지지는 남부와 중서부의 남성 백인 중하층 사람들로부터 나왔다.[1] 그들은 트럼프의 분노에 찬 고립주의 정책이나 인종주의적 발언에 환호했다. 최근 이와 연관된 흥미 있는 연구 결과가 발표되었다. 노벨 경제학자 앵거스 디턴Angus Deaton에 따르면 미국에서 근래에 교육 수준이 낮은 백인 중년 남성의 사망률이 증가하고 있으며, 이들 중 술과 마약의 과다 복용으로 인한 자살이 많다. 반면 여성이나 유색인의 건강은 개선되고 있다.[2]

교육 수준이 낮은 백인 남성 중하층은 1970년대 후반 이래 미국 경제의 변화로 많은 것을 잃은 집단이다. 이들은 1970년대까지 생산직 근로자로서 중류층의 생활을 누렸다. 그러나 1980년대 이래 산업 전반의 구조조정으로 안정된 일자리를 잃고 저임금의 불안정한 일자리를 전전해야 했다. 사회학자 앤드류 철린Andrew Cherlin은 이들의 사망률이 근래에 높아진 이유를 준거집단 이론으로 설명한다.[3] 그에 따르면 사람들은 일반적으로 자신의 삶이 괜찮은지에 대한 판단을 자신의 부모의 삶과 비교하여 내린다. 백인 남성 중하층의 부모 세대는 비교적 안정된 삶을 살았다. 반면 그들에게 남겨진 것은 불안정하고 힘든 삶뿐이며, 그들의 자식 세대에서도 나아질 기미가 보이지 않는다. 그 결과 그들은 현실에 분노하고 좌절한 나머지 건강을 해치며 자살을 선택한다는 것이다.

미국의 중하층 백인은 인종주의적 태도를 지니는데 남부의 중하층 백인에게서 그러한 성향이 강하다. 그들은 흑인의 지위가 개선되고 유색인 이민자가 대거 유입되어서 백인의 기득권을 크게 위협받았다. 여성의 지위가 향상된 것 또한 중하층 남성의 기득권을 위협한다. 남부의 복음주의 개신교 신자들 역시 전통적인 가부장 질서가 허물어지고 합리적인 사고가 확대되는 것을 한사코 반대하는데, 그들의 영향력은 근래로 오면서 위태로워지고 있다. 주류 집단의 기득권은 상대적으로 약화되는 반면, 소수자의 권익은 향상되고 있다. 인종의 중요성은 점차 감소하는 대신 계층의 중요성은 높아지고 있다. 백인으로 태어나면 유색인에 대해 특권을 누리지만 이러한 기득권은 점차 약화될 것이다. 히스패닉계 백인이 늘어나고 아시아인과 혼혈의 백인이 많이 등장하면 백인의 배타적 특권을 고수하기는 어려울 것이다. 중류층 백인과 동일한 사고와 생활양식을 보이는 중류층 흑인이 증가하면서 인종보다는 어느 계층에 속하는지가 삶의 기회를 결정하는 요인이 될 것이다.

여성의 지위 역시 꾸준히 향상되고 있다. 과거 남성이 전유하던 분야에 여성의 진출이 늘고 있으며, 반대로 과거에 여성의 영역이던 양육과 가사에 남성의 참여가 증가하고 있다. 정부와 기업의 고위직에 진출하는 여성도 서서히 늘고 있다. 그러나 여성의 지위가 개선되는 만큼 사회제도가 뒤따라가지는 못했다. 어린 자녀를 가진 기혼 여성의 대다수가 경제활동에 참여하고 있지만 직장 일과 자녀 양육을 병행할 수 있도록 돕는 제도적 장치는 미비하다. 의사결정의 위치에 오르는 여성이 늘면서 조금씩 양육과 가사의 책임을 남성과 사회가 분담하는 방향으로 변화할 것이다. 실질적인 남녀평등이 이루어질 때까지 결혼을 미루거나 혼자 사는 여성이 증가할 것이며, 자녀를 적게 낳으려는 경향이 지속될 것이다.

1970년대 중반 이래 소득 불평등이 계속 확대되고 있다. 소득 불평등이 무한히 확대될 수는 없으므로 언젠가는 제동이 걸릴 것이다. 소득 불평등의 확대를 가져오는 두 가지 요인, 즉 정부의 정책과 정보통신기술의 발전 및 세계화라는 요인 각각을 살펴보자. 정부의 정책에 대해 미래를 예측하기는 비교적 쉽다. 2016년 대통령 선거에서 트럼프와 샌더스가 부상한 것에서 보듯이, 미국의 보통 사람들은 높은 불평등에 대해 거부감을 강하게 표명했다. 세계화의 결과로 중하층 백인의 삶이 피폐해진 것에 대해 어떤 방식으로든 보완하려는 노력이 기울여질 것이다.

그러나 1960년대와 같은 진보적인 정책이 가까운 미래에 다시 출현할 가능성은 희박하다. 현재 미국의 정치는 기업과 부자에게 절대적으로 유리한 구조이므로 사회적 혹은 경제적으로 큰 혼란이 없는 한, 이들의 기득권을 크게 손상하지 않는 범위 내에서 정책이 구사될 것이다. 기득권층의 이익을 견제할 노동자와 약자의 정치 세력이 미미하므로 기업과 부자가 자신에게 손해인 개혁을 자발적으로 추진할 가능성은 희박하다. 2008년의 금융위기로 미국 경제가 큰 어려움을 겪었지만 그 위기를 초래한 주범인 월가의 금융계는 거의 손상을 입지 않았다. 아마도 경제 위기의 골이 더 깊어져 1930년대와 같은 대공황이 다시 찾아온다면 정부의 정책 방향이 바뀔 수 있다.

2016년 대통령 선거에서 모든 사람의 예상을 뒤엎고 도널드 트럼프가 당선되었다. 트럼프의 당선은 그동안 미국의 변화에서 경시되었던 부분을 명백히 드러냈다. 근래에 미국 경제의 변화에서 뒤처진 중하층 백인의 좌절과 분노가 엄청나다는 점과, 백인의 인종주의는 여전히 미국 사회에서 큰 힘을 발휘하는 변수라는 사실이다. 트럼프의 성격이 불안정하고 신뢰할 수 없다고 생각한 사람들조차 근래의 변화에 반대하는 욕구가 더 강하기에 그의 결함을 눈감아주었다. 공화당은 지지층의 구성에 모순적인 요소가 있다. 공화당의 정책을 주도하는 집단은 기업과 부자이나 공화당 지지층 중 다수는 백인 중하층이다. 공화당의 부자 감세 정책이나 교육과 복지 지출을 축소하는 정책은 백인 중하층의 생활을 더욱 어렵게 만드는 정책이다. 경제 사정이 나빠진 백인 중하층이 백인의 특권에 더 집착하여 극우적인 성향의 정치인인 트럼프에게 지지를 보냈다. 공화당의 주요 지지층인 기업과 부자가 백인 중하층의 요구에 영합하는 극우 성향의 정치인과 충돌할 것으로 예상된다.[4] 기본적으로 두 집단은 이익이 상반되기 때문이다. 백인의 점유율이 감소하고 이민자가 늘어나는 현실이 중하층 백인을 불안하게 만들었고 이 때문에 트럼프를 대거 지지했지만, 장기적으로 볼 때 대학교를 졸업한 사람이 늘고 여성과 히스패닉 등 소수자의 지위가 향상되는 경향은 공화당에게 마이너스 요인이다.

지난 30여 년간 불평등을 확대시킨 결정적인 요인은 정보통신기술의 발달과 세계화이다. 이 요인 때문에 미국뿐 아니라 선진 산업국 모두에서 불평등이 확대되었다. 다국적 기업이 전 세계적으로 낮은 임금을 좇아 공장을 이전하고, 그 대신 선진 산업국에서 지식 노동자의 비중은 계속 증가할 것이다. 근래에 관심이 집중되고 있는 인공지능이나 인터넷에 기반을 둔 공유 서비스는 이를 개발하고 운용하는 회사와 지식 노동자에게 엄청난 부를 안겨줄 것이다. 반면 선진 산업국의 교육 수준이 낮은 노동자들은 저임금 서비스직에 갇힐 수밖에 없다. 세계화로 인해 전 지구적인 노동시장에 개발도상국의 근로자들이 속속 진입하기 때문에 선진국의 중하층 노동자의 삶은 크게 나아질 수 없다. 중국에 뒤이어 동남아와 인도의 노동자가 대규모로 전 지구적인 노동시장에 진입하고 있으며, 인도 뒤에는 아프리카의 노동자들이 대기하고 있다. 선진국의 서비스 일자리가 개발도상국으로 이전하기는 어렵지만 부가가치가 낮기 때문에 아무리 정치적으로 압력을 가한다고 해도 임금이 크게 올라가기를 기대하기는 어렵다.

미국은 이민자를 계속 받아들일 여유가 있으며 그들을 짧은 시일 내 미국인으로 동화시키는 능력을 가지고 있기 때문에 유럽과 달리 앞으로도 계속 많은 수의 이민자를 받아들일 것이다. 이민자는 고급 인력과 저임금 노동력의 수요를 동시에 충족시키는 유용한 수단이며, 경제성장의 동력이기 때문이다. 경제가 어려우면 이민자의 유입이 일시적으로 줄겠지만 미국 경제가 큰 어려움에 빠질 가능성은 가까운 시일 내에는 보이지 않는다. 셰일 가스 개발로 에너지 비용이 낮아지면서 제조업의 부흥이 점쳐지며, 새로운 과학 지식과 기술 혁신이 미국에 몰려 있기 때문이다. 미국으로 회귀하는 공장들은 노동자를 많이 고용하지는 않겠지만 정보통신기술과 접목된 생산방식을 적용해 높은 생산성을 올리며 기업에 큰 부를 안겨줄 것이다.

미국에 새로운 과학 지식과 기술 혁신이 집중되는 경향은 앞으로도 한동안 지속될 것이다. 세계의 인재가 미국으로 몰리기 때문이다. 세계적으로 영어의 공용화가 진전되면서 세계의 인재들이 다른 언어보다는 영어권에 자신의 미래를 투자하는 것이 더 유리하기 때문이다. 다만 중국의 부상은 영어 세력권의 확장에 브레이크를 거는 요인이다. 중국은 인구가 많고 자체의 시장과 인력으로 경제를 운용할 수 있기 때문에 미국과 영어권의 확장을 견제할 수 있는 잠재력을 지니고 있다. 2030년의 미래를 조망한 미국의 국가정보위원회의 보고서에 따르면 중국의 경제 규모가 10년 이내에 미국을 추월하며, 기술 개발에서도 선진 산업국에 비견할 정도로 성장할 것이다.[5] 지금처럼 중국의 인재가 미국에 머물면서 미국의 경제 발전에 기여하는 동력원이 되지는 않을 것이다. 그러나 인도와 다른 후속 개발도상국의 인재들이 계속 미국에 유학하고 미국인이 되어 미국의 과학기술과 산업 발전에 기여할 것이기 때문에 중국인이 빠진 자리가 크게 문제 되지는 않을 것이다. 앞으로도 한동안 세계의 인재들은 미국으로 향할 것이며, 미국의 과학 지식과 기술은 세계를 앞설 것이며, 그와 함께 미국의 경제 또한 계속 성장할 것이다. 미국은 지난 30년과 마찬가지로 앞으로도 한동안 세계화와 정보통신기술을 선도하면서 엄청난 부를 축적하는 기업과 부자를 연이어 배출할 것이다.

처음의 질문으로 돌아가서, '미국인의 삶은 1970년대 후반 이후 팍팍해졌는데' 앞으로 1950~1960년대와 같이 여유 있는 삶으로 되돌아갈 수 있을지 생각해보자. 분명한 사실은 미국 특유의 구조적인 문제가 해결되지 않는 한 미국인의 소득이 더 높아진다고 하여 보통 사람들에게 여유 있는 삶이 찾아오지는 않는다는 점이다. 미국은 지금도 세계에서 가장 부유한 나라이다. 1970년대 이후 남성 근로자의 임금은 감소했지만 기혼 여성이 대거 경제활동에 참여하고 여성의 임금이 높아지면서 미국인의 가구 소득은 계속 증가했다. 그러나 맞벌이 부부의 삶은 무척 분주하고 빡빡하다. 맞벌이 가정을 지원하는 제도적 장치가 제대로 갖추어지지 않았기 때문이다.

미국 근로자의 노동 시간이 긴 반면 여가 시간이 짧은 것은 기업과 부자의 영향력이 사회를 압도하기 때문이다. 기업은 더 많은 이윤을 거두기 위해 근로자에게 장시간 노동을 권장하고, 광고와 상업화된 대중문화를 통해 더 많이 소비하도록 설득한다. 미국인의 많이 벌고 많이 소비하는, 거꾸로 말하면 많이 소비하기 때문에 많이 벌어야 하는 생활 방식은 현재 미국인의 삶의 질을 높이는 길은 아니다. 그러나 이러한 방식의 삶에 반대하는 세력은 워낙 미미하기 때문에 앞으로도 바뀔 것 같지 않다. 정보화와 세계화로 경쟁이 치열해지고 삶의 리듬이 빨라지면서 생산성이 늘고 소득은 계속 증가하겠지만 미국인의 삶은 긴장과 스트레스로 점철된 삶이 될 것이다. 성장의 과실이 돌아가지 않는 중하층 사람들의 삶은 더욱 그러할 것이다.

선진 산업국 중 예외적으로 소득 불평등이 높은 미국의 특징은 앞으로도 사라지지 않을 것이다. 기업과 부자에 대응하는 노동자와 약자의 세력은 정보화와 세계화로 계속 약화될 것이기 때문이다. 이민자가 계속 유입되는 한 미국인의 꿈 이념은 계속 설득력을 가질 것이기 때문에 복지제도의 획기적 확충을 기대하기 어렵다. 미국은 앞으로도 큰 부를 축적한 사람이 연이어 나타나겠지만 또한 선진 산업국 중 가난한 사람이 가장 많은 나라일 것이다. 이민자의 대규모 유입이 계속되는 한 하층 노동자의 임금 상승은 억제될 것이고, 기존에 있는 사람들이 새로 들어온 가난한 사람의 교육과 복지를 위해 자신이 낸 세금을 쓰는 것을 꺼릴 것이기 때문이다.

이제 미국에서도 유럽과 같이 극우 성향의 정치인이 득세하고 있다. 유럽의 극우 정당은 세계화를 저지하는, 즉 시장 통합에 반대하고 이민자를 차단하는 정강을 제시해 세력을 모으고 있다. 이들은 세계화로 인해 삶이 어려워진 중하층 노동자들의 지지를 획득했다. 중하층 노동자의 규모가 크기에 최근 영국의 EU 탈퇴나 미국의 대통령 선거에서 보듯이 다수의 힘을 과시할 수 있었다. 서구의 중하층 노동자들은 세계화로 인해 코너에 몰려 있다. 정보화와 세계화로 미국 경제는 크게 성장했지만, 성장의 과실이 그들에게 돌아가지 않기에 세계화에 반대하는 것이 당연하다. 반면 공화당과 민주당을 막론하고 기성 정치계는 기업과 부자의 입장에서 세계화에 찬성한다.[6] 트럼프는 이러한 기성 정치계에 막말을 퍼붓는 이단아로 각광을 받은 것이다.

미국은 앞으로 어떻게 변할까? 단기적인 측면과 장기적인 측면으로 나누어 살펴보아야 한다. 트럼프 대통령이 이끄는 단기적인 변화는 예측하기 힘들지만 몇 가지 분명한 점은 있다. 첫째, 인종주의가 약화되던 경향에 일시적으로 제동이 걸릴 것이다. 소수자를 우대하거나 차별을 금지하는 정부의 정책은 폐기되거나 당분간 무력화될 것이다. 둘째, 그간의 세계화 경향에 제동이 걸릴 것이다. 제2차 대전 이후 미국이 주도하여 세계를 이끌어온 무역 개방과 전 세계적 규모의 경제 통합은 속도가 완화될 것이다. 무역 규제가 높아지고 이민을 엄격하게 제한하는 정책이 들어설 것이다.

그러나 장기적으로 볼 때 트럼프의 보호무역주의 정책은 오래 지속될 수 없다. 미국은 유럽과 달리 세계화에 반대하는 흐름이 자리 잡기 어렵다. 중하층 노동자 세력에 대응하는 미국의 기업과 부자의 힘은 유럽보다 훨씬 세다. 미국의 기업과 부자는 정치계를 장악하고 있을 뿐 아니라, 교육과 문화계에 자신들의 이익을 옹호하는 이념을 일방적으로 주입했다. 트럼프의 당선으로 이들에 대한 저항이 큰 것을 확인했지만, 미국의 정치·경제 구조가 근본적으로 바뀌지 않는 한, 중하층 노동자에게 실제로 이익이 돌아가는 방향으로 정책이 바뀌기를 기대하기는 어렵다. 중하층 노동자들이 세계화를 저지하려고 하면 기업과 부자들이 가만 있지 않을 것이다. 세계화는 이들에게 황금알을 낳는 거위이기 때문이다. 미국 경제는 세계화로부터 큰 이득을 얻기 때문에 세계화가 중단된다면 중하층 노동자의 삶은 더욱 힘들어질 것이다.

이민을 엄격히 규제하자는 트럼프의 주장 또한 장기적으로 지지를 얻기 어렵다. 미국은 유럽과 달리 이민자의 유입을 국민 다수가 찬성한다. 근래에 이민자를 규제해야 한다는 논의는 불법 이민자에 관한 것일 뿐, 합법적인 이민자의 유입에 대해서는 반대가 크지 않다. 미국은 이민자의 나라이며, 고급 인재건 비숙련 노동자이건 이민자들이 미국의 경제에 없어서는 안 되는 존재라는 데 미국인은 대체로 동의한다.

트럼프의 부상에서 보듯이 백인 중하층의 아우성은 큰 반향을 불러왔다. 부가 최상위 소수에게 집중되는 경향이 지속되면서 중류층의 삶이 나아지지 않는다면, 백인 중하층 노동자를 넘어서 중류층 전반과 지식인들까지 가세하여 부의 재분배와 경제체제의 변화를 요구할 것이다. 앞으로 세계화의 속도는 조금 느려지겠지만, 미국의 특징, 즉 능력 있는 사람에게는 기회의 땅이지만, 부모를 잘못 만났거나 능력이 떨어지는 사람에게 미국은 자조와 개인 책임을 강조하는 냉정한 사회라는 특징은 앞으로도 바뀌지 않을 것이다.

주

제2장 선진국이면서 매우 불평등한 사회가 어떻게 가능할까

1 OECD Statistics, "Income Inequality." 가구 규모를 감안한 가처분소득으로 계산한 소득 불평등 GINI 값임. https://data.oecd.org/inequality/income-inequality.htm#indicator-chart.

2 Richard Williamson and Kate Pickett, *The Spirit Level: Why Greater Equality Makes Societies Stronger* (New York: Bloomsbery Press, 2009).

3 "American Inequality in Six Charts," *The New Yorker*, November 18, 2013.

4 Gregg Easterbrook, *The Progress Paradox: How life gets better while people feel worse* (Random House, 2003).

5 "America's Sinking Middle Class," *The New York Times*, September 19, 2013.

6 Frank Levy, *New Dollars and Dreams* (New York: Russell Sage Foundation, 1999). 1장 참조.

7 "A Giant Statistical Round-up of the Income Inequality Crisis in 16 Charts," *The Atlantic*, issue 12(2012).

8 물론 1950~1960년대의 '좋은 시절'은 백인에게만 좋은 시절이었을 뿐, 흑인의 삶은 여전히 험난했다는 지적은 타당하다. 그러나 흑인의 삶 또한 이 시기에 향상된 것은 사실이다. 제2차 대전 이전에 흑인의 삶이 워낙 열악했기 때문에 20세기 중반에 지속적으로 향상되었음에도 여전히 흑인의 다수가 어려움 속에서 살아가는 것이 현실이다.

9 Jennifer L. Hochschild and Vesla Weaver, "The Skin color paradox and the American Racial order," *Social Forces*, 86(2), 2007, pp.643~670.

10 "The Decline of the "Great Equalizer"," *The Atlantic*, issue 12(2012).

11 Seymour Martin Lipset, *American Exceptionalism: A Double-Edged Sword* (New York: W.W. Norton, 1997), 1·3장 참조.

12 "Donald Trump and the Twilight of White America," *The Atlantic*, issue 5(2016).

13 "Everything You ever needed to know about the minimum wage," *The Atlantic*, issue 12(2012).

14 Jennifer L. Hochschild, *Facing up to the American Dream* (Princeton University Press, 1996).

15 Markus Jantti et al., "American Exceptionalism in a New Light: A Comparison of

Intergenerational Earnings Mobility in the Nordic Countries, the United Kingdom, and the United States," *Memorandum*, No.34(Department of Economics, University of Oslo, Oslo, Norway, 2005); Miles Corak(ed.), *Generational Income Mobility in North America and Europe* (Cambridge, UK; Cambridge University Press, 2004).

16 Geert Hofstede, *Culture and Organization, Software and Mind* (New York: Mcgraw-Hill, 1996).

17 Max Weber, *Protestant Ethic and the Spirit of Capitalism* [Routledge, 2001(1905)].

18 이현송, 『뉴욕 사람들』(한울, 2012), 67~72쪽 참조.

19 Mona Chalabi, "How many times does the average person move?" FiveThirtyEight, January 29, 2015.
http://fivethirtyeight.com/datalab/how-many-times-the-average-person-moves/.

20 Leslie McCall. *The Undeserving Rich: American Beliefs about Inequality, Opportunity, and Redistribution* (Cambridge University Press, 2013).

21 Jennifer L. Hochschild. *What's Fair: American Beliefs about Distributive Justice* (Cambridge: Harvard University Press, 1981).

22 Judith Niehues, "Subjective Perceptions of Inequality and Redistributive Preferences: An International Comparison," Working Paper, Cologne Institute for Economic Research (Cologne, Germany, 2014).

23 Seymour Martin Lipset, *American Exceptionalism: A Double-Edged Sword* (New York: W.W. Norton, 1997).

24 William Julius Wilson, *The Declining Significance of Race* (University of Chicago Press, 1978).

25 Jennifer L. Hochschild, *What's Fair: American Beliefs about Distributive Justice* (Harvard University Press, 1981).

26 Benjamin I. Page and Lawrence R. Jacobs. *Class War? What Americans Really Think about Economic Inequality* (University of Chicago Press, 2009).

27 James W. Loewen, *Lies My Teacher Told Me* (2nd ed.), (New York: Touchstone Press, 2007).

28 Robert Frank, *Luxury Fever: Weighing the Cost of Excess* (Princeton University Press, 2010).

29 Eric Olin Wright and Joel Rogers, *American Society: How It Really Works* (New York: W.W. Norton, 2011). 7장 참조.

30 Richard Wilkinson and Kate Pickett, *The Spirit Level: Why Greater Equality Makes Society Stronger* (New York: Bloombury Press, 2009).

31 World Bank, "Poverty," Overview. http://www.worldbank.org/en/topic/poverty/overview.

32 US National Intelligence Council, *Global Trends 2030: Alternative Worlds* (2012). https://globaltrends2030.files.wordpress.com/2012/11/global-trends-2030-november2012.pdf.

제3장 미국인의 일의 세계는 완전히 변했다

1 Richard M. Abrams, *America Transformed: Sixty Years of Revolutionary Change 1941~2001* (Cambridge University Press, 2006).

2 Martin Carnoy, *Sustaining the New Economy: Work, Family, and Community in the Information Age* (New York: Russell Sage Foundation, 2000).

3 Richard B. Freeman, *America Works: Critical Thoughts on the Exceptional U.S. Labor Markets* (New York: Russell Sage Foundation, 2007).

4 Frank Levy, *New Dollars and Dreams* (New York: Russell Sage Foundation, 1999), Ch.1.

5 Peter Cappelli, *The New Deal at Work* (Boston: Harvard Business School Press, 1999).

6 Robert Reich, *The Work of Nations* (New York: Simon & Schuster, 1993).

7 Peter Cappelli, *The New Deal at Work* (Boston: Harvard Business School Press, 1999).

8 Robert B. Reich, *The Future of Success* (New York: Alfred A. Knopf, 2000).

9 William H. Whyte, *The Organization Man* (New York: Simon and Schuster, 1956).

10 Xueda Song, "The Effect of technological change on experience-earning profiles with endogenous industry choice"(University of British Columbia Doctoral Dissertation, 2005).

11 Paul Osterman, *Working in America: a Blueprint for the New Labor Market* (Cambridge, MA: The MIT Press, 2001).

12 William J. Baumol, Alan S. Blinder and Edward N. Wolff, *Downsizing in America: Reality, Causes, and Consequences* (New York: Russell Sage Foundation, 2003).

13 이는 노동시장에 남아 있으면서 재취업에 성공한 사례만 해당되므로 아예 노동시장에서 은퇴했거나 혹은 계속 실업 상태인 사람까지 함께 고려한다면 고령자의 재취업에 따른 임금 감소는 이보다 훨씬 더 클 것이다.

14 Vincent J. Roscigno et al., "Age discrimination, social closure and employment," *Social Forces* 86(1), 2007, pp.313~334.

15 이현송, 「미국사회의 연령차별을 둘러싼 딜레마: 연령차별법(ADEA)을 중심으로」, 서울대학교 국제학 연구소, ≪국제·지역연구≫, 17(3), 2008, 51~80쪽.

16 US Department of Labor, *Dictionary of Occupational Titles* (4th ed., 1991).

17 Bureau of Labor Statistics, "Employment by Major Industry"(2012). http://www.bls.

gov/emp/ep_table_201.htm.

18 Daniel Bell, *The Coming of Post-Industrial Society* (New York: Basic, 1973), p.14.

19 Robert Reich, *The Work of Nations* (New York: Simon & Schuster, 1993).

20 Richard Florida, *The Rise of the Creative Class* (New York: Basic Books, 2002).

21 Chris Warhurst and Paul Thompson, "Mapping knowledge in work: proxies or practices?" *Work, Employment and Society*, 20(4), 2006, pp.787~800.

22 John Benson and Michelle Brown, "Knowledge workers: what keeps them committed; what turns them away," *Work, Employment and Society* 21(1), 2007, pp.121~141.

23 K. Ichijo, von Krogh, G. and I. Nonaka, "Knowledge Enablers," in G. von Krogh, J. Roos and K. Kleine(eds), *Knowing in Firms* (London: Sage, 1998).

24 Mauro Guillen and Emilio Ontiveros, *Global Turning Points* (Cambridge University Press, 2012).

25 US Bureau of Census, "Current Population Survey 2011," calculated from the original data.

26 James O'Toole and Edward Lawler III, *The New American Workplace* (New York: Palgrave, 2006).

27 Daniel Bell, *The Coming of Post-Industrial Society* (New York: Basic, 1973), pp.48~50.

28 Michelle Lamont, *Money, Morals, and Manners: The Culture of the French and American Upper-Middle Class* (University of Chicago Press, 1994).

29 Manuel Castells, *The Rise of the Network Society* (Oxford: Blackwell, 1996).

30 Asaf Darr and Chris Warhurst, "Assumptions, assertions and the need for evidence: debugging debates about knowledge workers," *Current Sociology*, 56(1), 2008, pp.25~45.

31 Robert Reich, *The Future of Success: Working and Living in the New Economy* (Vintage, 2002).

32 "U.S. Textile Plants Return, With Floors Largely Empty of People," *New York Times*, September 20, 2013; "'Good Jobs' arn't coming back," *The Atlantic*, issue 10(2015).

33 Ben Casselman, 2015.10.8. "It's getting harder to move beyond a minimum wage job," FiveThirtyEight, October 8, 2015. http://fivethirtyeight.com/features/its-getting-harder-to-move-beyond-a-minimum-wage-job/.

34 Richard B. Freeman, *America Works: Critical Thoughts on the Exceptional U.S. Labor Markets* (New York: Russell Sage Foundation, 2007).

35 "Health Care Opens Stable Career Pass, Taken Mainly by Women," *New York Times*, February 22, 2015.

36 OECD Stat, "Average usual weekly hours worked on the main job" and "Average annual hours actually worked per worker"(2014). https://stats.oecd.org/Index.aspx?

DataSetCode=ANHRS.
37 Erik Olin Wright and Joel Rogers. *American Society: How It Really Works* (New York: W.W. Norton, 2011), Ch.7.
38 "The Secret Shame of Middle-Class Americans," *The Atlantic*, issue 5(2016).
39 "Use It and Lose It; the Outsize Effect of U.S. Consumption on the Environment," *Scientific American*, September 14, 2012.
40 Juliet B. Shor, *The Overspent American: Why We Want What We Don't Need* (Harper Perennial, 1999).
41 Robert Frank, *Luxury Fever: Weighing the Cost of Excess* (Princeton University Press, 2010).
42 Gregg Easterbrook, *The Progress Paradox: How Life Gets Better While People Feel Worse* (New York: Random House, 2003).
43 Erik Olin Wright and Joel Rogers, *American Society: How It Really Works* (New York: W.W. Norton, 2011), Ch.7.
44 "Sex and Advertising: How Ernest Dichter, an acolyte of Sigmund Freud, revolutionized marketing," *The Economist*, December 17, 2011.
45 Juliet B. Shor, *Born to Buy* (Scribner, 2004), Ch.3, 4.
46 David Grazian, *Mix It Up: Popular culture, Mass Media, and Society* (New York: W.W.Norton, 2010).
47 Erin El Issa, "2015 American Houshold Credit Card Debt Study," https://www.nerdwallet.com/blog/credit-card-data/average-credit-card-debt-household/.; "America's skyrocketing credit card debt" CNBC, March, 10(2015). http://www.cbsnews.com/news/americas-skyrocketing-credit-card-debt/.
48 "The Secret Shame of Middle-Class Americans," *The Atlantic*, issue 5(2016).
49 Erik Olin Wright and Joel Rogers. *American Society: How It Really Works* (New York: W.W. Norton, 2011), Ch.6.
50 Edward Diener and Eunkuk M. Suh.(ed.), *Culture and Subjective Wellbeing* (Bradford Book, 2003).
51 Juliet B. Shor, *Born to Buy* (Scribner, 2004).

제4장 안정된 가족은 중류층의 특권으로 변하고 있다

1 Stephanie Coonz, *The Way We Never Were: American Families and Nostalgia Trap* (Basic Books, 1993).

2 Population Reference Bureau, "The Decline in US Fertility," World Population Data Sheet(2012). http://www.prb.org/publications/datasheets/2012/world-population-data-sheet/fact-sheet-us-population.aspx

3 Massimo Livi-Bacci, *A Concise History of World Population* (5th ed.), (Oxford: Wiley-Blackwell, 2012).

4 Claude Fischer and Michael Hout, *Century of Difference: How America Changed in the Last One Hundred Years* (New York: Russell Sage Foundation, 2008).

5 CDC, "First Premarital Cohabitation in the United States: 2006~10 National Survey of Family Growth," National health statistics reports(2013). http://www.cdc.gov/nchs/data/nhsr/nhsr064.pdf

6 "How to Save Marriage in America," *The Atlantic*, issue 2(2014).

7 Ulrich Beck and Elisabeth Beck-Gernsheim, *Individualization: Institutionalized Individualism and its Social and Political Consequences* (Sage, 2002).

8 "How America's marriage crisis makes income inequality so much worse," *The Atlantic*, issue 10(2013).

9 "The Many Myths about Mothers Who 'Opt out'," *The Atlantic*, issue 3(2013).

10 "Mounting Evidence of Advantages for Children of Working Mothers," *New York Times*, January 17, 2015.

11 "How When Harry met Sally explains Inequality," *The Atlantic*, issue 2(2014).

12 Anne Winkler, "Earnings of Husbands and Wives in Dual-earner Family," *Monthly Labor Review*, issue 4(1998), pp.42~48. http://www.bls.gov/mlr/1998/04/art4full.pdf

13 "The Mysterious and alarming rise of single parenthood in America," *The Atlantic*, issue 9(2013).

14 Claude Fischer and Michael Hout, *Century of Difference: How America Changed in the Last One Hundred Years* (New York: Russell Sage Foundation, 2008), Ch.4.

15 "The Silver-haired safety net: more and more children are being raised by grandparents," *The Economist*, July 6, 2013.

16 Ulrich Beck and Elisabeth Beck-Gernsheim, *Individualization: Institutionalized Individualism and its Social and Political Consequences* (Sage, 2002).

17 "Together Apart: Commuter Marriages on the Rise," *USA Today,* February 20, 2012.

제5장 가부장 질서의 붕괴는 어디까지 갈까

1 Claudia Goldin, *Understanding the Gender Gap: An Economic History of American*

Women (Oxford University Press, 1992).

2 "Stressed, Tired, Rushed: A Portrait of the Modern Family," *New York Times*, November 5, 2015.

3 김덕호·김연진 엮음, 『현대 미국의 사회운동』(비봉출판사, 2001). 제4장 참조.

4 OECD Stats. "Labor Force Statistics by sex and age." https://stats.oecd.org/Index.aspx?DataSetCode=LFS_SEXAGE_I_R.

5 "Why Women Still Can't Have It All," *The Atlantic*, issue 12(2012).

6 Kazuo Yamaguchi and Yantao Wang, "Class Identification of Married Employed Women and Men in America," *American Journal of Sociology*, 108(2), 2002, pp. 440~475.

7 Bureau of Labor Statistics, "Highlight of Women's Earnings in 2012"(2013). http://www.bls.gov/cps/cpswom2012.pdf

8 Claudia Goldin, *Understanding the Gender Gap: An Economic History of American Women* (Oxford University Press, 1992).

9 US Department of Commerce, "Women in STEM: Gender Gap in Innovation"(2011). http://www.esa.doc.gov/sites/default/files/womeninstemagaptoinnovation8311.pdf

10 "Where Have All the Tomboys Gone?" *New York Times*, October 13, 2015.

11 "How to save marriage in America," *The Atlantic*, issue 2(2014).

12 UNDP, *Human Development Report* (2015). http://hdr.undp.org/en/content/table-4-gender-inequality-index

13 Rosabeth Moss Kanter, *Men and Women of the Corporation* (Basic Books, 1977).

14 "Swedish School's Big Lesson Begins with Dropping Personal Pronouns," *New York Times*, November 14, 2012.

15 "Boys won't be boys: Is Sweden's push for gender neutrality a noble project or political correctness gone overboard?" *Time*, November 4, 2014.

16 Gordon Allport, *The Nature of Prejudice* (Addison-Wesley, 1954).

17 UN Data, "Abortion rate." http://data.un.org/Data.aspx?d=GenderStat&f=inID%3A12

18 "Pregnancy and the Single Women," *The Atlantic,* issue 12(2014).

19 Pew Research Center, "Topics: Abortion." http://www.pewresearch.org/topics/abortion/

20 "What happens to women who are denied abortions?" *New York Times*, June 16, 2013.

21 Hanna Rosin, "Boys on the Side," *The Atlantic*, issue 9(2012).

제6장 미국의 인종 질서는 어떻게 바뀔까

1 Barbara Jeanne Fields, "Slavery, race and ideology in the United States of America," *New Left Review*, 181(3), 1990, pp.95~118.

2 Melissa Nobles, "History Counts: a Comparative Analysis of Racial/Color Categorization in US and Brazilian Censuses," *American Journal of Public Health*, 90(11), 2000, pp.1738~1745; Edward E. Telles, "Racial Ambiguity among the Brazilian Population," *Ethnic and Racial Studies*, 25(3), 2002, pp.415~441.

3 이현송, "미국사회에서 히스패닉의 인종정체성," 한국외국어대학교 국제지역연구센터, ≪국제지역연구≫, 16(4), 2014, pp.121~143.

4 Jack. A. Citrin, M. Murakami Lerman and K. Pearson, "Testing Huntington: Is Hispanic Immigration a Threat to American Identity?" *Perspectives on Politics*, 5(1), 2007, pp.31~48.

5 이현송, 「히스패닉은 미국사회의 인종 질서에 어떠한 변화를 가져올 것인가?」, 한국아메리카학회, ≪미국학논집≫, 45(2), 2013, 185~215쪽.

6 Clara E. Rodriguez, *Changing Race: Latinos, the Census, and the History of Ethnicity in the United States* (New York University Press, 2000).

7 William Julius Wilson, *The Declining Significance of Rac* (University of Chicago Press, 1980).

8 Jennifer Lee and Frank D. Bean, "Reinventing the Color Line: Immigration and America's New Racial/Ethnic Devide," *Social Forces*, 86, 2007, pp.561~86.

9 Eileen O'Brian, *The Racial Middle: Latinos and Asian Americans Living Beyond the Racial Divide* (New York University Press, 2008).

10 Sonya M. Tafoya, "Shade of Belonging: Latinos and Racial Identity," *Harvard Journal of Hispanic Policy*, 17, 2004/2005, pp.58~78.

11 Tanya Golash-Boza and William Darity, Jr., "Latino Racial Choices: the Effects of Skin Colour and Discrimination on Latinos' and Latinas' Racial Self-identifications," *Ethnic and Racial Studies*, 31(5), 2008, pp.899~934.

12 Eileen O'Brian, *The Racial Middle: Latinos and Asian Americans Living Beyond the Racial Divide* (New York University Press, 2008).

13 히스패닉 내에서 출신지에 따른 차이는 매우 크므로 이들이 얼마나 '히스패닉'이라는 단일 정체성하에 정치사회적으로 결속할지는 지켜보아야 한다. 예컨대 플로리다를 중심으로 하는 쿠바계 히스패닉은 남서부에 중심을 둔 멕시코계 히스패닉과는 정치적으로 연대를 형성하고 있지 않다. 뉴욕과 시카고에 중심을 둔 푸에르토리코인의 상황은 멕시코계 및 쿠바계와 또 다르다.

14 Eduardo Bonilla-Silva, "From Bi-racial to Tri-racial: Towards a new system of racial stratification in the USA," *Ethnic and Racial Studies*, 27(6), 2004, pp.931~950.

15 Jennifer L. Hochschild and Velsa Weaver, "The Skin Color Paradox and the American Racial Order," *Social Forces*, 86(2), 2007, pp.643~670.

16 Hyun Song Lee, "Change in the Singular Racial Concept of American Society," Center for International Area Studies, HUFS, *International Area Review*, 13(3), 2010, pp.51~72.

17 Kim M. Williams, *Mark One or More: Civil Rights in the Multiracial Era* (Ann Arbor: University of Michigan Press, 2008).

18 이현송, 「미국 사회에서 '혼혈'의 사회적 정체성: 흑인과 백인간 혼혈을 중심으로」, 한국아메리카학회, ≪미국학논집≫, 41(2), 2009, 197~230쪽; Michael C. Thornton, "Policing the borderlands: white- and black-American newspaper perceptions of multiracial heritage and the idea of race, 1996-2006," *Journal of Social Issues*, 65(1), 2009, pp.105~127.

19 Kenneth Prewitt, "Racial Classification in America: Where do we go from here?" *Daedalus*, 134(2005), pp.5~17; Ian Haney Lopez, "Race on the 2010 Census: Hispanics and the shrinking white majority," *Daedalus*, 134(2005), pp.42~53.

20 US Census Bureau, "Income and Poverty in the United States: 2014"(2015). https://www.census.gov/content/dam/Census/library/publications/2015/demo/p60-252.pdf.; "America's Racial Devide, Charted," *New York Times*, August 19, 2014.

21 Erik Olin Wright and Joel Rogers, *American Society: How It Really Works* (New York: WW Norton, 2011).

22 "America's Racial Devide, Charted," *The New York Times*, August 19, 2014.

23 "The Real Cost of Segregation-in 1 big Chart," *The Atlantic*, issue 8(2013).

24 "Self-Segregation: Why It's so hard for Whites to understand Ferguson," *The Atlantic*, issue 8(2014).

25 "Make America Great Again For the People It Was Great For Already," *New York Times*, May 16, 2016.

26 Jennifer L. Hochschild and Velsa Weaver, "The Skin Color Paradox and the American Racial Order," *Social Forces*, 86(2), 2007, pp.643~670.

27 Peggy McIntosh, "White privilege: Unpacking the Invisible Knapsack," *Independent School*, 49(2), 1990, pp.31~36.

28 Eileen O'Brian, *The Racial Middle: Latinos and Asian Americans Living Beyond the Racial Divide* (New York University Press, 2008).

29 Richard Alba and Tariqul Islam, "The Case of the Disappearing Mexican Americans: An

Ethnic-Identity Mystery," *Population Research Policy Review*, 28(2009), pp.109~121.

30 Richard Alba, *Ethnic Identity: Into the Twilight of Ethnicity* (Yale University Press, 1990).

31 Larry M. Bartels, *Unequal Democracy* (New York: Russell Sage Foundation, 2008).

32 US Census, "Median Household Income," American Community Survey(2014). http://factfinder.census.gov/faces/tableservices/jsf/pages/productview.xhtml?src=bkmk.

33 이현송·박진영, 「미국 한인의 세대간 적응과 격차: 한인 2세의 빈곤에 초점을 맞추어」, 한국아메리카학회 국제학술대회 발표문(2016.9.30).

34 오숙희, 「아시안 아메리칸은 모범적인 소수민족인가? 정치참여를 중심으로」(2016.6.17), 한국아메리카학회 콜로퀴엄 발표 자료.

제7장 미국의 교육은 무엇이 문제인가

1 OECD, "Education At a Glance 2013"(2013). http://www.oecd.org/edu/eag2013%20(eng)--FINAL%2020%20June%202013.pdf; "Education At a Glance 2012: OECD Indicators"(2013). https://www.oecd.org/edu/eag2012.htm#country

2 National Center for Education Statistics, "Digest for Education Statistics." http://nces.ed.gov/.

3 US Census Bureau, "Educational Attainment," CPS Historical Time Series Tables, Figure 10. https://www.census.gov/hhes/socdemo/education/data/cps/historical/.

4 Douglas Massey and Nancy Denton, *American Apartheid: Segregation and the Making of Underclass* (Harvard University Press, 1993).

5 "The Curse of Segregation," *The Atlantic*, issue 5(2015).

6 Jennifer L. Hochschild and Nathan Scovronick, *The American Dream and the Public Schools* (New York: Oxford University Press, 2003).

7 "Money, Race, and Success: How Your School District Compares," *New York Times*, April 29, 2016.

8 "The Decline of the "Great Equalizer"," *The Atlantic*, issue 12(2012).

9 "It Feels like education malpractice," *The Atlantic*, issue 11(2013).

10 Jonathan Kozol, *Savage Inequalities: Children in America's School* (HarperCollins, 1991).

11 Douglas S. Reed, "Not in my schoolyard: localism and public opposition to funding schools equally," *Social Science Quarterly*, 82(1), 2001, pp.34~50.

12 Ralph H. Turner, "Sponsored and Contest Mobility and the School System," *American Sociological Review*, 25(6), 1960, pp.855~862; Daniel M. Cable and Brian Murray,

"Tournaments versus Sponsored Mobility as Determinants of Job Search Success," *The Academy of Management Journal,* 42(4), 1999, pp.439~443.

13 이현송, 「미국의 다문화주의의 전개와 현주소」, 한국외국어대학교 영미연구소, ≪영미연구≫, 26집(2012), 355~380쪽.

14 Michele Lamont, *Money, Morals, and Manners: The Culture of French and the American Upper-Middle Class* (University of Chicago Press, 1994).

15 Adam Gamoran, "American schooling and educational inequality: a forecast for the 21st century," *Sociology of Education*, 74 Extra Issue(2001), pp.135~153.

16 PISA 2012. https://en.wikipedia.org/wiki/PISA_2012

17 "How the job of a teacher compares around the world," *Guardian,* September 5, 2014.

18 National Center for Educational Statistics, "Racial/Ethnic Enrollment in Public Schools" (2014). 2011년 초중등 공립학교 재학생 중 유럽계 백인의 비율은 52%이다. https://nces.ed.gov/programs/coe/indicator_cge.asp.

19 피에르 부르디외, 『구별 짓기(Distinction : critique sociale du jugement)』, 최종철 옮김(새물결, 2005).

20 "How to join the 1%," *The Economist*, May 16, 2015.

21 Stephen J. McNamee and Robert K. Miller Jr., *The Meritocracy Myth* (Rowman & Littlefield Publishers, Inc., 2004).

22 Peter W. Jr Cookson and Caroline Hodges Persell, *Preparing For Power: America's Elite Boarding Schools* (Basic Books, 1985).

23 Joseph S. Nye, *Soft Power: The Means to Success in World Politics* (Perseus Books, 2005).

24 "Congratulations, You are the Most Indebted Ever(For Now)," *Wall Street Journal*, May 8, 2015.

25 "Is College Tuition really too high?" *New York Times*, September 8, 2015.

제8장 미국인은 앞으로도 믿음이 깊을까

1 Pew Forum on Religion and Public Life, "Religion among the Millennials," *Pew Research Center* (2010.2).

2 Pew Research Center, "America's Changing Religious Landscape"(2015), p.4. http://www.pewforum.org/files/2015/05/RLS-08-26-full-report.pdf.

3 이현송, 『뉴욕 사람들』(2012), 310~319쪽 참조.

4 Scott Shieman, "Socioeconomic Status and Beliefs about God's Influence in Everyday

Life," *Sociology of Religion*, 71(1), 2010, pp.25~51.

5 이현송, 「미국인의 국가정체성」, 한국외국어대학교 영미연구소, ≪영미연구≫, 13집 (2005), 165~190쪽.

6 C. Kirk Hadaway, Penny Marler and Mark Chaves, "What the polls don't show: a closer look at US church attendance," *American Sociological Review* 58(6), 1993, pp.741~752.

7 Rodney Stark and Roger Finke, *Acts of Faith: Explaining the Human Side of Religion* (University of California Press, 2000).

8 Christian Smith, *American Evangelicalism: Embattled and Thriving* (Chicago University Press, 1998).

9 Keith A. Roberts, *Religion in Sociological Perspective* (4th ed.), (New York: Wadsworth, 2004), Ch 3.

10 Pew Research Center, "On Darwin Day, 5 facts about the evolution debate"(2015). http://www.pewresearch.org/fact-tank/2015/02/12/darwin-day/.

11 Robert Bellah et al., *Habits of the Heart: Individualism and Commitment in American Society* (New York: Harper & Row, 1985).

12 "Global Pentecostalism, Ecstasy and Exodus," *The Economist*, January 23, 2016.

13 Randall Collins, *Interaction Ritual Chains* (Princeton University Press, 2005).

14 Emile Durkheim, *The Elementary Forms of Religious Life* [New York: Free Press, 1995(1912)].

15 Scott Shieman, "Socioeconomic Status and Beliefs about God's Influence in Everyday Life," *Sociology of Religion*, 71(1), 2010, pp.25~51.

16 Michael Hout and Claude S. Fischer, "Why more Americans have no religious preference: politics and generations," *American Sociological Review*, 67(2), 2002, pp.165~190.

17 Charles M. Blow, "Religion and Representation," *New York Times*, January 7, 2011.

18 Pew Research Center, "America's Changing Religious Landscape"(2015).

19 N. J. III. Demerath, "Secularization and Sacralization Deconstructed and Reconstructed," in James A. Beckford and N. J. Demarath III.(eds.), *Sociology of Religion* (Thousand Oaks, CA: Sage, 2007), pp.57~80.

20 이현송, 「불분명한 믿음과 미국 사회의 세속화?」, 한국사회학회, ≪한국사회학≫, 43권 4호(2009), 147~179쪽.

21 이현송, 「미국 사회에서 교육과 종교성의 관계」, 서울대학교 국제학연구소, ≪국제·지역연구≫, 20(3), 2011, 151~173쪽.

22 Joseph O. Baker and Buster G. Smith, "The Nones: Social Characteristics of the Religiously unaffiliated," *Social Forces*, 87(3), 2009, pp.1251~1263.

23 Robert D. Putnam and David E. Campbell, *American Grace: How Religion Divides and*

Unites Us (New York: Simon & Schuster, 2010).

24 David Voas, "The Rise and fall of fuzzy fidelity in Europe," *European Sociological Review*, 25(2), 2009, pp.155~168.

25 이현송, 「미국사회의 종교 지형의 변화, 영적믿음(spirituality)을 중심으로」, 한국외국어대학교 영미연구소, ≪영미연구≫, 23집(2010), 161~188쪽.

26 Robert Bellah et al., *Habits of the Heart: Individualism and Commitment in American Society* (New York: Harper & Row, 1985).

27 이현송, 「미국사회의 종교 지형의 변화, 영적믿음(spirituality)을 중심으로」, 한국외국어대학교 영미연구소, ≪영미연구≫, 23집(2010), 161~188쪽.

28 Christian Smith, *American Evangelicalism, Embattled and Thriving* (University of Chicago Press, 1998).

29 Peter C. Hill et al., "Conceptualizing Religion and Spirituality: points of commonality, points of departure," *Journal for the Theory of Social Behaviour*, 30(1), 2000, pp. 51~77.

30 Paul Heelas and Linda Woodhead, *The Spiritual Revolution: Why Religion is Giving Way to Spirituality* (Malden, MA: Blackwell, 2005).

31 Wade Clark Roof, *Spiritual Marketplace: Baby Boomers and the Remaking of American Religion* (Princeton University Press, 1999).

32 Christian Smith, *Soul Searching: The Religious and Spiritual Lives of American Teenagers* (Oxford University Press, 2005).

33 Robert Wuthnow, *After the Baby Boomers: How Twenty-and Thirty-Somethings Are Shaping the Future of American Religion* (Princeton University Press, 2007).

제9장 인구는 미국 사회를 변화시키는 힘이다

1 US Census Bureau, "Overview of Race and Hispanic Origin: 2010," 2010 Census Brief(2011). http://www.census.gov/prod/cen2010/briefs/c2010br-02.pdf.

2 US Census Bureau, "Projection of Size and Composition of the US Population: 2014~2016," Census Population Report(2015). https://www.census.gov/content/dam/Census/library/publications/2015/demo/p25-1143.pdf.

3 US Census Bureau, "The Two or More Races Population 2000," Census 2000 Brief (2001.11). https://www.census.gov/prod/2001pubs/c2kbr01-6.pdf.

4 "Barak Obama and the end of the Anglosphere," *Financial Times*, April 11, 2016.

5 Population Reference Bureau, "Aging in the United States," *Population Bulletin*, 70(2),

December 2015.

6 US Central Intelligence Agency, *The World Fact Book*. https://www.cia.gov/library/publications/the-world-factbook/rankorder/2127rank.html

7 "The Strange case of the missing baby," *The Economist*, April 30, 2016.

8 US CDC, *National Vital Statistics Reports*, Vol.61(1), January 2015, p.23, Table 5.

9 "Child Poverty in the US is among the Worst in the Developed World," *Washington Post*, October 29, 2014.

10 Corey M. Abramson, *The End Game: How Inequality Shapes Our Final Years* (Harvard University Press, 2015).

11 US Census Bureau, "A Look at the US Population in 2060"(2012). https://www.census.gov/newsroom/cspan/pop_proj/20121214_cspan_popproj.pdf.

12 장승진, 「이민개혁 논란과 히스패닉 및 아시아계 미국인들의 태도」, 한국아메리카학회 콜로퀴엄 자료(2016.3.24).

제10장 맺음말: 미국 사회는 어디로 향하고 있나

1 "Donald Trump and the Twilight of White America," *The Atlantic*. May 2016.

2 "Death rates rising for middle-aged White Americans, study finds," *New York Times*, November 2, 2015.

3 "Why are White death rates rising?" *New York Times*, February 22, 2016.

4 "How the G.O.P. elite lost its voters to Donald Trump," *New York Times*, March 28, 2016.

5 US National Intelligence Council, *Global Trends 2030: Alternative Worlds* (2012).

6 David Brooks, "The Coming Political Realignment," *New York Times*, July 1, 2016.

참고문헌

김덕호·김연진 엮음. 2001.『현대 미국의 사회운동』. 비봉출판사. 제4장 참조.

오숙희. 2016.6.17.「아시안 아메리칸은 모범적인 소수민족인가? 정치참여를 중심으로」. 한국아메리카학회 콜로퀴엄 발표 자료.

이현송. 2005.「미국인의 국가정체성」. 한국외국어대학교 영미연구소. ≪영미연구≫, 13집.

_____. 2008.「미국사회의 연령차별을 둘러싼 딜레마: 연령차별법(ADEA)을 중심으로」. 서울대학교 국제학 연구소. ≪국제·지역연구≫, 17(3).

_____. 2009.「미국 사회에서 '혼혈'의 사회적 정체성: 흑인과 백인간 혼혈을 중심으로」. 한국아메리카학회. ≪미국학논집≫, 41(2).

_____. 2009.「불분명한 믿음과 미국 사회의 세속화?」. 한국사회학회. ≪한국사회학≫, 43권 4호.

_____. 2010.「미국사회의 종교 지형의 변화, 영적믿음(spirituality)을 중심으로」. 한국외국어대학교 영미연구소. ≪영미연구≫, 23집.

_____. 2011.「미국 사회에서 교육과 종교성의 관계」. 서울대학교 국제학연구소. ≪국제·지역연구≫, 20(3).

_____. 2012.「미국의 다문화주의의 전개와 현주소」. 한국외국어대학교 영미연구소. ≪영미연구≫, 26집.

_____. 2012.『뉴욕 사람들』. 한울.

_____. 2013.「히스패닉은 미국사회의 인종 질서에 어떠한 변화를 가져올 것인가?」. 한국아메리카학회. ≪미국학논집≫, 45(2).

_____. 2014.「미국사회에서 히스패닉의 인종정체성」. 한국외국어대학교 국제지역연구센터. ≪국제지역연구≫, 16(4).

_____. 2015.「미국 사회에서 소득불평등에 관한 인식의 격차」. ≪국제지역연구≫, 18(2). 한국외국어대학교 국제지역연구센터.

이현송·박진영. 2016.9.30.「미국 한인의 세대간 적응과 격차: 한인 2세의 빈곤에 초점을 맞추어」. 한국아메리카학회 국제학술대회 발표 논문.

장승진. 2016.3.24.「이민개혁 논란과 히스패닉 및 아시아계 미국인들의 태도」. 한국아메리카학회 콜로퀴엄 자료.

부르디외, 피에르(Pierre Bourdieu). 2005.『구별 짓기(Distinction: critique sociale du jugement)』. 최종철 옮김. 새물결.

Abrams, Richard M. 2006. *America Transformed: Sixty Years of Revolutionary Change 1941~2001*. Cambridge University Press.

Abramson, Corey M. 2015. *The End Game: How Inequality Shapes Our Final Years*. Harvard University Press.

Alba, Richard and Tariqul Islam. 2009. "The Case of the Disappearing Mexican Americans: An Ethnic-Identity Mystery." *Population Research Policy Review*, 28.

Alba, Richard. 1990. *Ethnic Identity: Into the Twilight of Ethnicity*.Yale University Press.

Allport, Gordon. 1954. *The Nature of Prejudice*. Addison-Wesley.

Baker, Joseph O. and Buster G. Smith. 2009. "The Nones: Social Characteristics of the Religiously unaffiliated." *Social Forces*, 87(3).

Bartels, Larry M. 2008. *Unequal Democracy*. New York: Russell Sage Foundation.

Baumol, William J., Alan S. Blinder and Edward N. Wolff. 2003. *Downsizing in America: Reality, Causes, and Consequences*. New York: Russell Sage Foundation.

Beck, Ulrich and Elisabeth Beck-Gernsheim. 2002. *Individualization: Institutionalized Individualism and its Social and Political Consequences* (Sage).

Bell, Daniel. 1973. *The Coming of Post-Industrial Society*. New York: Basic.

Bellah, Robert, et al. 1985. *Habits of the Heart: Individualism and Commitment in American Society*. New York: Harper & Row.

Benson, John and Michelle Brown. 2007. "Knowledge workers: what keeps them committed; what turns them away." *Work, Employment and Society*, 21(1).

Bonilla-Silva, Eduardo. 2004. "From Bi-racial to Tri-racial: Towards a new system of racial stratification in the USA." *Ethnic and Racial Studies*, 27(6).

Cable, Daniel M. and Murray, Brian. 1999. "Tournaments versus Sponsored Mobility as Determinants of Job Search Success." *The Academy of Management Journal*, 42(4).

Cappelli, Peter. 1999. *The New Deal at Work*. Boston: Harvard Business School Press.

Carnoy, Martin. 2000. *Sustaining the New Economy: Work, Family, and Community in the Information Age*. New York: Russell Sage Foundation.

Casselman, Van. 2015.10.8. "It's getting harder to move beyond a minimum wage job." http://fivethirtyeight.com/features/its-getting-harder-to-move-beyond-a-minimum-wage-job/.

Castells, Manuel. 1996. *The Rise of the Network Society*. Oxford: Blackwell.

Citrin, Jack, A. Lerman, M. Murakami and K. Pearson. 2007. "Testing Huntington: Is

Hispanic Immigration a Threat to American Identity?" *Perspectives on Politics*, 5(1).
Collins, Randall. 2005. *Interaction Ritual Chains*. Princeton University Press.
Cookson, Peter, W. Jr and Caroline Hodges Persell. 1985. *Preparing For Power: America's Elite Boarding Schools*. Basic Books.
Coonz, Stephanie. 1993. *The Way We Never Were: American Families and Nostalgia Trap*. Basic Books.
Corak, Miles(ed.). 2004. *Generational Income Mobility in North America and Europe*. Cambridge, UK; Cambridge University Press.
Darr, Asaf and Chris Warhurst. 2008. "Assumptions, assertions and the need for evidence: debugging debates about knowledge workers." *Current Sociology*, 56(1).
Demerath, N. J. III. 2007. "Secularization and Sacralization Deconstructed and Reconstructed." in James A. Beckford and N. J. Demarath III.(eds.). *Sociology of Religion*. Thousand Oaks, CA: Sage.
Diener, Edward and Eunkuk M. Suh.(ed.). 2003. *Culture and Subjective Wellbeing*. Bradford Book.
Durkheim, Emile. 1995(1912). *The Elementary Forms of Religious Life*. New York: Free Press.
Easterbrook, Gregg. 2003. *The Progress Paradox: How Life Gets Better While People Feel Worse*. New York: Random House.
Fields, Barbara Jeanne. 1990. "Slavery, race and ideology in the United States of America." *New Left Review* 181(3).
Fischer, Claude and Michael Hout. 2008. *Century of Difference: How America Changed in the Last One Hundred Years*. New York: Russell Sage Foundation.
Fivethirtyeight. "How many times does the average person move?" http://fivethirtyeight.com/datalab/ how-many-times-the-average-person-moves/.
Florida, Richard. 2002. *The Rise of the Creative Class*. New York: Basic Books.
Frank, Robert. 2010. *Luxury Fever: Weighing the Cost of Excess*. Princeton University Press.
Freeman, Richard B. 2007. *America Works: Critical Thoughts on the Exceptional U.S. Labor Markets*. New York: Russell Sage Foundation.
Gamoran, Adam, 2001. "American schooling and educational inequality: a forecast for the 21st century." *Sociology of Education*, 74 Extra Issue.
Golash-Boza, Tanya and William Darity, Jr. 2008. "Latino Racial Choices: the Effects of Skin Colour and Discrimination on Latinos' and Latinas' Racial Self-identifications."

Ethnic and Racial Studies, 31(5).

Goldin, Claudia. 1992. *Understanding the Gender Gap: An Economic History of American Women*. Oxford University Press.

Grazian, David. 2010. *Mix It Up: Popular culture, Mass Media, and Society*. New York: W.W.Norton.

Guillen, Mauro and Emilio Ontiveros. 2012. *Global Turning Points*. Cambridge University Press.

Hadaway, C. Kirk, Penny Marler and Mark Chaves. 1993. "What the polls don't show: a closer look at US church attendance." *American Sociological Review*, 58(6).

Heelas, Paul and Linda Woodhead. 2005. *The Spiritual Revolution: Why Religion is Giving Way to Spirituality*. Malden, MA: Blackwell.

Hill, Peter C. et al. 2000. "Conceptualizing Religion and Spirituality: points of commonality, points of departure." *Journal for the Theory of Social Behaviour*, 30(1).

Hochschild, Jennifer L. 1981. *What's Fair: American Beliefs about Distributive Justice*. Harvard University Press.

_______. 1996. *Facing up to the American Dream*, Princeton University Press.

Hochschild, Jennifer L. and Nathan Scovronick. 2003. *The American Dream and the Public Schools*. New York: Oxford University Press.

Hochschild, Jennifer L. and Vesla Weaver. 2007. "The Skin color paradox and the American Racial order." *Social Forces*, 86(2).

Hofstede, Geert. 1996. *Culture and Organization, Software and Mind*. New York: Mcgraw-Hill.

Hout, Michael and Claude S. Fischer. 2002. "Why more Americans have no religious preference: politics and generations." *American Sociological Review*, 67(2).

Ichijo, K., G. von Krogh and I. Nonaka. 1998. "Knowledge Enablers." in G. von Krogh, J. Roos and K. Kleine(eds). *Knowing in Firms*. London: Sage.

Issa, Erin El. "2015 American Houshold Credit Card Debt Study" https://www.nerdwallet.com/blog/credit-card-data/average-credit-card-debt-household/.

Jantti, Markus et al. 2005. "American Exceptionalism in a New Light: A Comparison of Intergenerational Earnings Mobility in the Nordic Countries, the United Kingdom and the United States." *Memorandum*, No.34. Department of Economics, University of Oslo, Oslo, Norway.

Kanter, Rosabeth Moss. 1977. *Men and Women of the Corporation*. Basic Books

Kozol, Jonathan. 1991. *Savage Inequalities: Children in America's School*. HarperCollins.

Lamont, Michele. 1994. *Money, Morals, and Manners: The Culture of French and the American Upper-Middle Class.* University of Chicago Press.

Lee, Hyun Song. 2010. "Change in the Singular Racial Concept of American Society." *International Area Review*, 13(3). Center for International Area Studies, HUFS.

Lee, Jennifer and Frank D. Bean. 2007. "Reinventing the Color Line: Immigration and America's New Racial/Ethnic Devide." *Social Forces*, 86.

Levy, Frank. 1999. *New Dollars and Dreams.* New York: Russell Sage Foundation.

Lipset, Seymour Martin. 1997. *American Exceptionalism: A Double-Edged Sword.* New York: W.W. Norton.

Livi-Bacci, Massimo. 2012. *A Concise History of World Population*, 5th ed. Oxford: Wiley-Blackwell.

Loewen, James W. 2007. *Lies My Teacher Told Me*, 2nd ed. New York: Touchstone Press.

Lopez, Ian Haney. 2005. "Race on the 2010 Census: Hispanics and the shrinking white majority." *Daedalus*, 134.

Massey, Douglas and Nancy Denton. 1993. *American Apartheid: Segregation and the Making of Underclass.* Harvard University Press.

McCall, Leslie. 2013. *The Undeserving Rich: American Beliefs about Inequality, Opportunity, and Redistribution.* Cambridge University Press.

McIntosh, Peggy. 1990. "White privilege: Unpacking the Invisible Knapsack." *Independent School*, 49(2).

McNamee, Stephen J. and Robert K. Miller Jr. 2004. *The Meritocracy Myth.* Rowman & Littlefield Publishers, Inc.

Niehues, Judith. 2014. "Subjective Perceptions of Inequality and Redistributive Preferences: An International Comparison." Working Paper, Cologne Institute for Economic Research. Cologne, Germany.

Nobles, Melissa. 2000. "History Counts: a Comparative Analysis of Racial/Color Categorization in US and Brazilian Censuses." *American Journal of Public Health* 90(11).

Nye, Joseph S. 2005. *Soft Power: The Means to Success in World Politics.* Perseus Books.

O'Brian, Eileen. 2008. *The Racial Middle: Latinos and Asian Americans Living Beyond the Racial Divide.* New York University Press.

O'Toole, James and Edward Lawler III. 2006. *The New American Workplace.* New York: Palgrave.

Osterman, Paul. 2001. *Working in America: a Blueprint for the New Labor Market.* Cambridge, MA: The MIT Press.

Page, Benjamin I. and Lawrence R. Jacobs. 2009. *Class War? What Americans Really Think about Economic Inequality*. University of Chicago Press.

PISA 2012. https://en.wikipedia.org/wiki/PISA_2012

Prewitt, Kenneth. 2005. "Racial Classification in America: Where do we go from here?" *Daedalus*, 134.

Putnam, Robert D. and David E. Campbell. 2010. *American Grace: How Religion Divides and Unites Us*. New York: Simon & Schuster.

Reed, Douglas S. 2001. "Not in my schoolyard: localism and public opposition to funding schools equally," *Social Science Quarterly*, 82(1).

Reich, Robert. 1993. *The Work of Nations*. New York: Simon & Schuster.

_______. 2002. *The Future of Success: Working and Living in the New Economy*. Vintage.

_______. 2015. *Saving Capitalism: For the Many, Not the Few*. Vintage.

Roberts, Keith A. 2004. *Religion in Sociological Perspective*. 4th ed. New York: Wadsworth. Ch 3.

Rodriguez, Clara E. 2000. *Changing Race: Latinos, the Census, and the History of Ethnicity in the United States*. New York University Press.

Roof, Wade Clark. 1999. *Spiritual Marketplace: Baby Boomers and the Remaking of American Religion*. Princeton University Press.

Roscigno, Vincent J., S. Mong, R. Byron and G. Tester. 2007. "Age discrimination, social closure and employment." *Social Forces*, 86(1).

Shieman, Scott. 2010. "Socioeconomic Status and Beliefs about God's Influence in Everyday Life." *Sociology of Religion*, 71(1).

Shor, Juliet B. 1999. *The Overspent American: Why We Want What We Don't Need*. Harper Perennial.

_______. 2004. *Born to Buy*. Scribner.

Smith, Christian. 1998. *American Evangelicalism, Embattled and Thriving*. University of Chicago Press.

_______. 2005. *Soul Searching: The Religious and Spiritual Lives of American Teenagers*. Oxford University Press.

Song, Xueda. 2005. "The Effect of technological change on experience-earning profiles with endogenous industry choice." University of British Columbia Doctoral Dissertation.

Stark, Rodney and Roger Finke. 2000. *Acts of Faith: Explaining the Human Side of Religion*. University of California Press.

Tafoya, Sonya M. 2004/2005. "Shade of Belonging: Latinos and Racial Identity." *Harvard*

Journal of Hispanic Policy, 17.

Telles, Edward E. 2002. "Racial Ambiguity among the Brazilian Population." *Ethnic and Racial Studies*, 25(3).

Thornton, Michael C. 2009. "Policing the borderlands: white- and black-American newspaper perceptions of multiracial heritage and the idea of race, 1996-2006." *Journal of Social Issues*, 65(1).

Turner, Ralph, H. 1960. "Sponsored and Contest Mobility and the School System." *American Sociological Review*, 25(6).

UNDP. 2015. *Human Development Report*. http://hdr.undp.org/en/content/table-4-gender-inequality-index

US Department of Labor. 1991. *Dictionary of Occupational Titles*, 4th ed.

US National Intelligence Council. 2012. *Global Trends 2030: Alternative Worlds*.

Voas, David. 2009. "The Rise and fall of fuzzy fidelity in Europe." *European Sociological Review*, 25(2).

Warhurst, Chris and Paul Thompson. 2006. "Mapping knowledge in work: proxies or practices?" *Work, Employment and Society*, 20(4).

Weber, Max. 2001(1905). *Protestant Ethic and the Spirit of Capitalism*. Routledge.

Whyte, William H. 1956. *The Organization Man*. New York: Simon and Schuster.

Wilkinson, Richard and Kate Pickett. 2009. *The Spirit Level: Why Greater Equality Makes Society Stronger*. New York: Bloombury Press.

Williams, Kim M. 2008. *Mark One or More: Civil Rights in the Multiracial Era*. Ann Arbor: University of Michigan Press.

Wilson, William Julius. 1980. *The Declining Significance of Race*. University of Chicago Press.

Winkler, Anne. 1998. April. "Earnings of Husbands and Wives in Dual-earner Family." *Monthly Labor Review*. http://www.bls.gov/mlr/1998/04/art4full.pdf

Wright, Erik Olin and Joel Rogers. 2011. *American Society: How It Really Works*. New York: W.W. Norton.

Wuthnow, Robert. 2007. *After the Baby Boomers: How Twenty-and Thirty-Somethings Are Shaping the Future of American Religion*. Princeton University Press.

Yamaguchi, Kazuo and Yantao Wang. 2002. "Class Identification of Married Employed Women and Men in America." *American Journal of Sociology*, 108(2).

신문, 잡지

The Atlantic. 2012.9. "Boys on the Side." by Hanna Rosin.

The Atlantic. 2012.12. "A Giant Statistical Round-up of the Income Inequality Crisis in 16 Charts."

The Atlantic. 2012.12. "The Decline of the "Great Equalizer."

The Atlantic. 2012.12. "Why Women Still Can't Have It All."

The Atlantic. 2013.3. "The Many Myths about Mothers Who 'Opt out'."

The Atlantic. 2013.8. "The Real Cost of Segregation-in 1 big Chart."

The Atlantic. 2013.9. "The Mysterious and alarming rise of single parenthood in America."

The Atlantic. 2013.10. "How America's marriage crisis makes income inequality so much worse."

The Atlantic. 2013.11. "It Feels like education malpractice."

The Atlantic. 2013.12. "Everything You ever needed to know about the minimum wage."

The Atlantic. 2014.2. "How to Save Marriage in America."

The Atlantic. 2014.2. "How When Harry met Sally explains Inequality."

The Atlantic. 2014.8. "Self-Segregation: Why It's so hard for Whites to understand Ferguson."

The Atlantic. 2014.12. "Pregnancy and the Single Women."

The Atlantic. 2015.5. "The Curse of Segregation."

The Atlantic. 2015.10. "'Good Jobs' arn't coming back."

The Atlantic. 2016.5. "Donald Trump and the Twilight of White America."

The Atlantic. 2016.5. "The Secret Shame of Middle-Class Americans."

CNBC. 2015.3.10. "America's skyrocketing credit card debt."

The Economist. 2011.12.17. "Sex and Advertising: How Ernest Dichter, an acolyte of Sigmund Freud, revolutionized marketing."

The Economist. 2013.7.6. "The Silver-haired safety net: more and more children are being raised by grandparents."

The Economist. 2015.5.16. "How to join the 1%."

The Economist. 2016.1.23. "Global Pentecostalism, Ecstasy and Exodus."

The Economist. 2016.4.30. "The Strange case of the missing baby."

Financial Times. 2016.4.11. "Barak Obama and the end of the Anglosphere."

Guardian. 2014.9.3. "How the job of a teacher compares around the world."

The New Yorker. 2013.11.18. "American Inequality in Six Charts."

New York Times. 2011.1.7. "Religion and Representation."

New York Times. 2012.11.14. "Swedish School's Big Lesson Begins with Dropping Personal Pronouns."

New York Times. 2013.6.16. "What happens to women who are denied abortions?"

New York Times. 2013.9.19. "America's Sinking Middle Class."

New York Times. 2013.9.20. "U.S. Textile Plants Return, With Floors Largely Empty of People."

New York Times. 2014.8.19. "America's Racial Devide, Charted."

New York Times. 2015.1.17. "Mounting Evidence of Advantages for Children of Working Mothers."

New York Times. 2015.2.22. "Health Care Opens Stable Career Pass, Taken Mainly by Women."

New York Times. 2015.9.8. "Is College Tuition really too high?"

New York Times. 2015.10.13. "Where Have All the Tomboys Gone?"

New York Times. 2015.11.2. "Death rates rising for middle-aged White Americans, study finds."

New York Times. 2015.11.5. "Stressed, Tired, Rushed: A Portrait of the Modern Family."

New York Times. 2016.2.22. "Why are White death rates rising?"

New York Times. 2016.3.28. "How the G.O.P. elite lost its voters to Donald Trump."

New York Times. 2016.4.29. "Money, Race and Success: How Your School District Compares."

New York Times. 2016.5.16. "Make America Great Again For the People It Was Great For Already."

New York Times. 2016.7.1. "The Coming Political Realignment."

Scientific American. 2012.9.14. "Use It and Lose It; the Outsize Effect of U.S. Consumption on the Environment."

Time. 2014.11.4. "Boys won't be boys: Is Sweden's push for gender neutrality a noble project or political correctness gone overboard?"

USA Today. 2012.2.20. "Together Apart: Commuter Marriages on the Rise."

Wall Street Journal. 2015.5.8. "Congratulations, You are the Most Indebted Ever(For Now)."

Washington Post. 2014.10.29. "Child Poverty in the US is among the Worst in the Developed World."

통계 자료

OECD. "Income Inequality." https://data.oecd.org/inequality/income-inequality.htm# indicator-chart.

_______. 2012. "Education At a Glance 2012: OECD Indicators." https://www.oecd.org/edu/eag2012.htm#country

_______. 2013. "Education At a Glance 2013." http://www.oecd.org/edu/eag2013%20(eng)--FINAL%2020%20June%202013.pdf

OECD Stat. Labor Force Statistics by sex and age. https://stats.oecd.org/Index.aspx?DataSetCode=LFS_SEXAGE_I_R.

_______. "Average usual weekly hours worked on the main job" and "Average annual hours actually worked per worker." https://stats.oecd.org/Index.aspx?DataSetCode=ANHRS.

Pew Research Center. "Topics: Abortion." http://www.pewresearch.org/topics/abortion/

_______. 2010.2. "Religion among the Millennials." Pew Forum on Religion and Public Life.

_______. 2015. "America's Changing Religious Landscape." http://www.pewforum.org/files/2015/05/RLS-08-26-full-report.pdf.

_______. 2015. "On Darwin Day, 5 facts about the evolution debate." http://www.pewresearch.org/fact-tank/2015/02/12/darwin-day/.

US Bureau of Labor Statistics. 2012. "Employment by Major Industry." http://www.bls.gov/emp/ep_table_201.htm.

_______. 2013. "Highlight of Women's Earnings in 2012." http://www.bls.gov/cps/cpswom2012.pdf

US Census Bureau. "Educational Attainment." CPS Historical Time Series Tables. Figure 10. https://www.census.gov/hhes/socdemo/education/data/cps/historical/.

_______. "Current Population Survey 2011." calculated from the original data.

_______. 2001.11. "The Two or More Races Population 2000." Census 2000 Brief. https://www.census.gov/prod/2001pubs/c2kbr01-6.pdf.

_______. 2011. "Overview of Race and Hispanic Origin: 2010." 2010 Census Brief. http://www.census.gov/prod/cen2010/briefs/c2010br-02.pdf.

_______. 2012. "A Look at the US Population in 2060." https://www.census.gov/newsroom/cspan/pop_proj/20121214_cspan_popproj.pdf.

_______. 2014. "Median Household Income." American Community Survey. http://

factfinder.census.gov/faces/tableservices/jsf/pages/productview.xhtml?src=bkmk.

_______. 2015. "Income and Poverty in the United States: 2014." https://www.census.gov/content/dam/Census/library/publications/2015/demo/p60-252.pdf.

_______. 2015. "Projection of Size and Composition of the US Population: 2014~2016." Census Population Report. https://www.census.gov/content/dam/Census/library/publications/2015/demo/p25-1143.pdf.

US Central Intelligence Agency. *The World Fact Book*, https://www.cia.gov/library/publications/the-world-factbook/rankorder/2127rank.html

US Center for Disease Control. 2013. "First Premarital Cohabitation in the United States: 2006~10 National Survey of Family Growth." http://www.cdc.gov/nchs/data/nhsr/nhsr064.pdf

_______. 2015. January. *National Vital Statistics Reports*, Vol.61(1).

US Department of Commerce. 2011. "Women in STEM: Gender Gap in Innovation." http://www.esa.doc.gov/sites/default/files/womeninstemagaptoinnovation8311.pdf

US National Center for Education Statistics. "Digest for Education Statistics." http://nces.ed.gov/.

US National Center for Educational Statistics. 2014. "Racial/Ethnic Enrollment in Public Schools." https://nces.ed.gov/programs/coe/indicator_cge.asp.

US Population Reference Bureau. 2012. "The Decline in US Fertility." in *World Population Data Sheet*. http://www.prb.org/publications/datasheets/2012/world-population-data-sheet/fact-sheet-us-population.aspx

_______. 2015.12. "Aging in the United States." *Population Bulletin*, 70(2).

UN. "Abortion rate." http://data.un.org/Data.aspx?d=GenderStat&f=inID%3A12

World Bank. "Poverty." Overview. http://www.worldbank.org/en/topic/poverty/overview.

이 현 송

서울대학교 사회학과 졸업

미국 오하이오 주립대학교 사회학 박사

현 한국외국어대학교 영어통번역학부 교수

현 한국 아메리카학회 회장

저서 및 역서

『한국에서의 미국학』(2005, 공저)

『미국학의 이론과 실제』(2006, 공역)

『미국 문화의 기초』(2006)

『뉴욕 사람들』(2012)

한울아카데미 1932
혁신과 갈등, 미국의 변화

지은이 | 이현송
펴낸이 | 김종수
펴낸곳 | 한울엠플러스(주)
편　집 | 조인순

초판 1쇄 인쇄 | 2016년 11월 15일
초판 1쇄 발행 | 2016년 11월 25일

주소 | 10881 경기도 파주시 광인사길 153 한울시소빌딩 3층
전화 | 031-955-0655
팩스 | 031-955-0656
홈페이지 | www.hanulmplus.kr
등록번호 | 제406-2015-000143호

Printed in Korea.
ISBN 978-89-460-5932-0 93330 (양장)
978-89-460-6242-9 93330 (학생판)

※ 책값은 겉표지에 표시되어 있습니다.
※ 이 책은 강의를 위한 학생용 교재를 따로 준비했습니다.
강의 교재로 사용하실 때에는 본사로 연락해주시기 바랍니다.

민족의 모자이크, 유라시아

유라시아 대륙 열다섯 민족의 다채로운 삶을 담다

지은이
김혜진 외

2016년 9월 26일 발행
변형크라운판
288면

유럽과 아시아를 아우르는 유라시아 대륙,
그 안에서 모자이크처럼 빛나는 열다섯 민족의 이야기

유라시아는 유럽과 아시아를 아울러 일컫는 말로 세계 육지 면적 중 약 40%를 차지한다. 이곳은 과거 유목제국의 터전이자, 여러 민족의 문화가 융합하며 발전했던 곳이다. 최근에는 여러 경제적인 가치가 부각되면서 세계의 주목을 받고 있다.

이 책은 한국외국어대학교 러시아연구소가 2015년 3월부터 8월까지 네이버캐스트를 통해 발간한 글을 묶어 펴낸 것이다. 유라시아에 사는 수많은 민족 중 과거 소련을 구성했던 15개 나라의 주요 민족을 소개하는데 우리에게 널리 알려진 러시아인, 우크라이나인, 카자흐스탄인을 비롯해 다소 생소할 수 있는 라트비아인, 조지아인, 리투아니아인 등이 나온다. 이 책의 특징은 유라시아의 '민족'에 초점을 맞추어 그들은 어떤 사람이고 어떤 문화를 가지고 있는지 이야기한다는 점이다.

영광스러운 과거를 보내고 힘든 고난의 시기를 겪기도 한 그들은 자신들의 정체성을 지키며 살고 있다. 민족의 기원과 역사, 전통 의식주, 의례, 토속신앙, 오늘날의 변화된 모습까지 다양한 측면을 보여줌으로써 유라시아 대륙을 통틀어 말할 때는 보이지 않았던 각 민족의 개성이 돋보인다. 이 책을 통해 다채롭게 빛나는 그들의 삶을 들여다본다.

한울엠플러스의 책

위기는 다시 온다

금융위기 이후 선진국은 왜 금융 규제를 강화하는가

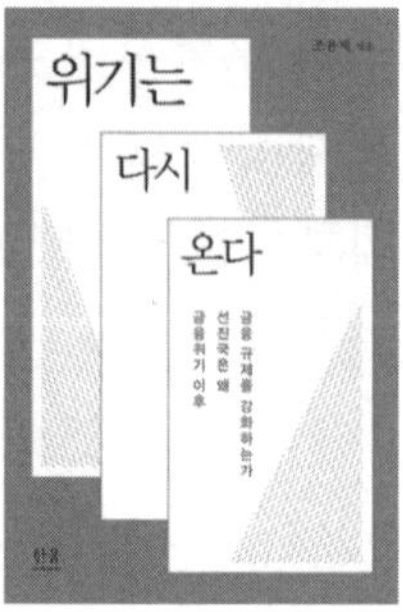

빚을 더 늘려도, 규제를 더 풀어도 괜찮다는 믿음은 괜찮은가

세계금융위기 이후 금융 규제의 세계적 추세와 한국의 현실

세계은행과 국제통화기금 이코노미스트로 거시경제와 국제금융, 금융개혁 과제를 연구하고, 참여정부 시절 대통령 경제보좌관으로 한국의 경제정책 전반을 다뤘던 조윤제 교수의 새 책이다.

지은이는 위기와 규제가 동반될 수밖에 없는 금융의 본질적 속성, 근본적인 문제를 해결하지 못한 채 불확실성의 늪에 빠져 있는 세계경제 상황, 민간부채 규모가 심각한 수준에 이른 한국의 현실을 지적하면서, 2008년 금융위기 이후, 그리고 언젠가 다시 올 위기에도 한국 경제가 지속적이고 안정적인 성장을 이루려면 국내외 금융 환경에 대한 올바른 이해를 바탕으로 효과적인 규제·감독 체계를 시급히 강구해야 한다고 강조한다.

이러한 논의를 위해 이 책에서는 먼저 금융과 금융위기, 금융 규제·감독의 역사를 간단히 정리하고, 2008년 세계금융위기를 전후로 금융을 바라보는 시각과 국제금융 환경이 어떻게 변화했는지 알아본다. 이와 더불어 미국과 영국, G20 등의 금융 규제·감독 체계 개편 과정과 그 의미를 분석하며, 한국 경제와 금융 부문이 풀어야 할 과제와 나아가야 할 방향을 제시한다.

지은이
조윤제

2016년 5월 10일 발행
신국판
232면